제13판

여신심사 및 관리

백운수 | 이기만

한국금융연수원
KOREA BANKING INSTITUTE

차례

제1편 여신심사

제2편 여신사후관리

제1편 여신심사

제1장 여신업무의 주요 프로세스

학습목표

❊ 여신의 개념과 분류에 대하여 이해하고 동산담보제도에 대한 이해도를 높인다.

❊ 여신심사의 기본원리와 금융리스크의 종류를 알아보고 여신업무의 프로세스를 이해하도록 한다.

❊ 여신실행의 기본원칙과 여신운용의 원칙을 이해하도록 한다.

학습개요

❊ 여신에 대한 개념을 이해하고 담보와 거래방식 차주별, 자금용도별 대출시장별로 분류가 어떠한 방식으로 이루어지는지를 학습하고 채권확보를 위한 담보의 종류와 대출금의 유동화에 대하여 이해한다.

❊ 여신심사에 대한 기본원리인 상환자원의 의미를 살펴보고, 여신의 승인으로부터 약정을 체결하는 과정과 금융리스크를 회피하기 위한 심사의 절차로서 담보물 평가, 자금용도의 심사 등에 대하여 이해 한다.

❊ 여신실행의 기본원칙으로 건전성의 의미와 회수가능성, 자금조달의 위험 등에 대하여 이해하고, 여신운용의 기본원칙으로서 안전성과 수익성, 성장성의 원칙 등에 대하여도 학습한다.

제1절 여신의 개념과 분류

1. 여신의 개념

은행 등의 금융회사가 자기의 책임과 계산으로 기업과 가계, 공공기관 등에 대하여 직접적인 대출을 해주거나 또는 지급보증, 유가증권의 매입, 신용장 발행 등의 형태로 신용을 공여하는 것을 말한다. 예금을 받는 수신업무에 대칭되는 개념으로 공사채의 인수나 주식투자 등의 투자업무를 포함하기도 한다.

여신업무는 금융회사 수익의 원천인 동시에 공공성이 요청되는 중요한 업무이므로 특정 기업에 편중된 거액의 신용공여나 사회적으로 형평성을 결한 대출, 위험성이 높은 신용의 공여 등에 대하여 엄격한 규제를 받고 있다.

금융회사인 대출자와 차입자 간에 체결한 여신약정에 근거하여 차입자는 대출기간 동안 정해진 이자 및 수수료를 성실하게 지급하고 만기에 대출원금을 대출자에게 상환하기로 약속하고, 대출자는 그것을 전제로 하여 차주에게 일정기간 동안 안정적으로 자금을 대여해주고 사후관리하는 일련의 과정을 거치게 된다.

대출과 여신의 의미

좁은 의미의 여신

은행이 직접 자금을 부담하는 것으로 금전에 의한 신용공여인 어음대출, 증서대출, 당좌대출, 상업어음할인, 신탁대출 등을 말한다.

넓은 의미의 여신

은행이 직접 자금을 부담하는 대출뿐만 아니라 직접적인 자금부담이 없는 지급보증, 유가증권대여는 물론 사모사채 등도 포함하는 개념이다.

따라서 여신은 금융회사 입장에서는 주 수익원이 되며, 기업입장에서는 기업경영에 필요한 자금을 조달하는 전형적인 간접금융수단이 된다.

2. 여신의 분류

금융회사에서 취급하는 여신을 분류함에 있어서는 무엇을 기준으로 하느냐에 따라서 다음과 같이 다양하게 분류할 수 있다.

2-1. 담보유무에 따른 분류

차주의 담보제공 유무에 따라 담보여신과 보증여신 그리고 신용여신으로 분류되는 것을 말한다. 담보여신이란 담보물건별 유효담보가액 범위내에서 취급된 여신을 말하고 보증여신은 담보가 없거나 담보물건별 유효담보가액을 초과하여 취급하는 여신으로서 보증인을 세워 취급하는 경우의 여신을 말한다. 그리고 신용여신이란 담보가 없거나 담보물건별 유효담보가액을 초과하여 취급하는 여신으로서 보증인이 없는 순수 신용상태의 여신을 말한다.

2-2. 거래방식에 따른 분류

거래하는 방식에 따른 분류로서 건별거래와 한도거래로 구분한다. 건별거래란 여신 약정액 범위 내에서 일괄 또는 분할하여 대출이 발생하는 여신으로, 승인 또는 약정한도액 범위 내에서 회전취급이 없는 거래를 말한다. 이에 반하여 한도거래란 한도약정액 범위 내에서 동일과목의 여신을 회전사용하고 여신거래기간 만료일에 한도를 회수하는 여신으로, 필요에 따라 회전기간을 둘 수 있는 거래를 말한다.

2-3. 차주에 따른 분류

차주에 따라 기업자금대출과 가계자금대출, 공공 및 기타자금대출로 구분한다. 기업자금대출은 영리를 목적으로 하는 법인(정부출자기업체와 정부투자기관을 포함)과 개인기업

(사업자등록증을 소지한 자)에 대한 대출을 말하며 차주의 규모에 따라 대기업대출과 중소기업대출로 구분하기도 한다.

가계자금대출은 개인에 대한 주택자금, 소비자금 등을 위한 대출 또는 사업자로 등록되지 아니한 개인의 부업자금대출을 말하며, 공공 및 기타자금대출은 지방자치단체, 정부기관 등 공공기관과 학교법인 등 비영리단체에 대한 대출을 말한다.

2-4. 자금용도에 따른 분류

기업자금대출은 대출금의 소요자금 용도에 따라 운전자금과 시설자금으로 구분하고 있다. 이중 운전자금대출은 기업의 생산과 판매활동 과정에서 소요되는 자금이거나 통상적인 운영비에 충당하기 위한 대출로 대체로 1년 이내에서 단기간으로 취급되는 대출을 말한다.

반면 시설자금대출은 기업설비의 취득자금이나 신설 · 증설 · 복구에 필요한 자금, 기술개발자금 등으로 자본적지출에 소요되는 자금이거나, 사업목적에 부합된 부동산의 신축 · 증축 · 개축 및 매입자금을 지원하는 대출로 일반적으로 1년 이상의 장기로 취급되는 대출을 말한다.

2-5. 취급형식에 따른 분류

어음대출은 대출채권의 지급확보를 위하여 차주로부터 어음을 받고 취급하는 대출을 말하고 증서대출은 차주로부터 금전소비대차약정서를 받고 취급하는 대출을 말하는데 법적 성질은 둘 다 금전소비대차계약이다. 다만 어음대출의 경우에는 금전소비대차채권과 어음상의 채권을 동시에 갖게 된다는 차이점이 있다.

할인어음은 만기가 도래하지 않은 상업어음을 만기일까지 이자상당액을 할인하여 매입하는 여신거래를 말하며, 당좌대출은 당좌거래에 수반된 대출거래로서 당좌거래처가 당좌예금잔액을 초과하여 발행한 어음 · 수표를 약정한도까지 은행이 대신하여 지급하는 여신거래를 말한다. 법적 성질로 보면 할인어음은 환매청구권이 있는 어음매매계약이고 당좌대출은 위임계약과 준소비대차 계약의 혼합형태이다.

2-6. 대출시장에 따른 분류

대출금의 종류는 대출형식과 사용목적, 대출금 상환방법 등에 따라 여러 종류로 분류하고 있다. 그러나 일반적으로는 기업부문이 사용하는 생산자금융과 가계부문에서 사용하는 소비자금융, 그리고 대출유동화상품 등으로 크게 대별할 수 있다.[1)]

가. 생산자금융

생산자금융(producer loan)은 자금용도가 재화 또는 상품의 원활한 생산활동을 지원하기 위한 금융제도를 말한다. 이는 기업의 유통자금 또는 운전자금으로서 본래 제조업자 또는 판매업자가 그들이 생산하거나 구매한 제품 또는 상품을 판매하여 그 판매대금으로 대출금을 자체 상환할 수 있도록 지원하는 목적의 대출로서 일반자금대출, 한도거래여신, 상업어음할인, 기업구매자금대출, 무역금융 등이 이에 해당된다.

나. 소비자금융

소비자금융(consumer loan) 또는 소비자신용(consumer credit)이라 함은 소비자가 재화나 서비스를 구입하거나 또는 개인적인 일반지출에 충당하기 위해 은행으로부터 금융(차입)을 일으키는 것을 말하며 소비자대출과 판매신용, 주택자금대출 등이 이에 해당한다.

소비자대출이라 함은 개인 소비자가 필요로 하는 자금으로서 의료비, 교육비, 가정내구용품, 개인생활비 충당자금 등이 해당된다. 한국의 소비자금융은 경제개발 단계에서 그동안 생산자 금융 우선주의에 밀려 상대적으로 미약하였으나, 최근 국민경제수준의 향상과 복지증진이 유효수요 창출에 직결된다는 인식이 고조되면서 점차 그 비중이 늘고 있다.

판매신용이라 함은 소비재 판매과정에서 구매자금을 융통해주는 형식의 대출을 말한다. 따라서 소비자금융에 준해서 소비자에게 신용혜택이 귀속되며, 일시상환방식(non-installment loan)과 할부상환방식(installment loan)으로 구분이 된다.

판매신용은 일부 전자제품이나 의류 등과 같이 비교적 금액이 크지 않은 품목에 대해서는 순수 신용으로 대출이 제공되기도 하지만, 자동차와 대형 냉장고, 고급 TV 등과

1) 이요섭, 「금융시장과 금융상품」, 연암사, 2005

같이 금액이 큰 품목의 경우 구입자는 구입한 상품에 대해 사용권을 가지나, 소유권은 할부금의 상환이 완료될 때까지 판매신용회사에 있는 근저당 방식이 보통이다.

주택자금대출은 주택구입자금, 주택건설자금, 주택개보수자금 등의 지원을 위해 제공되는 대출을 말하는데, 해당 주택을 담보로 하고 상환기간이 보통 10년 이상으로 약정되는 분할상환방식의 장기대출을 말한다.

다. 대출유동화상품

대출은 만기가 되어야만 자금이 회수되므로 은행측에서 보면 대출자산은 유동성이 매우 낮은 자산이다. 다시 말해서 대출은 고정화되어 있는 반면에, 예금은 여러 가지 단기 조달구조로 되어 있어 기간불일치 위험에 노출되어 있다.

따라서 은행으로서는 대출만기가 돌아오기 전에 대출자원을 재활용하는 과제가 대두되는데, 이것을 해결하는 방식이 대출의 유동화이다. 대출채권을 유동화하는 방법에는 대출채권 자체를 제3자에게 매각하는 방식과, 대출채권을 근거로 새 증권을 발행하는 증권화 방식이 있다.

대출채권매매는 대출을 실행한 은행 등 금융기관이 대출증서를 대출상환기일 도래 이전에 제3자에게 매각하는 것을 말하며, 대출의 증권화는 대출을 자본시장에서 거래될 수 있는 증권의 형태로 변환시키는 것을 말한다.

2-7. 지급보증의 분류

지급보증은 보증 상대처에 따라 대내지급보증과 대외지급보증으로 분류되며, 보증 표시통화에 따라서는 원화지급보증과 외화지급보증으로 분류된다.

가. 원화지급보증

표시통화가 원화로 기재된 지급보증으로서 지급보증의 상대처 및 거래대상은 원칙적으로 제한을 두지 않되 지급보증서 발급시 피보증채무의 적정 여부를 검토하여 지급보증이 불건전 영업행위에 연루되지 않도록 주의 하여야 한다.

불건전 영업행위의 유형

1. 불법투자자 모집	3. 도박
2. 불법 다단계 판매거래	4. 투기거래

원화지급보증의 종류로는 전자외상매출채권보증, 사채보증, 상품권보증, 융자담보보증, 계약이행보증, 관세담보보증, 기타거래보증 등이 있다. 지급보증은 원칙적으로 지급보증서의 발급에 의하나 신용장 및 환어음의 인수, 사채권 또는 상품권의 보증에 의할 수도 있다.

나. 외화지급보증

채권자(보증수익자)와 채무자(보증의뢰인)의 거래에 관하여 채무자의 요청에 의하여 채권자에게 현재 부담하고 있거나 장래에 부담하게 될 채무에 대하여 그 지급에 대한 보증을 외화표시로 하는 것을 말한다.

외화지급보증은 발급형태에 따라 보증신용장(STAND-BY L/C)과 지급보증서(Letter of Guarantee)로 구분한다. 보증신용장은 신용장 형식을 빌어 보증서를 발급하는 것으로 채무이행을 보증하는 목적으로 발행되는 무화환신용장(Clean L/C)의 일종이다. 이에 반하여 화환신용장은 수출입거래에 수반되는 상품대금의 결제를 목적으로 발급된다.

[표 1-1] 보증 당사자의 법률 관계

보증 당사자	각각의 법률 관계
1. 보증의뢰인(Applicant)	수수출자 또는 해외건설(용역)공사를 하고자 하는 시공자(Constructor) 등 계약에 있어서의 채무자
2. 보증수익자(Beneficiary)	수입자 또는 해외건설(용역사업)공사를 실시하는 발주자(Owner) 등 계약에 있어서의 채권자
3. 보증인(Guarantor)	보증채무를 담당하는 금융기관으로 보증서를 발급하는 외국환은행

지급보증서(Letter of Guarantee)는 일반적인 지급보증문언에 의하여 발행하는 것으로 정형화된 양식은 없으며, 지급보증서는 주로 건설 · 용역사업 및 수출입과

관련하여 발생하는 계약보증에 이용되며 보증의 형식에 있어서는 별도의 서면에 보증내용을 기재하고 보증인(은행)이 서명하여 발행한다.

3. 여신담보의 구분

은행이나 기타 금융회사의 대출은 항상 상환불능위험(default risk)에 노출되어 있다. 따라서 대출을 실행하기에 앞서 반드시 채무자(차입자)의 채무불이행위험에 대비해야 한다. 대출금의 상환을 보장하기 위한 담보로서 가장 일반적인 것은 부동산과 동산, 유가증권 등이 있다.

3-1. 부동산담보대출

은행이 대출의 담보로 취득하는 부동산담보권은 법원의 등기에 의해 권리가 보전되고 그 가치의 평가와 담보물건의 관리가 비교적 용이하기 때문에 대출담보로서 가장 널리 활용되고 있다. 일반적으로 가장 많이 활용되고 있는 담보설정 방식으로는 근저당권이 있다.

3-2. 동산담보대출

동산담보대출이란 동산, 채권 등의 담보에 관한 법률(동산담보법) 시행으로 동산도 부동산처럼 법원 등기소에 담보등기를 할 수 있게 됨에 따라 개발된 상품으로 기계 · 기구 등의 유형자산을 담보로 취득하는 개별동산담보대출, 원재료 등의 재고자산 등을 담보로 취득하는 집합동산담보대출, 매출채권 등을 담보로 취득하는 매출채권담보대출로 구성돼 있다.

일반적으로 중소기업이나 영세 개인사업자들은 대기업과는 달리 부동산을 재산으로 가지고 있는 경우가 적어 부동산을 담보로 제공하면서 금융기관으로부터 자금을 빌릴 수 있는 기회를 갖기가 현실적으로 어려웠기 때문에 그러한 자금조달상의 애로를 해소하기 위해 위와 같은 동산담보법이 제정되어 시행되었다.

다만 일반물품과 같은 동산은 그 수량이 많고, 종류도 천차만별이어서 각각의 동산마다 해당 등기부를 마련하는 것이 현실적으로 곤란하여 동산담보법에서는 담보등기부를 편성할 때, 동산 자체를 기준으로 하는 것이 아니라, 법인을 기준으로 하거나, 상업등기법에 따른 상호등기가 있는 개인을 기준으로 편성하였다(인적 편성주의).

부동산 등기가 부동산 자체를 기준으로 등기부를 편성하는 것(물적 편성주의)과 근본적으로 다른 점이다.

동산담보제도에 의하여 취급되는 유형자산은 식별번호와 제품명, 모델명, 제조사, 제조년월의 확인이 가능해야 하며, 정상적인 생산활동에 사용되면서 독립성이 결여된 물건이 아니어야 하며, 재고자산의 경우에는 원재료로서 같은 보관장소에서 같은 종류의 동산으로 특정되어야 하며 동산 자체의 동력으로 이동할 수 있는 물건이 아니어야 한다.

3-3. 전자채권대출

사업자등록증을 교부받은 기업간의 상거래와 관련하여 경상적 영업활동으로 재화 및 용역을 판매하는 업체에 대하여 전자외상매출채권(전자채권)을 담보로 취급하는 대출을 말한다.

전자채권은 만기일에 전자채권금액을 결제하지 못한 경우 보관은행이 판매기업에게 상환청구권을 행사할 수 있는 상환청구권 있는 전자채권과 상환청구권 없는 전자채권으로 구분되며 전자채권과 관련된 용어의 정의는 다음과 같다.

용어	내용
구매기업	물품을 구매하고 전자채권을 발행하는 기업
발행은행	구매기업으로부터 전자채권 발행신청을 받아 금융결제원에 전자채권 발행등록을 의뢰하고 전자채권 만기일에 지급결제를 대행하는 은행
보관은행	금융결제원으로부터 전자채권발행통지를 받아 판매기업에게 전자채권 발행통지를 하고 동 전자채권의 보관 및 추심 등의 서비스를 제공하는 은행
금융결제원	발행은행으로부터 전자채권 발행등록을 받아 전자채권 등록원장을 생성하여 보관하고 보관은행에 전자채권 발행통지를 하는 기능을 수행

3-4. 유가증권담보대출

유가증권담보대출이라 함은 은행에서 금융(대출)을 받을 때, 채무자가 국공채, 회사채, 주식 등의 유가증권을 은행(채권자)에 담보로 제공하고 대출을 받는 것을 말한다. 유가증권은 시장가치의 변동 폭이 크므로 담보로서의 안정성이 부족하다는 단점이 있다. 따라서 채권 은행은 항시 당해 유가증권의 안정성, 시장성, 신용도 등을 지속적으로 평가하여야 한다.

3-5. 창고증권담보대출

창고증권담보대출(warehouse receipt financing)이란 담보자산을 차입자로부터 격리하여 특정의 창고회사가 별도로 보관하고 그 창고회사가 발행하는 창고증권(warehouse receipt)을 은행이 담보로 취득한 후 대출을 하는 방식을 말한다. 여기서 창고증권은 임치물반환청구권(delivery order)이 있는 일종의 유가증권이다.

4. 지식재산권 평가제도

지식재산권은 인간의 지적 창조물 중에서 법으로 보호할 만한 가치가 있는 것들에 법이 부여한 권리이다. 즉 특허권 · 실용신안권 · 디자인권 · 상표권을 총칭하며 산업활동과 관련된 사람의 정신적 창작물이나 연구결과 또는 창작된 방법을 인정하는 독점적 권리로 무형재산권이다. 지식재산권은 저작권과 산업재산권으로 크게 나뉜다.

저작권은 인간의 지적능력을 통해 창작한 미술 · 음악 · 영화 · 만화 · 캐릭터 · 건축설계 · 시 · 소설 · 소프트웨어 · 게임 등과 같은 문화예술분야의 창작물에 부여되는 권리이고 산업재산권은 기술적 아이디어나 창작에 부여되는 권리인 특허권, 자타 상품이나 서비스의 출처를 표시하는 상표 또는 서비스표에 부여되는 권리인 상표권, 물품의 형상 · 구조 · 조합에 관한 고안에 대하여 부여되는 권리인 실용신안권 등으로 세분된다.

지식재산권담보대출이란 이러한 배타적 사용권을 가지는 무형재화에 대해 질권을 설정하여 권리를 보전하고 대출채권을 상환받지 못할 경우, 동 권리를 법원의 양도명령 또는 매각명령 등의 방법으로 처분하여 대출채권을 회수하는 방식의 대출을 말한다.

최근에는 이러한 유형의 대출을 활성화하기 위하여 기술형창업대출 제도를 도입하여 운용하고 있다. 이는 특허권 및 실용신안권 보유기업, 정부 및 정부공인기관 인증기술 보유기업(신기술인증서, 신제품인증서, 기술평가인증서, 이노비즈기업확인서)과 R&D 기반 창업기업과 연구개발 우수기업 등에 대한 대출을 말한다.

지적재산권의 활성화를 위하여 기술신용정보 제공기관의 평가자료를 기초로 기술형 중소기업에 대한 기술신용평가모형을 개발하여 활용하고 있다.

기술보증기금의 기술등급 평가지표 및 평가의 주요내용은 다음과 같다.

대항목	중항목	평가항목
사업역량	경영주	동업종경험수준, 기술지식수준 등
	관리능력	기술인력관리, 자본참여도 등
	기술개발능력	기술개발전담조직, 지식재산권 보유현황 등
	제품화역량	생산역량, 투자규모의 적정성, 자본조달 능력
	수익전망	마케팅역량, 판매처 현황, 투자금 회수가능성
기술경쟁력	기술혁신성	기술의 차별성, 모방의 난이도 등
	시장현황	목표시장 규모, 시장의 성장성, 경쟁상황 등
	제품우위성	인지도, 시장점유율, 비교우위성

제2절 여신심사의 개념

1. 여신심사의 의의

여신심사란 여신이나 어음할인, 보증여신 등의 신용을 공여하기 전에 소정 기준과 절차에 따라 신청인의 자격과 상환능력, 담보의 적정성 유무를 심사하고 여신의 조건을 결정하는 일련의 과정을 말한다. 국내 금융회사들은 여신 전문인력의 양성과 선진 신용기법의 도입, 여신위원회의 설치, 기업 신용정보의 축적 및 활용, 부실기업 조기경보체제의 구축 등 여신심사 및 사후관리에 만전을 기하고 있다.

은행을 비롯한 금융회사들은 여신 실행 이후에도 정기적으로 여신업체의 신용상태를 점검 · 분석하고 여신재심사(loan review)를 통하여 부실여신의 발생 가능성을 조기에 차단하고 있다. 여신심사 업무를 효과적으로 수행하기 위하여는 신규업체를 발굴하는 여신 마케팅 시점에서 미래의 고객을 중심으로 고객이 원하는 것을 제시할 수 있는 능력을 배양하여야 한다.

2. 여신심사의 기본원리

여신업무는 매우 다양한 형태의 채무자를 대상으로 하기 때문에 여신에 대한 개념을 정립함과 동시에 바람직한 대출심사의 과정과 대출결정에 대한 기본원리의 설정도 필요하다. 이는 성격이 전혀 다른 개개의 대출실행 과정에 있어서 금융회사의 업무발전을 위하여는 모든 구성원의 통일된 행동을 확보하고 부실예측가능성에 의한 고객관계를 원활하게 도모할 수 있는 순기능적인 요소가 포함되어 있어야 되기 때문이다. 이를 위하여는 여러 가지의 기본원리가 있겠지만 우선적으로는 건전한 상식에 의한 여신심사와 상환자원에 대한 원천분석, 두 가지 이상의 상환재원 확보,

합의에 의한 의사결정 등이 요구된다.

2-1. 상식에 의한 여신심사

건전한 상식은 여신심사는 물론 모든 경영전반의 의사결정에 있어서도 일반적으로 인정되는 당연한 사항이라고 할 수 있다. 이는 건전한 상식에 의한 합리적인 판단이 무엇보다도 중요하다는 평범한 원리도 있지만 더욱 중요한 것은 다양한 형태의 대출개념이 시사하고 있는 것처럼 각종의 규정과 지침, 지시사항 등이 있을 뿐만 아니라 광범위한 신용정보와 시장위험, 기타 전문지식 등을 활용해야 하는 등 고려할 사항이 너무 많으므로 자칫하면 독선적인 사고방식에 근거하여 의사결정을 내릴 수 있기 때문이다.

기업의 자금수요는 정상적인 경우도 있지만 수요예측의 오류, 제품의 경쟁력 부족 등 부실경영에 기인하는 경우도 있을 수 있으므로 이를 기업경영측면에서 접근하여 그 실상을 기업경영상의 문제점 또는 투자결정의 성격으로서 다시 해석해보지 않으면 안 된다는 상식적인 원리에 해당되는 것과 같다.

2-2. 상환자원의 원천분석과 상환수단 확보

대출원리금의 상환불능위험을 최소화하기 위하여는 반드시 상환자원에 대한 원천분석이 이루어져야 하고 두 가지 이상의 정상적인 상환수단(way-out)도 확보되어 있어야 함을 의미한다. 이는 최후의 상환수단으로 확보하고자 하는 담보의 개념과는 차이가 있는 것이다.

상환자원은 정상적인 기업활동의 결과 기업내부의 상환재원이 조성됨으로써 달성되는 것이고 상환수단은 기업경영활동이 소기의 성과를 거두기 곤란하여 상환재원 조성이 이루어지지 않아 지급불이행이 발생되는 경우에도 기업외부의 지원이 있거나 또는 보증채무 등에 의해 대출금의 상환이 보장됨으로써 달성되는 것으로 본다.

담보의 처분대금에 의한 상환재원이란 여신이 부실화되었을 때에 담보의 처분대전으로 확보되는 것으로서 이는 처분이 원활하게 이루어져야 한다는 전제 외에 처분에 따른 추가비용의 발생과 대출금 미수이자의 누적 등으로 원리금 회수에 문제점이 발생하는 경우가 대부분이므로 정상적인 상환재원이라고 볼 수는 없다.

모든 여신의 기본전제는 상환에 대한 약속이며 이러한 약속의 근거는 담보물 처분에 의한 상환이 아니라 여신약정기간 동안 차주가 영업활동의 결과로 창출한 현금흐름이라고 할 수 있다. 현금 창출의 원천이 되는 것은 매출대금의 회수와 기업자산의 처분 또는 부채 및 자본의 증가를 들 수 있다.

2-3. 합의에 의한 의사결정

합의에 의한 의사결정이란 금융기관마다 일부 차이는 있지만 대부분의 경우 3인의 합의를 필요로 하고 또한 3단계 이내의 의사결정과정을 거친다는 의미이다. 의사결정과정에 너무 많은 인원이 참여하거나 다단계 과정을 거칠 경우에는 여신업무의 신속처리와 합리적인 의사결정이 저해되기 때문이다.

합의제가 아닌 품의제적인 의사결정 체계에 있어서는 여신 의사결정이 아무리 합리적으로 이루어졌다고 하더라도 예측하지 못한 불의의 사태가 더 큰 위험을 초래할 수 있기 때문에 합의제를 도입하여 객관성을 부여하고 있다.

여신실무에서 가장 전통적으로 인지하고 있는 대출개념은 법률적인 입장에서 접근한 것으로 민법상의 소비대차채권계약으로 보는 범주에 머물러 있는 것이다. 이러한 관점은 대출금원리금을 정상적으로 회수하기가 어려운 경우에는 법적절차에 의한 강제회수방법을 사용할 수 있도록 되어 있어 그 타당성이 충분히 인정되어 왔다.

이러한 법률적인 대출개념은 여신심사업무의 중요 관심사항도 차주와 체결된 소비대차채권계약의 확실한 이행에 중점을 두게 되며, 따라서 대출심사의 핵심개념도 채권계약의 이행을 확실하게 보장하기 위한 담보확보에 있기 때문에 정규담보가액을 초과하는 대출은 신용대출로 일괄적으로 규정하게 됨으로써 다단계 결재방식인 품의제 형태의 수동적인 대출심사를 하게 되었다.

그러나 현대적인 의미에서의 대출관점은 금융상품의 세일즈 과정으로 인식되면서부터 계약의 청약 당사자는 은행 등 금융회사가 되고 채무자는 응락자가 된다는 의미로 인식이 전환되면서 대출심사도 커다란 차이점을 보이게 되었다.

즉, 대출이라는 제품은 기업측에서 보면 자금의 조달이고 기업이 존속하는 이상 영업활동을 지속하기 위하여는 동 제품을 계속적으로 사용해야 하지만 은행 등 금융회사 입장에서는 제품을 지속적으로 판매하여야 생존을 할 수 있으므로 우량회사를 발굴하여 금융상품의 판매처를 확대해야 한다는 의미를 갖고 있는 개념이다.

이러한 판매과정으로서의 여신개념은 금융회사 자체에 대한 기여도뿐만 아니라 국가경제적 기여도까지 높일 수 있는 가장 적절한 수단이 되므로 유망거래처를 적극적으로 찾아서 상품을 판매해야 된다는 의미이고, 따라서 담보에 의한 대출이 아니라 신용에 의한 대출확대가 필수적이라는 것이다. 이에 따라 도입된 의사결정 방식이 합의제에 의한 의사결정 방식이라 할 수 있다.

제3절 여신업무의 일반 절차

1. 여신업무의 흐름

여신업무의 근본목적은 은행의 대출위험을 최소화하고 은행의 이익을 극대화하면서 사회에 대한 은행 서비스 활동을 최대화하는 것으로 요약되므로 개별은행의 여신정책에 따라 그 중요도는 달리할 수 있으나 대부분 금융회사의 경우 대손위험을 최소화하기 위하여 대출신청과 신용조사, 여신심사, 여신실행 및 사후관리 등 여신전반에 대한 절차와 과정을 명확하게 규정하고 있다.

그림 1-1 여신업무 흐름도

대출 상담 및 접수 → 신용조사 → 여신심사 → 여신승인 → 채권보전 및 약정 → 여신사후 관리

1-1. 대출상담 및 접수

대출의 신청접수는 고객과의 융자상담, 신청서 작성 및 대출취급과 관련한 필요서류 징구 등의 절차를 거치게 된다. 대출신청 접수시에는 자금용도와 상환계획을 명확하게 상담한 후 적정한 대출상품, 거래 및 상환방식, 금액, 금리 등을 구체적으로 협의하여야 하며, 대출신청서류를 징구하고 채무관계인에 대한 조사를 실시하여야 한다.

또한 차명과 도명에 의한 대출사기와 같은 금융사고를 예방하기 위해서 대출신청서 접수시 반드시 본인(또는 대리인) 및 보증인의 실명확인과 신청서상 자필서명을 받아야 하고 다음의 내용에 대하여 적절한 상담을 하여야 하며, 여신상품을 판매하는 경우

금융소비자 모범규준을 준수하여 불완전 판매가 발생하지 않도록 해야 한다.

- 여신의 종류, 여신금액, 여신기간, 금리 또는 보증료율 등 여신조건
- 신청인의 본인여부 및 대리인의 경우 대리권 유무
- 채무자 및 채무관계인의 행위능력자 여부, 신용관리 대상자 여부
- 자금용도의 적합 여부
- 상환능력의 유무 및 상환자원의 적합 여부
- 담보물건 및 기타 채권보전방법의 적합 여부
- 기타 필요한 사항

1-2. 신용조사 및 여신심사

신용조사란 여신으로 취급되는 자산의 건전한 운용과 거래기업의 경영개선 유도 등에 효과적으로 활용하기 위하여 차주에 대한 과거, 현재, 미래에 걸친 내용을 조사 평가하는 것으로 인적 · 물적사항과 함께 보증인 등도 조사대상이 된다.

여신심사란 신용조사를 통해 차주의 신용도를 분석한 후 해당 금융기관에서 규정하고 있는 신용정책과의 적합성, 자금용도의 적정성, 담보평가와 환가성, 회수가능성 및 금리조건 등을 검토하고 여신 취급에 대한 종합적인 분석을 하는 것을 말한다.

이를 위하여 금융기관은 차주의 채무상환능력을 종합저으로 평가할 수 있는 신용평가 제계를 확립하고, 운용자산의 최적 포트폴리오를 구성할 수 있는 신용정책을 수립하여야 하며, 자금용도별로 다양한 리스크 분석 및 적합한 담보 평가 등을 통해 예상되는 손실을 최소화하도록 하여야 한다.

1-3. 여신승인과 약정체결

여신승인은 일반적으로 여신규모 및 신용평가등급 등에 따라 심사반합의체(주된 심사역 1인, 전문심사역 2~4명) → 심사역협의회 → 여신협의회 순으로 결정하고 있으며, 상임이사회 또는 여신심사위원회 부의대상이 되는 여신에 대하여는 반드시 주된 심사역 명의로 부의하여 설명하도록 하고 각 위원의 여신의견을 실명으로 의사록에 반드시 기록유지 하여야 한다. 그러나 경우에 따라서는 금융기관별로 상이한 여신승인 제도를 운용하는 경우도 있다.

약정체결 및 채권보전조치는 채무관계자 본인으로부터 직접 여신거래약정관련 채권서류, 담보약정관련 서류 등 여신관련 서류를 징구 또는 작성하는 절차로 여신거래시 기본적으로 필요한 법적 채권서류를 파악하여 징구함으로써 만기에 안전하게 여신을 회수하는 데 그 목적이 있다.

금융기관은 여신회수와 관련하여 차주에게 대항할 수 있는 근거서류는 채권서류 이외에는 없으므로 여신서류의 금액, 이자율, 상환기일, 상환방법, 채무관계자의 주소 · 성명 등 중요한 내용은 자필로 작성하도록 하는 등 업무에 유의하여야 한다.

1-4. 여신 실행과 사후관리

여신을 실행하기 전에는 담보부동산의 등기부상의 저당권설정 내용이 정확한지 여부, 권리 침해사항이 없는지 여부, 신용관리 대상자 여부 및 연체 여부를 최종 확인한 후 지급하여야 하며 대출금의 취급전에 선지급할 수 없는 것이 원칙이다.

또한 기성고에 따라 대출금을 지급하는 시설자금의 경우 차주의 대출금지급 위임장 등을 제출받아 시공업체 명의 예금계좌에 직접 입금함을 원칙으로 한다.

여신의 사후관리는 대출취급 이후 차주의 신용상태 및 상환능력 변동을 파악하고 필요한 조치를 취하는 일련의 과정을 말하며, 이에는 채무기업에 대한 상시모니터링, 신용평가시스템에 의한 신용등급 조정, 조기경보제도 운영, 문제기업의 경영개선 지도, 부실기업의 정리, 여신감리제도 운용 등으로 구분할 수 있다.

제4절 여신실행과 기본원칙

1. 여신실행의 기본

1-1. 여신실행의 건전성 유지

여신실행의 건전성이란 대출취급을 통하여 건전한 대출을 보유한다는 것과 함께 대출 취급시 반드시 준수해야 할 규범이 확립되어 있어야 한다는 것을 의미한다. 이를 위하여 금융기관의 여신정책부문에서는 건전대출의 의의를 명확히 하여야 하고 여신담당자는 건전여신의 확보를 위하여 대출심사 관련기법을 철저히 활용하여야 한다.

대출실행은 건전한 상식과 전문적이고도 기술적인 지식에 의하여 행해지는데 이러한 판단은 질문과 답변의 방식에 의하여 확인해 볼 수 있다. 이러한 질문에는 다음과 같은 통상의 기본적인 내용이 포함되어야 하며 만약 답변이 만족스럽지 못하다면 대출조건을 다시 조정하는 절차를 가져야 한다.

- 대출금의 신청목적과 상환자원이 상호 밀접한 관련성이 있는지 여부
- 목적사업에 의한 채무자의 현금흐름(Cash flow)은 대출금을 상환할 수 있는 수준인지 여부
- 담보물건의 적절성과 환가의 용이성, 또는 채권보전의 적절성

일단 취급한 대출은 정기적으로 검토되어야 하고 대출거래처에 대하여도 재무제표 등 관련보고서와 신용정보에 필요한 자료를 수시로 은행에 제출토록 하여 신용상태의 점검이 이루어지도록 하여 부실여신의 발생을 사전에 방지하는 한편, 고객과의 의사소통을 원활히 하여 거래관계도 지속시킬 수 있도록 하여야 한다.

1-2. 회수 가능성 유지

채무자가 여신약정의 내용에 따라 채무이행을 함으로써 채권 채무가 소멸하게 되고 비로소 여신심사의 궁극적인 목적은 달성되게 된다. 그러나 채무자가 금융회사에 대하여 부담하는 채무의 변제기가 도래하였음에도 이를 이행하지 않으면 이행지체 책임이 따르고 이로부터 사후관리의 문제가 따르게 된다.[2)]

여신담당자 대부분은 여신 사후관리의 수단으로 회수 또는 상환이라는 개념을 자주 사용하고 있지만 실질적으로 이 개념은 회수가능상태를 유지하면서 동시에 소송제기의 가능성을 회피하는 문제로까지 확장되는 개념을 의미한다.

회수의 첫 번째 과정인 회수가능상태의 유지란 여신회수에 있어서 가장 중요한 사항으로서 여신실행이 규정과 지침에 맞게 건전한 대출결정의 과정을 통하여 취급되어야 함을 말한다. 일부의 경우를 제외하고는 신규 대출이나 갱신시 만일 건전한 대출로 취급이 되었다면 이는 회수 가능한 여신이 될 것이다.

1-3. 자금조달과 기업의 위험

가. 차입금융과 재무위험

기업입장에서 차입금융은 이자비용이 발생하는 자금을 조달하는 것, 즉 금융기관에서 자금을 조달하여 기업의 영업활동(생산활동과 판매활동)에 지원하는 것을 말한다.

이때 차입금융으로 투자한 사업이 성공하게 되면 차입금융의 비용인 이자를 지급하고도 경상이익이 증가하게 된다. 따라서 특별한 사항이 없으면 순이익도 증가하게 되어 주주의 몫이 증가하게 된다. 이와 같이 차입금융이 성공한 효과를 정(+)의 금융레버리지(financial leverage : 일반적으로 재무레버리지)효과라고 한다.

나. 자본금융과 재무위험

자본금융은 주주로부터 자금을 지원받아 기업의 영업활동에 지원하는 것을 말한다. 자본금융의 특성은 경영자 입장에서 주주에게 자금 사용의 비용으로서 배당금을 지급할 수도 있고 지급하지 않을 수도 있다는 데 있다. 바꾸어 말하면 경영자 입장에서는

2) 양남하, 「대출심사이론과 종합실무 기법」, 한국금융연수원, 2003

주주에게 배당금지급에 대한 의무가 없다.

자본금융을 사용하면 재무구조 개선효과와 매출증대 효과, 금융비용 절감효과와 같은 자본금증대 효과가 발생한다. 그러므로 자본금증대 효과가 긍정적으로 나타나면 결국 당기순이익을 증가시키게 된다. 그러나 일반적으로 주당순이익(EPS)은 오히려 일시적으로 감소할 수도 있는데 이는 당기순이익이 증가한 반면에 자본금 증가로 주식수도 증가했기 때문이다.

다. 차입금구조와 재무위험

기업의 장단기 지급능력을 측정하기 위해서는 기업이 상환해야 할 차입금의 크기(상환금액), 성격(원화차입금과 외화차입금의 구분), 기간(단기와 장기)과 함께 장기차입금인 경우에는 확정된 원금상환일정(repayment schedule), 장기차입금의 유동성 부분이 단기차입금 중에서 차지하는 비중 등과 같은 기업의 차입금구조를 파악하는 것이 매우 중요하다.

왜냐하면 이를 통하여 기업이 영업활동에서 유입되는 현금흐름과 상환을 통하여 유출이 이루어지는 금액에 대한 예측이 가능하고, 아울러 기업의 차입금구조가 파악되면 경영자 입장에서는 차입금관리를 보다 쉽게 할 수 있기 때문이다. 또한 채권자 입장에서는 기업의 부채상환능력을 보다 쉽게 분석할 수 있기 때문이다.

라. 차입금융과 환위험

대부분의 기업들은 환위험 때문에 수출채권을 제외하고는 의도적으로 외화자산을 보유하지 않으려고 한다. 왜냐하면 환율변동은 보유하고 있는 외화자산과 외화부채의 가치를 변동시키는 한편, 그 관리가 어렵고 또한 관리비용도 많이 발생하기 때문이다.

만약 현재시점에서 외화자산과 외화부채의 금액이 일치하더라도 외화자산의 만기와 외화부채의 만기가 서로 일치하지 않으면 상대적으로 짧은 만기의 자산 혹은 부채가 소멸되면 결국 환위험이 발생하게 된다.

기업체의 영업성격이나 업종에 따라서는 환율변동이 기업의 매출이나 수익성, 재무상태 등에 중대한 영향을 미칠 수도 있다. 환율변동이 기업의 영업활동에 미치는 효과를 알아보기 위하여 미국 달러화에 대한 원화환율이 1,000원에서 1,200원으로 상승(원화가치의 하락)했다고 가정하고 그 효과를 정리하면 다음과 같다.

외화채무가 많은 기업의 경우

- 재무상태표에 미치는 영향 : 환율상승(원화가치의 하락) ➡ 외화차입금의 원화표시금액 증가 ➡ 차입금총액의 증가 ➡ 부채증가 ➡ 부채비율의 증가 ➡ 재무구조의 악화
- 손익계산서에 미치는 영향 : 환율상승→외화환산손실(혹은 외환차손)의 발생 ➡ 순이익의 감소(혹은 당기순손실의 발생) ➡ 상대적인 자본총계의 감소 ➡ 재무구조의 악화

2. 여신운용의 기본원칙

은행의 경영은 영리를 목적으로 하는 기업적인 측면과 일반기업보다는 강한 공공적인 측면을 모두 충족시키면서 은행의 발전과 함께 국민경제의 건전 성장에 이바지하여야 하기 때문에 대부분의 국가에서는 해당 법률이나 은행법 등에서 안전성과 수익성, 성장성, 공공성이라는 취지의 경영원칙을 정하고 있고, 이를 여신심사업무에도 그대로 적용되도록 하고 있다.

2-1. 안정성의 원칙

안정성의 원칙이란 여신을 채권보전에 문제가 없으며 안전하게 회수되도록 운용하여야 함을 말한다. 금융기관의 여신을 안전하게 회수하지 못할 경우에는 수익감소와 함께 운용자산을 감소시키고 대외 공신력 유지에도 막대한 영향을 주게 될 뿐만 아니라, 최악의 경우에는 고객의 예금지급에도 지장을 가져오게 되므로 안정성의 원칙은 여신의 기본원칙 중에서 가장 중요한 원칙이라 할 수 있다.

여신의 안정성을 달성하기 위해서는 다음과 같은 4가지 항목에 대하여 신중히 검토하여야 한다.

- 채무자의 상환능력과 상환의사
- 담보와 보증의 필요성과 필요하다면 그 규모
- 차주별 · 업종별 · 지역별로 공정하게 분산 취급되고 있는지의 여부
- 여신의 단기적인 회전가능성과 이를 통한 유동성의 확보 여부

2-2. 수익성의 원칙

수익성의 원칙이란 금융기관의 수익이 효율적으로 증대되도록 여신을 운용하여야 함을 말한다. 금융기관도 하나의 일반기업이므로 효율적인 수익성을 중시하여야 하며 그렇게 함으로서 금융자산의 안전성을 높이고 예금 인출시 예금주 보호에도 도움이 되는 것이다.

은행의 수익성은 안전성과 불가분의 관계에 있으므로 여신의 수익성을 추구하는 방향으로 심사하여야 하며 이를 위해서는 다음 사항을 검토하여야 한다.

- 여신금리와 대출에 필요한 자금조달비용의 적정성 여부
- 외환거래와 파생거래 등에 따른 수수료 수입의 규모
- 예수금을 비롯한 기타 거래의 유치 가능성과 확대 가능성
- 대출금 및 담보의 관리비용과 그 정도

2-3. 성장성의 원칙

성장성의 원칙이란 여신을 성장성이 큰 산업과 기업체에 지원하여 당해 산업과 기업체가 발전함에 따라 금융기관도 함께 발전할 수 있도록 운용되어야 함을 의미한다. 은행이 여신 의사결정을 할 때 산업분석 등을 하는 이유도 장기적인 안목으로 해야 하기 때문이다.

기업의 성장에 동참하기 위하여는 단기적으로는 수익이 크지 않더라도 전망이 좋은 기업에 자금을 지원하여야 하며 이를 추구하기 위해서는 다음 사항을 검토하여야 한다.

- 경영자의 인격과 능력, 자기자본 조달능력의 충실성 여부
- 영위산업의 산업내 지위와 입지조건, 원재료 조달능력의 우위성 여부
- 제품 등의 시장성과 수익성 정도

2-4. 공공성의 원칙

금융기관은 경제의 혈액이라고 할 수 있는 자금의 유통을 담당하므로 여신은 생산력 증대와 국민경제의 건전한 발전에 기여도가 높은 방향으로 운용되어야 하는데 이를 여신의 공공성의 원칙이라 한다.

은행대출은 예금의 운용이란 의미 이외에도 국민경제적 관점에서 볼 때 자원배분이라는 기능도 가지고 있기 때문에 국민경제의 균형있는 발전과 안정에 기여되도록 대출이 운용되어야 한다.

대출자금이 생산적인 용도로 사용됨으로써 국민경제와 신용질서에 영향을 미치면서 건전하게 성장을 하게 된다. 따라서 사회질서에 반하거나 사치성향적 소비자금, 투기를 목적으로 하는 용도의 자금공급 등은 억제되어야 한다.

3. 대출거래자별 유의사항

채무관계인 중 대출취급 적격자란 법률행위능력을 갖추고 있으면서 자산과 채무상환능력 또는 신용이 확실한 자연인, 법인, 조합, 단체 등을 말한다. 특히 차주, 보증인, 담보 등은 관련법규의 변동에 따라 달라질 수 있으므로 채무관계인의 적법성을 파악하여야 함에 유의해야 한다.

자연인은 채무관계인으로서 단독으로 완전하고 유효한 법률행위를 할 수 있는 행위능력 보유자를 말하고, 법인은 법에 의거 설립등기를 함으로써 권리 · 의무의 주체가 될 수 있는 권리능력, 즉 자격이 주어진 영리법인 및 비영리법인을 말한다.

[표 1-2] 제한능력자와의 거래

구 분	미성년자	피한정후견인	피성년후견인
의의	• 만 19세 미만인 자(혼인자제외) • 혼인한 사람은 성년자와 동일 (호적등본으로 확인) • 허가 받은 영업에 관한 사항은 성년자와 동일 (상업등기부등본으로 확인)	심신이 박약하거나 재산의 낭비로 자기나 가족의 생활을 궁박하게 할 염려가 있어 가정법원으로부터 피한정후견인선고를 받은 자	심신상실의 상태에 있어 가정법원으로부터 피성년후견인 선고를 받은 자
확인방법	주민등록증 또는 주민등록등본	호적등본	호적등본
거래방법	• 법정대리인의 동의를 받은 미성년자와 거래 • 미성년후견인을 대리한 법정 대리인과 거래	한정후견인	성년후견인

그러나 법인의 권리능력은 정관으로 정한 목적의 범위 내로 한정되므로 차입 · 담보제공 및 보증행위가 제한을 받거나 감독기관의 허가 또는 승인을 요구하는 경우가 있음에 유의하여야 한다.

법인격 없는 단체는 민 · 상법 또는 특별법에 의하여 법인격이 부여되지 않은 존재를 말하며, 조합 또는 사단의 형태를 갖추고 있는 것이 일반적이다. 따라서 조합 또는 사단의 규약 등에 의하여 대표자의 법률행위를 위한 대표권 존재여부를 확인하여야 한다.

[표 1-3] 법인의 권리능력 및 대표권의 확인방법

구 분	영리법인					비영리법인
	주식회사	유한회사	합명회사	합자회사	외국법인	사단 · 재단법인
권리능력 확인서류	• 상업등기부 등본 • 정관 • 법인인감증명 • 이사회 의사록 사본	좌동	좌동	좌동	• 외국회사 등기부에 의한 등본 • 정관 • 법인인감 증명서(또는 서명감)	• 등기부등본 • 법인인감 증명서 • 주무관청 승인허가서
확인사항	• 회사의 존재 • 대표이사 • 설립목직 • 본점소재지 • 대표이사의 자격, 권한	좌동	좌동	좌동	법률과 조약 등에 의한 능력제한사항에 유의	• 차입용도의 정관목적 부합여부 • 대표권의 특별제한여부 • 특별법의 근거 · 법규검토
대표 및 업무집행 기관	대표이사	각 이사	전 사원	무한 책임 사원		

[표 1-4] 법령에 의해 특별한 규제를 받는 법인 및 제한사항

구 분	제한 및 유의사항
보험회사	• 자금을 차입한 경우에는 주무장관의 사전승인을 받아야 한다. 단, 은행으로부터 당좌대출을 받는 경우에는 예외 • 소유재산은 타인을 위하여 담보제공 할 수 없다.
상호저축은행	• 자본금과 적립금 기타잉여금의 합계액을 초과하여 차입할 수 없다.
학교법인	• 학자금, 장학금 또는 연구비의 보조나 지급, 학술 · 자선에 관한 사업을 목적으로 하는 법인 • 기본재산을 담보로 제공하거나 장기차입을 하고자 하는 경우 주무관청의 허가를 받아야 한다. • 교육용 기본재산(교지, 교사, 강당, 체육장, 연구시설 등)은 담보취득 불가
의료법인	• 기본재산의 담보제공시에는 주무장관의 허가를 받아야 한다. • 기본재산여부는 재산목록을 접수하여 확인한다. • 차입행위에 관하여는 이사회의 기채결의만으로 가능 • 대출을 신용으로 취급할 경우에는 이사장의 개인보증 등 별도의 채권보전조치가 필요하다.
종교단체	• 종교법인은 정관 또는 총회에 의한 제한이 없는 경우에는 업무집행기관이 자유롭게 차입 및 담보제공행위 가능 • 불교사찰이 그 재산을 담보제공하는 경우에는 반드시 주무관청의 허가를 받아야 한다. • 교회가 그 재산을 담보로 제공할 때에는 교회장정 · 회칙 등에 특별한 규정이 없으면 교인총회의 결의서만 접수 ※ 종교법인의 목적이 순수한 종교목적 이외에 사회일반의 이익에 공여하기 위한 공익목적을 가진 경우에는 주무관청의 허가서를 접수하여야 한다.

[표 1-5] 본사가 아닌 지사 등과의 거래시 유의사항

구분	거래시 유의사항
부장, 지점장 등 사용인과의 거래	부장, 지점장 등 사용인과의 거래는 지배인 등기가 있어야 한다.
외국회사의 한국내 지사 등과의 거래	• 외국회사로서의 등기를 하게 한 후, 한국내 대표자를 상대로 거래를 하여야 한다. • 그러나 등기를 하지 아니하고 회사명의로 거래를 하고자 할 경우에는 한국내 책임자에게 대출거래 일체에 관한 대리권을 수여하는 본사 대표자의 위임장(등기부등·초본), 인감증명서(또는 사인증명서)를 받아 대리권 수여자의 회사 대표권한 및 그 행위자의 동일성을 확인하여야 한다.

연 | 습 | 문 | 제

1. 여신심사의 기본원리와 관계가 없는 것은? (   )

① 상식에 의한 여신심사

② 상환재원의 원천분석과 상환수단 확보

③ 담보의 처분대금에 의한 상환재원의 확보

④ 합의에 의한 의사결정 체제의 구축

⑤ 매출채권 회수를 통한 현금유입의 원천 확보

2. 여신실행의 건전성에 대한 설명이 바르지 않은 것은? (   )

① 건전한 대출을 보유한다는 의미

② 여신취급에 대한 규범의 확립

③ 건전한 상식과 전문적인 지식의 필요

④ 대출금의 신청목적과 상환재원과의 연관성 확인

⑤ 대출조건과 신용상태의 수시 변경

3. 여신운용의 기본원칙인 안정성을 추구하기 위하여 검토되어야 할 사항과 거리가 먼 것은? (   )

① 채무자의 상환능력과 상환의사의 유무

② 여신금리와 대출에 필요한 자금조달비용의 적정성 여부

③ 담보와 보증의 필요성과 필요하다면 그 규모

④ 차주별 · 업종별 · 지역별로 적정하게 분산 취급되고 있는지의 여부

⑤ 여신의 단기적인 회전가능성과 이를 통한 유동성의 확보 여부

연 | 습 | 문 | 제

4. 미국 달러화에 대한 원화환율이 1,000원에서 1,200원으로 상승(원화가치의 하락)했을 경우 기업체의 재무상태표에 미치는 영향으로 옳지 않은 것은? (   )

① 외화차입금의 원화표시금액 증가

② 부채비율의 증가

③ 상대적인 자본총계의 감소

④ 차입금총액의 증가

⑤ 재무구조의 악화

정 | 답 | 및 | 해 | 설

1. ③

여신의 상환재원은 영업활동 결과 창출되는 현금흐름을 말하며, 담보는 관련여신이 부실화되었을 경우 최종적인 채권 확보수단에 불과하다.

2. ⑤

신용정보에 필요한 자료를 수시로 은행에 제출토록 하여 신용상태의 점검을 하여야 하나, 대출금의 조건과 신용등급의 수시 변경은 없어야 한다.

3. ②

여신금리와 대출에 필요한 자금조달비용의 적정성 여부는 반드시 체크하여야 할 사항이지만 이는 수익성 확보를 위하여 행해지는 검토사항에 속한다.

4. ③

상대적인 자본총계의 감소는 순이익 감소에 따른 효과이므로 손익계산서에 미치는 영향에 해당된다.

제2장

여신관련 법규 및 여신정책

학습목표

❊ 금융감독과 금융감독시스템 및 금융소비자 보호의 내용을 이해해야 한다.

❊ 은행법 등에 의한 여신운용정책을 이해하여야 한다.

학습개요

❊ 여신운용정책에서는 동일차주 등에 대한 신용공여한도의 개념과 금지업무, 여신운용의 원칙, 주채권은행의 업무와 금융기관의 불건전 영업행위에는 어떠한 사항들이 있는지를 학습한다.

제1절 여신관련 법규

1. 여신관련법규 체계

금융기관의 여신관련 법규는 법령, 금융 감독당국의 규정 및 시행세칙, 금융기관의 내부 규정의 순서대로 체계화되어 있다.

법령에는 대표적으로 은행법과 은행법시행령 그리고 금융소비자보호에 관한 법률 등이 있으며, 금융 감독당국의 규정 및 시행세칙에는 은행업감독규정과 은행업감독규정시행세칙 등이 있다.

심사역은 물론 여신담당자들은 빈틈없는 여신업무수행을 위해서 이와 같은 여신관련 법규나 제반 규정들을 잘 숙지하여야 한다.

2. 대출금지 규정

법령에 의하면 금융기관은 다음과 같은 목적의 대출은 취급하지 못하도록 규정하고 있다.

- 당해 금융기관의 주식을 담보로 하는 대출
- 당해 금융기관의 주식을 매입시키기 위한 대출
- 금융기관 임직원대출(단, 금융위원회가 정하는 소액대출은 제외됨) 등

3. 여신관리제도와 신용공여한도

3-1. 여신관리제도의 개념

정부의 금융 감독정책 목표를 달성하기 위하여 금융기관이 수행하는 여신업무를 직접 또는 간접적으로 규제하는 각종 정책수단이나 지도감독행위를 여신관리제도라고 하며, 협의로는 금융기관 자산의 건전성을 제고하기 위하여 시행되고 있는 개별기업에 대한 여신관리수단을 말하기도 한다.

[여신관리제도 개요]

기본목표	중간목표	관리수단
금융기관 자산의 건전성 제고	• 신용공여의 편중억제	• 동일인 신용공여 한도관리 • 동일차주 신용공여 한도관리 • 거액 신용공여 총액한도관리
	• 내부자거래 제한	• 대주주 신용공여 한도관리 • 자회사 신용공여 한도관리 • 임직원 대출제한(소액대출제도) • 주주대표 및 임원과의 거래내역 공표
	• 부실여신 예방 및 조기 건전화 유도	• 계열사에 대한 채무보증취득 제한 • 부실기업체 사후관리 관련 일반기준 설정 및 운영 • 주채권은행의 기업지도 및 관리

3-2. 신용공여의 편중억제

금융 감독당국은 각 금융기관들의 신용공여가 특정 계열이나 기업에 편중되는 것을 방지하기 위하여 규제를 하고 있는데 그 주된 목적은 금융기관들이 거액의 신용공여를 편중되게 운용함으로써 발생될 수 있는 신용위험을 사전에 제도적으로 방지하고 금융자금을 효율적으로 배분하고자 함에 있다.

가. 동일차주 신용공여한도

은행(은행법상 은행이란 은행업을 규칙적 · 조직적으로 경영하는 한국은행 외의 모든 법인을 말함)은 동일차주에 대하여 당해 은행의 은행법상 자기자본의 25%를 초과하여 신용공여를 하여서는 안 된다는 규제사항이다. 여기서 동일차주라고 함은 신용위험을 공유하는 자들의 집단인 동일한 계열기업군(계열집단)과 같은 개념이다. 그리고 은행법상 자기자본이란 국제결제은행(BIS)의 기준에 따른 기본자본(Tier1)과 보완자본(Tier2)을 합한 금액을 말한다.

한편 은행의 신용공여가 자기자본의 100분의 25를 초과할 수 있는 경우는 다음과 같다.

- 채무자 회생 및 파산에 관한 법률에 따른 회생절차가 진행 중이거나 기업구조조정 등을 위하여 은행 공동으로 경영 정상화를 추진 중인 회사에 대하여 추가로 신용공여를 하는 경우
- 채무자 회생 및 파산에 관한 법률에 따른 회생절차가 진행 중이거나 기업구조조정 등을 위하여 은행 공동으로 경영 정상화를 추진 중인 회사를 인수한 자에 대하여 인수계약에서 정하는 바에 따라 추가로 신용공여를 하는 경우
- 사회기반시설사업의 추진 등 산업발전 또는 국민생활 안정을 위하여 불가피하다고 금융위원회가 인정하는 경우
- 은행이 추가로 신용공여를 하지 아니하였음에도 불구하고 자기자본의 변동, 동일차주 구성의 변동 등으로 인하여 한도를 초과하게 되는 경우로서 다음의 각각에 해당하는 경우
  - *환율변동에 따라 원화환산액이 증가한 경우
  - *해당 은행의 자기자본이 감소한 경우
  - *동일차주의 구성에 변동이 있는 경우
  - *신용공여를 받은 기업 간의 합병 또는 영업의 양도 양수가 있는 경우
  - *그 밖에 급격한 경제 여건의 변화 등 불가피한 사유로 은행의 귀책사유 없이 신용공여한도를 초과하였다고 금융위원회가 인정하는 경우

나. 동일한 개인 및 법인 신용공여한도

은행은 동일한 개인 및 법인에 대하여 당해 은행의 은행법상 자기자본의 20%를 초과하여 신용공여를 하여서는 안 된다는 규제사항이다.

다. 거액신용공여 총액한도

은행은 동일한 개인 및 법인 그리고 동일차주 각각에 대하여 당해 은행의 은행법상 자기자본의 10%를 초과하는 신용공여의 총 합계액이 당해 은행의 자기자본의 5배를 초과하여 신용공여를 하여서는 안 된다는 규제사항이다.

3-3. 내부자거래 제한

가. 대주주 신용공여한도

은행은 자기자본의 25%에 해당하는 금액과 당해 은행에 대한 대주주의 출자지분율에 해당하는 금액 중 적은 금액을 초과하는 신용공여를 대주주에게 제공하여서는 아니되는 규제이다.

나. 자회사의 신용공여한도

은행은 개별 자회사에 대하여 자기자본의 10%이내, 자회사가 2개사 이상인 경우 사회사 전체에 대하여 자기자본의 20%이내에서 신용공여한도를 운용하여야 한다.

다. 임직원에 대한 대출제한

은행은 소속 임직원에 대하여 대출을 원칙적으로 취급을 하여서는 안 된다. 그러나 금융위원회가 정하는 소액대출은 예외적으로 취급을 허용하고 있다. 여기서 소액대출이란 다음과 같다.

- 일반자금대출 : 20백만 원(급부 포함) 이내
- 주택자금대출(일반자금대출 포함) : 50백만 원 이내
- 사고금정리대출(일반자금 및 주택자금대출 포함) : 60백만 원 이내

3-4. 부실여신 예방 및 조기건전화 유도

은행은 부실여신을 예방하기 위하여 주의를 요하는 여신에 대하여는 여신심사 및 사후관리를 더욱 철저히 하여 여신의 부실화를 방지하는데 노력하여야 하며, 이를 위해서 거래기업이 계열사에 대한 채무보증 취득을 제한하거나 재무구조 개선을 위한 특별약정을 체결하는 등 거래기업이 부실화 되는 것을 예방하고 조기에 건전화 시키도록 노력하여야 한다.

가. 계열사에 대한 채무보증취득의 제한

은행이 주채무계열의 소속기업체에 대하여 관련법에서 제한하고 있는 계열사로부터 채무보증을 받아 여신을 취급하는 것을 규제하고 있다.

나. 부실기업체 사후관리 관련 일반기준 설정 및 운영

은행은 부실기업의 조기 건전화를 위하여 부실기업체에 대한 사후관리 기준을 설정하고 운영하여야 한다고 규정하고 있다.

4. 불공정 영업행위 금지

금융소비자 보호에 관한 법률에 의한 불공정 영업행위 금지에 관한 내용은 다음과 같다.

- 대출성 상품, 그 밖에 대통령령으로 정하는 금융상품에 관한 계약체결과 관련하여 금융소비자의 의사에 반하여 다른 금융상품의 계약체결을 강요하는 행위
- 대출성 상품, 그 밖에 대통령령으로 정하는 금융상품에 관한 계약체결과 관련하여 부당하게 담보를 요구하거나 보증을 요구하는 행위
- 금융상품 판매업자 등 또는 그 임직원이 업무와 관련하여 편익을 요구하거나 제공받는 행위
- 자기 또는 제3자의 이익을 위하여 금융소비자에게 특정 대출 상환방식을 강요하는 행위

- 수수료, 위약금 또는 그 밖에 어떤 명목이든 중도상환수수료를 부과하는 행위. 다만, 다음은 제외한다.
  *대출계약이 성립한 날부터 3년 이내에 상환하는 경우
  *다른 법령에 따라 중도상환수수료 부과가 허용되는 경우
  *금융소비자 보호 및 건전한 거래질서를 해칠 우려가 없는 행위로서 대통령령으로 정하는 경우
- 개인에 대한 대출 등 대통령령으로 정하는 대출상품의 계약과 관련하여 제3자의 연대보증을 요구하는 경우
- 연계 · 제휴서비스 등이 있는 경우 연계 · 제휴서비스 등을 부당하게 축소하거나 변경하는 행위로서 대통령령으로 정하는 행위. 다만, 연계 · 제휴서비스 등 을 불가피하게 축소하거나 변경하더라도 금융소비자에게 그에 상응하는 다른 연계 · 제휴서비스 등을 제공하는 경우와 금융상품 판매업자 등의 휴업 · 파산 · 경영상의 위기 등에 따른 불가피한 경우는 제외한다.
- 그 밖에 금융상품 판매업자 등이 우월적 지위를 이용하여 금융소비자의 권익을 침해하는 행위

5. 예금의 구속행위 금지

5-1. 적용대상 차주

금융소비자 보호에 관한 법률에 의한 예금의 구속행위 금지 적용 대상 차주는 다음과 같다.

- 중소기업 및 그 기업의 대표자
- 개인 신용평점이 하위 10%에 해당하는 사람
- 피성년후견인 또는 피한정후견인

5-2. 예금의 구속행위

대출성 상품에 관한 계약(금전제공계약)을 체결하고 계약이 최초로 이행된 날 전 · 후 각각 1개월 내에 다음 각 호의 구분에 따른 계약을 체결하는 행위를 말한다.

- 보장성 상품 또는 투자성 상품에 관한 계약
- 예금성 상품에 관한 계약(금융소비자가 입금과 출금을 수시로 할 수 있는 금융상품은 제외)으로 월지급액이 금전제공계약에 따라 금융소비자가 제공받거나 받을 금액의 1000분의 10을 초과하는 경우. 다만, 다음의 어느 하나에 해당하는 경우는 제외한다.
  *월지급액이 10만 원 이하인 경우
  *계약에 따라 금융상품 직접 판매업자에 지급하는 금액이 총 100만 원 이하인 경우

제2절 여신운용규정

1. 여신운용의 원칙

1-1. 여신의 건전성 확보

금융기관은 여신을 운용함에 있어서 다음 각호와 같이 여신의 건전성을 확보할 수 있도록 노력하여야 하며 감독원장은 금융기관의 여신운용의 건전성을 제고할 수 있도록 여신심사 및 사후관리 업무에 관한 구체적인 기준을 정할 수 있다.

- 차주의 리스크 특성, 재무상태, 미래 채무상환능력 등에 대한 분석을 통한 철저한 신용리스크의 평가
- 차주의 차입목적, 소요자금규모, 자금소요기간 등에 대한 종합적인 심사 및 분석을 통한 적정한 여신의 공급
- 여신 실행 이후 여신자금의 철저한 관리를 통한 용도외 유용 방지
- 차주의 신용상태 및 채무상환능력 변화에 대한 상시 모니터링 및 그 결과에 따른 적절한 조치
- 산업별, 고객그룹별 등으로 여신운용의 다양화를 통한 여신편중 현상의 방지

1-2. 여신 및 투자 운용지침

- 불건전한 여신 방지를 위하여 원칙적으로 자체조달재원 범위내에서 자금운용을 하여야 한다.
- 자금운용 및 조달의 각종 위험에 대한 종합분석과 사후관리 등을 통하여 자산·부채의 건전성을 유지하여야 한다.
- 국민경제의 균형 있는 발전을 위하여 여신이 지역별 및 부문별로 균점 배분될 수

있도록 하여야 한다.

- 차주의 소요자금규모와 종합적인 신용분석을 통한 적정한 여신의 공급 및 여신 취급후 용도의 유용여부와 차주의 신용상태 변경상황 등의 파악을 통하여 여신의 효율성과 건전성이 유지되도록 하여야 한다.
- 비업무용 부동산의 담보취득에 따른 기업의 부동산 취득조장의 방지 및 신용에 의한 여신취급을 확대하여야 한다.
- 금융기관 여신에 과다하게 의존하는 기업에 대하여는 재무구조 개선과 직접금융의 유도를 통하여 과다여신의 억제를 기하여야 한다.
- 여신업무와 관련된 예 · 적금 등의 가입강요 지양을 통하여 금융거래질서의 건전화에 기여해야 한다.

1-3. 여신심사 및 사후관리 세칙

- 금융기관은 여신취급시 차주의 재무상태와 다른 금융기관으로부터의 차입금, 기타 채무를 포함한 전반적인 금융거래상황은 물론 사업현황 및 전망과 여신의 용도, 소요기간 및 상환능력 등의 정확한 분석을 통하여 여신의 적정성을 기하여야 한다.
- 금융기관은 여신취급 후 수시 또는 정기적으로 여신의 용도 외 유용여부와 차주의 사업현황 및 자산 변동상태 등을 파악함으로써 여신의 사후관리에 철저를 기하여야 한다.
- 금융기관은 차주가 여신의 용도 외로 유용한 사실을 발견한 경우 이를 지체 없이 회수하여야 하며, 차주의 신용상태가 악화된 경우에는 그 정도에 따라 적절한 채권보전조치를 취하여야 한다.
- 금융기관은 대출금을 가계자금, 기업자금과 공공 및 기타자금으로 구분하고 기업자금은 중소기업자금과 대기업자금 및 운전자금과 시설자금으로 구분하여 취급하여야 한다.
- 금융기관은 운전자금 취급시 되도록 한도거래 방식을 채택하고 상업어음할인 등 단기간 내에 상환하는 자금을 우선적으로 취급하여야 하며, 또한 대출기간을 과도하게 장기로 약정함으로써 자금의 회전율이 저하되는 일이 없도록 하여야 한다.
- 시설자금 취급시에는 관계증빙서류 및 현물 또는 시설을 확인하는 등의 방법을 통하여 계획된 용도 및 시기에 맞추어 대출을 취급함으로써 시설자금 지원에

적정을 기하여야 한다.

- 자산 · 부채의 건전성 유지와 신용여신의 확대를 기하여야 한다.

2. 주채권은행 선정 및 관리

2-1. 주채권은행의 선정

금융감독원장은 전년말 현재 금융기관으로부터의 신용공여 잔액이 전전년말 현재 금융기관의 전체 신용공여잔액 대비 100,000분의 75 이상인 계열기업군(이하 "주채무계열"이라 한다) 및 그 소속기업체를 선정하고 이를 각 금융기관에 통보한다.

금융기관은 감독원장이 정하는 바에 따라 주채무계열 및 그 소속기업체의 주된 채권은행(이하 "주채권은행"이라 한다)을 정하여야 하며 주채무계열의 주채권은행은 당해 주채무계열 주기업체의 주채권은행으로 한다.

주채무계열 소속기업체의 주채권은행은 주채무계열 주채권은행과 기타 채권은행이 상호 협의하여 결정한다. 다만, 협의에 의하여 결정되지 아니하는 경우에는 감독원장이 이를 결정한다.

또한 주채무계열 소속기업체는 기존 주채권은행의 동의를 얻어 주채권은행을 변경할 수 있으며, 새로운 주채권은행은 동 내용을 감독원장에게 보고하여야 한다.

2-2. 주채권은행의 역할

주채권은행은 담당 주채무계열 또는 그 소속기업체에 관한 여신상황을 포함한 기업정보를 종합적으로 관리하여야 하며, 금융기관은 주채권은행을 중심으로 기업정보를 공유할 수 있도록 상호 협조하여야 한다.

주채권은행은 담당 주채무계열 또는 그 소속기업체의 경영이 악화되어 여신의 부실화가 우려되는 경우 기타 채권은행과 채권은행협의회를 구성하여 처리대책을 수립 · 추진하여야 하며, 담당 주채무계열 및 그 소속기업체의 경영을 지도하여 재무구조개선을 유도하여야 한다.

주채권은행은 주채무계열 소속기업체의 상호, 주소, 대표자, 법인등록번호 등 기업체 현황이 변동되는 경우에는 지체 없이 그 사실을 일정한 서식에 따라 감독원장에게 보고하여야 한다.

주채권은행은 규정에서 정하는 바에 따라 담당 주채무계열 또는 대상기업체에 관한 여신관리업무를 통할하며 경영을 지도하고 자문에 응함으로써 건전경영과 재무구조 개선을 적극 유도하여야 하며, 담당 주채무계열 또는 대상기업체별로 전담심사역을 두어 다음 각호의 업무를 수행토록 한다.

- 담당 대상기업체에 대한 여신심사
- 담당 주채무계열 또는 대상기업체에 대한 여신상황을 포함한 기업정보의 수집 · 분석 · 관리와 이에 관한 정보화일의 비치 관리
- 채권은행의 각종 협의사항에 대한 의견 제시 및 기타 여신관리에 부대되는 업무

제3절 여신포트폴리오와 산업등급

포트폴리오 이론은 투자기법의 한 방법으로 분산투자의 개념을 말한다. 전통적인 투자안의 위험분석에 관한 연구는 개별자산에 국한되어 왔으나 투자상품이 다양화되면서 개별자산들로 구성된 포트폴리오의 위험을 어떻게 분석하여 투자안을 선택할 것인가가 중요한 문제로 대두됨으로써 그 중요성이 증가하고 있다.

실제 투자에 있어서 투자자들은 한 종류의 자산에만 투자하는 것이 아니고 여러 자산에 투자함으로써 자산의 조합인 포트폴리오를 구성하게 된다. 따라서 포트폴리오는 하나의 자산에만 투자하지 않고 둘 이상의 자산에 분산투자하는 개념이다.

넓은 의미에서의 포트폴리오는 자산의 조합을 말하나, 좁은 의미에서의 포트폴리오는 증권시장에서 거래되는 주식, 회사채 등 금융자산의 조합을 뜻한다. 투자자들이 포트폴리오를 구성하는 이유는 여러 자산에 분산투자함으로써 투자수익을 희생시키지 않으면서 위험을 줄일 수 있기 때문이고 이는 금융기관에서 취급되는 여신에도 똑같이 적용된다. 포트폴리오 효과가 발생하는 이유는 포트폴리오를 구성하는 각각의 자산이 전체 수익률과의 상관관계가 다르기 때문이다.

1. 포트폴리오 정책

금융기관에서 포트폴리오 관리는 차주 · 만기 · 산업 · 지역 · 상품 · 신용등급 및 담보 유형별 등 특정부분에 대한 리스크 편중을 방지하고, 위험조정수익 목표 달성을 가능하게 하는 최적포트폴리오를 제시하기 위하여 운용한다.

경제성장 예측치에 따라 수립된 금융기관의 경영계획과 목표 수익을 달성하기 위해 소요되는 자본량을 최소화하는 포트폴리오 연간 계획을 수립하되, 포트폴리오의 목표 설정과 최적의 시나리오, 목표를 달성하기 위한 신규 자산 운용 계획 등을 포함하여 다음과 같은 절차에 따라야 한다.

- 경제성장률, 인플레이션, 자금수급 등의 예측에 따른 금융기관의 경영계획이 수립되면 포트폴리오 관리부서는 포트폴리오 목표를 설정하고 향후 1년에 대한 다양한 포트폴리오 시나리오를 검토한다.
- 포트폴리오 분석을 통하여 다양한 시나리오 중 포트폴리오 목표를 달성하면서 경제적 자기자본이 최소인 시나리오를 구성한다.
- 전호의 시나리오를 바탕으로 포트폴리오 연간 계획을 작성하여 제시하고 승인을 받는다.
- 포트폴리오 연간계획이 수립되면 포트폴리오 목표 달성을 위해 향후 1년 동안 유치하여야 하는 신규 자산운용 계획을 확정하여야 한다.

포트폴리오 관리대상 자산은 다음과 같으며 관리부서에서는 포트폴리오 연간 계획과 실제 포트폴리오를 비교·분석하여 보고하여야 한다.

- 예치금
- 투자유가증권 (주식은 제외)
- 대출금
- 내국수입유산스, 역외외화대출금, 콜론
- 은행간조정자금
- 매입어음, 매입외환
- 지급보증대지급금
- 신용카드채권
- 환매조건부채권매수, 사모사채, 출자전환채권, 팩토링채권
- 기타자산 중 미수금
- 환매권부대출채권매각
- 종금자산 및 기타 필요한 자산

포트폴리오 관리에서 신용 자산 운용은 포트폴리오의 위험조정수익을 기준으로 검토하여야 하며, 효율적인 포트폴리오 관리를 위하여 주기적으로 시나리오를 분석하고, 분석 결과 및 신용리스크 자산 운용과 관련된 사항을 해당 부서에 권고하여야 한다.

포트폴리오 보고서는 정기적으로 포트폴리오의 현황을 분석하여 경영진에게 보고하여

신용리스크의 축소와 수익의 극대화를 위한 각종 정책 권고안을 마련할 수 있도록 하여야 한다. 포트폴리오 분석 보고서에는 다음과 같은 신용리스크 내용들이 포함되어야 한다.

- 신용리스크 자산에 대한 전체적인 현황과 변동사항
- 신용리스크 자산에 대한 위험량 측정과 그 변동사항
- 리스크 대비 수익극대화를 위한 포트폴리오 최적화 방안
- 현재 포트폴리오의 문제점 및 권고안
- 포트폴리오 권고안에 대한 조치사항
- 기타 신용리스크 관리를 위해 필요한 사항

2. 거액여신과 부문별 포트폴리오 관리

거액여신 포트폴리오는 각 금융기관에서 정한 금액을 초과하는 경우로서 개별 금융기관에 미치는 영향이 크기 때문에 실시하는 절차로서 여신관련 협의회 또는 해당 부서 위원에게 신규 여신이 포트폴리오에 미치는 영향에 대한 정보를 제공하여 여신 심사에 반영토록 하는 것을 말하며 다음과 같은 절차를 따른다.

- 담당 심사역은 거액여신 승인 프로세스 적용대상 여신의 기본적인 사항을 일정한 양식에 작성하여 포트폴리오 관리부서에 포트폴리오 영향 분석을 의뢰한다.
- 포트폴리오 관리부서는 심사역이 의뢰한 여신에 대한 포트폴리오 분석 결과를 접수된 날로부터 일정기간 이내에 제공하여야 한다.
- 포트폴리오 분석 결과는 여신의 위험량과 위험조정수익 측정은 물론 이로 인한 포트폴리오 영향과 현행 포트폴리오를 유지 또는 향상시킬 수 있는 금리 수준 등의 방안을 제시할 수 있어야 한다.

포트폴리오 관리부서는 전체 포트폴리오의 효율적인 관리를 위하여 부문별(업종별 · 지역별 · 신용등급별 · 사업본부별 등)로 가이드라인을 설정하여 포트폴리오 관리 정책에 반영하되 다음과 같은 절차를 따라야 한다.

- 포트폴리오 관리부서는 데이터 분석을 통하여 포트폴리오 관리에 유용한 세그먼트(부문)를 찾아내고 분류한다.

- 포트폴리오 관리부서는 세그먼트 분류가 이루어지면, 세그먼트별로 위험량을 측정.분석하고 가이드라인을 설정하여 관련부서에 보고한다.
- 포트폴리오 관리부서는 승인을 받은 후 가이드라인을 포트폴리오 관리 정책에 반영한다.
- 포트폴리오 관리부서는 포트폴리오 변동사항을 매월 모니터링하여 가이드라인의 반영효과를 분석하여 변경할 수 있다.

3. 산업등급에 따른 포트폴리오 관리

여신심사를 하는 경우 기업환경과 재무비율의 검토 이외에도 기업이 속해 있는 산업과 경영진의 질적 수준에 대한 주관적인 전망 등을 포함하는 전략적 분석에 많이 의존하고 있다. 전략적 분석[1]이란 산업환경 내에서 기업의 장기전망에 대한 평가를 말하며 기업의 재무상태표와 현금흐름 분석을 초월한다. 따라서 금융기관들은 산업에 대한 위험도를 평가하는 기준을 갖추고 있고 이를 여신심사와 포트폴리오 정책에 반영하고 있다.

통계청의 용어정의에서 산업이란 "유사한 성질을 갖는 산업활동에 주로 종사하는 생산단위의 집합"이라고 하였고, 산업활동이란 "각 생산단위가 노동 · 자본 · 원료 등 자원을 투입하여, 재화 또는 서비스를 생산 또는 제공하는 일련의 활동과정"이라 하였다. 산업활동의 범위에는 영리적 · 비영리적 활동이 모두 포함된다.

금융기관에서 활용하는 한국표준산업분류는 생산단위(사업체단위, 기업체단위 등)가 주로 수행하는 산업활동을 그 유사성에 따라 체계적으로 유형화한 것이다. 이러한 한국표준산업분류는 산업관련자료의 수집과 분석 등 통계목적을 위하여 작성된 것으로 통계법에서는 산업통계 자료의 정확성, 비교성을 위하여 모든 통계작성기관이 이를 의무적으로 사용하도록 규정하고 있다. 한국표준산업분류는 통계목적 이외에도 일반행정 및 산업정책관련 법령에서 그 법령의 적용대상 산업영역을 한정하는 기준으로 준용되고 있다.

산업분류는 생산단위가 주로 수행하고 있는 산업활동을 그 유사성에 따라 유형화 한 것으로 이는 다음과 같은 분류기준에 의하여 분류되고 있다.

1) 조셉 리찌(Joseph Rizzi)의 전략적 분석은 환경평가, 기업평가, 전략평가의 3단계를 포함한다(1994. 4).김철중.윤평식 역,「신용위험관리」, 한국신용분석사회, 2001, p169.

사업체 단위는 공장, 광산, 상점, 사무소 등을 지칭하며 산업활동과 지리적 장소의 양면에서 가장 동질성이 있는 통계단위이다. 이 사업체 단위는 일정한 물리적 장소에서 단일 산업활동을 독립적으로 수행하며, 영업잉여에 관한 통계를 작성할 수 있고 생산에 관한 의사결정에 있어서 자율성을 갖고 있는 단위이므로 장소의 동질성과 산업활동의 동질성이 요구되는 생산통계 작성에 가장 적합한 통계단위라고 할 수 있다.

그러나, 실제 운영면에서 사업체 단위에 대한 정의가 엄격하게 적용될 수 있는 것은 아니다. 실제 운영상 사업체 단위는 "일정한 물리적 장소 또는 일정한 지역내에서 하나의 단일 또는 주된 경제활동에 독립적으로 종사하는 기업체 또는 기업체를 구성하는 부분단위"라고 정의할 수 있다.

한편, 기업체 단위란 재화 및 서비스를 생산하는 법적 또는 제도적 단위의 최소결합체로서 자원배분에 관한 의사결정에서 자율성을 갖고 있다. 기업체는 하나 이상의 사업체로 구성될 수 있다는 점에서 사업체와 구분되며, 재무관련 통계작성에 가장 유용한 단위이다.

생산단위의 산업활동은 그 생산단위가 수행하는 주된 산업활동(판매 또는 제공되는 재화 및 서비스)의 종류에 따라 결정된다. 이러한 주된 산업활동은 산출물(재화 또는 서비스)에 대한 부가가치(액)의 크기에 따라 결정되어야 하나, 부가가치(액)의 측정이 어려운 경우에는 산출액에 의하여 결정한다. 상기의 원칙에 따라 결정하는 것이 적합하지 않을 경우에는 그 해당 활동의 종업원 수, 임금 및 급여액 또는 설비의 정도에 의하여 결정한다.

단일사업체가 산업영역을 달리 할 수 있는 두 가지 이상의 활동을 복합적으로 결합하여 수행할 경우로서 종업원 수 및 시설 면에서 그 주된 활동을 구분할 수 없을 때에는 그 활동의 결합형태에 따라 산업결정 방법을 달리한다.

벌목과 제재, 점토채취와 벽돌제조 등과 같이 수직적으로 결합되는 경우에는 일반적으로 최종단계의 활동에 따라 분류되며, 제조한 신발과 구입한 신발의 판매, 빵 과자 제조와 설탕과자 제조 등과 같이 수평적으로 결합되어 이들 활동을 별도로 분리하여 파악할 수 없을 경우에는 주된 산출물에 따라 분류된다. 예를 들면 벌목한 대부분의 원목을 원목대로 판매하고 일부만 제재하는 경우에는 벌목업으로 분류되어야 하나 벌목한 원목을 판매하지 않고 이를 직접 제재하는 경우에는 제재업으로 분류한다.

금융기관에서는 이렇게 분류된 산업을 기초로 하여 산업분석을 실시하고 이를 통하여 특정기업이 영위하는 사업이 소속되어 있는 산업의 위험요소 및 경쟁구조를 분석하는 한편 산업의 구조가 개별기업의 수익성, 재무구조, 현금흐름에 미치는 영향을 파악하게 된다.

이를 위하여 금융기관에서는 매년 정기적으로 산업등급(IR : Industry Rating)을 평가하고 있다. 이는 일정시점에서 해당산업에 대한 위험도를 측정하여 등급화한 것으로 금융기관 여신 포트폴리오 정책수립 및 여신심사 업무에 활용하고 있다.

산업등급평가서는 산업의 개요 및 특성, 동향 및 전망, 업계 현황 등에 대하여 분석한 보고서로서 차주가 속한 산업에 대하여 예상되는 국내외의 추세, 경쟁강도 및 생산량, 산업의 매력도, 진입장벽, 경기충격에 대한 취약성, 감독기관의 규제, 법률 및 노동시장 변화 등을 예측하고 이들 변화요인이 개별 차주의 실적에 미치는 영향을 분석하게 된다.

연 | 습 | 문 | 제

1. 여신운용원칙에서 여신심사 및 사후관리세칙과 관계 없는 것은? (　　)

① 운전자금 용도의 여신은 가급적이면 장기여신으로 취급하여 자금운용의 효율성을 기하도록 하여야 한다.

② 차주의 전반적인 금융거래 상황을 파악하여야 한다.

③ 차주의 사업현황 및 자산 변동상태를 수시로 파악하여야 한다.

④ 여신이 용도 외로 사용되었을 경우에는 지체 없이 회수하여야 한다.

⑤ 신용상태가 악화된 경우에는 적절한 채권보전 조치를 취하여야 한다.

2. 금융기관이 추가로 신용공여를 하지 아니하였음에도 불구하고 자기자본의 변동 등으로 인하여 동일차주 신용공여의 한도를 초과하였을 경우 예외로 인정할 수 있는 경우가 있는데 이에 대한 내용으로 볼 수 없는 경우는? (　　)

① 환율변동에 따라 원화환산액이 증가한 경우

② 국민생활 안정을 위하여 불가피하다고 금융위원회가 인정하는 경우

③ 당해금융기관의 자기자본이 감소된 경우

④ 신용공여를 받은 기업 간의 합병 또는 영업의 양도 · 양수가 있는 경우

⑤ 금융기관의 귀책사유 없이 신용공여한도를 초과하였다고 금융위원회가 인정하는 경우

3. 산업등급에 따른 포트폴리오 관리에 대한 설명으로 옳지 않은 것은? (　　)

① 산업활동의 범위에는 공기업과 영리적 활동이 대상이다.

② 산업이란 유사한 성질을 갖는 산업활동에 주로 종사하는 생산단위의 집합이다.

③ 사업체 단위는 공장, 광산, 상점, 사무소 등을 지칭한다.

④ 기업체 단위란 재화 및 서비스를 생산하는 법적, 제도적 단위의 최소결합체다.

⑤ 산업활동은 그 생산단위가 수행하는 주된 산업활동의 종류에 따라 결정된다.

정 | 답 | 및 | 해 | 설

1. ①

운전자금 여신은 되도록 한도거래제를 채택하고 상업어음할인 등 단기간 내에 상환하는 자금을 우선적으로 취급하여야 하고, 자금이 고정화되지 않도록 특히 유의하여야 한다.

2. ②

국민경제를 위하여 또는 금융기관의 채권확보의 실효성 제고를 위하여 필요한 경우에 해당한다.

3. ①

산업활동의 범위에는 영리적 · 비영리적 활동이 모두 포함된다.

제3장 여신심사 개론

학습목표

❊ 경기주기별 행태분석과 사업위험에 대하여 이해할 수 있어야 한다.

❊ 재무제표에 대한 분석을 심사목적에 맞도록 재구성하여 분석할 수 있어야 한다.

❊ 자산규모의 문제점과 적정 자산규모를 판단하여야 한다.

학습개요

❊ 경제상황 및 여건의 변화가 차주의 채무상환능력에 어떠한 영향을 미치는지에 대하여 검토를 하고 경기주기별로 차주의 행태가 어떠한 변화를 거치는지 학습한다.

❊ 손익계산서 분석시 유의사항을 알아보고 손익계산서와 매출액의 구조, 각종 회전율과의 유기적인 관계, 당기순이익이 가지고 있는 문제점은 무엇인지를 파악하여 올바른 심사판단이 이루어지도록 학습한다.

❊ 재무상태표의 각 항목을 심사목적에 부합되는 형태로 분석하여 보고, 총자산 분석시 유의사항에 대하여는 자산규모의 문제점과 자산효율성, 금융레버리지와의 관계, 적정자산 규모의 순으로 알아본다.

제1절 경기주기와 사업위험 분석

1. 경기주기 분석

여신 심사 시에는 경제상황 및 여건의 변화가 차주의 채무상환능력에 어떠한 영향을 미치는지에 대하여 고려하여야 한다.

여신행위에 있어서 차주의 현 재무상태, 자금조달상황 등 기본적인 정보 외에도 경제여건의 변화와 기업의 사업주기 동안에 차주와 금융기관의 태도변화 등을 예상하고 이에 대한 대비를 하여야 한다. 경제상황 및 사업주기는 관련업체와 일정한 관련성이 있으므로 다음과 같은 내용의 검토가 선행되어야 한다.

- 현재의 경제상황은 어떤 경기순환주기 단계에 해당하는지와 차주의 사업은 현재 경기사이클을 따라가고 있는지, 그렇지 아니하면 차주 본연의 사업특성상 독자적으로 움직이고 있는지 여부, 그리고 차주의 사업주기가 경기순환주기에 선행하는지 또는 후행하는지와 주력사업은 무엇인지 여부
- 경제적 위기상황 하에서의 차주의 과거 대처능력은 어떠하였는지를 파악해 보고 차주의 사업은 제품의 수명주기상 어느 단계에 있는지와 어떤 경기순환주기 하에서 가장 큰 영향을 받는지를 파악
- 산업이 어느 한 독점기업에 의하여 유지되고 있는지 여부와 산업통합화가 이루어지고 있는지 아니면 이루어질 가능성은 있는지 여부
- 차주의 사업부문별 현저한 위험요소 및 특성은 무엇인지와 차주가 생존번영을 지속하기 위해서 어떠한 조치를 취해야 하는지를 파악

2. 경기주기별 차주와 금융기관의 행태 분석

[표 3-1] 경기순환주기

경기순환주기	차주의 일반적인 행태	금융기관의 대응 전략
회복기	• 재무 유동성지표의 수정과 재고 및 매출채권 증가 • 생산성 및 수익성 개선과 생산시설에 대한 보수작업 실시 • 시설투자를 고려하고 신상품 개발과 신규진입 기업의 증가 • 유망기업은 직접금융시장으로 전환	• 여신금액의 증가와 은행간 경쟁 심화 • 금융시장의 과열경쟁으로 불건전 여신 취급에 대한 위험 증가 • 이자율 상승 • 기업들 사채시장에서 금융기관으로 전환
활황기	• 낙관적 경기전망 대두 • 주문량과 가격 상승 • 장기여신 수요 감소와 중 · 단기 여신 증가 • 생산능력 한계점 도달 • 저생산성 설비 및 인력사용 • 과도성장정책으로 재고량 증가 • 기업인수 매력 • 재고자산 과대평가 등으로 가공이익 발생	• 낙관론 대두 • 유동성과잉으로 여신금액 증가 • 신용리스크 판단능력 저하 • 단기자금조달 수요 증가 • 자본투자여신 증가 • 인수자금 여신 증가 • 금융기관이 자본시장을 대체하는 현상 나타남
후퇴기	• 한계기업들 자금 어려움 가중 • 한계기업 청산 증가 • 재고량 증가 및 기존 주문 취소 • 유동성 관리 치중 • 경비절감 프로그램 가동 • 은행 차입금 축소 • 불요불급한 투자 억제	• 유동성 공급 초과현상 발생 • 유동성 목표 수정 • 자금운용의 신중으로 대기업의 대출금리 인하 현상 발생 • 채권보전조치 강구 • 신용위험 관리 강화
침체기	• 주문량 및 생산규모 감소 • 차입행위 제한 • 운전자본 부담 증가 • 원리금상환능력 악화 • 매출채권 회수기간 감소 • 매입채무 지급기간 증가 • 자산에 대한 평가손 및 감모손 발생 증가	• 여신제공에 신중해짐 • 선별적인 여신행위 증가 • 기존고객에 대한 기본적 여신 수요를 적정배분 • 다음의 여신행위 자제 – 순수한 재무활동 – 기업인수자금 – 자사주 매입 자금

3. 사업위험 분석

여신심사에 있어서 기업체 개요나 사업전망, 경영능력 등을 분석하여 상환능력의 가능성을 평가하는 것을 사업위험 분석이라 한다. 기업체 개요와 경영진에 대한 자료는 심사자로 하여금 기업체의 과거와 현재의 영업목적을 개괄적으로 관찰하는 데 도움을 주게 된다.

합리적인 경영인이라면 금융기관과 여신거래를 하기 위해서는 반드시 검증을 받아야 한다는 것을 알고 있다. 이러한 검증을 통하여 여신취급에 대한 확신의 기준이 서게 되고 결국에 가서는 미래의 상환능력과 상환의지 추정에 대한 중요한 요인이 되는 것이다.

경영능력문제와의 관계설정은 건전여신실행의 한 부분이라고 생각하면 된다. 이러한 것은 틀림없이 상환할 것이라고 확신을 주는 사람들에게 대출하고 있다는 생각을 갖도록 하는 데 매우 유익한 일이다. 이러한 경영활동은 영업활동과 조직관리, 은행거래상황, 재무활동보고 등의 범주로 세분화된다.

[표 3-2] 사업위험 검토 항목

사업위험 항목	주요 검토 내용
회사 개요	• 지배 구조 분석으로 경영의 안정성 분석 • 설립일 이후의 기업체 연혁 분석 • 본사 및 지사 소재지 분석을 통한 원가부담 내용 분석 • 주력업종 및 시장지위 분석 • 최근의 매출, 손익, 자산증가 추세 등의 개략적 분석
상품 및 경쟁력	• 주력상품 및 주력시장에 대한 분석 • 산업 경쟁자 분석과 상품 구성별 SWOT 분석 • 기업의 경쟁전략 및 경쟁상 강점 및 약점 분석 • 최근 제품별 매출 및 손익 증가추세 등에 대한 구체적인 분석
경영진	• 경영진의 경영능력 및 동종업계 경험 여부 • 경영의사결정 구조의 안정화 여부 • 실질 경영자와의 관계 및 과거 경영사례 • 최근까지 경영성과에 영향을 미쳤던 주요 결정 내용 • 경영전략 및 향후 사업방향 검토

[표 3-2] 사업위험 검토 항목 (계속)

사업위험 항목	주요 검토 내용
영업 현황 및 주요 재무지표	• 기업의 경쟁우위를 유지하거나 개선시키기 위해 공급 및 생산부분에서 우선적으로 해야 할 사항 검토 • 영업현황의 SWOT 분석과 매트릭스 분석 – 공급 부문과 생산부문 – 경쟁과 경영부문 • 주요부분별 추세 및 성과분석 – 수익성 분석과 활동성 분석 – 유동성과 지급능력, 자본구조와 현금흐름 분석

제2절 심사목적의 주요 재무제표 분석

1. 손익계산서 분석시 유의사항

손익계산서는 일정 기간 동안 기업의 경영성과에 대한 손익정보를 발생주의 회계에 의하여 작성하는 재무제표를 말한다. 손익계산서는 미래 현금흐름에 관한 정보를 제공하고, 기업의 경영성과를 평가하기 위한 정보를 제공해주며, 또한 과세소득 산정의 기초 자료를 제공해주는 중요한 보고서이므로 아래와 같은 내용을 주로 검토해 보아야 한다.

[표 3-3] 손익계산서 검토사항

주요항목	항목별 검토사항
사업의 소재국	• 매출과 비용발생 등 사업활동이 국내인지 또는 국외인지 여부 • 주요 자산 및 부채조달이 타국에서 이루어지고 있는지 검토
사업영역 구분	• 업종 또는 제품이 2가지 이상으로 구분되어 있는지 검토 • 품목별 매출비중과 구분손익의 검토
매출과 수익의 인식기준	• 매출 및 수익인식기준의 변경여부 검토 • 매출액 적정성 분석 • 매출액과 발생이익의 종류와 크기 비교 분석
비용인식기준	• 비용인식기준의 명확 여부 • 자본화비용의 적정성 • 각 항목별 비용명세를 적절히 제시하고 있는지 여부
손익계산서의 재구성 분석	• 손익계산서의 주요항목을 재구성하여 분석 (제조원가와의 적정성, 대손충당금의 적정성 등을 비교 분석) • 수익과 비용을 대응하여 비교 검토하고 분석
매출구조 분석	• 판매량 및 단가 변동 내용 – 매출할인 및 매출에누리 규모 분석 – 수출 및 내수규모 – 수익인식기준의 계속적 적용여부

[표 3-3] 손익계산서 검토사항 (계속)

주요항목	항목별 검토사항
매출구조 분석	– 외화표시매출의 원화환산 적정성 • 총매출액 변동내용 분석 – 제품별/고객별 매출구성비 분석 – 기말 수주 잔액(수주산업의 경우) – 해외 자회사/계열사간 매출 분석 – 한계고객 및 관계사에 대한 가공 매출여부 – 매출누락 여부 – 계절적 요인 및 경기요인
비용구조 분석	• 매출원가 분석 – 재고자산의 종류 및 가공의 재고자산 유무 – 제품별 비용 구분 분석, 재고자산 과대평가 여부 – 재고자산 평가방법의 변경여부 – 감가상각비 과소계상 및 상각방법 변경여부 – 퇴직급여충당금 과소계상 여부 • 판매비와 관리비 주요 항목 분석 – 대손상각비 과소 계상 여부 검토 (부도현황, 확보된 담보가액 평가의 적시성) – 퇴직급여충당금 과소 계상여부 – 리스료 수준
손익분기점 분석	• 영업레버리지 분석 – 고정비 수준 추이변동 분석 – 예상매출액의 고정비와 변동비 커버 수준 • 이자 및 원금상환을 위해 필요한 매출규모 – 공헌이익의 규모와 손익분기점 매출액[고정비 / (1 – 변동비율)]
주요 비율분석	• 수익성 비율 – 매출액총이익률, 매출액영업이익률, 매출액순이익률,ROE, ROIC • 원가율 및 영업비용률 – 매출원가율, 금융비용 부담률 • 매출액 성장률, 총자산성장률

[표 3-3] 손익계산서 검토사항 (계속)

주요항목	항목별 검토사항
이익의 질 검토	• 이자비용/계속사업이익 규모 검토 – 이자비용을 영업규모와 차입금과 연계 하여 검토 – 건설자금이자, 리스료를 포함한 이자비용에 이자수익을 차감한 순 금융비용 수준을 검토 • 계속사업이익은 기업의 실질적인 수익성 판단지표임 – 중단사업손익 규모 검토 – 일시적이며 비경상적 거래에 의한 손익 내용 검토 • 당기순이익 규모 검토 – 연속적자로 수익이 악화되는 경우에는 계속기업으로서 존속여부 불투명 – 영업 및 영업외부문 등 각 부문에서 발생한 수익규모와 원천을 분석하여 이익의 질을 평가

2. 손익계산서의 구조와 매출액 분석 포인트

손익계산서는 기말의 순자산(자본)에서 기초의 순자산을 차감하여 순자산의 변동액을 계산하는 자본유지접근법과 일정기간에 영업활동에서 발생한 수익과 비용을 대응시켜서 이익을 계산하는 거래접근법이 있다. 거래접근법은 손익법이라고도 부르며 일정기간 동안의 손익거래를 수익과 비용, 이득 및 손실로 구분하여 손익의 발생 원천인 손익의 구성요소에 대한 정보를 제공하기 때문에 널리 사용된다.

[표 3-4] 손익계산서의 기본구조

중단사업손익이 없을 경우	중단사업손익이 있을 경우
1) 매출액	1) 매출액
2) 매출원가	2) 매출원가
3) 매출총손익	3) 매출총손익
4) 판매비와관리비	4) 판매비와관리비
5) 영업손익	5) 영업손익
6) 영업외수익	6) 영업외수익

[표 3-4] 손익계산서의 기본구조 (계속)

중단사업손익이 없을 경우	중단사업손익이 있을 경우
7) 영업외비용	7) 영업외비용
8) 법인세비용차감전순손익	8) 법인세비용차감전계속사업손익
	9) 계속사업손익법인세비용
9) 법인세비용	10) 계속사업손익
	11) 중단사업손익(법인세효과 차감후)
10) 당기순손익	12) 당기순손익
11) 주당손익	13) 주당손익

손익계산서의 매출액은 기업의 주된 영업활동에서 발생한 총매출액에서 매출할인 등을 차감한 금액이므로 신용조사나 여신심사시 가끔 매출액의 크기에 현혹되어 매출액이 큰 회사는 무조건 양호한 영업과 수익을 시현하고 있는 것으로 착각할 경우가 있다.

실제로 매출액의 크기는 경영자의 의도나 경영정책, 분식가능성 그리고 거래처와의 관계 및 은행과의 여신거래의 원활한 유지 등과 관련하여 조정 내지 분식될 가능성이 얼마든지 있다.

보편적인 경우 매출액의 증가는 회사의 활발한 영업활동을 나타내 주는 지표일 경우가 많지만 그 이면을 정확히 살펴보는 노력이 필요하다. 여신 마케팅 담당자나 심사담당자들도 매출액이 증가하거나 외형이 크면 무조건 우량한 기업이며 영업활동이 활발하다고 맹신해 버리는 우를 범하는 경우가 종종 있음을 부인할 수 없으므로 심사업무를 수행할 시에는 다음과 같은 내용을 면밀히 검토해 보아야 한다.

2-1. 매출액과 발생이익의 종류 분석

동일한 업종을 영위하고 있는 두 회사가 같은 매출액과 당기순이익을 시현하고 있더라도 수익실현과정에서 어떠한 요인에 의해 이익이 발생되었느냐에 따라 그 회사의 영업상 수익구조의 안정성과 영업활동의 효율성은 다르기 마련이기 때문에 이의 적절한 분석을 통해 회사의 영업상황을 재분석해 보아야 한다.

[표 3-5] 매출액과 발생이익의 사례

구 분	갑회사	을회사
매출액	1,000	1,000
매출총이익	300	200
영업이익	**200**	**100**
법인세비용차감전순손익	150	150
당기순이익	**100**	**100**

갑과 을 두 회사는 동일한 규모의 매출액 및 당기순이익을 나타내고 있지만 순이익의 발생과정은 전혀 다르다. 갑회사는 을회사에 비해 수익발생 원인이 영업부분에서 안정적으로 시현하고 있어 매출액영업이익률이 20%인 반면, 을회사는 매출액영업이익율이 10%로 갑회사에 비해 수익구조가 취약하다는 것을 알 수 있고 영업외손익부문에서 50이라는 수익을 시현하여 당기순이익이 100이 되었다는 것을 알 수 있다.

이러한 영업외손익은 안정적인 수익원이라고 볼 수 없기 때문에 을회사는 갑회사에 비해 영업활동에 의한 수익력은 떨어진다고 볼 수 있다.

2-2. 매출액의 품목별 증감요인 분석

여러 가지 품목을 취급하는 회사일수록 품목별 매출구성비 분석은 필수적이다. 단일품목을 취급하는 회사와 여러 가지 품목을 취급하는 회사의 매출구성에 대한 분석은 향후 회사의 매출전망을 위해서도 필수적이다.

그러나 대부분 매출액의 규모만 가지고 판단할 뿐 매출액의 질적 분석에 대해서는 무관심한 경우가 많이 있다. 매출구조 및 품목별 추이분석이 왜 중요한지 살펴보면 다음과 같다.

회사의 제품 중 수출비중이 높은 상황에서 판매수량 및 단가는 감소하였지만 환율인상효과에 의해 매출액 규모가 증가한 경우 이 회사의 매출액 증가는 과연 영업활동에 의한 증가로 볼 수 있을 것인지가 문제가 된다.

이러한 회사의 경우 금년도 환율이 안정되고 판매량이 계속 감소할 경우 동사의 매출액은 감소할 수밖에 없다. 환율과 관련해서 한가지 고려해야할 항목이 있다면 손익계산서상 외환차손익 항목이다. 영업이익은 감소하였지만 외화환산익이 발생하여 당기순이익이 증가한 경우 이 증가분을 영업활동에 의한 손익증가분으로 볼 수는 없다.

분석자의 입장에서 외화환산손익의 규모는 회사의 수익력을 판단하는 기준으로 삼아서는 안되고 회사의 자산 및 영업활동과정에서 외환 위험에 노출되어 있는 수준에 대한 평가항목으로 분석 기준을 바꾸어야 한다.

그렇기 때문에 매출액의 내용을 판단할 때에는 제품 및 상품별 판매량, 평균단가 추이, 제품별가동률, 시장점유율, 제품구성비 등에 대한 분석이 필요하고 수출비중 및 내수비중에 대한 분석을 하여 환율변동요인에 의한 매출액 증감부분을 분석한 후 향후 대내외적 경제요인에 의해 회사의 영업규모가 어떻게 변화되어 갈 것인지를 거시적으로 분석할 필요가 있다.

2-3. 매출액과 각종 회전율과의 관계 분석

매출액이 증가하면 대개 매출채권 및 재고자산 등이 증가하는 경향이 있다. 이럴 경우 매출채권의 회수기간이 늘어나거나 재고자산이 누적될 경우 회전율이 떨어지게 되고 원재료 구입에 다른 매입채무의 결제 조건 등이 악화되어 매입채무 회전율이 높아지게 되면 이 회사는 운전자본 부담이 가중되기 마련이다.

운전자본투자액은(매출채권 + 재고자산 − 매입채무)로 구성되기 때문에 매출채권이 늘어날 경우 경기불황으로 판매처가 도산되면 부실 채권화될 확률이 높아지고 판매부진으로 재고자산이 늘어나게 되면 경기변동의 파고를 피하기 힘들게 된다. 그리고 소요 운전자금이 증가되기 때문에 자금부담이 커서 영업이익률이 악화된다. 따라서 매출액이 적고 자산규모가 소규모라는 사실을 가지고 회사를 판단하는 것을 피하고 매출구조 및 수익성 구조 그리고 매출관련 회전율의 추이 등을 가지고 판단하여야 할 것이다.

즉 매출액 규모의 적정성, 부실채권의 추가 발생 가능성, 영업이익률, 회전율 등을 종합적으로 고려하여 영업활동의 질을 분석하는 것이 중요하다.

3. 당기순이익의 적정성 분석

기업의 목표는 이윤추구이고 한 사업 연도의 실적은 당기순이익으로 표현된다.

그러나 재무제표 상의 당기순이익이 기별 사업 연도 업적을 제대로 반영하기에는 많은 문제점을 안고 있다.

따라서 기업체의 실체분석이나 여신심사시에는 당기순이익에 대한 고정관념을 탈피하고 재무제표상의 당기순이익을 분석비판하고 수정하여 이용할 수 있는 안목을 갖기 위하여 순이익의 발생 유형에 대해 많은 노력을 기울여 분석해야 한다.

3-1. 당기순이익의 문제점

손익계산서는 이익정보를 제공하지만 다음과 같은 한계점도 있다는 것을 염두에 두고 심사에 임해야 한다.

- 손익계산서의 회계이익이 진실한 이익인지의 문제이다. 회계이익은 화폐액으로 측정할 수 있는 이익만을 포함하기 때문에 경기호황이나 매출액이 증가하면 이익도 증가할 것이라는 심리적 이익 등은 무시된다.
- 원가배분이나 대손율 추정에 있어서 작성자의 주관이 개입될 가능성이 크기 때문에 이익의 질이 문제가 된다. 또한 수익은 현행가격, 비용은 역사적 원가로 계상됨으로써 이익이 과대 계상되는 경향이 있다.

가. 회계측정기술의 문제점

매출채권은 대손의 가능성이 항상 존재하는 계정으로서 대손이 발생하면 자산이 감소하고 그에 따라 대손비용이 발생하게 되는데, 이 경우 대손비용을 어느 시점 또는 기간에 인식하느냐에 따라 평가액이 변동되게 된다. 회계처리방법으로는 직접상각법과 충당금설정방법이 있으며, 충당금설정법에서 대손예상액을 추산하는 방법으로는 손익계산서접근법과 재무상태표접근법, 연령분석법이 있다.

손익계산서접근법은 과거 외상매출액과 대손발생액의 관계를 기초로 계산한 평균대손율에 당해 연도의 외상매출액을 곱하여 대손추산액을 계상하며, 재무상태표접근법은 과거 매출채권잔액과 대손발생액과의 관계를 기초로 산정한 평균대손율에 기말 현재의 매출채권잔액을 곱하여 대손추산액을 산정하고, 연령분석법은 개별 매출채권을 연령 즉, 잔존기간별로 분석하여 연령집단별로 과거 경험률에 의한 대손율을 적용하는 방법이다.

따라서 이렇게 상이한 평가방법이 존재하기 때문에 자산계정인 매출채권 및 부실채권과 비용계정인 대손상각비의 규모가 상이하게 됨으로써 당기순이익은 크게 변동될 수 도 있다.

재고자산 평가에서도 동일한 현상이 나타나게 된다. 재고자산을 매입하게 되면 취득원가로 기록되며, 개념상으로는 판매 시마다 재고자산의 취득원가를 개별적으로 확인하여 이를 매출원가로 하는 것이 가장 이상적이지만 이를 현실적으로 적용하기는 거의 불가능하다.

따라서 실제로 매출원가와 기말재고금액을 산정하기 위하여는 원가흐름에 대한 가정이 필요한데 이러한 가정에는 개별법, 평균법, 선입선출법, 후입선출법 등이 있으며 각각의 평가방법에 따라 당기순이익은 영향을 받게 된다.

이 외에도 유형자산의 상각방법(정률법 혹은 정액법)에 따라 순이익의 변동이 가능하기도 하고 연구개발비를 무형자산과 판관비로 명확히 구분하기가 어렵기 때문에 발생하는 문제점이 있기도 하며, 무형자산의 상각방법 등에 의해 당기순이익이 변동할 가능성도 상존하고 있다.

나. 재무제표 분식의 문제

기업의 경영실적이 투명하게 드러날 때 회사의 가치와 경영상황을 쉽게 파악할 수 있기 때문에 주식과 채권시장의 투자자나 관계당국에게 있어 기업경영의 투명성은 매우 중요하다. 만약 경영자가 기업의 실제 모습과 다른 정보를 외부에 제공한다면, 소유주나 투자자들은 부정확한 정보에 기초해서 투자 결정을 하고 그 결과 시장도 제대로 작동하지 않게 될 것이다. 이러한 문제를 일으키는 대표적인 것이 바로 분식(粉飾)회계이다.

부실기업은 부실기업대로 우량기업은 우량기업대로 분식의 필요성을 느낀다. 즉 부실기업은 있는 그대로의 적자표시를 할 경우 금융기관과의 거래가 어려워지고 기업이미지가 손상되는 등 악영향을 미치기 때문에 분식결산 우려가 있고 우량기업은 반대로 거래처의 납품단가 인하요구나 노조의 임금인상요구 등의 우려가 있기 때문에 분식의 유혹을 받을 수 있는 것이다.

이와 같이 회계측정기술의 한계 또는 분식의 욕구 때문에 당기순이익은 왜곡될 수밖에 없고, 따라서 재무정보 이용자가 스스로 재무제표 상의 당기 순이익을 분석비판하고 여과하여 이용할 수 있어야 한다.

실적이나 이익을 부풀리는 분식 동기	실적이나 이익을 줄이는 분식(역분식)동기
대외 신용도 유지 또는 상향 목적	비자금 조성 및 과거 분식 은폐
유리한 상거래 조건을 유지할 목적	조세 회피 및 납부세액 축소
신주발행이나 채권발행을 용이하게 할 목적	회사재산의 개인적 유용 및 은닉수단
M&A시 유리한 조건을 달성하기 위한 목적	이익배당 요구를 억제시킬 목적
경영실패를 은폐할 목적	종업원 임금인상 억제
금융기관 차입을 쉽게 받기 위한 목적	제품가격 인상 여건 조성
주가 조작 목적	독점이익에 대한 사회적 비난 회피
인허가 취득 조건을 허위로 충족할 목적 등	법정관리 기간 연장 목적

3-2. 심사 판단시 범하기 쉬운 유형별 오류

가. 흑자전환 판단착오

과 목	전 기	당 기
매 출 액	200억	210억
당기순이익	−1억	1억

만약 어떤 기업이 상기와 같이 흑자 전환에 성공하였다고 하며 여신 요청을 하거나 신용등급의 변경을 요청하였다면 이를 어떻게 볼 것인가가 문제다.

금액으로 보면 전년도보다 당기순이익이 개선된 폭은 2억원에 불과하고 매출액의 1% 정도에 머물고 있음에 주목하여야 한다. 실제로 이 정도의 당기순이익 폭은 굳이 분식결산을 하지 않더라도 회계기술로 쉽게 조정할 수가 있기 때문에 흑자전환 여부에 의미를 부여할 가치는 없다. 오히려 순이익의 규모로 보아 현상유지 수준의 기업으로 판단하고 경영의 내실화 추세여부를 점검하는 것이 여신심사에 보다 효과적이다. 반대로 매출채권, 재고자산이 크게 증가하면서 자금조달이 많았으면 아무리 당기순이익이 과대 표시되어 있더라도 이에 연연하지 말고 기업의 안전성을 재검토하여야 한다.

나. 순이익 증가율에 대한 판단 착오

과 목	전 기	당 기	증가율
매 출 액	200억	200억	1,000%
당기순이익	20백만원	200백만원	

상기의 자료만 가지고 당기순이익의 증가율을 보면 전년대비 1,000% 증가하였으므로 대단한 수익성 향상으로 보일 수도 있다.

그러나 증가한 후의 절대금액은 2억원으로 매출액 200억원의 1%에 불과하며, 이러한 수치를 보고 수익성이 크게 개선되었다고는 볼 수 없으므로 이런 유형의 순이익증가율에 현혹되어서 우량한 회사로 전환되었다고 평가할 수는 없는 것이다.

다. 매출액 증가율에 대한 판단 착오

구 분	전 기	당 기	증가율	동업계
자산총계	80,000	95,000	18.8%	10.5%
매출액(A)	110,000	150,000	36.4%	20.0%
순운선자본(B)	50,000	80,000	60.0%	20.3%
당기순이익(C)	2,500	3,800	52%	12.5%
매출액순이익률(C/A)	2.27%	2.53%		
매출액대비 순운전자본비중(B/A)	45.45%	53.33%		

금융산업(주)는 금년도 관련 산업의 호황으로 당기 매출액 증가율이 36.4%로 업계최고를 기록하고 있는 업체다. 그러나 신용정책의 변화로 금융산업(주)의 재고자산 및 매출채권 등 순운전자본규모의 증가율은 60%로 동업계 20.3% 대비 지나치게 크며 매출액대비 순운전자본 비중도 전기에 비하여 오히려 증가하고 있다.

일반적으로 재고자산 및 매출채권 등의 운전자산 계정은 분식결산에 가장 자주 사용되고 있고 공장 및 매장이 많은 업종의 경우 재고자산의 평가문제 때문에 외부감사인도 어느 정도의 오차는 허용할 수밖에 없다고 한다.

또한 금융산업(주)의 운전자본 규모는 총자산 대비 84.2%(전기 62.5%)에 달하고 있고 매출액 대비 순운전자본 비중인 순운전자본부담률도 53.3%에 달하고 있는 반면, 당기순이익은 순운전자본의 4.7%(전기 5%)에 불과하다. 이러한 운전자본의 구성형태와 순이익의 규모는 빙산의 일각에 불과한 정도의 수준으로 보고 있으므로 당기순이익 규모에는 큰 의미를 부여하지 말고 사업환경 등 다른 항목에 의하여 기업체의 우량 여부를 판별하여야 한다.

순운전자본부담률은 매출액과 순운전자본의 상관관계를 나타내는 비율인데 순운전자본(유동자산-유동부채)을 매출액으로 나누어 산출한다. 이는 일정액의 매출을 실현하는 데 필요한 순운전자본의 규모를 나타내며, 이 비율은 낮을수록 순운전자본의 부담이 적어 기업에 유리하고 높을수록 순운전자본의 부담이 커서 단기자금을 차입하여야 하는 요인이 된다.

업종과 영업환경에 따라 차이는 있지만 우량기업은 10~20% 정도의 비율을 유지하고 있다.[1)]

만약 이 비율의 변동성이 큰 경우에는 그 원인이 업계의 공통현상인지 아니면 해당업체만의 특별한 현상인지를 검토하여야 한다.

4. 심사목적에 부합하는 재무상태표 분석

재무상태표는 일정 시점 현재 기업이 보유하고 있는 경제적 자원인 자산과 경제적 의무인 부채, 그리고 자본에 대한 정보를 제공하는 재무보고서로서, 기업의 경제적 자원, 성장기반, 자본구조, 유동성과 지급능력 및 재무적 탄력성 등을 나타내는 정보를 제공하여 줌으로써 재무제표이용자들에게 경제적 의사결정에 유용한 정보를 제공해 준다.

기업의 유동성이란 자산이 현금으로 전환되는 데 걸리는 시간을 의미하며, 재무탄력성이란 현금흐름의 크기나 시기를 효과적으로 조정하여 예상치 못한 자금수요나 투자기회에 대처할 수 있는 능력을 말한다. 재무상태표 분석을 효과적으로 하기 위해서는 자산의 유동성과 건전성 그리고 자산 및 자본구조와 자산의 질에 대한 분석이 이루어져야

1) 한국금융연수원, 「금융실무대사전 I」, 2006.

하고, 기업내부에 축적된 상환재원의 규모 및 상환능력 검토에 초점을 맞추어 분석하여야 한다.

자산은 1년을 기준으로 유동자산과 비유동자산으로 분류한다. 유동자산이란 사용의

[표 3-6] 재무상태표의 기본구조

자 산	부채 및 자본
Ⅰ. 유동자산	부채
당좌자산	Ⅰ. 유동부채
재고자산	Ⅱ. 비유동부채
	자본
Ⅱ. 비유동자산	Ⅰ. 자본금
투자자산	Ⅱ. 자본잉여금
유형자산	Ⅲ. 자본조정
무형자산	Ⅳ. 기타포괄손익누계액
기타비유동자산	Ⅴ. 이익잉여금(또는 결손금)
자산총계	부채자본총계

* 한국채택국제회계기준(K_IFRS) 적용기업은 고정성배열법에 의하는 업체도 있음에 유의

제한이 없는 현금 및 현금성자산, 정상적인 영업주기 내에 실현될 것으로 예상되거나 판매 또는 소비목적으로 보유하는 자산, 단기매매 목적으로 보유하는 자산, 1년 이내에 현금화 또는 실현될 것으로 예상되는 자산을 말한다. 다만, 정상적인 영업주기[2] 내에 판매되거나 사용되는 재고자산과 회수되는 매출채권 등은 재무상태표일로부터 1년 이내에 실현되지 않더라도 유동자산으로 분류하고 주석으로 기재한다.[3]

부채는 1년을 기준으로 유동부채와 비유동부채로 분류한다. 유동부채란 정상적인 영업주기 내에 상환 등을 통하여 소멸이 예상되는 매입채무와 미지급비용 등의 부채, 재무상태표일로부터 1년 이내에 상환되어야 하는 단기차입금 등의 부채를 말한다.

2) 영업주기는 제조업의 경우에 제조과정에 투입될 재화와 용역을 취득한 시점부터 제품의 판매로 인한 현금의 회수완료시점까지 소요되는 기간을 말한다.

3) 이용호 · 심충진, 「기업회계기준」, 한국금융연수원, 2007.

다만, 정상적인 영업주기 내에 소멸할 것으로 예상되는 매입채무와 미지급비용 등은 재무상태표일로부터 1년 이내에 결제되지 않더라도 유동부채로 분류하고 주석으로 기재한다.

당좌대출, 단기차입금, 유동성장기차입금 등은 1년 이내에 결제되므로 영업주기와 관계없이 유동부채로 구분된다. 또한 자본은 자본금과 자본잉여금, 자본조정 등으로 구분된다.

4-1. 현금 및 현금성자산 분석

현금은 기업이 보유하는 자산 중 가장 유동성이 높은 자산으로서 교환거래의 매개수단이 되며, 회계상 모든 거래를 측정하는 단위이다. 현금은 안전문제와 투자기회의 상실에 따른 위험 때문에 예금, 금융상품, 유가증권 등의 투자에 활용한다.

회계기준상 현금은 통화와 통화처럼 사용하거나 통화와 교환하여 사용할 수 있는 통화대용증권과 은행에 예치되어 있는 당좌예금이나 보통예금 등 인출에 제한이 없는 요구불예금을 포함한다.

현금성자산이란 큰 거래비용 없이 현금이나 요구불예금으로 전환이 용이하고 이자율변동에 따른 가치변동의 위험이 중요하지 않은 금융상품으로서 취득 당시 만기(또는 상환일)가 3개월 이내에 도래하는 것을 말한다. 현금 및 현금성자산은 사용에 제한이 없는 것으로 기업회계기준에 규정하고 있으며 이들 계정에 대하여는 다음의 내용을 검토하여야 한다.

- 현금보유의 적정한도 및 전기대비 변동요인
- 예금대상처 및 예금과목의 적정성
- 사용용도가 특정화 되어 있는지 아니면 인출제한이 있는 예금인지 여부
- 통화별 외화예금규모와 가치변동성 위험 파악
- 양도가능성과 제한이 있는지 여부
- 동업계의 현금보유량과 비교하여 동사의 적정현금보유량 규모 파악
- 시장에서 시간과 비용 및 노력 없이 즉시 현금화가 가능한지 여부 분석

4-2. 매출채권

매출채권이란 기업의 주된 영업활동인 재화 또는 용역의 공급, 즉 일반적 상거래에서 발생한 외상매출금과 받을어음을 말하며 당좌자산의 주를 이루는 과목이기 때문에 분석에 특히 유의하여야 한다.

기업회계기준에서는 매출채권을 타인에게 양도 또는 할인하는 경우 당해 채권에 대한 권리와 의무가 양도인과 분리되어 실질적으로 이전되는 때에는 매각거래로 보아 동 금액을 매출채권에서 차감하고 그 이외의 경우에는 차입거래로 보아 매출채권을 담보제공한 것으로 본다. 매출채권을 상환청구가능으로 양도하였을 경우 대금지급에 대한 책임이 있으므로 특히 다음의 내용을 심도 있게 검토하여야 한다.

- 전기 및 동업계 대비 매출채권회전율의 변동추이와 적정성 여부
- 총매출액 대비 외상매출채권 비율 수준의 적정성
- 매출채권의 연령분석과 연령별 회수율을 정밀 검토
- 부도채권 및 회수 불가능한 부실채권 규모
- 수익인식 기준의 타당성과 매출채권의 집중도
  (소수 거래처 또는 지역적 편중도를 병행하여 점검)
- 대손충당금 설정규모와 설정방법의 변경 여부
- 매출채권이 담보로 제공되어 있는지 여부
- 관계사와의 상호거래를 통한 매출 및 수익의 과대계상 여부
- 특수관계인앞 매출채권 규모와 정상적 현금화 가능성
- 계열사간 자본거래를 매출거래로 위장하였는지 여부
- 금융기관 또는 기타 업체로부터의 할인 규모
- 단기대여금이나 미수금 등 영업외 거래에서 수취한 어음이 포함되었는지 여부

4-3. 재고자산

재고자산이란 정상적인 영업과정에서 판매를 위하여 보유하거나(상품, 제품), 판매될 제품의 생산과정에 있거나(재공품), 생산 또는 서비스 제공을 위하여 직접 또는 간접으로 사용될 자산(원재료, 저장품, 소모품 등)을 말한다. 재고자산의 취득원가는 매입가액에

매입운임, 보험료, 수입관세 등 취득과정에서 정상적으로 발생한 부대비용을 포함한다. 재고자산은 기업의 총자산에서 차지하는 비중과 금액이 매우 크고 다른 자산에 비해 경기변동에 민감한 영향을 받으므로 다음의 내용을 파악하여야 한다.

- 전기 및 동업계 대비 재고자산회전율의 변동추이와 매출원가와의 비교
- 재고자산 종류별 구성내용 및 변동추이 분석
- 재고자산 평가방법의 변경여부와 변경이 순이익에 미치는 영향 파악
- 재고자산의 연령구분과 판매기회의 상실성 여부를 정밀 검토
- 재고자산이 상품용인지 또는 특정 목적용으로 보유하고 있는지를 분석
- 불용재고 여부와 유행 및 기술적 진부화 여부, 청산가치의 유무
- 동산보험 가입 여부 및 담보제공 여부

4-4. 비유동자산

비유동자산은 투자자산(투자부동산, 장기투자증권, 장기대여금 등)과 유형자산(토지, 설비자산 등), 무형자산(영업권, 개발비 등), 기타비유동자산(임차보증금, 이연법인세자산 등)으로 구분하며 주요 과목에 대하여는 다음과 같이 검토한다.

- 투자자산 운용 및 구성내용을 분석 : 회사 자금운용 성향 및 지배구조 분석
- 관계회사 출자주식 가치평가 및 회수가능성 분석
- 투자자산의 특성과 현금화 가능규모, 충당금 유무, 시가의 적정성 여부
- 자본투자 시 피투자회사에 대한 수익성 수준과 순자산가치 파악
- 유형자산중 주요 설비자산의 노후화 수준, 가동률 분석
- 유형자산의 경우 자산의 가치와 시가평가 시 평가방법 및 결과에 대한 신뢰도
- 유형자산의 담보제공 여부와 청산가치(환가성 및 시장가치)
- 무형자산의 경우 미래의 경제적 효익이 기업에 유입될 가능성과 상각규모 파악

4-5. 매입채무

매입채무란 일반적 상거래에서 재화와 용역 등을 외상으로 구입함으로써 발생한 채무를 말하며, 매입채무 중 증서없이 수수한 외상계정은 외상매입금으로 하고, 어음을

지급하고 외상으로 매입한 어음상의 채무는 지급어음으로 처리한다.

매입채무는 자기신용에 의한 비금융부채로서 상대 거래처에 대한 신용도가 양호하여 매입대금 결제기간이 연장이 되는 경우 운전자본 부담 경감요인 및 영업활동현금흐름의 증가요인으로 작용하게 되나, 결제대금 부족으로 매입채무결제기간내 결제가 이루어 지지 않아 매입채무 잔액이 증가하게 되는 경우 공급자 원재료 공급중단으로 영업활동 중지가능성도 발생될 수 있음에 유의하여 매입채무 규모의 변동성을 분석해야 한다. 매입채무의 명세표를 분석하면 주요 구매처 현황과 거래내역, 매입채무 결제조건 등 기업의 상거래 현황을 판단할 수 있다. 다음은 매입채무 분석시 유의해야 할 사항이다.

- 원자재 구매와 관련하여 현금결제비중과 어음결제 비중을 점검
- 매입채무회전율 및 회전기간의 변동추이 및 동업계 비교 분석
- 일반 매입채무와 우선상환조건부 매입채무 구분하여 분석
- 매입채무연령표를 작성하여 고정화된 매입채무 규모를 파악하고 만기도래하는 매입채무의 만기집중도 및 규모 파악
- 매입채무 보유자가 현재 거래중인지 여부 검토
- 매입채무 상환기일별, 거래처별 분류
- 대금지연결제 보상을 위한 단가인상 요구 가능성 : 수익성 악화요인
- 매입채무 지급액을 타용도로 전환사용 가능성 : 지급능력에 문제발생
- 재무적 융통성 분석 측면에서 유사시 매입채무 조절을 통한 현금확보능력

4-6 차입금

차입금은 이자를 부담하는 금융부채로서 단기성차입금과 장기성차입금으로 구분할 수 있다. 단기성차입금은 1년 이내에 상환될 차입금을 의미하며 단기차입금과 유동성장기부채 등을 포함 한다. 유동성장기부채는 장기 부채 중 1년 내에 만기일이 도래하는 부분을 유동부채로 분류한 부채이다. 분석적 차원에서 단기차입금을 형태별로 구분하면 금융기관차입금과 회사채나 CP와 같은 시장성차입금 그리고 주주 및 종업원차입금 등과 같은 기타 차입금 형태로 나눌 수 있으며, 금융기관차입금은 1금융기관차입금과 2금융권차입금 등으로 세분화할 수 있다.

장기성차입금은 만기가 1년 이후에 도래하는 부채로, 대표적으로 장기차입금, 사채

등이 있다. 장기성차입금은 일반적으로 시설자금이나 고정자산의 매입, 인수금융, 고정적인 장기운전자금 등 장기부채 자금조달 수단으로 이용된다.

다음은 차입금 분석과 관련하여 검토해야 할 내용들이다.

- 차입금현황에 대한 동태적 분석
- 차입금 만기구조 집중도 검토
- 차입금 차환가능성 검토
- 차입금 누락여부 검토 (Interest overall test)
- 부외부채 종류 및 규모 파악 및 확정채무 가능성 분석
- 관계사,주주,종업원 차입금존재시 차입원인을 분석

4-7. 자본

자본은 소유자가 기업에 대하여 갖는 몫인 소유주지분을 말하는 것으로, 기업실체의 자산에서 부채를 차감한 잔여지분을 의미한다. 이러한 주요 자금원천인 자본은 자본금과 자본잉여금, 자본조정, 기타포괄손익누계액 및 이익잉여금으로 구분된다. 기업의 자본금의 종류는 보통주 자본금과 우선주 자본금으로 구분할 수 있으며, 자본잉여금은 주식발행초과금, 감자차익, 기타 자본잉여금으로 구분된다.

자본항목에 대한 심사분석시 유의해야 할 사항은 자본의 질(Quality)에 대한 분석이다. 자본항목의 구성항목중 주주로부터 증자보다는 기업의 사업활동을 통해 창출한 내부유보액을 통한 자본의 질(Quality)이 더 양호하다고 볼 수 있다. 따라서 자본항목에 대한 심사는 자본구성의 변동추이와 타인자본과 자기자본의 구성비, 즉 자본구조가 어떻게 변화되고 있는지, 그리고 이러한 자본구조의 변화가 가중평균자본비용율(WACC)과 기업가치 그리고 재무구조의 안정성에 어떠한 영향을 미치는지에 대해 분석한다.

제3절 총자산 분석시 검토사항

1. 자산규모와 문제점 분석

인플레이션 시대에는 자산규모가 클수록 회사 자산가치의 증가로 인하여 담보력이 상승할 수 있지만 해당산업이 침체되거나 경제불황과 같은 자산의 디플레이션 상황이 전개되면 자산가치의 하락과 투자실패로 경영전체가 위험에 처해질 수 있다.

기업은 자기자본과 타인자본(부채)을 통하여 조달된 자원으로 자산을 운영하게 되는데 운영자산은 크게 유동자산과 비유동자산으로 분류되고, 구체적으로는 운전자금(기타 유동자산 포함)과 투자자산(관계회사주식 등), 그리고 유형, 무형, 비유동자산 등으로 구분할 수 있다.

여기서 문제되는 부분이 투자자산 및 무형자산 부문인데 자회사 설립 및 출자로 취득한 투자자산이 과다할 경우 자회사에 대한 투자 실패리스크를 부담하게 되고, 지분법에 의한 관계회사의 손익상황이 모회사에 반영될 경우에는 자회사의 경영성과에 따라 모기업의 경영성과도 영향을 받게 되기 때문에 과도한 자회사의 설립 억제와 함께 경영지도도 요망된다.

그리고 무리한 본사 빌딩 신축이나 과도한 시설투자 등이 자기자본이 아닌 외부차입금에 의해 이루어질 경우 차입금의존도가 높아져 감가상각비나 금리부담이 수익성 저해요인으로 작용할 가능성이 높으며 레버리지효과에 의해 불경기 시 영업적자가 더 커질 수도 있다.

2. 자산효율성과 금융레버리지 비교 분석

자기자본이익률(Return On Equity : ROE)은 당기순이익을 자기자본(평균자기자본)

으로 나누어 구하는 비율이며, 총자산이익률(Return On Assets : ROA)은 자산 총액에 대한 수익률을 나타내는 지표로서 당기순이익을 총자산(평균총자산)으로 나누어서 산출한다.

자기자본이익률이 주주 입장에서는 투자수익률이 되는 반면 총자산이익률은 경영자 입장에서의 수익성을 나타내는 지표로서 이 둘은 다음과 같이 상호 작용을 하면서 영향을 미치게 된다.

ROE = ROA × 자기자본비율의 역(재무레버리지=1+부채비율)

= 순이익 / 자기자본

= 순이익 / 매출액(매출액순이익률) × 매출액 / 자기자본(자기자본회전율)

ROA = 순이익 / 총자산
= 순이익 / 매출액(매출액순이익률) × 매출액 / 총자산(총자산회전율)

상기 두 비율 지표를 결합하면 아래와 같은 식으로 정리할 수 있다.

ROE = 순이익/매출액 × 매출액/총자산 × 총자산/자기자본
= 매출액순이익률 × 총자산회전율 × 재무레버리지*
*재무레버리지 = (1 + 부채비율)

따라서 ROE를 분석하는 경우 비율을 분해하여 어떠한 핵심요인에 의해 ROE가 변동되었는지를 시계열 분석을 하게 되면 보다 분석의 유용성을 높일 수 있다.

금융산업(주)의 다음과 같은 자료를 분석하여 보면 보다 쉽게 이해할 수 있다.

계정과목	전 기	금 기	평균금액
부채총계	18,866	21,048	19,957
자기자본총계	3,406	3,522	3,464
자산총계	22,272	24,570	23,421
매출액	37,330	31,442	
당기순이익	1,320	1,420	

- 자기자본이익률(ROE)　: 1,420 / 3,464 = 41.0%
- 총자산이익률(ROA)　: 1,420 / 23,421 = 6.06%
- 매출액순이익률(영업수익성) : 1,420 / 31,442 = 4.51%
- 자기자본회전율(자본효율성) : 31,442 / 3,464 = 9.07회
- 총자산회전율(자산효율성)　: 31,442 / 23,421 = 1.34회

주주가치 극대화를 위한 주요 경영지표인 ROE는 상기와 같은 재무비율로 분해될 수 있는데 비효율적인 자산보유로 인하여 총자산 규모가 증가하면 자산효율성이 떨어져 ROA와 ROE수준이 떨어질 수 있으므로 효율적인 총자산 관리가 요구된다.

3. 적정 자산규모의 판단

3-1. 자금 조달구조로 판단

재무레버리지는 자기자본비율의 역(총자산 / 자기자본)으로 표시되기 때문에 이 재무레버리지가 높을수록 ROE나 ROA가 높아질 수는 있다. 그러나 총자산규모가 높다고 무조건 좋은 것은 아니다. 왜냐하면 총자산이 증가하면 자산효율성이 떨어질 수 있기 때문이다. 결론적으로 회사의 속성 상 자금조달비용(금융비용)이 투자수익률보다 낮을 경우에는 계속 차입을 하여 재무레버리지를 높여가면서 사업을 해 나가려고 할 것이다.

그러나 경영 상의 문제점으로 매출액이 감소하거나 수익구조가 악화될 경우 차입금 증가에 따른 금융비용이 레버리지 역할을 담당하게 되면 수익구조는 더욱 악화될 수 있다. 그러므로 적정한 자금조달 구조분석이 요구된다. 즉 부채비율 및 금융비용 수준과 투자 수익률분석, 자산효율성 분석 등이 중요하다고 하겠다.

투자의 적정성을 검토할 경우에는 투자수익률(영업이익÷총자산)과 차입금평균이자율(이자비용÷차입금총계)인 자본비용을 비교하기도 한다. 투자수익률이 자본비용보다 낮을 경우에는 차입금을 조달하여 이자를 상환해야 하기 때문에 특히 유의를 하여야 한다.

3-2. 자회사 영업실적 분석

지분법 적용 대상 자회사의 영업성과가 모기업의 당기순이익에 직접 영향을 미치기

때문에 자회사에 대한 경영분석은 필수적이며, 특히 투자실패의 가능성과 순자산가치를 평가하여 분석해 보아야 한다.

모기업의 영업성과가 아무리 좋더라도 자회사들이 당기순손실이 발생할 경우 투자지분만큼 모기업의 영업성과에 직접 반영됨에 따라 모기업에도 손실이 발생할 수 있기 때문이다.

[표 3-7] 자회사 및 시장성 없는 지분증권의 회계처리 예시

회사명	주식수 (주)	지분율 (%)	취득원가 (천원)	순자산가액 (천원)	장부가액 (천원)
(주)티은텔레콤	57,600	3.1	1,824,000	0	0
(주)마이크로	2,632	0.7	250,000	0	0
(주)애디스	105,000	14.7	1,840,800	896,000	896,000
(주)바이오드림	318,670	3.5	229,070	0	0
벤처투자(주)	20,000	0.1	100,000	98,000	100,000
(주)씨네손	4,000	20.0	20,000	0	0
(주)커뮤니티	240,000	9.5	120,000	0	0

3-3. 기업의 순자산가치 분석

자산가치가 없는 무형자산 및 기타비유동자산, 과다 재고자산 추정분, 불량매출채권 추정분 등을 계산하여 수정하고 기타 자산은 시가평가한 후 시가 평가한 부채규모를 차감 계산하면 순자산가치를 추정할 수 있다.

또한 본업과 관련이 없거나 불요불급한 부동산 과다보유 여부를 검토해 보고 보유토지의 공시지가를 살펴보는 것도 필요하다. 영업권, 산업재산권, 개발비, 라이선스와 프랜차이즈, 광업권, 저작권 등은 재무상태표의 무형자산으로 표시는 되고 있으나 그 가치의 실현여부는 불투명 하므로 이에 대한 평가도 명확히 해야 한다.

개발활동과 관련하여 발생한 지출 중 무형자산으로 인식하기 위해서는 무형자산을 완성시킬 수 있는 기술적 실현 가능성이 있어야 하고, 완성된 무형자산을 사용하거나 판매할 수 있는 기업의 의도와 능력 등이 있어야 하며, 개발자산이 어떻게 미래 경제적 효익을 창출할 것인가를 입증할 수 있어야 하며, 개발자산을 판매 또는 사용하는데

[표 3-8] 무형자산의 회계처리

계정과목	당 기			전 기		
	취득원가	상각누계액	장부가액	취득원가	상각누계액	장부가액
산업재산권	1,512,628	644,509	868,119	1,495,647	572,207	923,440
기타개발비	1,763,000	935,457	827,543	2,336,500	1,740,145	596,355
합 계	3,275,628	1,579,966	1,695,662	3,832,147	2,312,352	1,519,795

필요한 기술적, 금전적 자원을 충분히 확보할 수 있다는 사실을 입증할 수 있는 등 자본화 요건에 충족되어야 하며, 그 외의 경우에는 경상개발비의 과목으로 비용으로 인식해야 한다는 점을 유의해야 한다.

3-4. 자산규모의 적정성 분석방법

차입구조는 향후 기업체의 지급능력 측정을 위하여 중요한 사항이므로 이를 동업계와 비교분석해 보고 동일기업의 과거 추세를 분석하는 한편, 차입금의존도 및 부채비율, 차입금 평균이자율도 동시에 검토해 보아야 한다.

자산의 고정화 수준을 검토하기 위하여 비유동비율 및 비유동장기적합율의 최근 추세분석을 해보고 동종업계와도 비교 검토하여야 한다. 비유동비율이란 기업자산의 고정화 위험을 측정하는 대표적인 비율로 운용기간이 비교적 장기에 속하는 비유동자산을 얼마나 자기자본으로 충당하였는가를 나타내는 지표로서 100%이하이면 양호한 수준으로 판단하고 있다.

비유동장기적율은 비유동자산을 장기자본인 자기자본과 비유동부채로 얼마나 충당하였는가를 나타내는 지표로서 업종마다 차이가 있지만 비유동비율이 100%가 초과되더라도 비유동장기적합율은 100%이하가 되어야 자본배분의 안정성이 양호하다고 볼 수 있다.

업종에 따라서는 주기적 시설투자가 없이는 경쟁관계에서 뒤질 수밖에 없는 경우가 있는데 이럴 경우 투자재원의 조달방법 및 가능성 등을 검토하고 외부차입금에 의존해야 할 경우 차입금 증가에 따른 금융비용 증가가 수익성에 미치는 영향 및 현금흐름분석에 의하여 금융비용의 부담능력을 검토하여야 한다.

연 | 습 | 문 | 제

1. 매출구조 분석과 거리가 먼 것은? (　　)

① 판매량 및 단가 변동 내용

② 제품별 · 고객별 매출구성비 분석

③ 한계고객 및 관계사에 대한 가공 매출 여부

④ 수출 및 내수규모

⑤ 예상매출액의 고정비 수준

2. 당기순이익에 대한 문제점 중 회계측정 기술 상의 문제점에 대한 설명으로 올바르지 않은 것은? (　　)

① 재고자산 평가방법의 변경에 의한 당기순이익의 변동 가능성이 높다.

② 유형자산의 상각방법에 따라 당기순이익이 변경된다.

③ 연구개발비를 개발비와 판매관리비로 명확하게 구분하기 어려운 경우 당기순이익이 변동된다.

④ 무형자산의 상각방법 변경으로 인하여 당기순이익의 변동가능성은 상존한다.

⑤ 회계측정 기술의 오류는 부실기업에서만 발생한다.

3. 자산규모의 적정성 분석방법과 관계가 없거나 설명이 바르지 않은 것은? (　　)

① 총자산이 증가하면 반드시 자산효율성이 개선된다.

② 차입구조를 동종업계와 비교해 본다.

③ 총차입금 평균이자율을 검토한다.

④ 자산의 고정화 수준을 검토한다.

⑤ 투자자산의 시장가치를 파악해 본다.

연 | 습 | 문 | 제

4. 경기주기별 차주의 일반적인 행태 중 경기 후퇴기시 행태와 가장 거리가 먼 것은 ? (　)

① 한계기업 자금 어려움 가중

② 재고량 증가와 기존 주문 취소

③ 장기여신 수요 감소와 중 · 단기 여신 증가

④ 경비절감 프로그램 가동

⑤ 불요 불급한 투자 억제

5. 다음 총자산 분석 시 검토사항 내용 설명 중 가장 거리가 먼 것은? (　)

① 자산총액에 대한 수익률을 나타내는 지표인 ROA는 매출액순이익률과 총자산회전율로 분해하여 분석할 수 있다

② 개발활동과 관련하여 발생한 지출 중 무형자산으로 인식하기 위한 자본화요건에 충족하기 위해서는 완성된 무형자산을 사용하거나 판매할 수 있는 기업의 의도와 능력이 있어야 한다

③ 자산의 고정화수준을 검토하는 비율인 비유동장기적합률은 비유동자산을 자기자본과 비유동부채로 얼마나 충당하였는가를 나타내주는 지표이다.

④ ROE는 ROA와 재무레버리지로 분해할 수 있는데, 재무레버리지는 부채비율로 표시되기 때문에 다른 비율에 변동이 없는 한 재무레버리지가 높아질수록 ROE는 낮아지게 된다.

⑤ 개발단계의 연구개발 지출비용 중 자본화요건에 충족되지 않는 것은 경상개발비로 비용으로 인식하여야 한다.

정 | 답 | 및 | 해 | 설

1. ⑤

예상매출액의 고정비와 변동비 수준은 손익분기점에서 활용

2. ⑤

회계측정 기술상의 오류는 우량기업과 부실기업 모두에서 발생한다.

3. ①

총자산이 증가하면 자산효율성이 떨어질 수 있다. 총자산이 증가하면서 ROA가 둔화되는 형태를 보일 수 있기 때문이다.

4. ③

장기여신 수요 감소와 중 · 단기 여신 증가는 활황기시 나타나는 차주의 행태에 해당됨

5. ④

재무레버리지는 (1+부채비율)로 표시되며 재무레버리지가 높아질수록 다른 비율에 변동이 없는 한 ROE는 높아진다.

제4장

채무상환능력 분석

학습목표

❊ 도산기업의 시계열변화과정과 EBITDA를 이해하여야 한다.

❊ 현금흐름표와 현금수지분석표를 해석할 수 있어야 한다.

❊ 부채상환계수와 이자보상배율 분석 등을 통하여 상환능력 분석을 할 수 있어야 한다.

학습개요

❊ 기업이 어떠한 과정을 거쳐 도산에 이르는지를 학습하면서 각 항목별로 체크하여야 할 사항을 검토해 보고, 아울러 차주의 1차 및 2차 상환재원, EBITDA의 구성요소 및 의미 등을 이해한다.

❊ 현금흐름표와 현금수지분석표의 차이점을 이해하고, 원천별 현금흐름의 내용, 영업활동과 유동성장기차입금 상환후 현금흐름 등에 대한 이해를 거쳐 각각의 해석방법도 학습한다.

❊ 부채상환계수와 이자보상배율, 현금흐름비율 등을 어떻게 계산하고 이해해야 하는지를 알아보고, 고정재무비용, 현금흐름대 총부채비율 등 여신심사에 필요한 비율을 학습한다.

제1절 시계열 변화분석과 상환재원 분석

1. 도산기업의 시계열 변화분석

금융기관이 여신공여를 할 때 최대의 관심사는 차주의 채무상환가능성이라고 할 수 있다. 즉 대출금의 성공적인 회수가 가능할 것인지 아니면 차주가 지급불능에 빠질 것인지가 여신 의사결정에 있어 가장 중요한 판단기준이 될 것이다.

따라서 차주의 상환가능성 여부를 판단하기 위한 평가기법 및 프로세스의 구축이 매우 중요한 과제라고 할 수 있다. Newton의 기업 부실화 4단계에 의하면 기업에 내재되어 있는 잠복기와 자금부족단계, 재무적 지급능력 부족단계, 총체적 지급불능단계로 진행된다. 그러나 일반적으로 도산기업의 징후는 다음과 같은 시계열 변화과정을 거쳐 나타난다고 분석하고 있다.[1)]

- 매출액이 투하자산규모 이하로 떨어진다. 즉, 투하자산회전율이 1미만으로 떨어진다는 것을 의미한다.
- 매출액 영업이익률의 급격한 저하 현상이 나타난다. 이는 판매 및 영업효율성이 저하된다는 의미이다.
- 영업이익이 금융비용보다 적게 된다. 즉, 이자보상배율(ICR)이 1미만이 된다는 의미로 영업이익으로 금융비용을 충당하지 못하고 외부자금에 의존해야 된다는 것을 나타내주는 지표분석이라고 할 수 있다.
- 원금상환능력이 악화된다. 이 분석은 현금흐름지표를 이용하여 분석한 내용으로 유동성장기차입금을 상환하지 못하고 있음을 나타내주는 지표이다.
- 현금유입액이 현금유출액보다 적어진다. 현금유입액의 감소가 점차 현금흐름지표의 악화로 이어지면서 외부자금조달 부담이 늘어난다는 것을 의미한다.

1) 금융감독원, 「금융회사 여신심사 사례연구」, 2007.

- 단기부채의존도 (단기부채 / 장기부채)가 높아지고 부실 2개월 전까지 주가가 하락한다.

위의 6가지 도산기업의 징후내용을 과정별로 정리하면 다음과 같다.

- 기업은 무리한 사업다각화나 중복투자 등으로 투하자본 규모가 급격히 과다해지면서,
- 이러한 투자가 생산효율성의 부진과 투자실패 등을 동반하면서 영업신장으로 이어지지 못하고,
- 이는 다시 수익성을 저하시키며,
- 과도한 금융비용부담으로 이자지급능력의 저하와 함께 운전자금 부족현상이 발생하게 된다.

따라서 기업의 재무건전도가 점차 취약해지는 가운데 자본시장에서 기업의 신용도 저하 현상이 나타나게 되는 한편, 증자 및 안정적인 차입금 조달 능력이 떨어지게 되며, 자본구조 상 차입금 비중이 증가하게 되고 차입구조도 단기화되는 현상이 나타나게 되는 것이 일반적이다.

2. 차주의 상환재원 분석

차주는 채무원리금을 만기에 지급하기 위해 자산을 현금으로 전환하여 지급할 재원을 마련하여야 하는바, 차주 입장에서 볼 때 여신을 상환하고 이자를 지급하기 위한 상환재원은 다음과 같다.

2-1. 1차 상환재원

목적사업이나 기존사업의 정상적인 영업활동으로부터 창출되는 자금으로 원리금을 상환할 수 있는 재원을 말한다. 이러한 1차 상환재원으로는 미래 영업활동으로부터 창출되는 현금흐름이 가장 우선시 되고, 이외에 재무상태표의 초과보유 현금이나 현금화가 가능한 현금등가물, 정상적인 영업활동에서의 신규 자금차입 여력, 목적사업에 필요한 실질적인 유상증자를 통한 현금유입액 등도 넓은 의미의 1차 상환재원의 범주로 볼 수 있다.

2-2. 2차 상환재원

1차 상환재원이 부적절하거나 부족할 경우 금융기관은 2차 상환재원을 요구하거나 자금을 제공하지 않을 수 있다. 2차 상환재원으로 볼 수 있는 것은 정상적인 영업활동 이외의 방법으로 투입된 추가적인 자기자금이나 유휴자산 매각에 의한 현금의 유입, 예기치 않은 추가 차입에 의한 현금의 조달, 사업자체의 청산에 의한 현금의 조달 등이 있다.

또한 대주주의 출자나 외자유치 등을 통한 증자 자금의 유입과 관계사 출자자금 등도 2차 상환재원으로 분류할 수 있으므로 이러한 추가유입의 가능성도 면밀히 검토하여야 한다. 다만 2차 상환재원의 경우는 실현 가능성이 불투명하기 때문에 실질적인 이행 가능성 여부와 시장동향 등을 면밀히 검토하여야 한다.

예를 들어 부동산 매각가능성을 검토할 경우에는 예상 매각가, 매각 시기, 매각계약의 이행 가능성 등을 평가하여야 하며, 강제경매를 예상하는 경우 예상 경락가 등도 고려하여야 한다. 또한 증자요건의 충족이나 대주주 출자여력 평가 및 각종 증빙서류(계약서등)에 의한 이행가능성 등에 대하여도 충분히 검토하여야 한다.

3. EBITDA 분석

EBITDA(Earnings Before Interest, Tax, Depreciation and Amortization)는 이자와 세금, 감가 및 감모자산 상각 전의 이익을 의미한다. 이는 기업이 영업활동을 통해 벌어들인 현금창출능력을 나타내는 수치로서 이론 상으로는 이자비용 및 법인세 공제전 이익(EBIT)에서 비현금유출비용인 감가상각비와 기타 무형고정자산 상각 등의 감모상각을 다시 더하여 산출한다.[2)]

EBITDA = EBIT + 감가상각비 + 감모상각비

감가상각비란 유형자산의 사용에 의한 소모, 시간의 경과와 기술의 변화에 따른 진부화 등에 의한 경제적 효익의 감소분을 비용으로 인식하는 것을 말한다. 감가상각비의 주된 목적은 자산을 통하여 수익이 창출되는 기간에 대응하여 감가상각비를 비용화하는

2) 한국금융연수원, 「금융실무대사전 I」, 2006

것이다. 또한 감모상각이란 무형자산의 가치감소에 따른 상각을 말하며 무형자산 취득원가를 그 내용연수에 따라 비용으로 배분한다. 유형자산의 가치감소에 따른 감가상각과 유사한 개념으로 포괄적인 의미에서는 감가상각의 일종이다.

각 나라마다 감가상각방법과 법인세에 관한 규정 등이 상이하고, 특히 국내의 경우 기업마다 감가상각의 방법 및 내용년수의 변경을 통해 사실상의 이익 조정이 가능하므로 EBITDA를 이용하게 되면 각 기업별 혹은 국가별 비교가 가능한 영업현금흐름의 개념으로 이용할 수 있다.

EBITDA는 간단하게 산출되기 때문에 영업현금흐름이나 잉여현금흐름(Free Cash Flow : FCF)의 대용치로서 사용하고 있기는 하지만, 이는 장기적인 현금흐름을 예측하여 간편하게 기업가치를 계산하는 등의 단순한 대용목적으로는 타당할 수 있지만 단기적으로 기업의 도산 가능성을 파악하기에는 설명력이 다소 부족한 면이 있다.

자금이 직접 공여되는 은행과는 달리 다른 금융기관에서는 계속기업을 가정하고 기업의 도산가능성을 평가하기보다는 기업의 주식가치 평가를 목적으로 하고 있기 때문에 EBITDA를 FCF의 단순 가정치로 설정하여 기업가치를 계산하고 있으나, 기업의 실질적인 가치보다는 여신공여에 대한 상환능력을 판단하고 도산가능성을 고려하여야 하는 은행 입장에서는 동 지표의 유용성에 한계가 있을 수 있다는 점도 고려하여야 한다.

자금이 직접 공여되는 은행과는 달리 증권회사에서는 계속기업을 가정하고 기업의 도산가능성을 평가하기 보다는 기업의 주식가치 평가를 목적으로 하고 있기 때문에 EBITDA를 FCF의 단순 가정치로 설정하여 기업가치를 계산하고 있으나, 기업의 실질적인 가치보다는 여신공여에 대한 상환능력을 판단하고 도산가능성을 고려하여야 하는 은행입장에서는 동 지표의 유용성에 아래와 같은 한계가 있을 수 있다는 점도 고려하여야 한다.

- EBITDA는 순운전자본 증감이 고려되지 않은 수익성지표에 가깝다.
- EBITDA는 재투자금액을 고려하지 않는다.
- EBITDA는 단기 유동성에 대해 충분한 정보를 제공하지 못한다.
- EBITDA는 이익의 질Quality에 대해 자세한 설명하지 못한다.
- EBITDA는 초기 투자비용이 큰 자본집약적인 산업에 적용이 적절하나, 지속적인 투자가 필요한 산업의 상황을 나타내는 데는 부적절하다.

따라서 제품 수명주기가 비교적 길고 기술적 변화가 낮아 재투자 부담이 적고 운전자금 부담 변동성이 낮은 기업과 도산 가능성이 낮은 기업에 대하여 제한적으로 사용하는 것이 바람직하다고 볼 수 있다.

[표 4-1] EBITDA 관련 지표

산 식	비율 구조
① EBITDA / 금융비용 ② (EBITDA-자본적지출) / 금융비용 ③ 총차입금 / EBITDA ④ 총차입금 / (EBITDA-자본적지출)	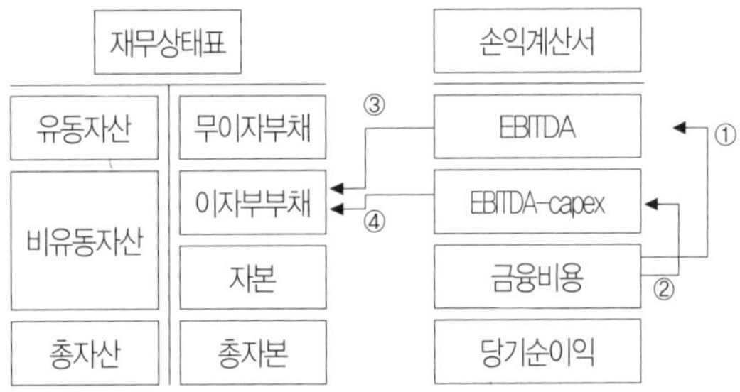

제2절 현금수지분석표에 의한 상환재원 분석

현금흐름표 또는 현금수지분석표란 기업의 현금흐름을 나타내는 표로서 일정기간에 기업의 현금 변동내용을 영업활동으로 인한 현금흐름, 재무활동으로 인한 현금흐름, 투자활동으로 인한 현금흐름으로 구분하여 명확하게 보고하여 현금의 유입과 유출에 관한 정보를 제공할 목적으로 작성한 기본 재무제표 중의 하나이다.

또한 현금흐름이란 경상영업활동으로 들어오는 현금과 지출되는 현금의 차(差)인 순현금흐름(net cash flow)을 말하기도 하고, 현금유입의 총량과 현금유출의 총량을 뜻하기도 한다. 전자를 중심으로 분석하는 기법을 간접법이라 하고, 후자를 중심으로 분석하는 기법을 직접법이라고 하며, 직접법에서도 이용하는 자에 따라 현금흐름표와 현금수지분석표를 별도로 작성한다.

1. 재무회계와 관리회계의 구분

현금흐름표는 관리회계 관점에서 금융계에서 먼저 발전시켜 왔고, 그 후 재무회계 관점으로 학계나 공인회계사회 등 관련기관에서 연구를 시작하여 발전하여 왔다. 회계란 기업의 모든 활동을 가장 효과적인 화폐단위로 기록하고 정리한 정보시스템이며, 이는 재무회계(financial accounting)와 관리회계(management accounting)로 나누어진다. 이 중에서 금융회사의 신용분석이나 대출심사의 수단으로 사용하고 있는 현금흐름표는 관리회계의 일종에 속한다.

재무회계의 현금흐름표는 주주와 채권자, 경영자와 노동자, 그리고 국가공공단체 등에게 기업의 재무상태와 경영성과를 의무적으로 보고하기 위하여 작성하는 외부보고서이므로, 일반적으로 인정된 회계원칙의 규정과 형식에 따라 과거 정보를 비교적 자세하게 작성해야 한다.

[표 4-2] 현금흐름표 양식 〈약식〉

재무회계에 의한 현금흐름표(직접법)			관리회계에 의한 현금수지분석표(직접법)		
Ⅰ. 영업활동 현금흐름	전기	금기	영업활동	1. 매출을 통한 현금유입액	금기
매출등수익활동 현금유입액				2. 현금지출 매출원가	
매입및종업원에대한 유출액등				3. 현금매출총이익	
Ⅱ. 투자활동 현금흐름				4. 현금판매비와관리비	
투자활동현금유입액				5. 현금영업이익	
투자활동현금유출액				6. 영업활동 후 현금흐름	
Ⅲ. 재무활동 현금흐름				7. 유동성장기부채상환후현금	
재무활동 현금유입			투자활동	8. 투자활동현금흐름	
재무활동 현금유출				9. 외부자금조달전 현금흐름액	
Ⅳ. 현금의 증감			재무활동	10. 총외부자금조달액	
기초 및 기말의 현금				11. 현금증감액	

그러나 관리회계의 현금수지분석표는 대출심사와 관련이 있는 내부경영자 및 관리자에게 대출의사결정을 위한 기본적인 정보를 제공하거나 직접 사용하기 위하여 작성하는 내부 분석정보이므로, 일반적으로 인정된 회계원칙을 따를 필요는 없고, 재무위험과 관련된 가장 최근 자료 및 추정자료에 의한 개략적인 정보를 신속하게 제공할 수 있는 것이 특징이다. 국내 금융기관에서는 대부분 이러한 현금흐름표를 현금수지분석표라는 용어로 사용하고 있다.

현금수지분석표는 현금흐름표 작성 시 기업의 활동을 현금유입과 지출의 종류에 따라 영업활동과 투자활동, 재무활동으로 나누어 각 활동의 영역에 손익계산서와 재무상태표의 세부 항목을 대입하여 분석하는 것이다.

[표 4-3] 대출심사 관점에 의한 현금흐름 분류[3)]

활동구분	현금유입항목	현금유출항목
영업활동	• 매출액의 현금회수 대금 • 수입이자	• 제품제조 및 구입대금 지급 • 인건비, 관리비 등 지급

3) 양남하, 「대출심사이론과 종합실무기법」, 한국금융연수원, 2003.

[표 4-3] 대출심사 관점에 의한 현금흐름 분류 (계속)

활동구분	현금유입항목	현금유출항목
영업활동	• 수입배당금 • 운전자산 투자 감소 등	• 순자금조달비용(이자비용, 배당금) • 세금지급 • 운전자산 투자의 증가 • 유동성장기금융부채 상환 등
투자활동	• 유 · 무형 자산 처분 • 투자자산 처분 등	• 유 · 무형 자산 투자 • 투자자산 증가 등
재무활동	• 차입금 증가 • 사채발행 • 유상증자 등	• 차입금 상환 • 사채상환 • 자본감소 등

주) 재무회계에서는 배당금지급액과 유동성장기금융부채(유동성장기차입금과 사채)상환액은 재무활동으로 계상하고 있다. 또한 한국체택국제회계기준은 금융비용을 영업활동과 재무활동으로 혼용하기도 함으로 유의해야 된다.

거래기업의 재무적 건전도를 따져보는 데 있어 현금흐름에 대한 정보는 채권자인 금융기관 입장에서 특히 중요하다. 기업의 채무불이행 가능성을 평가하기 위해서는 현금흐름의 변동원인이나 현금창출능력을 평가하여야 하며, 많은 기업의 부도위기도 현금흐름의 악화에 상당부분 기인하고 있으며, 원리금상환능력을 평가하는 신용분석에서도 유동성 관계비율보다도 현금흐름 관계비율이 보다 유용한 것으로 나타나고 있다.

위와 같은 유용성 때문에 부실예측 부문에서도 현금흐름비율을 더욱 중요시하고 있다. 재무비율분석을 통해서 기업의 수익성, 효율성, 유동성 등에 대한 유용한 정보를 얻을 수는 있지만, 현금흐름의 특성이나 변동원인에 대하여는 체계적인 정보를 얻을 수 없기 때문에 다음과 같은 유용성이 있다고 할 수 있다.

- **기업의 영업활동 수행능력에 관한 정보** : 기업이 영업활동을 일정한 수준 이상으로 유지할 수 있는 능력이 있는지 등에 대한 정보를 제공한다.
- **부채상환능력과 외부자금조달의 필요성 평가 정보** : 부채의 만기일 도래 시 상환할 수 있는 재무적 능력이 있는지 또는 유동성부족으로 인하여 외부로부터 추가적인 자금조달의 필요성 여부에 대한 정보를 제공한다.
- **당기순이익과 영업활동에 의한 현금흐름과의 차이 및 발생원인에 대한 정보로서 "이익의 질적인 특성"을 제공** : 당기순이익 계산 시에는 일정한 가정과 추정 및

평가가 수반되어 신뢰성에 문제가 있을 수 있으나 현금흐름표 작성에는 이러한 문제가 없어 신뢰성 높은 정보를 제공하므로 이익과 현금흐름을 비교함으로써 이익의 질을 평가할 수 있다.

- **투자활동과 재무활동이 재무상태에 미친 영향 평가정보** : 투자활동과 재무활동으로 유입된 현금과 유출된 현금에 관한 정보를 제공함으로써 투자활동과 재무활동이 기업의 재무상태에 미치는 영향에 관한 정보를 제공한다.

2. 원천별 현금흐름 분석

2-1. 영업활동

영업활동은 투자활동과 재무활동을 제외한 모든 활동으로서 기업의 주요 수익창출과 관련되는 활동을 의미한다. 따라서 영업활동으로 인한 현금흐름은 손익계산서 항목과 관련되어 나타나며, 재무상태표에서는 유동성과 관련된 계정과목이 대부분 포함된다.

2-2. 투자활동

투자활동은 장래의 이익과 현금흐름을 창출할 목적으로 한 장기적인 전략적 활동이나 유가증권, 부동산, 다른 기업 등에 대한 투자와 관련된 활동으로, 현금의 대여 또는 대여금의 회수, 장기간 수익을 창출할 것으로 기대되는 설비자산의 매입과 처분, 현금등가물에 해당되지 아니하는 투자자산의 매입 및 처분활동 등을 말한다.

투자자산, 유형자산 및 무형자산의 취득에 따른 현금유출 중 취득 직전 또는 직후의 지급액은 투자활동으로 분류되고 미지급금으로 계상되어 있던 부분의 지급은 재무활동으로 분류 한다.

2-3. 재무활동

재무활동이란 자금의 차입 및 상환, 신주발행과 배당금지급 등 소유지분 항목과 관련되는 활동이다. 재무활동은 주로 기업에 자금을 제공하는 자가 미래 현금흐름에 대한 청구권을 예측하는 데 유용하기 때문에 이를 구분하여 공시하는 것이다.

이들 세 가지 활동을 요약하면, 영업활동은 손익계산서 항목 전체와 재무상태표의 유동성 항목들과 관련이 있고, 투자활동은 비유동자산의 증감과 관련이 있으며, 재무활동은 차입금(금융채무)과 자본계정에 영향을 주는 거래로 구성되어 있음을 알 수 있다. 그러나 이 들 세 가지 활동을 구분하기가 어려운 경우도 있다. 예를 들면, 이자나 배당금 수입과 같이 투자와 재무활동과 관련되어 있는 거래가 영업활동으로 분류되는 경우가 있는가 하면, 유가증권처분이익, 투자자산처분이익, 유형자산처분이익, 자산현재가치할인상각분 등은 손익계산서에서는 영업외수익으로 계상이 되지만 투자활동으로 분류되어 영업활동으로 인한 현금흐름에 포함되지 않는다.

3. 현금수지분석표의 구분 및 해석

3-1. 현금매출총이익과 현금영업이익

현금매출총이익은 매출을 통해 유입된 현금유입액과 현금으로 지출된 매출원가의 차액으로 현금기준에 의한 매출총이익을 의미하는 것으로 현금매출총이익이 부(-)의 현금흐름을 보이면 정상적인 매출활동이 어려워 기업의 계속성이 의심스러운 상태이므로 매우 신중한 여신관리가 요망된다고 할 수 있다.

현금매출총이익에서 현금판매비와관리비를 차감하여 계산된 현금영업이익은 기업의 핵심적인 영업활동에서 발생한 이익으로서, 기업의 수익력과 유동성을 바탕으로 한 현금창출 능력을 표시하므로 장기적인 현금창출 능력을 판단하는 기준이 된다.

현금영업이익이 계속 증가하는 것이 가장 양호하며, 최소한 정(+)의 상태를 유지하여야 하나, 계속 감소추세이거나 부(-)의 상태인 경우에는 현금매출총이익으로 판매관리비를 충당하지 못하므로 부실화 가능성이 있는 것이며, 만약 매년 크게 변동하는 경우에는 기업의 안정성에 문제가 있는 것으로 볼 수 있다.

3-2. 영업활동후의 현금흐름액

현금영업이익에서 기타영업활동에 의한 현금흐름액(영업외손익 등)을 차감하여 계산된 영업활동후 현금흐름액은 금융비용이나 배당금을 지급하기 이전의 자금상태를 판단하기 위한 지표이다.

영업활동후 현금흐름액이 원리금 상환에 충분할 정도로 큰 경우에는 양호한 수준이나, 부(−)의 상태인 경우에는 일상적인 영업활동을 통한 현금 유입액으로 이자비용의 일부도 충당할 수 없을 정도로 자금사정이 악화되어 재무위험이 매우 높은 경우라 할 수 있다. 특히 매출액의 증가금액보다 운전자금 소요액(매출채권 + 재고자산 − 매입채무)이 크게(지속적으로) 증가한 경우에는 궁극적으로 흑자도산에 이를 수 있으므로 주의하여야 한다.

3-3. 이자지급후 현금흐름액

영업활동후 현금흐름액에서 지급이자와 배당금지급액을 차감하여 계산된 이자지급후 현금흐름액은 금융비용 및 배당금 지급후의 현금이익으로서 현금수지분석표에서 가장 중요시되는 항목이다. 이자지급후 현금흐름은 기업의 자기자금 창출능력 및 부채상환능력을 나타내며, 지급이자와 배당금 등 자본조달비용을 감당할 능력 여부를 파악할 수 있기 때문이다.

동 현금흐름액이 큰 기업일수록 자금창출능력과 부채상환능력이 크고 수익성도 양호함을 의미하나, 부(−)의 상태이면 내부자금으로는 시설투자 및 기술개발에 투자할 여력이 전혀 없음은 물론 이자부담능력조차도 없는 기업으로 보아 담보취득 등 채권보전을 강화하여야 함을 의미한다.

3-4. 유동성장기차입금 상환후 현금흐름액

이자지급후 현금흐름액에서 유동성장기차입금 상환액을 차감하여 계산된 유동성장기차입금 상환후 현금흐름액은 투자의 적정성을 판단하는 지표로서 이를 통하여 비유동자산 등 장기자산에 투자할 수 있는 여유자금의 규모를 파악할 수 있다.

동 현금흐름 계산 시 단기차입금 상환액이 제외되어 있는데, 단기차입금은 영업기간 중 판매대전으로 상환될 것을 전제로 하고 있으며 대부분 기일에 재차입(연장 또는 재약정)이 가능한 것을 전제로 하기 때문에 당해 연도에 만기가 도래하는 유동성차입금만을 대상으로 하고 있다.

동 현금흐름이 정(+)의 상태이면 차입원리금 상환능력과 장기자산에 투자할 수 있는 자금여력이 있는 것으로 판단하고, 부(-)의 상태이면 내부자금으로는 시설투자 및 기술개발에 투자할 여력이 없음은 물론 원리금 상환 능력이 없는 것으로 간주하여 별도의 추가담보 취득이나 대책을 강구할 필요가 있는 것으로 판단할 수 있다.

동 현금흐름은 증가하거나 일정수준을 유지하고 있는 것이 바람직한 상태이며 계속 감소하는 업체의 경우에는 재무적 융통성과 시설투자 축소 및 연기, 외부자금 조달가능성에 대하여 재검토를 하여야 한다.

3-5. 투자활동에 의한 현금흐름 분석

업종의 경기전망과 예상 매출액, 현재의 조업도, 생산능력, 투자계획 등을 종합적으로 검토하고, 영업활동현금흐름과 유형자산의 투자지출 규모를 검토하여 판단하되 100% 이상이면 외부자금 의존 없이 영업활동 현금흐름으로 유형자산 투자를 한다는 의미이다. 그러나 기업체는 자본의 효율적 이용 측면을 고려해야 하는데 이 비율이 지나치게 높아 현금잉여 상태가 지속되고 있다면 자본의 효율적 이용이 이루어지고 있는지 여부를 검토하여야 한다.

투자의 건전성 검토 부문에서는 불건전하고 리스크가 높은 자산운용인지 여부를 검토하되 투자자산 내역을 정밀 검토하여야 하고, 적자관계회사 지원자금인지, 경영전략변화에 의한 사업다각화 정책인지, 단순한 확장정책 수단인지를 검토하여야 한다. 그러나 한편으로는 유형자산 투자액이 계속 감소하고 있다면 기업의 미래 성장성에 문제가 발생할 수 있으므로 다각도로 검토해야 한다.

3-6. 재무활동으로 인한 현금흐름 분석

재무레버리지도가 높은 경우에는 이자비용이 고정비 역할을 하게 되므로 해당업종의 경기 동향을 면밀히 분석하여야 하고, 조달부분에서 타인자본 및 자기자본의 균형여부와 함께 장단기차입금의 규모 및 상환계획 등을 검토해 보아야 한다.

조달자금의 적정성을 분석하기 위하여 채무부담능력 범위 내의 차입인지를 이자보상배율과 부채상환계수 등을 통하여 검토해 보고, 내부자금 조달의 적정성 검토를 위하여 내부유보액의 규모 및 질을 분석하는 한편, 배당정책에서도 사외유출형태 등에 대한 변화를 동시에 분석하여야 한다.

3-7. 외부자금조달전 · 후 현금흐름액

유동성장기차입금 상환후 현금흐름액에서 비유동자산투자소요액을 차감하여 계산된 외부자금조달전 현금흐름액은 기업이 영업활동에 의하여 유입된 현금으로 자본비용과 유동성장기부채를 상환하였는지 여부를 검토하고, 시설투자와 장기자산 투자에 따른 소요자금을 어느 정도 충당하였는지 또는 충당하지 못하였다면 외부자금조달의 규모와 필요성은 얼마나 되는지를 판단할 수 있는 지표이다.

동 현금흐름이 정(+)인 기업은 시설투자도 내부자금으로 충당하였음을 뜻하며, 유동성이 양호한 우량기업으로 신용공여의 대상이며, 부(−)인 기업의 경우 그 원인이 운전자금의 부족이나 과다한 시설투자인지 여부, 또는 관계회사 투자의 적정성이 있는지 등 발생원천별로 원인을 파악하여야 한다.

외부자금조달전 현금흐름액에서 총외부자금조달액을 차감하여 계산된 외부자금조달후 현금흐름액은 기업의 영업, 투자, 재무활동에 의한 총현금흐름으로 재무상태표의 현금 증감액과 일치하여야 한다.

제3절 비율분석을 통한 상환재원 분석

현금흐름 또는 현금수지분석표는 대표적인 실수분석 방법이지만 실제 수치에 대한 이해를 돕기 위해 비율분석을 이용하여 상환재원 및 상환능력을 평가하기도 한다.

1. 부채상환계수

부채상환계수(Debt Service Coverage Ratio : DSCR)는 기업의 차입금에 대한 상환능력을 측정할 때 이용되는 분석지표로서 차입금상환계수라고도 한다. 계산식은 평가하고자 하는 주체의 의도에 따라 손익관련 부채상환계수와 현금흐름 부채상환계수 등으로 분류되고 있으나, 일반적으로 사용하고 있는 계산식은 상환자원을 차입금으로 나누어 계산하는 현금흐름관련 지표이다.

이는 현금흐름표 또는 현금수지표 상의 영업활동현금흐름을, 금기에 상환하여야 할 단기차입금과 유동성장기차입금에 금융비용을 합한 금액으로 나눈 것으로서 영업활동으로부터 조달된 자금으로 차입금 상환이 가능한지 여부를 판단하는 데 유용하게 활용된다.

◆ 손익관련 부채상환계수

EBIT / (금융비용 + 단기차입금 + 유동성장기차입금)
EBIT / [(금융비용 + (단기차입금 + 유동성장기차입금) / 5)]

◆ 현금흐름 부채상환계수

EBITDA / (금융비용 + 단기차입금 + 유동성장기차입금)
(영업활동후 현금흐름 + 금융비용) / (금융비용 + 단기차입금 + 유동성장기차입금)
(영업활동후 현금흐름 + 금융비용) / [(금융비용 + (단기차입금 + 유동성장기차입금) / 5)]

부채상환계수는 영업활동현금흐름 대신에 당기순이익에 비자금비용(또는 감가상각비)을 더하여 산출하기도 하며 1.0을 상회하여 1.5이상으로 지표가 높아지면 지급능력이 양호하다고 볼 수 있다.

영업활동에 의한 현금유입액이 원리금 상환액에 부족할 경우, 해당기업은 차입금 상환을 위하여 부족한 자금을 회사채 발행 및 증자 등 재무활동이나 투자자산의 매각 등 투자활동에서의 현금유입에 의존하게 된다.

부채상환계수는 사용자에 따라 또는 현금흐름표를 분석하는 사람에 따라 유동성장기부채만을 대상으로 활용하기도 하나 대부분은 이자비용도 지급할 여력이 있는지를 파악하는 형태로 사용되고 있으며, 동 비율을 분석할 때는 일률적으로 판단하지 말고 경쟁회사나 동업계, 회사의 과거추세 등을 감안하여 판단하여야 한다.

2. 이자보상배율

이자보상배율(Interest Coverage Ratio : ICR)는 이자보상계수, 이자보상비율 등 여러 가지 용어로 사용되며, 산식도 이익기준, 현금흐름기준, 순이자비용기준 등 다양하기 때문에 지표 해석시 사용된 산식의 정의에 대한 이해가 선행되어야 한다. 현재 한국은행 기업경영분석상의 이자보상비율의 산식은 손익계산서의 영업이익을 금융비용으로 나눈 비율로 나타내며 기업의 경영활동 결과에 의한 수익과 금융비용을 비교하여 지급능력을 판단하는 지표이다.

$$ICR = \frac{\text{영업이익}}{\text{금융비용}}$$

이자보상배율에서 금융비용은 업종과 해당업체의 특성을 감안하여 이자비용에서 이자수익을 차감한 순이자비용을 활용하기도 한다. 이 배율은 높을수록 금융비용 에 대한 지급능력이 있다고 볼 수 있으며, 적어도 1.5배 이상은 되어야 이자지급능력이 있는 수준이라고 할 수 있다.

만일 이 배율이 1.0이하이면 금융비용 지급을 위하여 외부자금을 조달하여야 함을 의미한다. 이 지표는 세금차감전 순이익의 질적분석과 향후 추가적인 투자계획 시에 발생하는 추가부담 금융비용 규모도 함께 고려하여 판단하여야 한다.

3. 현금흐름 비율

이자지급후 현금흐름액의 크기는 유동성장기차입금 상환전 현금흐름의 크기이므로 향후 채무자가 부담하는 모든 채무를 상환할 수 있는 크기를 측정하는 비율이라고 할 수 있다. 현금흐름비율이 높을수록 기업의 신용도는 양호하다고 볼 수 있다.

$$\text{현금흐름비율} = \frac{\text{이자와 배당금지급후 현금흐름}}{(\text{장단기차입금} + \text{회사채} + \text{할인어음})}$$

영업활동현금흐름에서 최종적으로 금융비용과 배당금을 지급한 후의 자금으로서, 당기순이익에 비자금비용을 더하고 배당금을 차감한 형태로도 나타낼 수 있으며, 100% 이상이면 매우 양호한 수준을 의미하나, 대부분의 경우 60% ~ 70% 수준이면 양호한 수준으로 판단하고 있다. 그러나 이 비율도 일률적으로 판단하지 말고 동업계나 과거 추이를 분석하여 판단하여야 한다.

4. 고정재무비용 보상비율

고정금융비용이란 차주기업에서 고정적으로 발생하는 금융비용을 말하며, 고정재무비용이란 영업활동에서 고정적으로 지출되는 금융비용에 리스비용을 합하여 구한 비용을 말한다. 이는 리스비용도 실질적으로는 금융비용에 해당되기 때문에 보다 포괄적인 이자지급능력을 측정하기 위하여 사용되는 지표이다.

$$\text{고정재무비용 보상비율} = \frac{(\text{영업이익} + \text{리스비용})}{(\text{이자비용} + \text{리스비용})}$$

5. 현금흐름 대 총부채비율

영업활동으로부터 조달된 현금으로 비유동부채를 비롯한 총부채를 상환할 수 있는 능력을 판단하는 지표로 내부자금조달로 어느 정도의 부채를 상환할 수 있는지를 측정하는 데 활용한다. 동 비율의 역수는 내부자금조달에 의한 총부채 상환기간이 되므로 동 기간과 부채평균상환기간을 비교 · 분석하여 상환능력의 적정성을 검토할 수도 있다.

$$현금흐름\ 대\ 총부채비율 = \frac{영업활동현금흐름}{총부채}$$

차주기업의 시설투자 및 운영자금투자에 대한 현금흐름의 과거실적을 종합적으로 파악할 수 있으므로 이 비율로부터 향후의 시설투자 시기 및 규모를 검토할 수 있고 투입시기의 조정 등을 검토할 수도 있다.

참고로 아래 표는 영업활동현금흐름을 활용한 비율산식과 평가내용이다.

비율 산식	평가 내용
영업활동현금흐름/총부채	전반적인 장기지급능력 평가
영업활동현금흐름/총차입금	장기적관점에서의 차입금 상환능력 평가
영업활동현금흐름/총자산	보유 총자산의 효율적 운용 여부 평가
영업활동현금흐름/유형자산투자지출	투자재원 조달의 안정성 평가
영업활동현금흐름/매출액	매출활동을 통한 현금창출능력 평가
(영업활동현금흐름+금융비용)/금융비용	현금흐름기준 이자보상배율
(영업활동현금흐름+금융비용)/(단기차입금+유동성장기부채+금융비용)	현금흐름기준 부채상환계수

6. 현금흐름 여유분석

영업활동으로부터 창출되는 현금흐름으로 채무원리금의 상환자원과 최소한의 비유동자산 투자에 소요되는 지출을 감당해 낼 수 있는지를 현금흐름의 여유(cash flow cushion)과 크기를 가지고 분석하는 방법이다.

즉, 대출상환에 활용할 수 있는 현금흐름이 어느 정도 여유를 가지고 있는지를 분석하는 기법으로서, 이를 통하여 차주사의 부채 지급능력을 분석하기 위해서는 시나리오분석에 의하여 시나리오별 차입금 부담능력을 분석하여야 한다.

시나리오 분석은 미래의 추정에 적용되는 추정변수에 대한 가정을 변화시킴으로써 미래추정 결과에 어떤 영향을 주는지를 보여주는 분석 방법으로서 민감도 분석과 유사하나, 민감도 분석은 단일변수가 사용되나 시나리오 분석은 2가지 이상의 변수가 사용된다는 점에서 차이가 난다.

[표 4-4] 스프레드시트를 이용한 현금흐름 여유분석 예시

(단위 : 억원, %)

분석항목		산식내용	전 기	금 기	추정1기
이자부담부부채		총차입금	358	369	395
상환부담차입금	(1)	대환가능액 제외	53	54	52
금융비용	(2)	실제지급이자	35	38	42
차입금평균이자율	(3)		10.0	10.5	11.0
상환부담원리금	(4)	1 + 2	88	92	94
Capital Expenditure	(5)	CAPEX	100	100	120
최저요구 EBITDA	(A)	4 + 5	188	192	214
EBIT	(6)	영업이익	120	170	150
Depreciation	(7)	감가상각비	50	50	50
Amortization	(8)	무형자산상각비	10	20	20
EBITDA	(B)	6 + 7 + 8	180	240	220
이자수익	(9)	손익계산서상 수입이자	30	35	40
Cash Cushion	(C)	B + 9 − A	22	83	46

현금흐름 여유분석은 최소한의 자본적 지출(Capital Expenditure: CAPEX)에 상환부담 원리금을 합한 최저요구 EBITDA를 실제 EBITDA와 비교해 보고 이를 목표이자보상배율을 변화시키면서 스프레드 시트를 이용하여 상환능력의 정도를 파악해 보는 방법으로 활용할 수도 있다.

스프레드 시트는 이자보상배율(ICR)을 다양한 방법으로 변화하여 보면서 적정차입금과 유지가능차입금, 조정대상차입금이 어떻게 변화해 가는지를 살펴볼 수 있는 방법이다. 차주사의 중장기적인 부채상환능력을 분석하기 위해서는 이자보상배율의 변화에 따라 부채상환계수와 유지가능차입금이 어떻게 변화하는지를 분석하는 것이 필요하기 때문에 이러한 시트를 활용하기도 한다.

이자보상배율을 다양한 방법으로 변화를 주면서 구해보면 부채상환계수가 이에 따라 변화하며 목표이자보상배율을 별도로 정해주면 대상회사의 유지가능차입금과 조정대상차입금에 대한 정보도 구할 수 있다. 이러한 시트는 특히 워크아웃이나 구조조정 필요성이 있는 회사에 대하여 적용하면 효과적인 결론을 얻을 수 있다.

법인세율	(10)		30.8%	30.8%	30.8%
이자보상배율(ICR 1)		EBIT/금융비용 (=6/2)	3.43	4.47	3.57
이자보상배율(ICR 2)		EBITDA/금융비용(=B/2)	5.14	6.32	5.24
이자보상배율(ICR 3)		(EBITDA–CAPEX)/금융비용(=(B–5)/2)	2.29	3.68	2.38
부채상환계수 1 (DSCR 1)		6/(금융비용+상환원금/(1–법인세율))	1.08	1.47	1.28
부채상환계수 2 (DSCR 2)		B/(금융비용+상환원금/(1–법인세율))	1.61	2.07	1.88
Target I.C.R	(11)	목표이자보상배율	1.50	1.50	1.50
적정차입금(ICR 1기준)	(12)	EBIT/(차입금평균이자율*목표ICR)	800	1,079	909
적정차입금(ICR 2기준)	(13)	EBITDA/(차입금평균이자율*목표ICR)	1,200	1,524	1,333
자구에 의한 상환가능액	(14)	매각가능자산	250	300	350
유지가능 차입금(ICR1기준)	(15)	12+14	1,050	1,379	1,259
유지가능 차입금(ICR2기준)	(16)	13+14	1,450	1,824	1,683
조정대상차입금(ICR1 기준)	(17)	총차입금–유지가능차입금(ICR1)	(692)	(1,010)	(864)
초과차입금(ICR2 기준)	(18)	총차입금–유지가능차입금(ICR2)	(1,092)	(1,455)	(1,288)

연 | 습 | 문 | 제

1. 도산기업의 시계열 변화과정에 대한 설명으로 올바른 것은? (　　)

① 투하자산회전율이 3 이하로 떨어진다.

② 매출액이 감소하면서 매출원가율도 동시에 떨어진다.

③ 영업이익이 금융비용보다 적어진다.

④ 현금유입액이 유출액보다 많아진다.

⑤ 장기 및 단기부채 의존도가 급격히 높아진다.

2. 차주의 1차 상환재원이란 영업활동으로부터 창출되는 자금으로 원리금을 상환할 수 있는 재원을 말한다. 이와 거리가 먼 것은? (　　)

① 비유동자산의 매각에 의한 현금

② 재무상태표상 초과 보유현금

③ 현금화 가능 자산 규모

④ 정상적인 영업활동과정에서의 신규 자금차입 여력

⑤ 실질적인 자본증자를 통한 현금유입액

3. 투자활동으로 인한 현금흐름을 분석하는 데 있어 거리가 먼 것은? (　　)

① 업종의 경기전망을 분석하여야 한다.

② 현재의 생산능력을 검토해 보아야 한다.

③ 유형자산의 투자지출 규모를 검토하여 판단하여야 한다.

④ 이자비용과 재무레버리지도를 분석하여야 한다.

⑤ 투자의 건전성 정도를 검토해 보아야 한다.

연 | 습 | 문 | 제

4. EBITDA 지표에 대한 설명 중 가장 거리가 먼 것은? ( )

① 순운전자본 증감이 고려되지 않은 수익성 지표에 가깝다

② 재투자 금액을 고려하지 않은 지표이다

③ 장기적인 현금흐름을 예측하여 간편하게 기업가치를 계산하는 등의 단순한 현금흐름의 대용목적으로 사용할 수는 있지만 단기적으로 기업의 도산가능성을 파악하기에는 설명력이 부족한 면이 있다

④ 이익의 질에 대한 설명력이 다소 부족하다

⑤ 제품수명주기가 비교적 짧고 기술적 변화가 큰 기업과 도산가능성이 낮은 기업에 대하여 제한적으로 사용하는 것이 바람직하다

5. 다음 자료를 활용하여 추정년도의 현금여유액(Cash Cushion)을 계산하시오. ( )

〈추정년도 재무자료〉	
상환부담원리금	95억원
자본적지출예상액	20억원
추정매출액	1,000억원
추정 EBIT/매출액(%)	8%
감가상각비(무형자산상각비포함)	50억원
이자수익	5억원

① 10억원 ② 15억원 ③ 20억원 ④ 25억원 ⑤ 30억원

정 | 답 | 및 | 해 | 설

1. ③

① 투하자산회전율이 1 미만으로 떨어진다.

② 매출액영업이익률의 급격한 감소 현상이 발생한다.

④ 현금유입액이 유출액보다 적어진다.

⑤ 단기부채의존도가 높아진다.

2. ①

비유동자산 매각에 의한 현금은 2차 상환재원에 해당

3. ④

이자비용과 재무레버리지도 분석은 재무활동에서 검토하여야 한다.

4. ⑤

제품수명주기가 비교적 길고 기술적 변화가 낮아 재투자 부담이 적고 운전자금 부담 변동성이 낮은 기업과 도산가능성이 낮은 기업에 대하여 제한적으로 사용하는 것이 바람직하다.

5. ③

최저 요구 EBITDA　95억원 + 20억원 = 115억원

EBIT(영업이익)　80억원

EBITDA　80억원 + 50억원 = 130억원

Cash Cushion = 130억원 + 5억원 − 115억원 = 20억원

제5장

여신심사방법 및 사례연구

학습목표

※ 기업에 대하여 여신지원 여부를 결정하기 위한 구체적인 여신심사방법을 설명할 수 있다.

※ 기업여신 심사 사례연구를 통하여 기업여신 심사업무를 직접 수행할 수 있다.

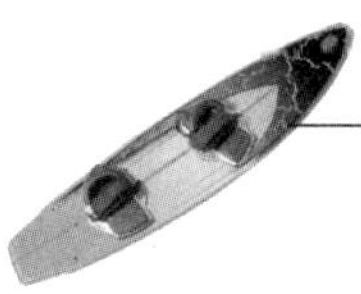

학습개요

※ 기업여신 심사에 필요한 사업위험에 대한 분석방법과 재무위험에 대한 분석방법 그리고 적정 여신을 지원하기 위한 합리적인 여신의사결정방법에 관한 구체적인 점검사항들을 적절한 예시를 들어 설명하였다.

※ 기업여신 심사방법에 대한 학습효과를 높이기 위해 기업여신 심사에 필요한 재무 및 비재무적인 자료를 제시하고 이를 이용하여 기업여신 심사 실무사례를 자세하게 기술하였다.

제1절 사업위험 분석

1. 시장위험 분석

1-1. 경기변동 위험분석

일반적으로 전반적인 국내 경기를 판단하는 방법은 국가 경제성장률이다. 경제성장률은 국내총생산(GDP)의 증가율로 나타낸다. 경제성장률 외에도 경기의 동향과 전망을 참고하고자 할 때 사용하는 지표에는 기업경기실사지수(Business survey index), 경기종합지수(선행종합지수, 동행종합지수, 후행종합지수) 등이 있다.

[표5-1] 경기종합지수 (통계청)

선행종합지수	동행종합지수	후행종합지수
1. 재고순환지표 2. 경제심리지수 3. 건설수주액(실질) 4. 기계류내수출하지수 (선박 제외) 5. 수출입물가비율 6. 코스피 7. 장단기금리차	1. 광공업생산지수 2. 서비스업생산지수 (도소매업 제외) 3. 건설기성액(실질) 4. 소매판매액지수 5. 내수출하지수 6. 수입액(실질) 7. 비농림어업취업자수	1. 생산자제품재고지수 2. 소비자물가지수변화율 (서비스) 3. 소비재수입액(실질) 4. 취업자수 5. CP유통수익률

경제성장률 전망치 등을 활용하여 기업의 매출성장성과 수익성을 전망할 때 유의하여야 할 사항은 모든 업종에 천편일률적으로 적용하여서는 안 된다는 점이다. 그 이유는 국내 모든 산업의 성장률이 경제성장률(GDP증가율)과 같지는 않기 때문이다. 따라서 실무적으로는 업종마다 다르게 적용하여야 한다. 어떤 업종은

경제성장률보다 더 높은 산업성장률을 보일 수도 있고, 어떤 업종은 경제성장률보다 더 낮은 산업성장률을 보일 수도 있기 때문이다.

구체적으로는 해당 업종의 관련 단체(예 : 협회, 유관 정부기관 등) 등에서 발표하는 해당 산업의 성장률 전망치를 활용하여 분석대상 기업의 매출성장성과 수익성을 전망하는데 참고하는 것이 바람직하다.

1-2. 금리변동 위험분석

금융회사로부터 받은 이자를 부담하는 차입금을 보유하고 있는 모든 기업은 신용등급이나 차입금의 규모에 따라 정도의 차이는 있지만 금리변동의 영향을 받기 마련이다. 따라서 금리변동위험을 분석하는 목적은 금리변동 가능성을 예상하여 분석대상 기업의 수익성을 전망하고자 함에 있다.

분석결과 금리의 상승이 예상되어 이자비용 부담이 증가할 것으로 예상되면 증가 예상금액만큼 추가로 차기의 이자비용을 당기보다 더 늘려 잡아 수익성을 전망하여야 한다.

1-3. 유가변동 위험분석

유가변동위험을 분석하는 목적은 국제 원유(Crude oil)가격이 상승하면 기업의 수익성에 부정적이기 때문이다.

국제 원유가격이 상승하면 기업의 수익성에 부담이 되는 이유 중의 하나는 이 세상에 존재하는 모든 공산품의 원재료는 그 일부가 원유에서 비롯되기 때문이다. 물론 업종마다 정도의 차이는 있지만 유가가 상승하면 원재료 부담이 상승하여 생산원가가 상승할 수밖에 없다.

또한 원유가격의 상승은 기업의 제조경비 부담을 증가시킨다. 공산품을 생산하기 위해서는 에너지를 사용하여 제조공장의 설비를 가동시키기 때문이다. 에너지비용은 공장의 설비가동에 사용되는 전력, 경유, 벙커C유 등에 대한 비용이다.

마지막으로 원유가격의 상승은 기업의 영업활동에 소요되는 운반비 증가를 초래해서 판매비와관리비 부담이 증가하여 영업이익에 부정적인 영향을 미친다.

[표5-2] 유가의 상승이 기업의 수익성에 미치는 영향

비목	나타나는 현상	수익성에 미치는 영향
재료비 (원자재) (부자재)	재료비 부담의 증가로 인한 매출원가율의 상승	매출총이익률 하락 영업이익률 하락 당기순이익률 하락
에너지비용 (전기요금) (경유) 등	제조경비의 상승으로 인한 매출원가율의 상승	매출총이익률 하락 영업이익률 하락 당기순이익률 하락
운반비	판매비와관리비의 증가	영업이익률 하락 당기순이익률 하락

1-4. 환율변동 위험분석

환율의 변동위험을 분석하는 목적은 환율의 변동이 기업의 매출성장성과 수익성에 미치는 영향이 매우 크기 때문이다. 원화환율이 상승하거나 하락하게 되면 기업에 미치게 되는 영향은 크게 두 가지다. 하나는 매출액(수출)에 영향을 미치고 또 하나는 수익성에 영향을 미친다. 환율의 변동은 수출하는 기업과 상품이나 원자재를 수입하는 기업에 각각 다른 방향으로 영향을 주게 된다.

주로 수출을 하는 기업들은 환율이 상승하는 것이 가격경쟁력 측면이나 매출성장성에 유리하게 작용한다. 반면에 원자재(중간재 포함)나 제품을 수입하여 국내 시장에 판매하는 기업들은 환율이 하락하는 것이 매출성장성이나 수익성에 유리하게 작용한다.

수출을 하는 기업이나 수입을 하는 기업은 매출(수출)과 매입(수입) 거래에서 필연적으로 외화매출채권과 외화매입채무 등이 발생하게 된다. 이들 외화매출채권과 외화매입채무는 발생시점의 환율과 결제시점의 환율이 달라지기 마련이다. 이러한 환율의 차이로 인해 환차손이 발생하여 수익성에 부정적인 요인으로 작용하게 된다.

▣외환리스크관리 점검 및 평가 항목

- 관리체계 부문
  - *규정 제정 및 운영
  - *조직 및 업무분장

*전산시스템 구축수준

*담당인력의 전문화

•한도설정 부문

*외환리스크 한도 설정

*Open position 한도설정

*매매목적 파생상품 거래한도 설정

•관리실태 부문

*총 Open position 비율(Open position÷자기자본×100)

*외환차손익 비율(외환차손익÷영업이익×100)

*매매목적의 파생상품거래 잔액 보유 비율(파생상품 거래 잔액÷자기자본×100)

[표5-3] 외환리스크 관리 실태 평가표 (금융감독원 기준)

평가항목	A등급	B등급	C등급	D등급	E등급
총 Open position 비율	3%미만	3%이상	10%이상	40%이상	100%이상
외환차손익 비율	0.2%미만	0.2%이상	1%이상	5%이상	20%이상
매매목적 파생상품 거래 잔액 보유 비율	0.2%미만	0.2%이상	1%이상	5%이상	20%이상

1-5. 정부정책변동 위험분석

정부의 정책은 수시로 변한다. 특히, 정권이 교체될 때마다 정책은 자주 변한다. 정부의 정책은 국가의 경제발전과 국익에 도움이 되는 방향으로 변한다. 그러므로 정부의 정책 변동은 기업에 유리하게 작용하기도 하지만, 때로는 불리하게 작용하기도 한다. 정부정책변동이란 법률의 신규 제정 및 개정, 정책의 변경 등이 있다.

정부정책이 유리하게 변하는 것도 반영되어야 되겠지만 특히, 불리하게 변하는 정책은 분석대상 기업의 매출성장성과 수익성 전망에 반드시 반영하여야 한다. 여신심사는 항상 부정적인 요인을 먼저 고려하여야 하기 때문이다. 이것은 신용리스크관리의 기본이라고 하겠다.

2. 산업위험 분석

2-1. 산업분석의 목적

산업이란 동일하거나 유사한 제품을 생산하여 판매하고 있는 경쟁업체들의 집합체이자 공동시장이다. 통계청의 한국표준산업분류 기준에 의하면 산업이란 '유사한 성질을 갖는 산업 활동에 주로 종사하는 생산단위(업체)의 집합'이라고 정의하고 있다.

이러한 산업을 분석하고 평가하는 목적은 분석 대상기업이 영위하고 있는 산업의 특성과 경쟁구조 및 산업에 내재되어 있는 산업의 잠재위험요소들에 대한 분석과 전망을 통하여 분석대상 기업의 매출성장성과 수익성에 미치는 영향을 파악하고자 함에 있다. 따라서 산업위험분석은 여신심사업무에 있어서 매우 중요한 비중을 차지하는 실무이므로 소홀히 다루어져서는 안 된다.

2-2. 산업분석의 실무적인 절차

산업분석의 절차와 방법은 분석 목적에 따라 다를 수도 있다. 그렇지만 여신심사를 목적으로 하는 산업분석의 절차는 일반적으로 다음과 같다.

■ 제1단계 (산업분류)

- 분석하고자 하는 산업을 구체적으로 분류한다.

■ 제2단계 (자료수집)

- 산업분석에 필요한 자료 및 정보를 수집한다.
  *분석대상 기업으로부터 산업동향 및 전망자료를 징구한다.
  *여신담당자가 별도 채널을 통해서도 자료를 수집한다.

■ 제3단계 (산업의 특성파악)

- 해당 산업의 특성과 평가 유의사항을 정리한다.
  *해당 산업의 특성과 평가 유의사항을 정리하는 목적은 분석대상 기업을 분석할 때

효율성을 제고하기 위함이다.

■ 제4단계 (경쟁구조 분석)

– 산업의 경쟁구조 분석

*동일한 산업 내 전체 경쟁업체 수를 파악한다.

*분석대상 기업의 시장지위와 시장점유율을 파악한다.

*경쟁업체별로 강점과 약점을 분석하여 분석대상 기업과 경쟁우위를 비교 평가한다.

*경쟁업체별로 최근 경영성과를 파악하여 비교분석한다.

–구매조건 및 판매조건 교섭능력을 평가한다.

–대체재의 출현 가능성을 분석한다.

–신규 진입 기업의 발생 가능성을 점검한다.

■ 제5단계 (수급상황 분석)

–최근 5년간 당해 산업에서 생산된 제품의 수요와 공급 상황을 분석한다.

*수요 변동의 원인을 분석하여 산업의 성장성을 전망한다.

*공급 변동의 원인을 분석하여 경쟁강도를 분석한다.

*향후 1년간 수급상황을 전망하여 해당 산업의 성장성을 전망한다.

■ 제6단계 (잠재위험 분석)

–분석대상 산업에 출현할 잠재적인 산업위험요소의 유무를 점검한다.

*대체재의 출현 가능성 유무

*신규 진입기업의 발생 가능성 유무

*환경위험 발생 가능성 유무

*정부정책의 변화 가능성 여부 등

■ 제7단계 (성장성과 수익성 전망)

–산업의 성장성과 수익성 그리고 분석대상기업의 시장지위를 고려하여 차기연도 매출성장률과 수익성 전망에 반영한다.

2-3. 산업분석에 필요한 자료수집

산업분석에 필요한 자료를 수집하는 방법은 크게 두 가지로 구분한다. 한 가지는 분석대상 기업으로부터 징구하는 것이다. 다른 한 가지는 여신실무자인 분석 담당자가 별도로 산업분석에 필요한 자료를 수집하는 것이다.

이처럼 거래처와 별도로 다른 채널을 통해 자료를 이중으로 수집하는 이유는 여신거래처의 입장에서는 소속 산업을 어떤 시각으로 바라보고 있으며, 산업전망을 어떻게 바라보고 있는지를 비교 검토하여야 하기 때문이다. 왜냐하면 여신을 신청한 기업의 입장에서는 여신을 제공 받을 목적으로 영위 산업에 대하여 지나치게 낙관적인 견해를 피력할 수도 있을 뿐만 아니라 항상 긍정적인 이야기만 흘러나오기 때문이다.

산업분석에 필요한 자료나 정보를 수집할 때 손쉽게 구할 수 있는 정보채널을 확보하는 것도 중요하다. 산업분석에 필요한 자료들을 구할 수 있는 출처는 다음과 같다.

- 각종 산업의 협회 또는 단체에서 발간하는 회보 또는 보도자료
- 주요 경제신문기사
- 정부 산하 기관 경제연구소의 산업분석 보도자료
- 민간 경제연구소의 산업분석 보도자료
- 국내 주요 신용평가회사의 산업동향자료
- 한국기업데이터(시중은행 공동 출자회사)의 산업동향자료 등

2-4. 분석대상 산업의 특성파악

분석할 산업의 고유한 특성을 파악해야 하는 이유는 분명하다. 그 산업의 고유한 특성을 모르면 산업분석도 정확하게 이루어지지 못하겠지만 분석대상 기업을 분석할 때 무엇을 중점으로 짚어보아야 하는지에 대한 체크포인트를 놓치기가 쉽기 때문이다.

각각의 산업들이 가지고 있는 고유한 특성은 천차만별이다. 하지만 어떤 산업을 분석하든지 간에 대략적으로 아래 사항들 정도는 체크해 보아야 한다.

-산업의 수명주기(도입기, 성장기, 성숙기, 쇠퇴기)

-내수위주 산업 또는 수출위주 산업 여부
-장치산업(자본집약산업) 또는 노동집약산업 여부
-시장생산 또는 주문생산 여부
-계절성 유무
-경기 민감도 수준
-소득탄력성의 정도
-전후방산업의 종류 등

2-5. 경쟁구조 분석

분석할 산업의 특성을 파악한 후 다음 절차는 산업의 경쟁구조를 분석하는 일이다. 일반적으로 산업의 경쟁구조 분석에서는 다음과 같은 사항들을 점검 및 평가하여야 한다.

- 경쟁업체의 수와 분석대상 기업의 시장지위(Forced ranking)
- 구매자의 교섭능력
- 공급자의 교섭능력
- 대체재의 존재 유무
- 신규 진입기업의 발생 가능성(진입장벽의 고저로 평가) 여부
  *진입장벽의 종류
•규모의 경제
•정부의 정책적인 규제
•차별화된 제품
•유통망 확보 가능성
•기존 기업들의 신규 진입 방해(보복)
•기존 기업들의 원가상의 우위
•높은 퇴출장벽 등

2-6. 제품수급상황 분석

제품수급상황을 분석하는 목적은 분석하고자 하는 산업에서 생산되는 제품의 수량변화가 향후 어떤 방향으로 전개될지를 알아보기 위함에 있다.

생산되는 제품의 수량변화라고 하는 의미는 동일한 산업 내에서 생산량의 증감을 말한다. 생산량이 증가한다는 의미는 곧 수요가 그만큼 증가한다는 의미와 같다. 그런데 시장에서의 제품수급은 국내에서만 이루어지는 것이 아니라 수입과 수출이라는 변수도 있다. 따라서 제품의 수급은 제품의 수요와 공급을 말한다. 여기서 공급이란 국내 생산물량과 해외에서의 수입물량의 합을 말하고 수요란 국내 시장의 수요물량(내수)과 수출물량의 합을 말한다.

제품의 수급분석은 최근 5년간 국내 생산과 해외 수입 그리고 국내 수요와 해외 수출의 변화 내용을 분석하여 그 원인을 밝히고, 향후로는 어떻게 바뀔지를 전망하여 그 산업의 성장성을 전망하여야 한다.

2-7. 잠재적인 산업위험요소 분석

잠재적인 산업위험요소를 분석하는 목적은 해당 산업에 잠재되어 있는 위험요소가 현실화될 경우 해당 산업에 나타날 수 있는 충격을 분석하여 평가에 반영하고자 함에 있다. 산업의 잠재적인 위험요소를 정리하면 다음과 같다.

- 정부정책의 불리한 변화
- 대체재의 출현 가능성
- 신규 진입기업의 출현 가능성
- 사회제도 및 문화의 급격한 변화 가능성
- 신기술의 발명이나 기술혁신(4차 산업혁명 등)으로 인한 기존 산업의 사양화 등

3. 경영위험 분석

3-1. 경영위험 분석목적

기업이 경영환경 변화에 적응하면서 지속적인 성장을 달성하기 위해서는 최고경영자를 비롯한 경영진의 경영능력이 매우 중요하다. 경영환경이 유리한 방향으로 전개될 때 이를 바탕으로 기업을 한 단계 더 도약시킬 수 있는 능력도 중요하지만 더 중요한 것은 경영환경이 불리한 방향으로 전개될 때의 경영위기 관리능력이다.

기업의 규모가 클수록 최고경영자의 혼자 힘만으로 모든 분야를 통제 및 관리를 한다는 것은 불가능할 뿐만 아니라 매우 비효율적인 경영결과를 낳게 된다. 따라서 기업의 경영측면에서의 위험요인들에 대한 점검을 통해 경영위험을 평가하여 사업위험을 평가하고자 하는 것이 경영위험 분석의 목적이다.

3-2. 경영위험 분석요소

기업의 규모에 따라 경영위험 평가요소는 조금씩 다르지만 일반적인 분석요소들을 위주로 정리하면 다음과 같다.

-기업의 역사(연혁)
-종업원의 수
-종업원의 이직률
-대표이사(최고경영자)를 포함한 주요 경영진
-경영조직
-경영시스템
-경영의 연속성
-경영권의 안정성
-경영목표와 경영전략
-지배구조 등

가. 기업의 역사(연혁)

연혁은 기업의 역사(Business history)를 말하며, 기업이 설립된 이후 오늘까지 어떠한 과정을 거쳐 성장하여 왔는지를 일목요연하게 보여주는 표로서 기업의 이력서라고 말할 수 있다. 기업의 연혁을 살펴보면 그 기업의 미래를 읽을 수가 있다. 그 이유는 기업이 성장해온 다양한 배경들을 간파할 수가 있기 때문이다. 기업이 인재를 채용할 때 지원자의 이력서를 받아 보는 이유와도 같다고 볼 수 있다.

나. 종업원의 수

실증분석의 결과 종업원의 수가 많아질수록 도산가능성이 낮게 나타났다. 그러므로 종업원의 수를 점검하는 목적은 도산 가능성이 높은지 아니면 낮은지를 평가하고자 함에 있다.

기업이 종업원을 채용하는 이유는 그만큼 매출성장성이 높고 직원을 더 채용하여 인건비를 지불할 만큼의 수익을 창출하고 있다는 뜻이다. 또한 종업원의 수가 많다는 것은 업력도 오래되었고 그 기간 동안 자산규모도 커졌다는 증거이기도 하다.

[표5-4] 종업원의 수와 부도율

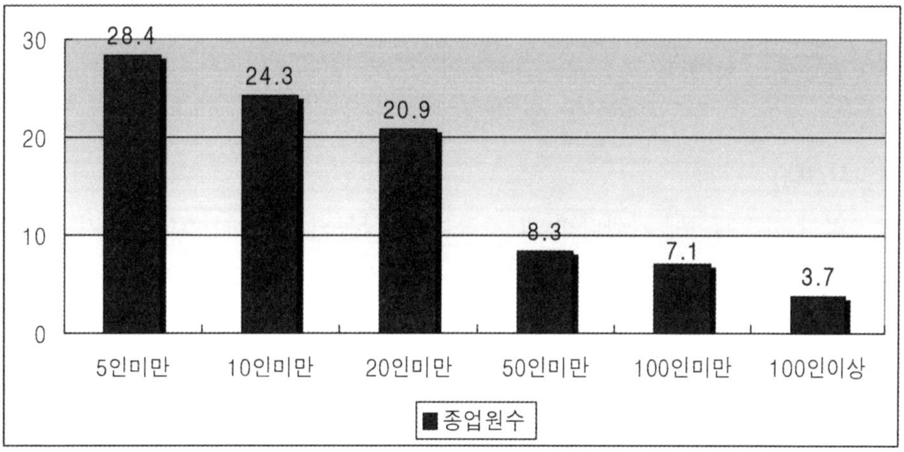

(자료 : 중소기업청)

다. 대표이사(최고 경영자)

최고 경영자 즉, 대표이사를 분석 및 평가하는 목적은 기업규모를 막론하고 회사의 운명을 쥐고 있기 때문이다. 대표이사의 자질과 역량의 차이에 따라 회사의 흥망성쇠가 달라진다. 이는 과거 역사가 잘 말해주고 있다. 대표이사를 평가할 때의 점검하여야 할 요소들은 다음과 같다.

- 경영자로서의 자질(Character) : 연령, 전문지식, 경력, 자신감과 열정, 성실성, 표정, 사업철학 등
- 경영능력(Competence) : 경영성과인 매출성장성과 수익성을 시장평균과 비교하여 평가, 세평
- 윤리 도덕성이나 신뢰성(Trust) : 과거 채무불이행 사실 유무 등

라. 경영조직

경영조직이 합리적이지 못하면 기업이 성장하는데 한계가 있다. 따라서 경영조직을 분석하는 목적은 기업의 성장단계별로 적합한 형태의 경영조직으로 변모해 나가고 있는지를 보고 계속기업으로서 성장가능성 유무를 평가하고자 함에 있다. 경영조직의 합리성을 평가하는데 필요한 자료와 요소는 다음과 같다.

- 기업의 사업부별 조직도
- 주요 경영진의 대주주 및 대표이사와의 관계
- 주요 경영진의 약력 등

마. 경영시스템

경영조직이 하드웨어에 가깝다면 그 조직이 잘 작동되게끔 하는 여러 가지 제도적인 장치가 경영시스템이다. 경영시스템은 일종의 소프트웨어라고 보면 된다. 아무리 고성능 컴퓨터(합리적인 경영조직)가 있다고 하더라도 소프트웨어(잘 작동되는 경영시스템)가 신통치 않으면 아무짝에도 쓸모가 없기 때문이다. 경영시스템을 바라보는 관점은 실제로 작동되는지의 여부이다. 경영시스템을 평가하는데 사용되는 분석요소는 정관, 업무처리규정(특히 직무전결권에 관한 규정이 중요) 등이 있다.

정관에는 최고의사결정기구가 수록되어 있다. 이를 보고 기업의 최상위 지배구조의 적합성을 평가한다. 사외이사제도도 여기에 포함된다. 그리고 업무능력에 따른 적절한 전결권한의 하부위양이 되어 있는지 여부도 점검하여야 한다.

바. 경영의 연속성

경영의 연속성이 단절되면 기업은 몰락한다. 그러므로 경영의 연속성을 평가하는 목적은 경영의 연속성 단절가능성 유무를 평가하는데 있다.

경영시스템이 비교적 잘 작동되는 대기업은 큰 문제가 없겠지만 그렇지 못한 중소기업은 대표이사의 갑작스러운 유고에 의해 일시에 무너질 수도 있다. 그러므로 중소기업 여신심사에 있어서 이 대목은 매우 중요하다. 경영의 연속성이 단절되지 않기 위해서는 경영후계자가 지정되어 있는가를 확인해야 하며, 경영후계자와 현재의 대표이사와의 관계, 경영후계자의 경영후계수업 기간, 경영후계자의 역량 등을 가지고 평가한다.

한편, 소유자 경영의 경우 소유 지분율이 낮으면 경영권 다툼이 일어날 수도 있다. 그래서 주주명부를 받아 대표이사의 소유 지분율이 경영권 방어에 충분한가도 확인하여야 한다. 총 발행주식수의 50%를 넘어서면 안정적이라고 평가한다.

한편, 경영의 연속성이 단절되면 나타날 수 있는 현상들은 다음과 같다.

-경영목표 달성에 실패할 가능성이 높아진다.
-고비용구조가 고착화될 가능성이 높아진다.
-조직의 기강이 해이해 진다.
-종업원의 이직률이 높아진다.
-각종 사고(금전사고, 기업정보의 사외유출 등)가 많이 발생한다.

사. 경영권의 안정성

경영권의 안정성 여부를 평가하는 목적은 경영권이 흔들리면 경영자가 기업경영에 전념하기가 어렵기 때문이다. 분석요소로는 소유와 경영의 분리 여부, 주주명부, 회사가 발행한 총 주식 중에서 최대주주의 소유 지분율, 특수 관계자를 포함한 최대주주의 소유 지분율 등이 있다. 주주명부를 받아 특수 관계자를 포함한 최대주주의 소유 지분율을 합산하여 전체 발행 주식의 몇 퍼센트를 보유하고 있는지를 점검한다. 특수 관계자를 포함한 최대주주의 소유 지분율이 50%를 초과한다면 경영권 방어에 충분한 지분을 가지고 있기 때문에 경영권은 안정적이라고 평가한다.

아. 경영목표

경영목표를 점검하는 이유는 실무적으로 재무추정을 할 때 차기연도 매출액 추정에 참고하는 정보이기 때문이다. 예를 들어 기업의 경영목표 상 매출액은 100억 원인데 매출액추정을 110억 원으로 하면 곤란하기 때문이다.

한편, 어떤 조직도 사업의 목적을 달성하여 계속기업으로서 살아남기 위해서는 경영목표가 수립되어 있어야 한다. 경영목표 수립의 또 다른 이유는 전 직원들이 한 방향만을 바라보고 매진할 수 있기 때문이다.

경영목표는 목표 매출액과 목표 이익을 달성할 수 있는 구체적인 경영전략이 수립되어 있고, 그 경영전략이 현실적으로 타당성이 인정되어야 한다.

자. 경영전략

경영전략을 분석하는 목적은 앞서 설명한 경영목표를 달성하는데 충분히 역할을 할 수 있는 것인지를 점검하고자 하는데 있다.

경영목표는 달성 가능성에 무게를 두어야 하지만 경영전략은 실천 가능성에 무게를 두고 평가하여야 한다. 경영전략은 크게 두 가지로 구분할 수 있다. 기존사업을 더욱 확대 강화하여 경영목표를 달성하는 전략이 있고, 또 한 가지는 신규 사업을 추진하여 경영목표를 달성하는 전략이 있다.

차. 지배구조

기업지배구조는 기업경영의 통제에 관한 시스템으로 기업경영에 직간접적으로 참여하는 주주, 경영진, 종업원 등 이해집단간의 상호 이해관계를 조정하고 규율하는 제도적인 장치와 운영체계를 말한다. 따라서 지배구조가 잘 못 작동되면 기업경영에 문제가 발생할 수 있다. 이러한 점이 지배구조를 분석하는 목적이다. 분석요소는 다음과 같다.

- 중요 경영의사결정을 하기 위한 제도적인 절차와 방법
- 사내이사 및 사외이사 현황
- 기업정보 공개의 투명성
- 통제 및 견제시스템의 작동 여부 등

기업지배구조는 기업소유구조보다 광의의 개념으로서, 기업지배구조는 넓게는 기업경영과 관련된 의사결정에 영향을 미치는 요소로 이해할 수 있다.

기업경영 환경에는 기업 내부의 의사결정시스템은 물론 시장에 대한 규제, 소유와 경영의 분리, 사외이사제도, 감사의 독립성, 회계제도의 선진화, 주주의 권리, 주주의 동등대우, 이해관계자의 역할, 공시 및 투명성 제고, 이사회의 책임 등을 포괄하고 있다. 좁게는 기업경영자가 이해관계자, 특히 주주의 이익을 위해 역할을 다할 수 있도록 감시 통제하는 체계를 의미한다.

4. 영업위험 분석

4-1. 영업위험 분석목적

기업이 존재하는 목적은 영업활동을 통하여 이익을 창출하는 것이다. 최소한의 비용과 노력을 투입하여 최대의 이익을 얻는 것이 가장 바람직한 영업활동이라고 하겠다. 양호한 경영성과는 영업활동의 높은 효율성에서 비롯된다고 보아야 한다.

제조업의 경우 영업활동이란 원재료를 구매하여 제품을 생산하고, 생산한 제품을 판매하는 과정의 연속이다. 이를 활동별로 정리하면 영업활동은 구매 활동, 생산 활동, 판매 활동으로 구분할 수가 있다. 이와 같은 일련의 영업활동 과정이 경영진의 기대 수준에 부합하도록 원활한 흐름을 보여야 경영성과도 좋을 것이다. 그러나 대부분의 기업들의 경영성과는 경영진이나 대주주의 기대 수준에 부합하지 못하는 것이 일반적이다.

영업활동의 흐름이 원활하지 못하다는 것은 어디에선가 문제점이 있다는 것을 의미한다. 경영자는 이러한 문제점을 신속하게 찾아내어 정확한 진단을 내리는 것이 본연의 의무이며, 매출을 통하여 수익을 극대화 시킬 수 있는 지름길이다. 다양한 영업활동의 과정에서 어느 한 가지라도 부족하게 되면 전체 영업활동에 지장을 초래하게 되는데 이를 영업위험(Business risks)이라고 한다.

영업위험은 확인이 가능한 위험도 있지만 영업의 비효율성과 같은 눈에 보이지 않는 위험요인도 존재한다. 따라서 심사담당자는 분석 대상기업의 영업활동의 전반적인 측면을 검토하여 이와 같은 문제점이나 비효율성이 존재하고 있는지 여부를 분석하여 평가에 반영하여야 한다. 그리고 문제점이 있다면 리스크가 이미 현실화 되었는지, 아니면 경영진이나 직원들의 리스크 경감 노력에 의해 리스크가 잠재적인 상태에 머무르고 있는지도 평가하여야 한다.

영업위험을 평가하는 목적은 위와 같은 영업활동 전반에 걸쳐 기업이 보유하고 있는 강점과 경쟁기업에 비해 상대적인 취약점을 분석하여 최근 경영영성과에 대한 원인 분석은 물론 이를 바탕으로 매출성장성과 수익성을 전망하고자 함에 있다.

4-2. 영업위험 분석요소

영업위험을 평가하기 위해 점검 및 분석하여야 할 내용들은 다음과 같다.

-원재료 구매활동 측면의 효율성
-제품 생산 활동 측면의 효율성
-제품 판매활동 측면의 효율성
-신용판매대금 회수위험

가. 원재료 구매활동 측면의 효율성

원재료 구매활동 측면의 효율성을 평가할 때의 점검 및 분석할 사항들은 다음과 같다.

-원자재 및 부자재의 종류
-원자재 및 부자재가 제조원가에서 차지하는 비중
-원자재의 수급상황과 전망
*원자재 수요보다 공급이 좀 더 우위를 보여야 안정적이라고 평가한다.

-원자재의 가격동향과 전망
*하향 안정세를 유지하여야 바람직하다고 평가한다.

- 원자재 구매방법
*구매처가 다변화되어 있어야 긍정적으로 평가한다.
*단발구매 또는 단기공급계약보다는 장기공급계약을 통한 구매일수록 긍정적으로 평가한다.

- 원자재 구매조건

*매입채무회전기간으로 평가하며 회전기간이 길어지는 것이 바람직하다.

*현금구매비중이 높을수록 부정적으로 평가한다.

나. 제품 생산 활동 측면의 효율성

-생산능력(Capability)

*공장가동률로 평가한다. 가동률이 높을수록 생산능력에 여력이 없음을 의미한다.

*가동률은 양면성을 가지고 있다. 가동률이 낮을수록 생산능력에 여력은 남아 있지만 반면에 업황이 부진하다는 의미이기도 한다.

- 생산설비의 첨단화 여부

*최신 설비(자동화설비 포함)일수록 긍정적으로 평가한다.

*그리고 고가의 설비일수록 긍정적으로 평가한다.

-생산설비의 노후화 수준

*공장 실사를 통해 평가한다.

*재무상태표상 기계장치의 장부금액과 감가상각누계를 비교하여 평가한다. 감가상각누계금액이 더 크다면 설비가 노후화되었다는 의미이다.

*잔존연수가 짧을수록 설비가 노후화되었다고 평가한다.

-제조공정의 자동화 수준

*자동화 수준이 높을수록 긍정적으로 평가한다.

*그 이유는 자동화수준이 높을수록 인건비 절감과 높은 품질수준 그리고 균질한 품질의 유지가 가능하다는 장점이 있기 때문이다.

- 기술력

*기술조직(연구소 등) 유무와 규모에 따라 기술력을 차등해서 평가한다.

*기술 전담 인력의 질적인 측면과 양적인 측면(전담인력의 숫자)으로 평가한다.

*연구개발비를 매출액과 비교하여 평가한다. 높을수록 긍정적인 평가를 한다.

－기술특허

*보유하고 있는 기술특허권 등으로 기술력을 평가한다.

－상품화 실적

*보유 기술을 상품(상용)화하여 매출에 기여한 정도로 평가한다.

－노동숙련도

*종업원들의 평균근무연수로 평가한다. 평균근무연수가 장기일수록 숙련도가 높다고 평가한다.

－대체인력 확보의 용이성

*사업장(공장)의 입지여건으로 평가한다.

*인구가 밀집된 도시지역, 공업단지, 산업단지 등에 위치하고 있어야 긍정적으로 평가한다.

－재고관리능력

*재고자산회전율로 평가하며 동 회전율이 낮을수록 긍정적으로 평가한다.

나. 세분 판매활동 측면의 효율성

－수요산업 또는 납품처의 업황 및 전망

*고객이 불특정 다수인 기업은 수요산업의 업황 및 전망을 참고하여 영업위험을 평가한다.

*고객이 소수 또는 특정기업인 협력업체나 하청업체의 경우 납품처의 업황 및 전망을 참고하여 영업위험을 평가한다.

－영업전략

*영업전략은 경영전략의 하부구조로서 경영전략과 연계성 유무로 평가한다.

*영업전략은 실제 매출로 연결될 수 있는 실효성과 실천가능성에 무게를 두고 평가를 하여야 한다.

–제품의 경쟁력

*경쟁회사와의 품질우위 여부로 평가한다.

*경쟁회사와의 원가우위 여부로 평가한다.

*디자인능력으로 평가한다. 디자인은 소비자마다 선호도가 다르기 때문에 궁극적으로는 시장점유율 또는 소비자충성도로 평가한다.

–마케팅능력

*영업력이라고도 하며, 제품판매를 위한 광고기획능력으로 평가한다.

*온라인 홈페이지 구축 여부로 평가한다.

*홈페이지 구축 내용도 실제 매출실적 증대로 연결이 될 수 있는지를 평가한다.

–유통망

*온라인 유통채널(전자상거래)을 활용하고 있는지 여부로 평가한다.

*오프라인 유통채널(영업소, 대리점 등)도 잘 구축되어 있는지 여부로 평가한다.

–브랜드의 인지도 및 소비자충성도

*브랜드인지도가 높을수록 긍정적으로 평가한다. (인터넷으로 검색가능)

*소비자충성도가 높을수록 긍정적으로 평가한다. (인터넷으로 검색가능)

–시장지위

*시장점유율로 평가한다.

–판매방법

*온라인(오픈 마켓) 판매 비중과 오프라인 판매 비중을 점검한다.

*장기공급계약을 통한 판매비중이 높을수록 긍정적으로 평가한다.

*주요 판매처의 수가 많을수록 긍정적으로 평가한다.

*주문판매방식인 조선업, 건설업, 기계 산업, 골판지상자산업 등의 경우에는 수주능력, 수주실적, 수주잔고를 반드시 분석하여 평가에 반영하여야 한다.

– 판매조건

*매출채권회전기간 또는 신용판매기간 등으로 평가하며, 그 기간이 짧아질수록 긍정적으로 평가한다.

*현금판매비중이 높을수록 긍정적으로 평가한다.

라. 신용판매 대금 회수위험

-고객이 불특정 다수인 기업

*최근 3년간 평균 대손비율로 평가한다.

*평균 대손비율 = 대손상각비÷매출액×100

-고객이 소수 또는 특정기업에 한정된 경우

*납품처의 신용도로 평가한다.

5. 기타위험 분석

5-1. 우발채무

분석대상 기업이 우발채무를 보유하고 있을 경우 그 우발채무가 현실하(대위변제 등)가 되면 분석대상 기업의 경영위험이 높아진다. 이런 점이 우발채무 보유 여부를 점검하고 우발채무의 성격을 분석하여야 하는 이유나 목적이다.

우발채무는 부외부채로서 언제 채무를 부담하게 될지 또 얼마나 부담을 하게 될지 예측할 수 없는 부채이다. 따라서 채무의 특성상 지급부담의 시기와 크기에 대하여 예측이 어렵고 돌발적으로 발생되기 때문에 능력 밖의 우발채무는 매우 위험하다. 우발채무는 없는 것이 좋지만, 우발채무가 있다면 대위 변제 가능성이 어느 정도인지를 평가하여야 한다. 우발채무를 분석하는 방법을 정리하면 다음과 같다.

-우발채무의 규모와 현실화(대위변제) 가능성을 평가

*지급보증 : 피 보증처의 신용상태를 파악한다.

*제3자를 위한 담보제공 : 수혜자의 신용상태를 파악한다.

*소송에 피소된 사건 : 보수적인 입장에서 패소하는 것으로 간주하고 소송청구금액을

보상하는 것으로 보고 평가에 반영한다.

5-2. 화재보험(재난보험)

기업의 생산시설이나 사업장에 화재 또는 천재지변이 발생하면 영업이 중단되는 경우가 발생할 수 있다. 사고가 발생하면 복구를 하는 데는 많은 시간과 비용이 소요된다. 때에 따라서는 기업이 파산할 수도 있다. 화재보험의 가입여부를 점검하는 이유나 목적은 언제 닥쳐올지도 모르는 화재나 태풍, 지진 등과 같은 천재지변이 발생하였을 때를 대비하여 미래 재난에 대한 대비가 잘 되어 있는가를 점검하는데 있다.

기업의 보유 자산 중에서 화재보험가입 대상자산의 종류는 재고자산과 유형자산(토지는 제외)이며, 가입금액은 당기 말 현재 재고자산과 유형자산(토지는 제외)을 합한 금액보다 같거나 더 커야 한다.

5-3. 관계회사 분석

분석대상 기업을 심사할 때 중요한 것들 중의 하나가 관계회사에 대한 분석이다. 그 이유는 계열관계에 묶여 있는 기업들은 계열사 상호간에 영업거래 또는 자금지원, 상호지급보증 등 직간접적인 영향으로 인하여 관계회사의 경영악화가 분석대상 기업의 부실로 이어질 가능성이 높을 뿐만 아니라, 신용위험을 공유하고 있는 집단들이기 때문이다. 분석요소는 다음과 같다.

-관계회사들의 업종

*사업다각화 수준

*거래관계의 정당성 여부(업종의 연관성)

*시너지효과 유무

-관계회사들 간의 지분구조

*경영권의 귀속

*경영권의 안정성 평가

–관계회사들의 최근 경영성과

*연쇄부도 가능성

*경영지원가능성 평가

–상호거래 내용

*매출비중과 원재료 매입비중

*매출채권 및 매입채무 규모

*영업의존도

*재무제표 분식 가능성 평가

–상호지급보증 및 담보제공 내용

*동반 부실 가능성 평가

제2절 재무위험 분석

1. 경영성과 분석

1-1. 매출성장성 분석

매출성장성을 분석하는 목적은 분석대상 기업이 앞으로도 매출 증대를 통하여 지속적인 영업이익 창출이 가능한지를 전망하고자 함에 있다.

매출성장성 분석은 과거 수년간(통상 3년) 동사의 매출실적을 검토하여 분석대상 기업의 매출액 증가율과 동종 업계 평균 매출액 증가율과의 비교를 통하여 매출성장성의 양부를 평가한다.

매출성장성 분석은 단순히 손익계산서 상의 3년간 매출액 증가율만을 가지고 평가하는 것보다는 분석대상 기업으로부터 신용조사 의뢰서를 제출 받을 때 최근 3년간 사업부별 또는 제품별로 연간 총 판매수량과 평균 판매단가를 기재하여 달라고 요구하여야 한다. 그런 다음에 그 자료를 가지고 매출성장성을 평가하는 것이 바람직하다. 그렇게 해야 하는 이유는 매출액의 변동 원인이 판매수량의 증감 때문인지 아니면 판매단가의 변동 때문인지를 알 수가 있기 때문이다. 매출성장성을 분석할 때 바라보는 관점은 두 가지다. 첫 번째 관점은 전기 대비 매출액 증감 원인이 무엇인지를 분석하는 것이다. 두 번째 관점은 시장평균 성장성(동종업계 평균)과 비교하는 것이다.

먼저 첫 번째 관점에서 볼 때 바람직한 매출성장이란 판매단가의 상승은 물론 판매수량의 증가로 인해 매출액이 증가하는 것이다. 반대로 원자재가격은 변동이 없거나 상승하였는데 판매단가는 하락하고, 당해 산업의 시장규모는 확대되었는데 분석대상 기업의 판매수량은 변동이 없거나 오히려 감소하였다면 매우 심각한 상태로 보아야 한다.

다음으로 두 번째 관점에서 볼 때 바람직한 매출성장이란 매출액은 매년 증가를 하여야 한다는 점이다. 그 이유는 산업이 성장하고 물가가 상승하기 때문이다. 매출액은 판매수량과 판매단가를 곱하여 계산한다. 판매단가는 당해 산업의 물가상승률만큼 상승하여야 한다. 각종 원부자재 가격의 상승과 생산 및 영업에 투입되는 노무비와 인건비의 상승, 제조경비(전기요금, 유류대금 등)의 상승 등으로 인해 판매단가도 상승하여야 하기 때문이다. 그리고 판매수량은 시장규모가 확대되는 만큼 증가하여야 한다. 시장규모가 확대되는 만큼 판매수량이 증가하지 못하는 기업은 시장점유율이 감소하고 있음을 의미한다. 따라서 매출액을 분석할 때 최근연도 매출액 증가율은 적어도 당해 산업의 물가상승률과 당해 산업의 시장규모 증가율 또는 경제성장률을 합한 정도의 증가율은 되어야 한다. 물론 산업마다 성장성과 원부자재 가격의 상승률이 다르기 때문에 천편일률적으로 적용할 수는 없다. 분석하고자 하는 기업이 영위하고 있는 산업의 특성을 고려하여 매출액 성장성을 판단하여야 한다. 경기가 극도로 침체되어 산업이 역성장을 하였거나 생산자 물가가 하락한 연도에는 매출액이 어쩔 수 없이 감소할 수도 있다.

한편, 당해 산업의 성장률과 당해 산업의 물가상승률을 모든 기업을 분석할 때 일일이 정보를 구해야 한다면 너무 힘든 일이 될 것이다. 그래서 그 대안으로 참고하는 지표가 바로 동종업계 평균 매출액증가율이다. 그러므로 분석대상 기업의 매출액 증가율은 아래 표의 내용과 같이 동종업계(산업평균)와 비교하여 적어도 동종업계 평균 매출액증가율보다는 높거나 비슷하여야 한다.

[표5-5] 매출성장성 평가방법

구 분	참고지표	예시	근 거
판매수량 (①)	당해 산업의 성장률 또는 경제성장률(GDP)	2%	시장규모가 성장한 만큼 판매수량도 증가하여야 시장지위가 유지된다.
판매단가 (②)	당해 산업의 물가상승률	1%	원재료가격, 제조경비, 노무비 등이 상승하는 정도의 제품원가가 상승하여야 수익성이 나빠지지 않는다.
매출액 (①+②)		3%	최소 요구 매출액 증가율

1-2. 비용구조 분석

기업마다 수익성이 다른 이유는 여러 가지가 있겠지만 그 중에서도 비용지출의 차이로 인하여 수익성이 차이를 보이는 경우가 많다. 따라서 여신심사를 할 때에는 대상기업의 매출원가, 판매관리비, 이자비용 등을 검토하여 비용지출의 효율성 측면을 검토하여야 한다. 비용구조를 분석하는 목적은 당해 기업의 수익성이 고비용 구조인지 아니면 저비용 구조인지를 판단하기 위함이다.

기업의 3대 비용은 제품을 생산하는데 투입되는 비용인 매출원가(재고 무시), 제품을 판매하는데 투입되는 비용인 판매비와관리비 그리고 금융비용이다. 이 세 가지의 비용규모들을 각각 매출액과 비교한 것을 매출원가율, 판관비율, 금융비용부담률이라고 하며, 이 세 가지의 지표를 동종업계 평균과 비교하여 고비용 구조(업계 평균보다 높은 비용지출)인지 아니면 저비용 구조(업계 평균보다 낮은 비용지출)인지를 판단한다. 일반적으로 고비용 구조의 원인은 다음과 같다.

-매출원가율을 상승시키는 요소(생산효율성의 저하요인)

*원가상승분의 판매단가 전가능력 취약(가장 중요한 요인)

*원재료 구매조건과 가격교섭력 부족

*낮은 생산성(생산수율)

*공장가동률 하락

*노동숙련도 저하

*제조공정의 자동화 수준이 낮음

*생산설비의 노후화 등

-판매비와관리비를 상승시키는 요소(영업효율성의 저하요인)

*영업전략(실천가능성, 구체성)의 부재 또는 실패

*제품의 경쟁력(품질, 가격, 디자인)의 부족

*마케팅능력(영업력)의 부족

*유통망(판매망) 구조(물류 포함)의 비효율성

*낮은 브랜드 인지도

*낮은 시장지위(시장점유율) 등

-금융비용부담률을 상승시키는 요소

*과다한 차입금

*높은 대출금리(낮은 신용등급 때문임)

1-3. 수익성 분석

매출을 통해서 벌어들인 이익은 경영의 성과물이다. 그러므로 수익성을 분석하는 목적은 기업의 유지에 필요한 충분한 수익성과 주주의 기대이익에 부합하는 수준의 수익성을 달성하였는지를 평가하고자 하는데 있다.

수익성 역시 매출성장성이나 비용구조 분석과 마찬가지로 업종 평균과 비교하여 평가를 하여야 한다. 기업의 수익성은 크게 영업활동인 매출을 통해서 벌어들인 영업이익과 영업활동(매출)이 아닌 재무활동이나 투자활동을 통해서 벌어들인 이익으로 구분된다. 바람직한 수익창출은 본업인 영업활동(매출)을 통해서 벌어들인 이익이다. 그 이유는 영업외수익에서 영업외비용을 차감한 영업외 이익의 특성 때문이다. 영업외 이익의 대부분은 미 실현 손익(결산기말 현재 보유자산 평가손익, 환율변동에 따른 환산손익)과 일시적인 손익(보유자산 처분손익)이다. 따라서 차기연도에는 환율의 변동이나 보유자산의 시장가치 변동에 의해 손익의 상황이 달라질 수 있기 때문이다.

그리고 영업외 수익에 매년 거액의 수익이 반복적으로 유입이 되는 항목이 있다면 이는 영업이익으로 간주되어야 한다. 예를 들면 임대료수입과 같은 항목이다. 기업이 국세청에 부동산 임대업을 사업목적으로 신고를 하면 임대료수입은 매출에 포함되어 영업이익이 된다. 반면에 사업목적에 추가하지 않으면 영업외 수익이 된다. 부동산 임대료라는 같은 내용이 사업목적 추가 여부에 따라 달라지기 때문이다. 이를 준 영업이익이라고 부른다.

정리하면 기업의 수익성은 다음과 같은 관점과 시각에서 분석하여야 한다.

-당기순이익(절대금액의 크기)의 전기 대비 증감 여부를 분석한다.

-당기순이익률의 전기 대비 상승 또는 하락 여부를 분석한다.

-당기순이익의 질적인 수준(영업이익에 기반을 두고 있어야 함)을 분석한다.

-영업이익률의 전기 대비 상승 또는 하락 여부를 분석한다.

-영업이익률을 업종 평균과 비교한다.

-영업이익으로 금융비용을 충분히 감당할 수 있는지를 분석한다.

[표5-6] 손익계산서 구조와 경영성과 평가방법

계정과목	평가방법
1. 매출액	*영업수익성을 의미함 *고비용 구조 여부를 평가하여야 함
매출원가(-)	
2. 매출총이익	
판매관리비(-)	
3. 영업이익	
영업외수익	*영업외적인 수익성을 의미함 *투자자산의 질적인 특성, 차입금 규모와 금리수준, 환위험에 따라 수익성이 변동
영업외비용(-)	
(금융비용)	
4. 법인세 차감 전 당기순이익	*경영성과(영업 수익성+영업외 수익성) *영업수익성에 기반을 둔 당기순이익이 바람직함
법인세(-)	
5. 당기순이익	

1-4. 영업이익의 문제점과 대안

가. 영업이익의 문제점

영업이익은 회사의 경영방침이나 회계정책의 선택에 따라서도 달라진다. 예를 들어 두 가지 이상의 사업을 영위하는 경우 사업목적에 추가 여부에 따라 달라진다. 그리고 보유 자산에 대한 감가상각방법의 차이에 따라서도 달라진다. 그 뿐만 아니라 상장기업의 경우에는 주가 유지, 신용등급 유지, 경영성과 배당 등의 목적으로 영업이익을 고의로 왜곡(분식)시킬 수도 있다. 협력업체(Vender)들의 경우에는 납품하고 있는 상대회사로부터 납품단가 인하 압력을 피하기 위해서 실제 영업이익보다 낮게 분식결산을 하기도 한다. 예를 들어 실제 영업이익률은 7%인데도 불구하고 5%

로 낮게 분식결산을 하는 경우이다. 영업이익률을 조작하는 방법에는 여러 가지가 동원되지만 가장 금액의 비중이 크고 조작하기 쉬운 방법이 바로 감가상각비를 조작하는 것이다. 이러한 문제점들을 내포하고 있는 영업이익률을 가지고 업종평균과 비교를 한다는 것은 문제점이 있다고 보아야 한다.

나. 대안

이처럼 왜곡된 영업이익이 아닌 실제 모습의 영업이익을 알아보기 위해서는 왜곡시킨 주요 수단인 감가상각비를 다음과 같이 영업이익에 다시 더해 줌으로써 해결이 가능하다. 영업이익에 감가상각비를 더한 것을 상각 전 영업이익 또는 EBITDA라고 부른다.

–상각 전 영업이익(EBITDA) = 영업이익+감가상각비+무형자산상각비

상각 전 영업이익(EBITDA)의 장점을 열거하면 다음과 같다.

–영업활동에서 발생된 수익성을 파악할 수 있다.
–대표적인 비현금비용인 감가상각비와 무형자산상각비를 영업이익에 합산하기 때문에 현금영업이익에 가깝다.
– 회계분식(감가상각비 분식)효과가 제거된다.
– 회계변경(감가상각방법의 변경이나 내용연수의 변경 등)효과가 제거된다.

2. 재무구조 분석

2–1. 재무구조 분석의 개요

여신심사를 목적으로 재무구조를 분석하고자 할 때는 아래와 같이 재무상태표를 재구성하여 분석한다. 차변은 기업이 보유하고 있는 자산의 구성을 보여주고, 대변은 자산을 취득하기 위해 조달한 자본의 내용을 보여준다.

[표5-7] 재무상태표 구조

<table>
<tr><th colspan="2">자산의 구성 (차변)</th><th colspan="2">자본의 구조 (대변)</th></tr>
<tr><td rowspan="2">유동자산</td><td>당좌자산</td><td rowspan="2">유동부채</td><td>일반채무</td></tr>
<tr><td>재고자산</td><td>단기 금융채무</td></tr>
<tr><td rowspan="9">비유동자산</td><td rowspan="2">투자자산</td><td rowspan="2">비유동부채</td><td>일반채무</td></tr>
<tr><td>장기 금융채무</td></tr>
<tr><td rowspan="4">유형자산</td><td colspan="2">부채총계(타인자본)</td></tr>
<tr><td colspan="2">자본금</td></tr>
<tr><td colspan="2">자본잉여금</td></tr>
<tr><td colspan="2">자본조정</td></tr>
<tr><td rowspan="2">무형자산</td><td colspan="2">기타포괄손익누계액</td></tr>
<tr><td colspan="2">이익잉여금</td></tr>
<tr><td>기타 비유동자산</td><td colspan="2">자본총계(자기자본)</td></tr>
<tr><td colspan="2">자산총계</td><td colspan="2">부채와 자본총계</td></tr>
</table>

이러한 재무상태표를 이용하여 기업의 유동성, 자본구조, 차입구조, 자본배분의 안정성 그리고 자기자본 형성의 건전성을 분석하고 평가한다. 흔히 재무구조 또는 재무상태라고 함은 유동성, 자본구조, 차입구조, 자본배분의 안정성을 모두 포괄하는 의미이다. 그래서 양호한 재무구조란 자산구성도 잘되어 있어야 하고 자본구조도 잘 되어 있어야 한다. 둘 중 어느 하나라도 잘되어 있지 못하면 재무구조가 불량하다고 평가한다.

양호한 자산구성이란 적절한 유동성(유동자산)을 제외하고는 모두 비유동자산으로 운영하고 있어야 한다. 그 이유는 불필요하게 유동성을 많이 보유하고 있게 되면 수익 창출에 지장을 주기 때문이다. 유동자산 대부분은 현금성자산, 매출채권, 재고자산 등으로 장기간 보유하고 있어도 수익창출이 되지 않는 자산들이다. 반면에 비유동자산으로 분류되는 투자자산, 유형자산 등은 수익을 창출하는 자산들이다.

한편, 기업의 자본은 자기자본(자본총계)과 타인자본(부채총계)으로 구성되어 있다. 양호한 자본구조란 타인자본보다는 자기자본이 더 커야 하며, 궁극적으로는 타인자본은 0(Zero)에 가까워야 하며, 자기자본 위주로 구성되어 있는 것이 이상적이다. 혹자는 타인자본을 이용한 레버리지효과를 강조하는데 금융기관은 레버리지효과가 큰 기업을 멀리하여야 한다. 왜냐하면 레버리지효과가 큰 기업은 부채가 많은 부실기업이기 때문이다.

2-2. 유동성 분석

가. 유동성 분석방법

유동성이란 즉시 현금화가 가능하여 언제든지 지급에 응할 수 있는 자금을 말한다. 따라서 유동성은 기업의 단기지급능력을 의미한다. 이러한 유동성은 유동성자산의 크기로 평가한다. 유동성을 분석하고자 하는 목적은 기업이 경상적인 경영활동에 필요한 적절한 유동성을 보유하고 있는지 여부를 평가하고자 함에 있다.

유동성 분석에 사용되는 재무비율은 유동비율, 당좌비율, 현금비율, 매출채권 대 매입채무비율 등이며, 각각의 산식은 다음과 같다.

-유동비율 = 유동자산÷유동부채×100

*유동비율은 높을수록 바람직하며, 적어도 100% 이상은 되어야 유동성에 문제가 없다고 평가한다.

-당좌비율 = 당좌자산÷유동부채×100

-현금비율 = 현금성자산÷유동부채×100

-매출채권 대 매입채무비율 = 매출채권÷매입채무×100

*매출채권 대 매입채무비율이 150% 이상이라면 실질적인 유동성 문제는 없다고 볼 수 있다. 다만 이 경우 매출채권이 기일에 대부분 결제가 된다고 전제되어야 한다.

나. 유동비율의 문제점과 대안

상장기업은 물론이고 대개의 중소기업들의 유동비율은 100%에 훨씬 못 미치고 있다. 그런데도 유동성 부족으로 도산하지 않고 있다. 그 이유는 무엇인가? 바로 유동비율의 문제점 때문이다. 회계기준에 의거 재무제표가 작성되고 그 재무제표를 이용하여 유동비율을 산출한다. 그런데 회계기준은 여신심사(신용분석)를 목적으로 만들어진 것이 아니기 때문에 현실과는 다른 결과를 가져다준다. 예를 들면 담보제공 등으로 인출이 불가한 단기금융상품은 유동성으로 분류하고 있는 반면에, 실질적인 유동성이라고 볼 수 있는 인출이나 매각이 가능한 장기금융상품이나 국공채 등은 투자자산으로 분류하고 있다.

이러한 유동비율의 문제점을 해소하기 위해서는 다음과 같이 유동비율을 수정하여 사용하는 것이 여신심사의 목적에 맞는 타당한 업무방법이다.

[표5-8] 유동비율 수정방법

구분	가산할 항목	차감할 항목
유동자산	*인출에 제한이 없는 장기금융상품 *시장성 유가증권(국공채, 상장주식 등)	*인출이 제한된 단기금융상품 *주주임원종업원단기대여금
유동부채	*없음	*기한연장이 가능한 단기차입금 *주주임원종업원단기차입금 *선수금(금융채무가 아니기 때문)

2-3. 자본구조 분석

가. 자본구조 분석방법

자본은 타인자본과 자기자본으로 구성되어 있다. 타인자본보다는 자기자본의 비중이 더 높아야 한다. 일부 기업은 타인자본 비중이 지나치게 높아 도산하는 경우가 있다. 따라서 자본구조를 분석하는 목적은 자본구조의 불량으로 인해 도산가능성이 있는지를 판단하고자 함에 있다.

자본구조 분석에 사용되는 재무비율은 부채비율, 자기자본비율 등이며, 각각의 산식은 다음과 같다.

- 부채비율 = 부채총계(타인자본) ÷ 자본총계(자기자본) × 100

  *부채비율은 낮을수록 자본구조가 양호하다고 평가한다.

- 자기자본비율 = 자본총계(자기자본) ÷ 자산총계(총자본) × 100

  *부채비율과 자기자본비율은 서로 역의 관계에 있는 비율이기 때문에 실무적으로는 둘 중에서 하나만 선택해서 사용한다.

나. 부채비율의 문제점과 대안

부채비율이 높을수록 도산가능성은 높아진다. 그런데 부채비율이 1,000%에 달하는 기업이 살아 있는 반면에 부채비율이 100%이하인 기업이 도산하는 경우가 종종 발생한다. 그 이유는 무엇인가? 바로 부채비율의 문제점 때문이다. 위에서 설명한 유동비율과 마찬가지로 회계기준에 의거 재무제표가 작성되고 그 재무제표를 이용하여 부채비율을 산출한다. 그런데 회계기준은 여신심사(신용분석)를 목적으로 제정된 것이 아니기 때문에 현실과는 다른 결과를 가져다준다. 예를 들면 기업의 핵심자산인 토지의 장부금액은 10억 원인데 공시지가는 30억 원인 경우 자산재평가를 하여 재무제표에 반영을 하지 않으면 자본구조를 잘 못 평가할 수 있다. 또한 재무제표에 누락된 부채가 있을 수도 있다. 대표적인 것이 할인어음, 개인사채, 우발채무 등이다.

이러한 부채비율의 문제점을 해소하기 위해서는 다음과 같이 부채비율을 수정하여 사용하는 것이 여신심사의 목적에 맞는 타당한 업무방법이다.

[표5-9] 부채비율 수정방법

구분	가산할 항목	차감할 항목
부채총계	-우발채무 *지급보증 *제3자를 위한 담보제공 *소송에 피소된 금액 -누락된 부채 *할인어음 *사채(대부업체 및 개인)	*주주임원종업원 장단기차입금
자본총계	*토지의 장부금액과 공시지가와의 차액	*무형자산 *장기매출채권 *부도어음 *장기미수금 *기타 가치 없는 자산 등

2-4. 차입구조 분석

가. 차입구조 분석방법

차입구조를 분석하는 목적은 차입금이 과다하거나 단기성 차입금 비중이 너무 높아 상환압박을 받아 도산할 가능성이 있는지를 평가하고자 함에 있다. 차입구조를 분석할 때 사용하는 재무비율과 판단기준은 일반적으로 다음과 같다.

-총 차입금 규모는 자산총계와 비교해서 작을수록 양호하다고 평가한다.
 *차입금의존도로 평가한다.
 *차입금의존도 = 총 차입금÷자산총계×100

-총 차입금 중 단기성 차입금 비중은 낮을수록 양호하다고 평가한다.
-총 차입금 중 외화차입금 비중은 낮을수록 양호하다고 평가한다.
 *근본적으로 환차손실 때문에 외화차입금은 없는 것이 바람직하다.

-고금리 차입금은 없어야 한다.
 *고금리 차입금이란 신용공여 금융회사가 당해 기업의 신용을 낮게 보고 있다는 증거이다. 고금리 차입금이 있다면 불량하다고 평가한다.

-차입금리 수준은 신용공여를 하고 있는 각 금융회사가 평가한 당해 기업의 신용도이기 때문에 낮을수록 양호하다고 평가한다.
-차입금의 상환기일은 여러 해에 걸쳐 골고루 분산되어 있어야 바람직하다.
-누락된 차입금이란 할인어음, 대부업체 또는 개인으로부터 빌린 사채를 말하며, 사채는 없어야 한다. 만약에 사채가 있다면 불량하다고 평가한다.

나. 차입금의존도의 문제점과 대안

차입금의존도 역시 유동비율과 부채비율처럼 현실을 제대로 반영하지 못한다는 문제점을 가지고 있다. 그 이유는 주주임원종업원단기차입금은 자본금 성격이 강하기 때문에 차감되어야 하고 자산의 시장가치 변동도 반영되어야 하기 때문이다.

이러한 차입금의존도의 문제점을 해소하기 위해서는 다음과 같이 차입금의존도

비율을 수정하여 사용하는 것이 신용분석의 목적에 맞는 타당한 평가방법이다.

[표5-10] 차입금의존도 수정방법

구분	가산할 항목	차감할 항목
총 차입금	*할인어음 *누락된 사채	*주주임원종업원 장단기차입금
자산총계	*토지의 장부가액과 공시지가와의 차액	*무형자산 *장기매출채권 *부도어음 *장기미수금 *기타 가치 없는 자산 등

2-5. 자본배분의 안정성 분석

자본배분의 안정성 여부를 분석하는 목적은 자본배분이 불안하여 유동성 부족이나 단기부채에 대한 상환압박이 심해져 도산 가능성이 있는지를 평가하는데 있다.

자본배분의 안정성을 분석할 때 사용하는 재무비율과 판단기준은 다음과 같다.

-비유동장기적합률 = 비유동자산÷(비유동부채+자본총계)×100

*동 비율은 100%를 기준으로 낮을수록 자본배분이 안정적이라고 평가한다.

-비유동비율 = 비유동자산÷자본총계×100

*동 비율 역시 100%를 기준으로 낮을수록 자본배분이 안정적이라고 평가한다.

3. 운전자본 분석

3-1. 운전자본의 개요

기업의 경영활동에서 필요한 자금수요는 크게 영업활동에 필요한 자금과 투자활동에 필요한 자금으로 구분할 수 있다. 투자활동에 필요한 자금의 종류는 생산 활동에 투입되는 시설자금 수요가 있을 수 있고, 부동산이나 유가증권 그리고 기업인수 등과 같은 투자목적의 자금수요도 있을 수 있다. 이러한 자금용도를 시설자금이라고 부른다.

그리고 영업활동에 필요한 자금은 원자재(재고자산)를 구매하거나 제품을 신용으로 판매하여 동 판매대금(매출채권)을 회수할 때까지의 자금공백을 메꾸기 위한 자금수요 등도 있다. 물론 분석대상 기업이 원자재를 구매할 때 거래 상대방으로부터의 신용구매(매입채무)도 발생한다. 이러한 재고자산과 매출채권을 운전자본(운전자금이라고도 칭함)이라고 한다. 그 뿐만 아니라 경상적인 영업활동에서 소요되는 인건비, 판매비, 소모품 등의 구입비용 등 다양한 용도의 자금이 필요한데 이러한 자금도 역시 운전자본이다. 따라서 큰 틀에서 운전자본이란 유동자산을 의미한다. 그리고 유동자산에서 유동부채를 차감한 잔액을 광의의 순 운전자본이라고 부른다. 한편, 운전자본(유동자산) 중에서 매출과 영업활동의 가장 근간이 되는 매출채권과 재고자산을 합한 것도 운전자본이라고 하는데 이를 협의의 운전자본이라고 하며, 여기서 매입채무 잔액을 차감한 것을 협의의 순 운전자본이라고 한다.

3-2. 분석목적

운전자본(운전자금)은 유동자산을 말한다. 유동자산을 다르게 표현하면 유동성이 된다. 유동성은 현금화가 용이하여 즉시 지급에 응할 준비가 되어 있는 자산이라고 하였다. 그런데 유동자산인 매출채권은 회수가 되거나, 재고자산은 판매되어 다시 현금으로 회수할 때까지는 실질적인 유동성이라고는 볼 수가 없다. 이런 이유로 기업은 매출채권과 재고자산이 현금화가 될 때까지 거래 상대방으로부터 얻은 신용인 매입채무 잔액을 차감한 나머지의 필요한 금액은 단기차입금을 조달하여 해결한다. 거래처로부터 신용구매가 어려워지거나 금융회사로부터의 신규 차입금 조달이 어려운 기업은 유동성(운전자금)이 부족하게 된다. 기업은 유동성이 부족하면 자금이 경색되어 도산할 가능성이 높아진다. 그래서 운전자본의 변동은 현금당기순이익과 함께 기업의 영업활동현금흐름에 가장 큰 변수로 작용하고 있다.

따라서 운전자본을 분석하는 목적은 영업활동현금흐름의 악화 즉, 유동성 부족으로 인한 도산 가능성이 있는지를 분석하고자 함에 있다.

3-3. 분석방법

매출액이 증가하면 순 운전자본도 증가하는 것이 일반적인 현상이다. 물론 업종의 특성으로 인해 매출액이 증가하여도 순 운전자본이 증가하지 않는 기업도 있다. 예를 들어 백화점이나 서비스업종과 같이 상품은 신용으로 구매하고, 상품판매는 현금으로 판매하는 기업들이 여기에 해당된다.

반대로 매출액이 증가하지 않음에도 불구하고 순 운전자본이 급격히 증가하는 기업이 있기도 하고, 매출액이 증가하는 속도보다 더욱 빠르게 순 운전자본이 증가하는 기업도 있다. 이러한 두 가지 유형에 속하는 기업은 모두 비정상적으로 순 운전자본이 증가하는 경우로서 유동성 부족으로 도산 가능성이 높은 기업이기 때문에 여신심사를 할 때 유의하여야 한다.

순 운전자본과 관련하여 참고하는 재무지표들과 산식 그리고 분석 및 평가하는 방법과 유의사항들을 정리하면 다음과 같다.

-운전자본(운전자금) = 유동자산 = 유동성

*운전자본(운전자금)이 실질적인 유동성이 되기 위해서는 매출채권과 재고자산의 회전속도가 빨라야 하고, 회수 가능성이 높은 양질의 매출채권과 재고자산이 되어야 하므로 이점에 유의하여 분석한다.

-순 운전자본(광의) = 유동자산-유동부채

-순 운전자본(협의) = 매출채권+재고자산-매입채무

-순 운전자본과 소요운전자금

*순 운전자본이 커질수록 소요운전자금 수요가 늘어나 자금 부담이 심화된다.

-순 운전자본부담률 = 순 운전자본÷매출액×100

*최근 3년간 순 운전자본부담률 추이를 비교하여 상승세를 보이는지 아니면 하락세를 보이는지를 검토하여야 한다. 동 비율이 가파른 상승세를 보인다면 도산 가능성이 높아진다.

-매출채권회전율 = 당기 매출액÷평균 매출채권(대손충당금 차감 후 잔액 기준)

*매출채권회전율이 최근 3년간 상승하고 있는지 아니면 하락하는지를 검토하여야 한다. 매출채권회전율은 상승하는 것이 현금흐름에도 플러스 요인으로 작용하고 대손확률이 낮아지기 때문에 바람직하다고 평가한다.

– 매출채권회전기간 = 평균 매출채권÷당기 매출액×365

*매출채권회전기간 역시 매출채권회전율처럼 짧아지는 추세가 현금흐름에도 플러스 요인으로 작용하고 대손확률이 낮아지기 때문에 바람직하다고 평가한다.

–재고자산회전율 = 당기 매출액÷평균 재고자산

*재고자산회전율이 최근 3년간 상승하고 있는지 아니면 하락하는지를 검토하여야 한다. 재고자산회전율은 상승하는 것이 현금흐름에 플러스 요인으로 작용하기 때문에 바람직하다고 평가한다.

–재고자산회전기간 = 평균 재고자산÷당기 매출액×365

*재고자산회전기간 역시 재고자산회전율처럼 짧아지는 추세가 현금흐름에 플러스 요인으로 작용하기 때문에 바람직하다고 평가한다.

–매입채무회전율 = 당기 매출액÷평균 매입채무

*매입채무회전율이 최근 3년간 상승하고 있는지 아니면 하락하는지를 검토하여야 한다. 매입채무회전율은 하락하는 것이 현금흐름에 플러스 요인으로 작용하기 때문에 바람직하다고 평가한다.

–매입채무회전기간 = 평균 매입채무÷당기 매출액×365

*매입채무회전기간은 매입채무회전율과 마찬가지로 추세가 길어지는 것이 현금흐름에 플러스 요인이 되므로 바람직하다고 평가한다.

–영업순환기간 = 매출채권회전기간+재고자산회전기간

*영업순환기간이 최근 3년간 짧아지고 있는지 아니면 길어지고 있는지를 검토하여야 한다. 영업순환기간은 단축되고 있는 추세가 되어야 현금흐름에 플러스 요인이 되기 때문에 바람작하다고 평가한다.

-현금전환기간 = 매출채권회전기간+재고자산회전기간-매입채무회전기간

*현금전환기간이 최근 3년간 짧아지고 있는지 아니면 길어지고 있는지를 검토하여야 한다. 현금전환기간 역시 단축되고 있는 추세가 되어야 현금흐름에 플러스 요인이 되므로 바람직하다고 평가한다.

4. 현금흐름 분석

4-1. 현금흐름표의 구조와 얻을 수 있는 정보

사업을 영위하는 기업은 물론이고 개인의 여신심사(신용분석)에 있어서도 현금흐름 분석은 매우 중요하다. 기업의 현금흐름은 현금흐름표를 이용하여 영업활동, 투자활동 그리고 재무활동별로 연간 현금흐름을 정확하지는 않지만 어느 정도 파악할 수는 있다. 다음은 여신심사 목적의 현금흐름표(요약)의 구조와 얻을 수 있는 정보 내용이다.

[표5-11] 현금흐름표의 구조와 얻을 수 있는 정보

계정과목	얻을 수 있는 정보
1. 영업활동현금흐름	
1) 현금당기순이익	☞ 현금창출능력을 파악할 수 있다.
(1) 당기순이익	
(2) 현금유출이 없는 비용(+)	
(3) 현금유입이 없는 수익(-)	
2) 운전자본의 변동(±)	☞ 운전자금 관리의 적절성을 파악할 수 있다.
2. 투자활동현금흐름	
1) 투자활동현금유입(+)	
2) 투자활동현금유출(-)	☞ 투자내용의 적절성을 읽을 수 있다.
3. 재무활동현금흐름	

1) 재무활동현금유입(+)	☞ 외부자금 조달내용의 적절성을 읽을 수 있다.
2) 재무활동현금유출(-)	
4. 기중 현금의 증감	

4-2. 영업활동현금흐름 분석

영업활동현금흐름을 분석하는 목적은 대상 기업의 연간 현금창출능력과 운전자금 관리의 실태를 파악하는데 있다.

현금당기순이익은 매년 증가추세를 보이면서 금액이 클수록 현금창출능력이 우수하다고 평가한다. 현금당기순이익은 다음과 같은 방법으로 산출한다.

-현금당기순이익 = 당기순이익+비현금비용-비현금수익

*현금의 유출이 없는 비용을 비현금비용, 현금의 유입이 없는 수익을 비현금수익이라고 한다.

*현금당기순이익이 증가하려면 근본적으로 수익성(당기순이익)이 향상되어야 한다.

운전자금의 관리가 잘 되고 있는지는 위 표의 요약 현금흐름표상 운전자본의 변동내용을 가지고 판단한다. 운전자본의 변동이란 정식 계정과목의 명칭인 영업활동과 관련된 자산 및 부채의 변동을 줄여서 부르는 말이다. 운전자금의 관리가 잘 이루어지고 있다는 뜻은 운전자본의 변동이 거의 영(0)에 가까운 상태를 보이고 있는 것을 말한다. 그 뜻은 운전자본 즉, 영업자금을 거의 늘리지 않고서도 매출을 늘려 현금당기순이익을 창출하고 있음을 의미한다.

운전자본의 변동에 영향을 가장 많이 미치는 항목은 매출채권, 재고자산 그리고 매입채무 잔액의 변동이다.

4-3. 투자활동현금흐름 분석

투자활동현금흐름을 분석하는 목적은 최근 3년간 분석대상 기업이 계속기업을 위해 매년 투자가 적절히 이루어지고 있는지를 평가하고자 함에 있다.

현금흐름표상 투자활동 현금유출 중에서 금액이 큰 내용들을 파악하여 다음과 같이 평가한다.

-설비증설을 위한 유형자산 투자규모 파악

*설비증설 관련 유형자산 : 토지, 건물, 기계장치, 차량운반구 등

*생산능력의 한계와 매출수량 증가가 예상되어 투자를 하는 경우에는 적절한 투자라고 판단한다. 그러므로 투자가 종료된 직후에 매출로 연결되는지 확인이 필요하다. 만약에 거액의 투자가 일어났음에도 불구하고 당해 연도 또는 차기연도에 매출증가로 연결되지 않는다면 투자실패 또는 과잉투자가 된다.

-금융상품의 가입규모 파악

*금융상품에 가입하는 것은 투자라기보다는 자금운용의 일환이라고 보아야 한다. 요즘 이자수입을 목적으로 은행에 예금을 하지는 않기 때문이다. 금융상품가입을 투자활동으로 분류하는 이유는 회계기준이 그렇기 때문이다.

- 투자유가증권의 취득규모 파악

*투자유가증권은 두 가지로 해석한다. 하나는 국공채 또는 상장주식의 취득이다. 이 또한 자금운용의 일환으로 보아야 한다. 필요하면 언제든지 유동성으로의 전환이 용이할 뿐만 아니라 기일까지 가면 기대수익을 올릴 수도 있기 때문이다.

*또 하나는 관계회사를 지배할 목적으로 투자주식을 취득하는 경우에는 실질적인 투자활동으로 본다. 이 경우에는 투자목적과 투자자금의 재원조달의 성격(유보이익 또는 금융기관 차입금 등)도 파악하여야 한다.

4-4. 재무활동현금흐름 분석

재무활동현금흐름을 분석하는 목적은 최근 3년간 영업활동에서 창출한 자금으로는

투자활동에 소요된 자금을 모두 충당할 수가 없었을 때 그 부족자금을 어떤 방법으로 외부에서 조달하였는지를 파악하여 자금조달방법의 적절성을 평가하고자 함에 있다.

가장 바람직한 현금흐름은 영업활동에서 창출한 현금당기순이익으로 투자에 필요한 자금을 모두 충당하고도 자금이 남아돌아 재무활동에서 차입금을 상환하는 것이다. 재무활동현금흐름 분석방법은 현금흐름표상 재무활동 현금유입 중에서 금액이 큰 내용들을 파악하여 다음과 같이 평가한다.

– 유상증자(자본금의 증가) 유무

*부족자금을 유상증자를 실시하여 해결하였다면 무난하다고 평가한다.

–장기차입금 증가 또는 사채 발행 여부

*부정적으로 평가를 하되 단기차입금에 비해서는 상환기일이 길어 상대적으로 덜 부정적이다.

–단기성 차입금의 증가 여부

*운전자본에 소요되는 자금을 단기성 차입금으로 조달하는 것은 무리가 없지만 설비투자 또는 관계회사 지배목적의 투자주식을 취득하기 위해 단기성 차입금을 조달하여 부족자금을 조달하였다면 매우 부정적인 평가를 하여야 한다.

제3절 대출한도 산정

1. 상환능력 평가

1-1. 단기지급능력 평가방법

단기지급능력 평가란 단기부채 성격인 유동부채를 지급 또는 상환하는데 필요한 유동성을 어느 정도 확보하고 있는가를 평가하는 것이다. 단기지급능력은 유동비율이나 당좌비율 등 유동성 관련 재무비율을 산출하여 다음과 같이 평가한다.

- 유동비율 : 적어도 100% 이상이 되어야 하며, 높을수록 지급능력이 양호하다고 평가한다.
- 당좌비율 : 높을수록 지급능력이 양호하다고 평가한다.

1-2. 장기지급능력 평가방법

장기지급능력 평가란 장기부채 성격인 비유동부채를 지급 또는 상환하는데 필요한 자기자본을 어느 정도 확보하고 있는가를 평가하는 것이다. 장기지급능력을 평가하는데 사용되는 대표적인 재무비율은 부채비율 또는 자기자본비율이다.

- 부채비율 : 적어도 200% 이하는 되어야 하며, 낮을수록 지급(상환)능력이 양호하다고 평가한다. 200%의 근거는 실증분석(부도기업 분석)의 결과 부채비율이 200%가 넘어서면 도산기업이 나타나기 시작하기 때문이다.
- 자기자본비율 : 최소한 33% 이상은 되어야 하며, 높을수록 지급(상환)능력이 양호하다고 평가한다.

1-3. 금융비용 지급능력 평가방법

차입금에 대한 금융비용을 지급할 수 있는 능력을 평가하는 데 사용되는 재무비율에는 이자보상배율이 있다.

- 영업이익 이자보상배율 = 영업이익÷이자비용(금융비용)
- EBITDA 이자보상배율 = 상각 전 영업이익(EBITDA)÷이자비용(금융비용)

위 두 비율은 모두 높을수록 지급능력이 양호하다고 평가한다. 평가의 기준은 대략 다음과 같다.

[표5-12] 금융비용 지급능력 평가방법

이자보상배율 구간		평가방법
대기업	중소기업	
6배 이상	10배 이상	매우 양호
3배~6배	5배~10배	양호
1배~3배	1배~5배	보통
1배 이하	1배 이하	불량

1-4. 차입금 상환능력 평가방법

차입금에 대한 원금을 상환할 수 있는 능력을 평가하는 데 사용되는 재무비율에는 차입금상환계수(또는 부채상환계수)가 있다. 차입금상환계수는 산식이 여러 가지가 있으나 대표적인 산식은 다음과 같다.

-차입금상환계수 = 총 차입금(Debt)÷상각 전 영업이익(EBITDA)

차입금상환계수는 낮을수록 차입금(회사채 및 기업어음 포함)에 대한 상환능력이 양호하다고 평가한다.

2. 적정 대출한도 산정

여신심사를 목적으로 적정 대출한도(적정차입금 또는 유지가능차입금)를 산정하는 목적은 분석대상 기업의 상환능력(미래 현금이익창출능력)에 맞는 적정한 대출(여신) 한도를 산정하기 위함이다.

대출한도를 산정할 때의 상환재원은 영업활동현금흐름의 대용치인 상각 전 영업이익(EBITDA)을 주로 사용한다. 현금당기순이익을 사용할 수도 있지만 현금당기순이익에는 이미 이자비용이 차감되어 있다는 점과 영업외 손익도 포함되어 있기 때문에 대상 기업의 영업활동을 통하여 창출한 현금이익이라고는 보기가 어렵다. 따라서 현실적인 대안으로 상각 전 영업이익(EBITDA)을 사용하는 것이 보편적이다. 다음은 상각 전 영업이익(EBITDA)을 사용한 대출한도 산정방법이다.

[표5-13] 적정 대출한도 산정 예시

(단위 : 백만 원)

구분	산식	당기	차기(추정 시나리오)	
			기본 가정	최악 가정
1. EBITDA		1,985	6,588	6,457
2. 자본적 지출		4,757	4,757	4,757
3. 잉여 EBITDA	1-3	-2,772	1,831	1,700
4. 유지목표 최저 이자보상배율		1.5배	1.5배	1.5배
5. 연간 지출가능 이자비용	3÷4	0	1,220	1,133
6. 평균 차입금리		1.93%	2.0%	2.5%
7. 적정 대출한도	5÷6	0	**61,000**	45,327
8. 기존 보유 차입금		45,327	45,327	45,327
9. 추가대출 가능한도	7-8	0	**15,673**	0

2-1. 상각 전 영업이익(EBITDA)

상각 전 영업이익(EBITDA)은 영업이익에 감가상각비와 무형자산상각비를 더하여 산출한다.

2-2. 자본적 지출

현금흐름표상 최근 3년간 토지를 제외한 유형자산 평균 지출액을 자본적 지출(Capital expenditure)로 계산한다. 전기 감가상각비를 자본적 지출로 사용하는 경우도 있으나 기업의 감가상각비는 법인세법에 정해진 내용연수를 기준으로 책정하기 때문에 경제적 내용연수와는 거리가 있어 논리성이 약하다고 보아야 한다.

2-3. 잉여 EBITDA(Free cash flow)

상환재원인 상각 전 영업이익(EBITDA)에서 자본적 지출(Capital expenditure)을 차감하여 산출한다.

2-4. 유지목표 최저 이자보상배율

유지목표 최저 이자보상배율은 1.2배에서 2배 사이에서 설정하는 것이 바람직하다. 향후 경기전망이 낙관적이라고 한다면 추정 상각 전 영업이익(EBITDA)이 감소할 가능성이 낮기 때문에 1.2배 쪽으로 가깝게 설정한다. 반대로 향후 경기전망이 불투명하다고 판단되면 추정 상각 전 영업이익(EBITDA)이 감소할 가능성이 높기 때문에 2배 쪽으로 가깝게 설정한다. 그 이유는 유지목표 최저 이자보상배율을 2배에 가깝도록 설정하면 적정 대출한도가 줄어들고, 반대로 1.2배에 가깝도록 내리면 적정 대출한도가 늘어나게 된다. 즉, 미래 현금영업이익의 전망에 따라 선제적으로 리스크를 관리하고자 함이다.

2-5. 연간 지출 가능한 이자비용

연간 지출 가능한 이자비용은 잉여 EBITDA(Free cash flow)를 유지목표 최저 이자보상배율로 나누어 산출한다.

2-6. 평균 차입금리

평균 차입 금리는 1건의 차입금만 보유하고 있다면 당해 차입금 적용금리를 사용하면 된다. 만약에 차입금이 여러 건이 존재한다면 평균 차입 금리를 산출하여 적용한다.

-평균 차입금리 = 이자비용÷평균 차입금(전기 말과 당기 말의 평균)

2-7. 적정 대출한도

적정 대출한도는 연간 지출 가능한 이자비용을 평균 차입 금리로 나누어 산출한다.

-적정 대출한도 = 연간 지출 가능한 이자비용÷평균 차입금리

2-8. 기존 보유 차입금

기존 보유 차입금은 재무상태표상 총 차입금을 사용한다. 그러나 정확하게 하려면 제도권 금융회사로부터 받은 모든 차입금 명세를 조회하여 잔액이 아닌 한도기준으로 적용하는 것이 바람직하다.

2-9. 추가대출 가능한도

추가대출 가능한도는 적정 대출한도에서 기존 보유 차입금을 차감하여 산출한다. 추가대출 가능한도가 많을수록 상환능력이 양호하다고 평가한다.

2-10. 최대 유지목표 부채비율

금융회사가 기업에 대출을 제공함으로 인해서 그 기업의 재무구조가 감내할 수준 이상으로 악화되면 곤란한 일이다. 따라서 최대 유지목표 부채비율을 사전에 설정한 다음에 추가 차입으로 인해 부채비율이 최대 유지목표 부채비율을 넘지 않도록 대출한도를 설정하여야 한다. 이는 수익 창출능력에 맞는 적정한 대출한도를

산정한다는 점과 재무구조를 건전하게 유지한다는 점 두 가지 목표를 동시에 달성하기 위함이다. 최대 유지목표 부채비율을 200%로 설정하였다고 할 때 향후 부채(차입금 등)가 얼마나 더 증가해야 부채비율이 200%가 되는가는 다음과 같이 산출한다.

–부채 추가증가 여유금액 = 자기자본×200%–기존 부채총계

2–11. 추가대출 가능한도

위에서 소개한 표에서 기본가정 하에서의 추가가능 대출한도가 15,673백만 원이고, 최대 유지목표 부채비율을 200%로 설정했을 때의 부채 추가증가 여유금액이 예를 들어 12,500백만 원이라고 한다면, 이 두 가지 금액 중에서 더 적은 금액이 추가대출 가능한도가 된다.

3. 신용등급 결정

3–1. 신용등급의 의의

신용등급을 사용하는 이유는 심사분석자가 평가한 상환능력을 동일한 무게로 제3자한테 전달하기 위한 수단이다. 주로 기호나 숫자로 표기한다. 현재 금융회사들은 바젤2로 인해 10단계 등급을 채택하고 있다. 그렇지만 실무적으로는 등급 구간이 부족해 10단계 등급의 범위를 확장(+, – 부호 등을 붙여서 사용)해서 사용하고 있다.

3–2. 신용등급 결정방법

금융회사에서의 신용등급은 외부 신용평가회사와는 다른 체계를 가지고 있다. 바젤2로 인해 기업신용평가모형을 구축한 다음에 심사분석자가 기업신용평가표를 작성하여 총 평점대별로 해당 등급으로 환원하여 최종 신용등급을 결정하고 있다.

[표5-14] 기업신용평가표 구성 예시

<table>
<tr><th rowspan="2">모 형</th><th colspan="2">배 점</th><th rowspan="2">관리수단</th></tr>
<tr><th>외감법인</th><th>비외감법인</th></tr>
<tr><td>재무평가모형(A)</td><td>60점</td><td>30점</td><td rowspan="2">재무정보의 신뢰도 또는 기업규모별로 배점조정</td></tr>
<tr><td>비재무평가모형(B)</td><td>40점</td><td>70점</td></tr>
<tr><td>신용평가자의 신용평점조정(C)</td><td colspan="2">±10점</td><td>재무 및 비재무평가모형의 결과가 신용평가자의 판단과 거리감이 있을 때 일정 범위 내에서 조정가능토록 권한을 부여</td></tr>
<tr><td>신용평점(A+B±C)</td><td colspan="2">100점</td><td></td></tr>
</table>

제4절 자금용도별 대출한도

1. 운전자금 대출한도

1-1. 운전자금 대출한도의 의의

총대출한도가 특정 기업에 제공할 수 있는 신용공여 최고한도라고 한다면 운전자금 대출한도는 당해 기업의 경영활동에 필요한 운전자금의 적정지원규모를 의미한다.

금융기관이 특정기업에 적정한 신용공여한도를 설정하여 운용하는 것은 편중여신 방지 목적도 있지만 자금용도 외 또는 필요자금 이상의 자금을 과다하게 제공함으로써 신용위험을 확대해서는 안 되기 때문이다.

2-2. 소요운전자금 산출

영업순환기간은 영업자금이 투입되어 다시 현금으로 회수될 때까지의 기간을 의미하며 이는 곧 영업자금(운전자금)의 1회전기간이 된다. 1회전기간은 영업자산을 매출액과 대비하여 산출된다. 핵심 영업자산은 매출채권과 재고자산의 합계에서 매입채무를 차감한 잔액을 말하며, 좀 더 넓은 개념으로 선급금과 선수금을 포함하여 산출할 수도 있다. 더욱 넓게는 유동자산과 유동부채의 차이가 영업자산 즉, 운전자본 또는 순 운전자본이라고 하며, 이는 곧 소요운전자금이 된다.

소요운전자금을 산정하는 순서는 먼저 대상기업의 운전자금 1회전기간을 산출한 다음에 매출액을 추정하여 차기 소요운전자금 한도를 산출한다.

가. 운전자금 1회전기간

-운전자금 1회전기간(1) = 매출채권회전기간+재고자산회전기간-매입채무회전기간

-운전자금 1회전기간(2) = (매출채권회전기간+재고자산회전기간+선급금회전기간)
　　　　　　　　　　　　　 - (매입채무회전기간+선수금회전기간)

-매출채권회전기간 = (평균 매출채권÷매출액)×365일

-재고자산회전기간 = (평균 재고자산÷매출액)×365일

-선급금회전기간 = (평균 선급금÷매출액)×365일

-매입채무회전기간 = (평균 매입채무÷매출액)×365일

-선수금회전기간 = (평균 선수금÷매출액)×365일

-평균 매출채권 = 매출채권{(재무상태표상 전기 말 잔액 + 당기 말 잔액)÷2}

-평균 재고자산 = 재고자산{(재무상태표상 전기 말 잔액 + 당기 말 잔액)÷2}

-평균 선급금 = 선급금{(재무상태표상 전기 말 잔액 + 당기 말 잔액)÷2}

-평균 매입채무 = 매입채무{(재무상태표상 전기 말 잔액 + 당기 말 잔액)÷2}

-평균 선수금 = 선수금{(재무상태표상 전기 말 잔액 + 당기 말 잔액)÷2}

나. 소요운전자금

운전자금 1회전기간이 산출되면 1회전 소요운전자금의 규모를 파악할 수 있다.

- 1회전 소요운전자금=(추정매출액-추정감가상각비)×운전자금 1회전기간÷365일

[표5-15] 운전자금대출한도 산출 서식

<table>
<tr><th colspan="2">구 분</th><th colspan="3">산 식</th><th>금 액</th></tr>
<tr><td rowspan="5">A</td><td rowspan="5">추정매출액
〈추정근거〉
• 최근 3년간 매출액
• 매출액 증가율
• 최근 3년 평균증가율</td><td colspan="3"></td><td rowspan="5">( )</td></tr>
<tr><td>전전기</td><td>전기</td><td>당기</td></tr>
<tr><td>( )</td><td>( )</td><td>( )</td></tr>
<tr><td>( )%</td><td>( )%</td><td>( )%</td></tr>
<tr><td colspan="3">( )%</td></tr>
<tr><td rowspan="4">B</td><td rowspan="4">추정감가상각비
• 제조원가명세서
• 손익계산서
• 감가상각비(합계)</td><td>전전기</td><td>전기</td><td>당기</td><td rowspan="4">( )</td></tr>
<tr><td></td><td></td><td></td></tr>
<tr><td></td><td></td><td></td></tr>
<tr><td></td><td></td><td></td></tr>
</table>

구 분		산 식	금 액
C	1회전기간 a. 매출채권회전기간 b. 재고자산회전기간 c. 선급금회전기간 d. 매입채무회전기간 e. 선수금회전기간	(a+b+c)−(d+e) (매출채권 평균/매출액)×365 (재고자산 평균/매출액)×365 (선급금 평균/매출액)×365 (매입채무 평균/매출액)×365 (선수금 평균/매출액)×365	( )
D	1회전 소요운전자금	(A−B)×C/365	( )
E	총운전자금차입금(본건 제외)	전체 금융기관 운전자금 차입금	( )
F	고정화된 운전자금차입금 • 전기 총운전자금차입금 − 전기 1회전 소요운전자금 (※ 전기 1회전 소요운전자금 = (전년도 매출액 − 전년도 감가상각비)× 전기 1회전기간/365)		( )
G	운전자금 지원가능금액	D − F	( )
H	한도여유	G − E	( )
I	본건 신청금액		( )

2. 시설자금 대출한도

2-1. 시설자금의 개요

시설자금이란 공장건물, 사무소, 점포, 종업원 숙소, 각종 후생시설 등 영업활동의 기초가 되는 고정시설에 투자하는데 소요되는 자금을 말한다. 시설자금대출의 대상자산은 다음과 같다.

−공장건물(창고 포함) 신축 및 증축 자금
−공장 매입자금
−기계류 등 각종설비 구입 및 설치자금
−사업목적에 부합된 부동산의 신축 및 증축, 개축 및 매입자금
−개보수 및 기술개발자금으로서 자본적 지출에 해당하는 자금
−기타 시설자금대출로 취급하는 것이 적정하다고 인정되는 자금

시설자금대출은 당해 시설물 등의 매입 또는 공사착공 전에 융자 신청한 경우에 한하여 취급함을 원칙으로 한다.

2-2. 시설자금 대출한도

시설자금대출한도는 계약서 또는 견적서를 받아 확인한 소요자금의 일정한 범위 내에서 취급하는 것을 원칙으로 한다.

또한 공장매입자금과 업무용건물 매입자금과 같이 직접 설비자금이 소요되지 않을 경우에는 감정평가기관의 감정평가액을 초과할 수 없다.

소요자금은 당해시설 등을 설치, 매입하는데 직접적으로 필요한 부대비용을 포함하되, 부가가치세, 관세, 취득세, 등록세 등 각종 조세는 제외한다.

그리고 당해 시설투자와 관련하여 타 금융기관 등으로부터 융자를 받았거나 받기로 한 경우에는 동 금액을 산출된 융자금액에서 차감하여야 한다.

–시설자금대출한도=(자기자본+비유동부채)×동종업계 평균 비유동장기적합률–비유동자산

*동종업계 평균 비유동장기적합률이 100% 미만인 경우에는 100%로 계산

2-3. 시설자금 대출기간

사업계획 등을 종합하여 다음과 같이 대출기간을 정하되 가급적 10년 이내로 한다.

–거치기간 = 시설소요기간+총자본 1회전기간(과거 2년 및 향후 1년 평균)

*총자본 1회전기간(월) = 12개월÷(매출액÷평균 총자본)

–상환기간 = 투자수익률의 역수(과거 2년간 및 향후 1년간 평균)×12

*투자수익률 = (당기순이익+감가상각비)÷(유형자산–건설 중인 자산)

2-4. 취급 시 유의사항

기계구입자금의 경우 융자기간은 거치기간 및 상환기간을 계산하여 산정하되 융자대상 기계의 내용연수를 초과할 수 없다. 그러나 차주기업의 사정으로 법인세법이 정하는 내용연수를 초과하여 감가상각을 실시하는 경우에는 실제 감가상각 기간을 감안하여 당해 융자기간을 결정할 수 있다.

또한 설치에 상당한 기일이 소요되는 대규모 플랜트설비 등의 경우에는 공사(설치) 진척 도에 따라 대출금을 분할기표를 하여야 하며, 대출금은 시공자, 공급자 또는 매도인의 예금계좌에 대체 입금함을 원칙으로 한다.

2-5. 시설자금대출의 상환조건 및 채권보전조치

부동산 매입자금 대출은 거치기간 없이 대출금액의 1/2이상은 연2회 정기분할상환조건으로 약정하고, 나머지는 여신기일에 일시상환이 가능하도록 약정하여야 한다.

기타의 대출은 연2회 이상 정기분할상환조건으로 약정하여야 하며, 약정기간의 1/3에 해당하는 거치기간을 둔다. 이 경우 거치기간은 6개월 단위로 산정하며 6개월 미만 월수는 절상한다.

한편 시설자금대출은 시설물이 완공된 후(또는 부동산 매입 후)에 즉시 추가담보로 취득하여야 한다.

제5절 여신심사 사례연구

일러두기

본 절에서 설명하고 있는 시장위험 평가요소인 경기, 금리, 유가, 환율 및 정부정책 등은 본 총서의 원고를 작성한 시점에서의 동향과 전망입니다. 학습을 하실 때 유념하시기 바랍니다.

여신심사를 위한 차주분석에 필요한 자료(주식회사 A기업)

◎ A기업의 개요

업 체 명	주식회사 A기업	설립일자	1973년 3월	결 산 월	12월
대 표 자	최동원	기업형태	중소기업	종업원 수	150명
업 종	제조업	법인번호	110111-1234567		
취급품목	골판지 및 골판지상자	상 표 명	없음		
본 사	경기도 부천시				
공 장	경기도 시흥시				

◎ 주요주주

성명	연령	경력	지분율	대주주와의 관계
최동원	72세	창업이후 동사 근무	45.42%	본인(대표이사)
이만수	52세	D제지 5년 근무	21.87%	사위(상무이사)
기 타			32.71%	
계			100.00%	

◎ 연혁

- 1973년 03월 A판지공업사로 설립
- 1981년 07월 A판지공업주식회사로 법인전환
- 2006년 03월 주식회사 A기업으로 상호 변경
- 2007년 07월 H판지, D판지, S판지의 지분을 각각 100% 인수

◎ 사업의 개요

당사는 1973년 3월 15일자로 골판지 및 골판지상자의 제조, 판매를 목적으로 설립하여 현재까지 동 사업을 영위하고 있으며, 2002년 7월에 비용절감 및 원활한 생산관리를 위하여 시화공장에 부천 제1공장 대체생산설비를 증설하고 부천 제1공장을 부동산임대로 전환하여 매년 약11억 원의 임대수입이 발생하고 있으며, 2005년 1월 3일자로 골판지원지 생산업체인 (주)C제지 지분 60%를 인수, 계열회사로 편입하여 원재료의 안정적인 수급을 확보할 수 있게 되었으며, 2007년도 중 골판지 생산업체인 (주)H판지, (주)D판지, (주)S판지의 지분을 각각 100% 인수, 계열회사로 편입하여 물류비 절감 및 지방 영업망을 확보할 수 있게 되었으며, 2009년 12월에는 전북 익산 소재 동업종인 (주)D폴리백을 경락받아 생산설비 교체 및 보완 후 가동하였습니다. 또한 당사는 골판지 및 골판지상자만을 전량 주문에 의한 생산, 판매하고 있어 별도의 사업부문의 구분은 없습니다.

◎ 산업의 특성

골판지 및 골판지상자는 섬유제품, 전자제품, 식품, 의약품 및 농수산물 등 각종 제품의 외부포장에 사용되는 내용물 보호에 필수적인 제품으로서 포장할 제품에 따라 규격이나 인쇄사양 등이 다양하여 기업체로부터 각각의 내용물의 규격에 맞게 주문을 받아 생산, 판매하고 있습니다.

◎ 산업의 성장성

경제규모의 확대와 농수산물의 포장, 전자상거래 등 홈쇼핑의 증가에 따른 포장수요의 증가 및 스티로폼 완충제품이 골판지상자로 대체되고 있고 또한 동제품은 100% 재활용이 가능한 환경 친화적인 상품으로써 수요가 날로 증가하고 있는 추세입니다. 또한 내용물 보호측면뿐만 아니라 외관에도 신경을 쓰게 되어 고급제품에

대한 수요가 증가하고 있으므로 품질개선의 노력이 계속 요구되고 있습니다.

◎ 경기변동의 특성

골판지포장산업은 전체 산업경기 변동에 민감하며 계절적인 경기변동요인은 미미합니다.

◎ 경쟁요소

정형화된 표준규격이 없고 100% 주문생산으로서 수요자의 요구에 맞는 정확한 품질과 납기관리 및 원가절감을 통한 가격경쟁력 확보가 경쟁력을 좌우합니다.

◎ 시장점유율 추이

구 분	국내 총생산량	(주)A기업		B포장공업(주)		C포장(주)	
		생산량	시장점유율	생산량	시장점유율	생산량	시장점유율
제29기	4,359,000	180,236	4.13%	451,685	10.36%	263,841	6.05%
제28기	4,476,000	189,149	4.23%	440,051	9.83%	226,161	5.05%
제27기	4,265,000	183,339	4.30%	381,368	8.94%	202,832	4.76%

◎ 자원조달상의 특성

국제펄프가격 동향에 따라 원재료 조달비용이 크게 변동되며 수입판지는 환율변동에, 국내판지는 국내 고지가격 변동에 따라 원재료 가격이 민감하게 변동됩니다.

◎ 주요 제품의 가격변동추이

수입펄프 및 고지가격 변동에 따라 골판지 원재료인 원지가격이 변동하며, 따라서 제품가격도 민감하게 변동됩니다.

(단위 : 원/㎡)

품 목		제 29 기	제 28 기	제 27 기
이중양면골판지	내 수	510	546	446
	수 출	–	–	–
양면골판지	내 수	353	379	307
	수 출	–	–	–

◎ 주요 원재료

(단위 : 백만 원)

사업부문	매입유형	품 목	구체적용도	매입금액(비율)	비 고
골 판 지	수입, 매입	표면지	골판지용 원재료	18,766(38.2%)	
〃	매입	이면지	〃	19,344(39.4%)	
〃	수입, 매입	골심지	〃	11,035(22.4%)	
계				49,145(100%)	

당사는 원재료의 96%정도를 국내에서 조달하고 있으며, (주)K제지, (주)D제지, 영풍제지(주), Asia Paper Tech(주), 한솔제지(주) 등이 주요매입처이며, 이 중 (주)K제지와 (주)D제지는 관계회사로써 총 매입금액 중 약 80%를 차지하고 있습니다.

◎ 주요 원재료의 가격변동추이

(단위 : 원/kg)

구 분		제 29 기	제 28 기	제 27 기
표면지	국내	473	501	407
	수입	575	617	517
이면지	국내	297	369	284
	수입	–	–	–
골심지	국내	305	364	268
	수입	690	606	467

◎ 당해 사업연도의 가동률

(단위 : 시간, %)

사업소(사업부문)	연간가동가능시간	연간 실제 가동시간	평균가동률
부천공장 본사	6,072	2,290	37.71
시화공장 지점	9,108	7,688	84.41
합 계	15,180	9,978	65.73

◎ 매출실적

(단위 : 천㎡, 천원)

매출유형	품 목		제29기 연간		제28기 연간		제27기 연간	
			수량	금액	수량	금액	수량	금액
제 품	골판지 및 골판지상자	수출	184,929	1,974,732	179,844	1,754,497	189,044	1,612,741
		내수		76,969,279		80,015,973		69,274,711
		합계	184,929	78,944,011	179,844	81,770,470	189,044	70,887,452
기타 매출	수입임대료	수출		327,021		504,693		301,400
		내수		3,125,220		4,255,600		2,840,127
		합계		3,452,241		4,760,293		3,141,527
합 계		수출	184,929	2,301,753	179,844	2,259,190	189,044	1,914,141
		내수		80,094,499		84,271,573		72,114,838
		합계	184,929	82,396,252	179,844	86,530,763	189,044	74,028,979

◎ 우발채무

회사는 (주)B판지 등 특수 관계회사의 차입금 등과 관련하여 C은행 등에 67,944백만원, US$ 1,900,000, 엔화 133,900,000엔의 지급보증을 제공하고 있습니다.

◎ 보유 토지의 공시지가

(단위 : 천원)

소재지	당 기		전 기	
	장부가액	공시지가	장부가액	공시지가
부천시	10,231,425	17,188,794	10,231,425	17,325,213
부천시	15,777,900	27,348,360	15,777,900	27,769,104
부천시	67,978	85,201	67,978	87,443
시흥시	10,845,429	50,239,854	10,845,429	50,638,583
익산시	1,717,572	1,734,619	–	–
합 계	38,640,304	96,596,828	36,922,732	95,820,343

◎ 외화 자산 및 부채

(단위 : 천원)

계정과목	당 기			전 기		
	외 화		원화환산액	외 화		원화환산액
외 화 예 금	US$	7.91	9	US$	47.11	59
	엔화	173	2	엔화	923,492	12,872
외화자산합계	US$	7.91	11	US$	47.11	12,931
	엔화	173		엔화	923,492	
단기차입금	엔화	406,000,000	5,127,049	엔화	250,000,000	3,484,725
	US$	1,059,899.78	1,237,539	-	-	-
미 지 급 금	유로화	48,000.00	80,365	엔화	3,096,000	43,155
외화부채 합 계	엔화	406,000,000	6,444,953	엔화	253,096,000	3,527,880
	US$	1,059,899.78		-	-	
	유로화	48,000.00		-	-	

◎ 파생상품 등에 관한 사항

현재 파생상품 체결내역이 없음

◎ 요약 재무상태표

(단위 : 백만 원)

계정과목	제27기	제28기	제29기
유동자산	34,589	42,025	32,470
당좌자산	22,888	27,733	21,789
(매출채권)	19,199	22,081	18,564
(재고자산)	11,700	14,292	10,681
비유동자산	96,824	99,911	107,436
투자자산	38,781	43,486	48,666
유형자산	57,721	56,014	58,082
무형자산	0	0	383
기타비유동자산	322	411	306
자산총계	**131,413**	**141,936**	**139,906**
유동부채	43,619	55,509	47,472
(매입채무)	9,842	12,098	11,476
(단기차입금)	29,983	34,495	32,550
(유동성장기부채)	0	5,700	0
비유동부채	8,246	4,258	4,241
(사채)	5,700	0	0
부채총계	**51,866**	**59,767**	**51,713**
자본금	7,000	7,000	7,000
자본잉여금	32,224	32,224	32,224
기타포괄손익누계액	0	0	-99
이익잉여금	40,323	42,945	49,069
자본총계	**79,547**	**82,169**	**88,193**
부채와 자본총계	**131,413**	**141,936**	**139,906**

◎ 요약 손익계산서

(단위 : 백만 원)

계정과목	제27기	제28기	제29기
매출액	74,029	86,531	82,396
매출원가	62,500	73,064	67,525
매출총이익	11,529	13,467	14,871
판매관리비	9,623	9,081	9,666
영업이익	1,906	4,387	5,206
영업외수익	5,812	6,242	5,882
영업외비용	2,439	7,498	3,347
(금융비용)	1,631	2,386	1,568
당기순이익	4,121	2,622	6,124

◎ 요약 현금흐름표

(단위 : 백만 원)

계정과목	제27기	제28기	제29기
1. 영업활동현금흐름	**−1,730**	**2,824**	**12,472**
(1)당기순이익	4,121	2,622	6,124
(2)비현금비용	4,278	8,734	5,553
(3)비현금수익	−5,382	−5,381	−5,178
(4)영업활동관련 자산부채 변동	−4,747	−3,150	5,973
2. 투자활동현금흐름	**−14,147**	**−4,281**	**−6,245**
(1)투자활동현금유입	159	237	139
(2)투자활동현금유출	−14,306	−4,517	−6,384
3. 재무활동현금흐름	**14,263**	**3,111**	**−7,201**
(1)재무활동현금유입	52,883	64,091	57,784
(2)재무활동현금유출	−38,621	−60,980	−64,985
4. 현금의 증감	**−1,614**	**1,654**	**−974**
5. 기초의 현금	3,323	1,709	3,363
6. 기말의 현금	**1,709**	**3,363**	**2,389**

여신심사 사례연구(차주분석)

1. 경영위험 평가

1-1. 업력

동사는 1973년에 설립한 장수기업으로 여러 번의 경제위기를 경험하고 잘 극복하여 왔기 때문에 앞으로도 경제위기가 오더라도 잘 극복할 수 있는 경영노하우가 있다고 판단됨. 또한 업력으로 볼 때 경영진의 영위 업종에 대한 전문지식은 깊다고 판단됨

1-2. 소유구조와 경영권의 안정성

특수 관계자를 포함한 총 발행주식의 소유 지분율이 67.29%로서 경영권은 안정되어 있다고 판단됨

1-3. 경영자의 경영능력

현재의 대표이사는 동사를 설립한 이래 현재까지 오랜 기간 동안 경영을 하여온 인물로서 경영능력은 인정됨. 그리고 상무이사는 대표이사의 사위로서 전방산업인 제지업계에 종사하였으며 현재 연령이나 경력을 고려할 때 경영자로서의 부적합성은 없는 것으로 판단됨

1-4. 경영의 연속성 유무

창업이후 현재까지 창업주가 경영을 맡고 있을 뿐만 아니라 골판지상자 단일 사업을 영위하고 있어 경영의 연속성을 확보하고 있음

1-5. 관계회사

관계회사 모두 동사의 원재료인 골판지원지를 생산하는 제지업체이거나 지역별로

분산되어 있는 골판지상자 판매업체이기 때문에 수직계열화로 인한 시너지효과 측면과 지역별 영업망 확보 측면에서 볼 때 동사의 경영성과에 부정적이지는 않다고 판단됨

2. 시장위험 평가

2-1. 경기변동이 동사의 경영성과에 미치는 영향

골판지상자는 전 산업에 걸쳐 다양하게 수요가 존재하는 경기순행산업이다. 한국은행이 지난 5월에 발표한 올해 경제성장률은 3.5%로서 골판지상자 수요도 약 3.5% 증가할 전망임

2-2. 환율변동이 동사의 경영성과에 미치는 영향

동사는 원재료의 약 96%를 내수시장(관계회사로부터 80%)에서 조달하여 제품을 생산하고 있으며 제품의 판매는 거의 내수시장에서 이루어지고 있음. 따라서 환율의 변동으로 인해 직접적으로 동사의 경영성과에 미치는 영향은 크지가 않음

그러나 환율이 상승하면 골판지의 원천 원재료인 국제펄프가격의 상승으로 인해 국내 고지가격도 상승할 가능성이 있기 때문에 수익성에는 부정적임

한편, 동사는 외화단기차입금 등 외화부채가 6,445백만 원을 보유하고 있기 때문에 환율이 상승할 경우 원화 상환부담이 증가하여 경영성과에는 부정적으로 작용함

2-3. 금리상승이 동사의 경영성과에 미치는 영향

동사는 당기 말 현재 32,550백만 원의 차입금을 보유하고 있음. 따라서 금리가 상승하면 이자비용 부담의 증가로 인해 수익성에는 부정적인 영향을 미침

2-4. 유가의 상승이 동사의 경영성과에 미치는 영향

운반비 부담이 높은 영업의 특성상 유가가 상승할 경우 동사의 수익성에는 부정적인

영향을 미침

3. 산업위험 평가

3-1. 산업의 특성과 주요 체크포인트

골판지상자는 각종 제품의 외부 포장재로 사용되는 산업이므로 경제성장률과 밀접한 상관관계를 가지고 있음. 올해 경제성장률 전망은 3.5%인바 골판지상자산업의 시장규모도 약 3.5% 내외 성장할 것으로 전망됨

골판지상자는 내용물에 따라 크기와 모양이 다르기 때문에 100% 주문생산방식의 영업을 하기 때문에 브랜드인지도와 납기준수가 매우 중요함. 동사의 주 사업장의 소재지가 골판지상자 수요가 집중되어 있는 수도권에 위차하고 있다는 점은 긍정적인 요인으로 작용함

한편, 골판지상자 수요는 계절성이 거의 없는 편이기 때문에 연중 안정적인 매출유지가 가능하여 산업위험이 낮은 편에 속함

3-2. 골판지상자산업의 경쟁구조 분석

골판지상자산업에 종사하는 업체는 전국에 약 1,050개사 정도로서 경쟁강도가 높은 산업임. 그 중에서 동사는 업계 3위의 시장지위를 가지고 있음

시장참여 기업의 수로 볼 때 진입장벽은 매우 낮은 산업인바, 향후로도 신규 진입기업이 발생할 가능성은 높은 산업이기 때문에 이점은 불리한 여건임.

반면에 골판지상자를 대체할만한 제품(대체재)은 없다는 점은 유리한 여건임. 물론 스티로폼상자가 있지만 이는 골판지상자와는 역의 대체재 관계이기 때문에 문제가 되지 않음

골판지상자의 원자재인 골판지원지를 구매할 때 교섭능력은 골판지원지(제지업) 업체에 있지만 동사의 경우 관계회사로부터 약 80%를 구매하기 때문에 구매조건 결정권이 동사에 있음

반면에 판매조건에 대한 결정권은 수요산업에 있음. 그 이유는 골판지상자의 특성상 제품차별화가 거의 없고 완전경쟁시장이기 때문임

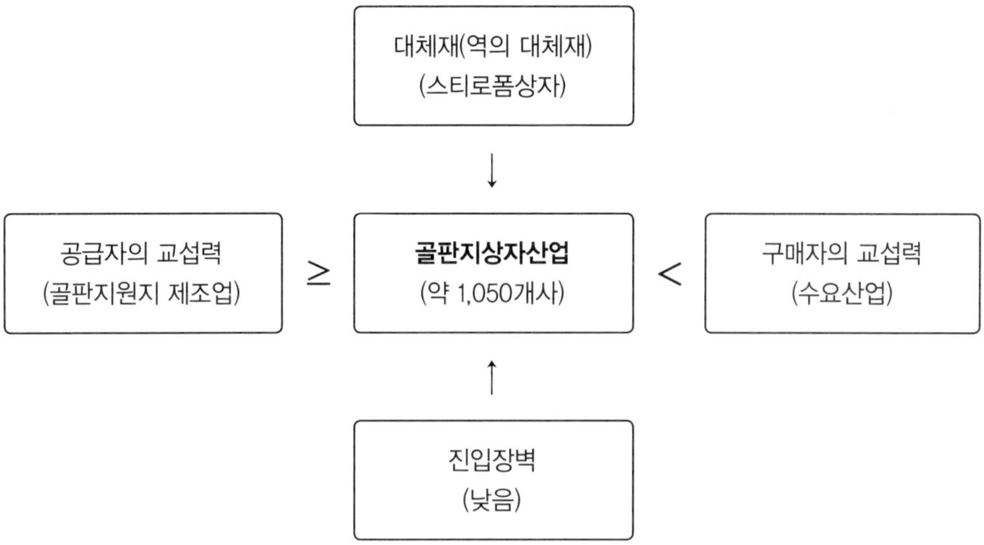

3-3. 골판지산업의 잠재위험요소

골판지상자산업에서 나타날 수 있는 정부의 규제, 대체재의 출현 등과 같은 잠재위험요소는 현재까지는 없다고 판단됨

4. 영업위험 평가

4-1. 사업구조 분석

동사는 골판지 및 골판지상자를 생산하여 판매하는 단일 사업구조를 가지고 있음. 그러나 수요산업이 매우 다양하고 광범위하기 때문에 수요산업의 업황부진에 따른 영업위험이 높지 않음

4-2. 시장지위 분석

동사는 골판지상자 시장에 참여하고 있는 업체 약 1,050개사 중에서 3위에 해당하는 높은 시장지위를 가지고 있는 Winner기업(시장선도 기업)에 해당함

4-3. 영업구조 분석

원자재 구매 (고지, 펄프)	⇒	**제품생산** (골판지, 상자)	⇒	**제품판매** (주문판매)	⇒	**대금회수** (신용판매)
⇓		⇓		⇓		⇓
-내수구매 -펄프가격 변동 -환율변동		-단순공정 -가동률(65%)		-영업력 -브랜드인지도 -시장지위(3위/1,050사) -납기준수		평균 대손비율 (0.08%)

4-4. 구매효율성

동사는 원재료의 약 96% 정도를 국내시장에서 조달하고 있으며, 그 중에서 관계회사로부터의 매입비중이 80%를 차지하고 있어 원자재 수급에는 문제가 없음. 또한 매입채무회전율을 고려할 때 비록 관계회사로부터 원자재를 조달하지만 구매조건도 유리하게 개선되었음

[매입채무회전율 추이]

구 분	제27기	제28기	제29기
매입채무회전율	8.19회	7.89회	6.99회

4-5. 생산효율성

골판지상자는 단순공정이기 때문에 고도의 기술력과 노동숙련도가 요구되는 산업이 아니기 때문에 기술력의 부족과 노동숙련도의 부족에 따른 영업위험이 높지는 않음 다만, 최근연도의 가동률을 고려할 때 고정비 부담 증가에 따른 생산효율성은 다소 낮은 수준으로 평가됨

반면에 재고자산회전율 추이를 고려할 때 재고관리는 적절하게 잘 이루어지고 있다고 평가됨

[당기 가동률]

사업소(사업부문)	연간가동가능시간	연간 실제 가동시간	평균가동률
부천공장 본사	6,072시간	2,290시간	37.71%
시화공장 지점	9,108시간	7,688시간	84.41%
(합 계)	15,180시간	9,978시간	**65.73%**

[재고자산회전율 추이]

구 분	제27기	제28기	제29기
재고자산회전율	7.91회	6.66회	6.60회

4-6. 판매효율성

수요산업이 다양하고 올해의 경제성장률 전망치(3.5%)와 동사의 시장지위(업계 3위) 등을 고려할 때 판매측면에서의 영업위험은 낮은 수준임

또한 매출채권회전율의 추이를 볼 때 판매조건(평균 외상판매기간 약 3개월)에도 큰 변화가 없으며 안정적임

[매출채권회전율 추이]

구 분	제27기	제28기	제29기
매출채권회전율	3.94회	4.19회	4.05회

4-7. 매출채권의 대손위험

최근 3년간 평균 대손비율은 0.08% 수준임. 따라서 매출채권에 대한 대손위험은 매우 낮은 수준으로 평가됨

5. 기타위험 평가

동사는 (주)B판지 등 특수 관계회사의 차입금 등과 관련하여 C은행 등에 67,944백만 원, US$ 1,900,000, 엔화 133,900,000엔의 지급보증을 제공하고 있는바, 동사의 경우 가장 부정적인 요소 중의 하나로 작용하고 있음. 그러나 관계회사의 재무구조와 경영성과 등을 고려할 때 대위변제 가능성은 매우 낮은 수준으로 평가됨

6. 경영성과 분석과 전망

6-1. 매출실적 분석

[매출 성장성 추이]

(단위 : 백만 원)

구 분	제27기	제28기	제29기	시장평균(29기)
매출액	74,029	86,531	82,396	-
증가율	8.82%	16.89%	-4.78%	4%

경기가 침체되었던 28기에는 매출액이 전기보다 16.89%로 크게 증가하였음. 그러나 경기가 회복된 29기에는 오히려 매출액이 전기보다 4.78%가 감소하였으며, 이는 시장평균(4%)에도 크게 못 미치는 상대적으로 저조한 성장성을 보였음

[매출실적 추이]

(단위 : 천㎡, 백만 원)

제27기		제28기		제29기	
판매수량	매출액	판매수량	매출액	판매수량	매출액
189,044	74,029	179,844	86,531	184,929	82,396

28기 매출액이 증가한 원인은 판매수량의 감소에도 불구하도 원자재 가격 상승에 따른 판매단가의 상승에 기인하고 있음. 반면에 29기에는 판매수량은 증가하였지만 판매단가가 하락하여 매출액이 감소하였음

결론적으로 동사는 외형적으로 매출액이 늘어난 28기보다는 비록 외형적으로는 매출액이 감소하였지만 판매수량이 증가한 29기가 더 바람직한 경영성과를 보였다고 볼 수 있음

6-2. 매출전망

[매출액 추정]

(단위 : 백만 원)

구 분	제27기	제28기	제29기	시장평균(29기)	**추정(제30기)**
매출액	74,029	86,531	82,396	–	**86,515**
증가율	8.82%	16.89%	–4.78%	4%	**5%**

차기에는 내수경기의 회복세(예상 경제성장률 3.5%)가 이어질 것으로 전망되고 있는바, 물가상승률(약 1.5%) 그리고 동사의 시장지위 등을 고려할 때 약 5% 내외의 매출액이 증가할 것으로 전망됨

6-3. 수익성분석

[매출수익성 추이]

구 분	제27기	제28기	제29기	시장평균(29기)
매출원가율	84.43%	84.44%	81.95%	86.04%
매출액총이익률	15.57%	15.56%	18.05%	13.96%
판매관리비율	13.00%	10.49%	11.73%	9.61%
매출액영업이익률	2.57%	5.07%	6.32%	4.35%
(금융비용부담률)	(2.20%)	(2.76%)	(1.90%)	(1.13%)
매출액순이익률	5.57%	3.03%	7.43%	3.48%

29기의 영업이익률이 6.32%로서 전기보다 상승하였으며 금융비용을 3배 이상을 충당할 수 있는 수준의 양호한 영업수익성을 거두었음. 그 이유는 매출액은 감소하였지만 매출원가율이 크게 하락하였기 때문임

또한, 당기순이익률도 7.43%로서 전기보다 2배 이상 상승하였지만 절대적인 수익률도 양호한 수준임. 그러나 부동산 임대료 수입(당기 기준 3,452백만 원)을 제외하면 본업인 골판지상자 사업에서 발생되는 영업이익으로는 겨우 금융비용 정도 충당이 가능한 수준임

[자산수익성 추이]

구 분	제28기	제29기
총자산순이익률(ROA)	**1.92%**	**4.35%**
(매출액순이익률)	3.03%	7.43%
(총자산회전율)	0.63회	0.58회
자기자본순이익률(ROE)	**3.24%**	**7.19%**
(매출액순이익률)	3.03%	7.43%
(자기자본회전율)	1.07회	0.97회

29기 총자산순이익률은 4.35%로서 전기보다 2.43%p 상승하였음. 자산운용효율성은 둔화되었지만 매출액 대비 수익성이 크게 향상되어 총자산순이익률이 크게 상승하였음

29기 자기자본순이익률 역시 7.19%로서 전기보다 3.95%p 상승하였음. 자기자본

운용효율성은 둔화되었지만 매출액 대비 수익성이 크게 향상되어 자기자본순이익률이 크게 상승하였음

6-4. 매출수익성 전망

[매출수익성 전망]

구 분	제27기	제28기	제29기	**추정(제30기)**
매출원가율	84.43%	84.44%	81.95%	**81%**
매출액총이익률	15.57%	15.56%	18.05%	**19%**
판매관리비율	13.00%	10.49%	11.73%	**12%**
매출액영업이익률	2.57%	5.07%	6.32%	**7%**
(금융비용부담률)	(2.20%)	(2.76%)	(1.90%)	**(1.8%)**
매출액순이익률	5.57%	3.03%	7.43%	**5.2%**

차기(제30기)에는 경기회복세가 지속될 전망임에 따라 매출수량도 다소 증가할 것으로 전망되지만 원자재 가격도 안정세를 보일 것으로 전망되고 있어 수익성이 좀 더 개선될 것으로 전망됨

6-5. 수익성 대비 금융비용 지급능력 평가

[금융비용 지급능력 추이]

구 분	제27기	제28기	제29기	**추정(제30기)**
영업이익	1,906	4,387	5,206	**6,056**
감가상각비	2,898	2,996	3,075	**3,075**
무형자산상각비	17	0	68	**68**
EBITDA	4,821	7,383	8,349	**9,199**
금융비용	1,631	2,386	1,568	**1,568**
영업이익 이자보상배율	**1.17배**	**1.84배**	**3.32배**	**3.86배**
EBITDA 이자보상배율	**2.96배**	**3.09배**	**5.32배**	**5.86배**

동사의 29기 EBITDA 이자보상배율은 5.32배로서 전기보다 크게 개선되었으며

이자비용에 대한 지급능력 수준도 양호한 상태임

지급능력이 개선된 이유는 금융비용은 감소하였고 수익성은 향상되었기 때문임

차기에는 영업수익성의 개선으로 지급능력은 당기보다 좀 더 상승할 가능성이 높을 것으로 전망됨

7. 재무구조 분석

7-1. 유동성 평가

[유동비율 추이]

구 분	제27기	제28기	제29기
유동비율	79.29%	75.71%	68.40%

29기 유동비율은 68.4%로서 표면적으로는 유동성이 부족함. 그러나 단기차입금은 기일에 기한연장이 가능하다고 보면 나머지 유동부채의 대부분이 매입채무이기 때문에 동 매입채무를 상환하는데 필요한 유동자산을 확보하고 있는바, 유동성 문제에 봉착할 가능성은 낮다고 판단됨

또한 당기 말 매출채권(18,564백만 원)이 매입채무(11,476백만 원)보다 더 많아 실질적으로 유동성이 부족한 상황이라고는 보기 어려움

7-2. 자본구조 평가

[부채비율 추이]

구 분	제27기	제28기	제29기
부채비율	65.20%	72.74%	58.64%

29기 부채비율은 58.64%로서 전기보다 하락하였음. 장부상의 부채비율로만 놓고 볼 때 자본구조는 건전함

재무상태표에 누락된 부외부채 및 우발채무 그리고 토지의 자산 가치 상승분을

고려하여 29기의 부채비율을 다음과 같이 다시 산출하여 보면 84.62%로서 장부상의 부채비율도 낮은 수준이지만 실질적인 부채비율도 낮아 자본구조는 건전함

☞ 수정 부채비율 = 123,354(총부채 51,713+지급보증 71,641)÷145,766(자기자본 88,193−무형자산 383+토지공시지가 차액 57,956) = 84.62%

7-3. 차입구조 분석

[차입금의존도 추이]

구 분	제27기	제28기	제29기
차입금의존도	27.15%	28.32%	23.26%

29기 차입금의존도는 23.26%로서 전기보다 하락하였으며, 차입금이 자산규모에 비해 과다한 편은 아님

그러나 차입금이 모두 단기차입금으로 구성되어 있어 차입구조는 불안함

7-4. 자본배분의 안정성 평가

[비유동장기적합률 추이]

구 분	제27기	제28기	제29기
비유동장기적합률	110.29%	115.60%	116.23%

당기(제29기)의 비유동장기적합률은 116.23%로서 재무안정성이 다소 부족함

8. 현금흐름분석

[요약 현금흐름 추이]

(단위 : 백만 원)

구 분	제27기	제28기	제29기
1. 영업활동으로 인한 현금흐름	−1,730	2,824	12,472
(1) 현금 당기순이익	(3,017)	(5,975)	(6,499)
당기순이익	4,121	2,622	6,124
비현금비용	4,278	8,734	5,553
비현금수익	5,382	5,381	5,178
(2)영업활동 자산 및 부채의 변동	−4,747	−3,150	5,973
(순 운전자본 변동)	(−3,822)	(−3,250)	(6,343)
2. 투자활동으로 인한 현금흐름	−14,147	−4,281	−6,245
(유형자산 순증)	(−2,922)	(−1,273)	(−5,142)
3. 재무활동으로 인한 현금흐름	14,263	3,111	−7,201
(차입금 순증)	(14,263)	(3,111)	(−7,201)

8-1. 제27기 현금흐름 분석

27기는 현금당기순이익은 약 30억 원에 달하지만 영업자금(순 운전자본)으로 47억 원을 지출하였기 때문에 영업활동에서의 현금흐름은 17억 원의 마이너스를 보였음. 따라서 투자활동에 사용한 141억 원과 영업활동에서 부족한 자금 17억 원을 모두 차입금으로 해결하였기 때문에 전반적인 현금흐름은 불안한 모습을 보였음

8-2. 제28기 현금흐름 분석

28기 현금당기순이익은 60억 원으로 전기보다 배가 증가였으며, 영업자금(순 운전자본) 투입도 전기보다는 다소 줄어들어 32억 원이 소요되어 영업에서의 잉여자금은 28억 원이었음. 동 자금으로 투자활동에 소요된 43억 원에는 부족하여

전기와 마찬가지로 차입금으로 해결하였음. 따라서 27기에 이어 28기에도 상황은 개선되었지만 여전히 불안한 현금흐름을 보였음

8-3. 제29기 현금흐름 분석

29기에는 수익성의 개선으로 현금당기순이익도 전기보다 5억 원 가까이 증가하였지만 그 동안 투입하였던 영업자금(순 운전자본)도 약 60억 원이 회수되어 영업에서의 잉여자금이 125억 원에 달하였음

영업에서의 잉여자금으로 투자활동에 사용한 자금 62억 원을 충당하고도 자금여유가 발생하여 보유 현금을 보태어 72억 원의 차입금을 상환하였는바, 29기에는 전반적으로 현금흐름이 안정적인 모습을 보인 한해였음

9. 상환능력 평가

[이자보상배율과 차입금상환계수 추이]

구 분	제27기	제28기	제29기
영업이익	1,906	4,387	5,206
감가상각비	2,898	2,996	3,075
무형자산상각비	17	0	68
EBITDA	**4,821**	**7,383**	**8,349**
금융비용	1,631	2,386	1,568
총 차입금	35,683	40,195	32,550
이자보상배율(EBITDA/이자비용)	**2.96배**	**3.09배**	**5.32배**
차입금상환계수(총 차입금/EBITDA)	**7.39**	**5.44**	**3.90**

29기 이자보상배율은 5.32배, 차입금상환계수는 3.9로서 차입금 원리금에 대한 상환능력이 양호함. 또한 최근 3년간 상환능력 수준이 향상되고 있음

10. 적정 대출한도 산정

[EBITDA에 의한 적정 대출한도 산정]

(단위 : 백만 원)

항 목	제29기	제30기(추정)	
		기본가정	최악가정
EBITDA(영업이익+감가상각비+무형자산상각비)	8,349	9,199	5,846
자본적 지출(최근 3년간 유형자산 평균증가액)	2,591	2,591	2,591
잉여 EBITDA	5,758	6,608	3,255
유지목표 최저 이자보상배율	2배	2배	2배
연간 부담 가능한 이자비용	2,879	3,304	1,627
평균 차입금리	4.31%	4.31%	5%
적정 대출한도(적정 차입금)	66,798	76,658	32,550
기존 차입금	32,550	32,550	32,550
추가대출 가능한도(A)	34,248	44,108	0
유지목표(허용 가능) 최대 부채비율	200%	200%	200%
부채증가 여유금액(자기자본×200%-기존부채)(B)	**124,673**	**124,673**	**124,673**
추가대출 가능금액 (A와 B중 더 적은 금액)	**34,248**	**44,108**	**0**

11. 운전자금 대출한도 산정

11-1. 운전자금 1회전기간

당기 동사의 운전자금 1회전기간은 다음과 같음

- 운전자금 1회전기간 = 매출채권회전기간(90.0일)+재고자산회전기간(55.3일)+선급금회전기간(3.8일)-매입채무회전기간(52.2일)-선수금회전기간(0.3일) = 96.6일

[당기 운전자금 회전기간 산출내역]

구 분	28기	29기	평균 잔액	회전기간
매출채권	22,081	18,563	20,322	90.0일
재고자산	14,292	10,681	12,486	55.3일
선급금	1,533	183	860	3.8일
매입채무	12,098	11,476	11,787	52.2일
선수금	80	39	59	0.3일
매출액	86,531	82,396	-	-

11-2. 1회전 소요운전자금

차기(제30기)에 동사의 1회전 소요운전자금은 다음과 같음

-1회전 소요운전자금 = {추정매출액(88,139백만 원) - 추정감가상각비(3,075백만 원)} ÷ 365일 × 운전자금 1회전기간(96.6일) = 22,512백만 원

11-3. 고정화된 차입금

-고정화된 차입금 = 전기 총 운전자금 차입금 - 전기 1회전 소요운전자금
(고정화된 차입금 = 32,550백만 원-20,992백만 원 = 11,558백만 원)
*전기 1회전 소요운전자금 = (전년도 매출액 - 전년도 감가상각비) × 1회전기간 ÷ 365
(전기 1회전 소요운전자금 = 82,396백만 원-3,075백만 원) × 96.6일 ÷ 365
= 20,992백만 원)

11-4. 운전자금 사정금액

-운전자금 사정금액 = 1회전 소요운전자금-총 운전자금 차입금+고정화된 차입금
(22,512백만 원-32,550백만 원+11,558백만 원=1,520백만 원)

[운전자금 사정금액]

(단위 : 백만 원)

구 분	내용
구 분	산출
추정 매출액(A)	88,139
추정 감가상각비(B)	3,075
전기 운전자금 1회전 기간(C=D+E+F-G-H)	96.6일
(매출채권회전기간)(D)	90.0일
(재고자산회전기간)(E)	55.3일
(선급금 회전기간)(F)	3.8일
(매입채무회전기간)(G)	52.2일
(선수금 회전기간)(H)	0.3일
1회전 소요운전자금 {I=(A-B)×C÷365}	22,512
총 운전자금 차입금액(본건 신청차입금 제외)	32,550
고정화된 차입금	11,558
운전자금 사정금액	**1,520**
본건 운전자금대출 신청금액(가정)	1,000
운전자금대출 한도 여유금액	**520**

12. 종합심사의견

12-1. 대출운용 수익성

-생략(수익기여도 분석을 통해 각행의 목표 수익률과 비교하여 분석하여야 함)

12-2. 주요 신용위험(부정적인 요인)

-관계회사에 대한 거액의 지급보증 71,500백만 원(1달러당 1,000원, 1엔당 10원으로 환산)

- 예상 밖의 경기침체 가능성

12-3. 신용위험 경감요인(긍정적인 요인)

-자산가치의 상승(토지의 장부금액과 공시지가 차이 57,956백만 원)
-높은 시장지위(업계 3위)
-양호한 자본구조(당기 말 부채비율 58.6%)
-원자재가격의 안정세 유지

12-4. 종합의견(결론)

업계 3위의 높은 시장지위와 시장가치가 96,596백만 원에 달하는 토지 및 양호한 자본구조를 보유하고 있는 동사는 최근 경기가 회복세를 보이고 있기는 하지만 3.5% 내외의 낮은 성장률을 보일 것으로 전망되고 있어 동사의 매출도 소폭 증가하는 선에서 그칠 것으로 전망됨. 반면에 주요 원자재인 골판지원지 가격은 안정세를 유지하고 있어 차기에도 당기 수준 정도의 영업수익성이 전망됨에 따라 현재 수준의 상환능력을 유지하는 데는 큰 문제가 없을 것으로 판단되어 신용등급을 4등급으로 부여하고 본건 대출금은 신청한 조건대로 승인하고자 함.

다만, 관계회사에 대한 거액의 지급보증(71,500백만 원)에 대해서는 관계회사의 동태를 주기적으로 파악하여 대위변제 발생 가능성에 유의하여야 함.

연 | 습 | 문 | 제

1. 경기변동위험에 관한 설명 중 부적절한 것은? (　　)

① 경기와 기업의 경영성과는 매우 밀접한 상관관계가 있다.

② 모든 기업이나 산업이 경기의 변동에 같은 강도로 영향을 받지는 않는다.

③ 경기 민감도가 높은 산업은 경기변동에 의한 영향을 적게 받는다.

④ 활황기에는 수익성 향상으로 인해 기업의 내부유보율이 증가한다.

2. 유가가 상승할 경우 나타나는 현상과 거리가 먼 것은? (　　)

① 제조경비 상승

② 감가상각비 증가

③ 운반비 상승

④ 원재료가격 상승

3. 재무구조를 나타내는 재무비율이 아닌 것은? (　　)

① 총자산증가율

② 부채비율

③ 자기자본비율

④ 차입금의존도

4. 경영성과를 분석할 때 점검하여야 할 사항이 아닌 것은? (　　)

① 매출액

② 비용구조

③ 수익성

④ 차입금상환능력

연 | 습 | 문 | 제

5. 현금흐름표를 분석할 때 점검하여야 할 사항이 아닌 것은? (   )

① 현금창출능력

② 운전자본관리의 효율성

③ 자산의 시장성과 시장가치

④ 투자내용의 적절성

6. 매출원가율에 영향을 주는 요인이 아닌 것은? (   )

① 원재료가격 상승분의 판매단가 전가능력

② 노동숙련도

③ 평균차입금리

④ 가동률

정 | 답 | 및 | 해 | 설

1. ③

경기 민감도가 높은 산업은 경기변동에 의한 영향을 많이 받는다.

2. ②

유가가 상승하면 공장 가동에 필요한 에너지비용의 증가, 운반비의 증가, 각종 원재료 가격의 상승이 발생하여 수익성이 하락한다. 따라서 감가상각비의 증가는 유가의 상승에 의한 부작용이 아니다.

3. ①

총자산증가율은 자산의 성장성을 평가하는 지표이다.

4. ④

차입금상환능력은 현금흐름에 의하여 평가하여야 한다.

5. ③

자산의 시장성과 시장가치 평가는 재무상태표를 통하여 분석 및 평가한다.

6. ③

평균 차입 금리는 영업외 비용이기 때문에 매출원가율과는 관련이 없다.

제6장

적정차입금 규모와 기업가치 분석

학습목표

❊ 이자보상배율의 개념과 정의, 산식 등을 이용하여 심사업무에 활용하는 방법을 이해하여야 한다.

❊ 현금흐름과 EBITDA에 의한 적정차입금 규모와 채무조정 방법, 적정 재무정책을 습득하도록 한다.

❊ 기업가치 이론과 평가의 과정, 잉여현금흐름 등에 대하여 이해하도록 한다.

학습개요

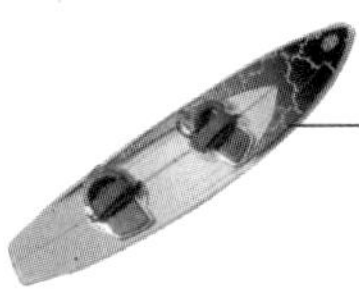

❊ 이자보상배율은 현금흐름 기준과 손익계산서 기준으로 분류되고 또 다양한 방법으로 실무에 활용할 수 있는 유용한 지표이므로 이에 대한 이해를 명확히 할 수 있도록 학습한다.

❊ 적정차입금의 개념을 정립하도록 하고 이를 통하여 원리금의 상환 면제나 자본전환 등의 규모를 확정하는 방법을 이해하고 적정재무목표와 재무정책 등에 대하여 이해한다.

❊ 기업가치에 대한 개념을 이해하고 기업가치의 평가과정, FCF의 추정 방법, 적정할인율의 추정 방법 등에 대하여 학습하고 실무사례를 통하여 DCF 기법을 이해한다.

제1절 이자보상배율 분석

1. 이자보상배율의 개념

1-1. 이자보상배율의 정의

이자보상배율은 기업이 영업활동을 통해 벌어들인 돈으로 은행 차입금과 회사채 등 금융비용에 해당하는 비용을 정상적으로 충당할 수 있는지 여부를 한눈에 알아볼 수 있는 유용한 재무지표의 하나다.

1-2. 이자보상배율 산식

◆ 손익기준 이자보상배율

(세전이익 + 이자비용) / 이자비용
(계속사업손익 + 이자비용) / 이자비용
영업이익 / 이자비용

◆ 현금흐름기준 이자보상배율

EBIT / 이자비용 = (영업수익 – 영업비용) / 이자비용
EBITDA / 이자비용 = (EBIT + 감가상각비+무형자산사상각비) / 이자비용
손익CF / 이자비용 = (손익활동상 Cash Flow + 이자비용) / 이자비용
영업CF / 이자비용 = (영업활동상 Cash Flow + 이자비용) / 이자비용
FCF / 이자비용 = (영업활동상 C/F + 이자비용–자본적지출) / 이자비용

이자보상배율(ICR : Interest Coverage Ratio)은 통상적으로 기업의 현금흐름이나 영업이익의 크기를 지급이자와 비교하여 봄으로써 감당할 수 있는 쿠션의 크기를

분석하는 방법이고, 부채비율이나 차입금비율 등과 같은 레버리지 비율은 기업이 총차입금이나 총부채를 현금흐름 또는 자기자본과 비교하여 비율로 측정하여 봄으로써 지급능력의 크기를 측정하는 것이다.

대출 원금은 만기 도래 시 대부분 연장이 되거나 재약정되는데 반해 이자지급은 통상 영업활동현금흐름으로부터 매기 지속적으로 충당되기 때문에 단기지급능력 측정 시에는 레버리지 효과보다는 이자보상배율을 중시하게 되는 것이다.

만약 기업이 대출이나 회사채 원금에 대한 재조달 능력이 의문시 된다면 기업이 창출하는 영업활동현금흐름을 단기차입금 및 유동성장기차입금과 비교 측정하는 부채상환계수를 검토해보는 것이 더욱 타당할 것이다.

2. 이자보상배율의 실무 활용

이자보상배율은 여러 항목을 대입하여 산출해 볼 수 있으나 국내 금융기관에서는 주로 손익계산서의 영업이익을 기준으로 산출하여 활용하고 있다. 손익계산서 기준 이자보상배율을 분해하여 보면 기업의 수익성 및 재무건전성 등에 대한 여러 가지 유용한 정보를 알아낼 수 있다. 왜냐하면 이자보상배율은 매출액영업이익율, 차입금평균이자율(逆數), 차입금의존도(逆數), 총자산회전율로 분해가 가능하고 이들의 과거 시계열 자료를 분석해보면 기업의 수익성과 안정성 및 활동성이 개선되고 있는지 악화되고 있는지를 파악할 수 있기 때문이다.

2-1. 이자보상배율의 분해

$$\text{이자보상배율} = \frac{\text{영업이익}}{\text{금융비용}} = \left(\frac{\text{영업이익}}{\text{매출액}}\right) \Big/ \left(\frac{\text{금융비용}}{\text{매출액}}\right) = \frac{\text{매출액영업이익률}}{\text{금융비용부담률}}$$

위에서 보는 바와 같이 매출액영업이익률은 수익성을 나타내는 지표이고 금융비용부담률은 재무구조의 안정성을 간접적으로 나타내는 지표이므로 이자보상배율은 수익성과 안정성에 관한 정보를 동시에 포함하고 있는 것이다.

금융비용부담률은 금융비용이 매출액에서 차지하는 비용을 의미하는데, 금융비용은 조업도와 관계없이 차입금에 대한 대가로 지급되는 고정비 성격의 항목이므로 기업경영의 장기적 안정성을 확보하기 위하여는 이 비율을 낮추는 것이 중요하다. 한편, 금융비용부담률은 차입금평균이자율과 차입금의존도, 총자산회전율의 역수로 분해가 가능하기 때문에 재무구조의 안정성을 동시에 파악할 수도 있는 비율이다.

$$\text{금융비용부담률} = \frac{\text{금융비용}}{\text{차입금}} \times \frac{\text{차입금}}{\text{총자산}} \times \frac{\text{총자산}}{\text{매출액}}$$

이자보상배율을 구성하고 있는 금융비용부담률은 단순히 비율 자체만을 분석하기보다는 총차입금과 금융비용이 적정한지를 측정하는 차입금평균이자율을 동시에 분석하여야 한다. 통상적으로 금융비용부담률은 차입금평균이자율과 차입금의존도가 높을수록 그리고 총자산회전율이 낮을수록 올라간다.

이렇게 금융비용부담률을 분해해 보면 분석하는 기업의 금융비용이 시중금리 수준과의 차이점이 있는지 여부를 파악할 수 있고, 차입관행 등에 대하여도 비교분석이 가능하기 때문에 투자의 효율성을 파악하는 데 활용하고 있다.

결론적으로 이자보상배율은 기업의 수익성(부가가치 창출능력), 시중금리 수준, 부채비율(차입금의존도), 투자의 효율성 등에 대한 종합적인 정보를 제공해 주는 유용한 지표이기 때문에 여신심사 시 분석자료로 많이 활용하고 있다.

그러나 금융비용을 분석하는 경우 기업체의 성격에 따라 많은 차이를 보이고 있음에 유의하여야 한다. 유통업체나 인터넷 상거래업체 등은 재고자산이나 매출채권에 대한 부담이 없기 때문에 금융비용부담률이 낮게 나오지만, 항공산업이나 석유화학산업, 백화점업 등 장치산업적인 요소가 큰 업종이나 건설업종 등 성격상 부채비율이 상대적으로 높은 경우에는 금융비용부담률도 높게 나오는 것이 일반적이다.

또한 실세금리 변동에 따른 수익성의 등락이 상대적으로 크게 나오는 경우와 항공산업 등과 같이 외화차입의 비중이 큰 업종의 경우에는 금리 외에도 환율의 변동에 따른 금융비용의 증감이 상대적으로 크게 나타날 수 있음에 유의하여야 한다.

[표 6-1] 이자보상배율 분해도

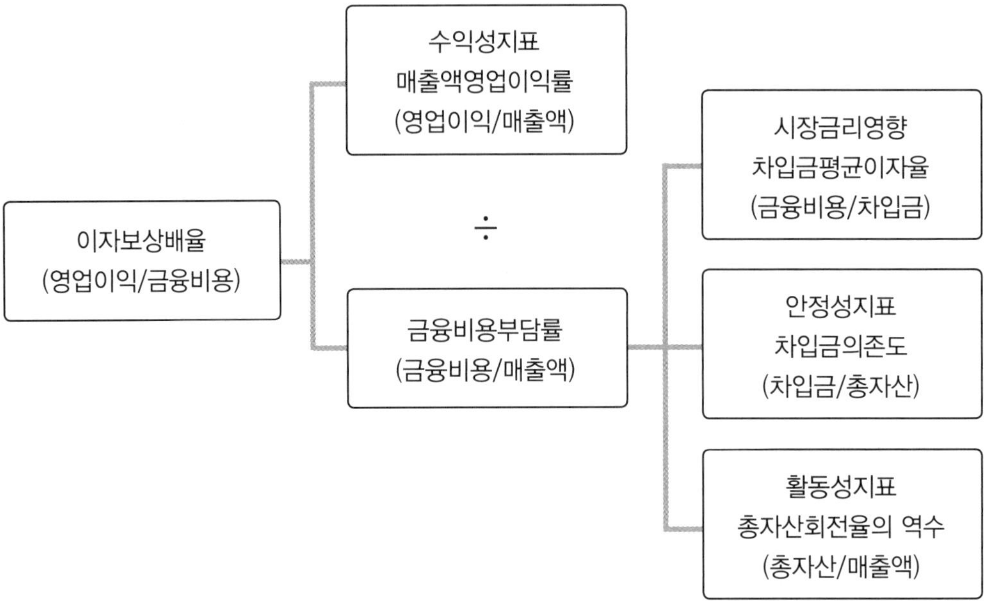

그러나 여신 심사 시에는 고려하여야 할 변수가 많으므로 어느 특정한 자료나 지표만을 가지고 평가하는 것은 불가능하다. 일부에서는 여러 가지 현금흐름지표 중에서 CFAR (Cash Flow Adequacy Ratio : 적정현금비율)을 기업들의 원리금 상환능력을 평가하기 위한 가장 중요한 지표로 사용하기도 한다.

CFAR은 영업활동에서 창출된 현금흐름에서 운전자본 증가액과 투자활동에 사용된 현금을 차감한 잉여현금흐름(FCF)을 향후 5년간의 연평균 원금상환액으로 나누어서 구하는 방법을 말한다.

특정기업의 평균조달비용에 의해 산정한 실질평균차입금리와 시장실세금리(변동금리 및 고정금리)를 비교하여 해당기업의 위험 프리미엄을 확인해 볼 수 있으며 이 위험 프리미엄이 과도하게 높은 기업에 대해서는 계속기업으로서의 존속가능성에 대하여 재무상황은 물론 시장상황까지 종합하여 추가적인 정밀분석을 필요로 하게 된다.

2-2. 등급별 이자보상배율 기준

전문신용평가사의 등급별 이자보상배율을 보면 신용평가사별로 차이가 있지만,

아래표의 S&P의 기준표에 의한 BBB 등급기업의 이자보상배율 중간값은 2.75이다. 이자보상배율이 이보다 낮으면 투자 부적격, 즉 잠재적으로 원리금 상환능력에 문제가 생길 우려가 있다고 평가하고 다른 항목을 중점적으로 점검하게 되는 것이다.

[표 6-2] S&P의 등급별 이자보상배율 기준표[1]

Bond Rating	Interest Coverage Ratio(ICR)	
	Low	High
AAA	8.5	∞
AA	6.5	8.5
A	4.25	5.5
BBB	2.50	3.0
BB	2.0	2.5
B	1.5	1.75
CCC	0.8	1.25
CC	0.65	0.80
C	0.20	0.65
D	−∞	0.20

※ 자료 : S&P의 데이터베이스, 1997
I.C.R = EBIT / Interest Expense

보통 정상화금융 지원업체나 워크아웃 기업들이 재무지표 목표를 수립할 때 이자보상배율 기준을 1.3~1.5배로 하는 경우가 많다. 이러한 기준비율을 잘못 해석하여 정상기업의 적정 이자보상배율의 기준을 1.5배 정도로 해석하는 경우도 종종 있으나 이는 잘못된 생각이다.

워크아웃 기업은 대부분 채무재조정이 이루어져 일정기간 원금상환유예 등의 조치가 수반되기 때문에 상환기일 도래시까지는 원금상환부담은 지지 않고 이자상환(이자도 감면해주는 경우가 대부분임) 부담만 지고 있다.

즉, 정상기업을 판단할 때 만일 기준비율은 1.5배라고 간주한다면 1.0배 수준은

1) 김철중 · 윤평식 역, 「신용위험 관리」, 한국신용분석사회, 2001

이자부담분으로 해석할 수 있고 0.5배는 기업의 생존비용 부담분이라고 생각할 수 있는 것이다. 여기서 유의하여야 할 것은 현재 기업이 부담하고 있는 채무 상환부담이 전혀 없다는 전제조건이라면 이러한 배율이 문제가 없다는 것이다. 즉, 재약정 부담이 없는 경우를 의미한다는 것이다.

그러나 만일 시장환경이 급변하여 자금시장 경색 상태가 발생하고 기업의 신용등급이 하락하여 기존 여신의 재약정이 이루어지지 않을 경우 기업은 원금상환부담을 지게 되며 이를 상환하지 못한다면 기업은 부실화 상태에 빠지게 될 것이다.

따라서 기업의 원리금 상환능력을 판단할 때 이자보상배율만 가지고 판단하는 것은 한계가 있다고 볼 수 있으며 부채상환계수나 적정현금비율 지표 등을 사용하여 기업의 원리금 상환능력을 판단하여야 할 것이다.

신용평가회사들마다 각기 다른 기준으로 평가하고 있지만 신용평가기관인 Fitch IBCA사의 경우는 기업들의 신용등급을 평가하는 데 있어 다양한 요인들 중에서 현금흐름을 가장 중요한 요인으로 고려하는 방식을 채택하고 있다.

이자보상배율의 해석시 유의해야 할 사항은 어떠한 정의에 의해 산출된 배율인지를 먼저 파악하여 판단하여야 한다. 즉 영업이익기준과 EBITDA기준의 이자보상배율 측정값은 상이하기 때문에 단순한 수치에 의한 판단은 잘못된 결과를 가져올 수 있기 때문이다.

2-3. 현금흐름 중심 평가지표

현금흐름을 중심으로 한 평가지표들을 보면 다음과 같이 이자보상배율과 원금상환배율, 적정현금배율(CFAR) 등으로 평가할 수 있다.

그리고 이자보상배율을 해석하는데 있어 유의해야 할 사항은 이자보상배율이 좋아지거나 나빠질 때 어떤 원인에 의하여 변동되는가에 대한 분석이 따라야 한다는 것이다. 이자보상배율의 분해에서 설명한 바와 같이 이자보상배율은 수익성지표인 매출액영업이익율과 시장금리인 차입금평균이자율, 안정성지표인 차입금의존도, 활동성지표인 총자산회전율의 역수 4가지의 구성요소로 분해될 수 있다는 것을 염두에 두고 해석을 해야 한다는 의미이다.

이자보상배율 = 영업현금흐름 / 이자지급액
영업현금흐름(EBITDA) = 영업이익 + 감가상각비 + 무형자산상각비

원금상환배율 = 영업현금흐름 / [(장단기차입금 + 사채) / 5]

적정현금배율(CFAR) = FCF / [(장단기차입금 + 사채) / 5]
FCF = 영업현금흐름 – (순운전자본 증가액 + 시설투자증가액)

만일 이자보상배율이 1.5에서 2.0으로 개선되었다고 가정하였을 경우, 개선요인은 여러 가지가 있을 수 있겠지만, 만일 개선요인이 영업이익률의 상승이라든지 차입금 수준의 감소 등이 아니고 외부요인인 금리수준의 저하가 주요 원인이라면 개선도의 질은 바람직한 것이 아니라고 볼 수 있다.

또한 시기면에서 볼 때 이자보상배율이 이미 1.0이하로 떨어졌다면 대부분 기업 자력으로는 위기를 벗어날 수 없는 너무 늦은 시기에 위기를 확인하는 것이 된다. 이자보상배율이 1.0이하로 떨어지기 이미 수년 전부터 영업의 효율성이나 자산의 활용도, 재무구조의 건전성이나 금융비용부담 능력 등에서 많은 문제들이 누적되었기 때문이다.

따라서 이자보상배율의 변화추이를 분석할 때에는 단순한 특정년도의 이자보상배율의 수준에 대한 평가도 중요하지만 지표의 변동원인을 분해공식에 의하여 구성 비율의 시계열 변동사항을 분석하여 어떤 요인에 의하여 이자보상배율이 영향을 받고 있는지를 살펴봄으로서 기업의 위험요소를 적시에 파악하는 것이 매우 중요하다. 아래 표는 이자보상배율의 분해식에 의한 채무상환능력 분석의 예시이다.

【 이자보상배율 분석 예시 】

구 분	전전기	전기	당기
이자보상배율	1.62	1.43	1.65
매출액영업이익률	7.4%	5.5%	4.8%
총자산회전율	0.96	0.98	1.01
차입금의존도의 逆數 (차입금의존도)	2.4 (41.2%)	2.5 (39.8%)	2.21 (45.1%)
차입금평균이자율의 逆數 (차입금평균이자율)	9.5 (10.5%)	10.6 (9.4%)	15.4 (6.5%)

상기 기업의 당기 이자보상배율은 전년 1.43배에서 1.65배로 증가하여 다소 개선된 것처럼 보이나 전기대비 영업 수익성과 재무안정성은 악화되었지만 시장금리 수준의 하락 등 외부 요인 변동의 영향도가 더 커서 결과적으로 배율 수치가 상승한 것으로 기업의 실질적 재무성과 개선이 이루어진 결과라고 볼 수 없다

제2절 적정차입금 산정과 적정 부채비율 분석

1. 적정차입금과 채무조정

기업가치의 유지 또는 증가를 위하여는 해당 기업체에 대한 적정차입금의 규모를 알아야 하고, 특히 채권금융기관들이 행하는 채무구조조정의 경우에는 이를 보다 명확히 하여야 한다. 채무구조조정의 방법으로는 단기대출의 중장기전환, 이자감면, 대출원금 감면, 대출금의 출자전환, 부족자금 신규지원 등이 있다.

이 중 손실예정액의 확정부문인 대출원금 감면은 채권금융기관의 입장에서는 최소의 손실부담으로 최대의 효과(잔여채권 회수)를 창출할 수 있는 기본 전제인 것이다. 따라서 기업구조조정이나 기업가치의 산정을 위하여는 적정차입금을 산정해야 되는데, 이에는 현금흐름기준 방식과 EBITDA 기준 방식 등이 있다.

1-1. 현금흐름기준 방법

영업활동현금흐름에 이자비용을 합산하여 계산된 조정후영업활동 현금흐름의 크기와 실제로 지출된 이자비용을 비교하여 구하는 방식을 말한다. 이는 목표하는 이자보상배율을 얼마로 정하였는지와 평균 조달금리 등에 의하여 적정차입금 비율이 달라지기 때문에 이자보상배율의 기준을 명확히 할 필요가 있다.

이자보상배율 = 조정후영업활동 C/F / 이자비용
= (영업활동상 C/F + 이자비용) / 이자비용

다음에 제시한 금융산업(주)의 주요 재무비율을 가지고 적정차입금을 산정하는 경우 우선은 이자비용을 가산한 조정후영업활동현금과 목표이자보상배율을 가지고 적정차입금 규모를 산정하고, 이를 현재의 차입금 규모와 비교하여 과다차입률을 산정하게 되는 과정을 거치게 된다.

적정차입금 = 조정후영업활동C/F / (목표이자보상배율 × 조달금리)
목표이자보상배율 : 일정 목표비율 결정 (예 1.5배)

조달금리
평균조달금리 = 당기 이자비용 / {(전기차입금 + 당기차입금) / 2)}
또는 현재 실질차입금리를 적용

과다차입률
기존 차입금 / 산정된 적정차입금 × 100

[표 6-3] 금융산업(주)의 과다차입률 산정표

(단위 : 백만원)

항 목		전전기	전 기	금 기	Target ICR 조정후
영업활동 C/F	(가)	3,306	3,681	4,348	
이자비용	(나)	1,333	1,274	1,132	
조정영업활동 C/F (1 = 가 + 나)4,639		4,955	5,480		
현재 ICR	(1 / 나)	3.48	3.89	4.84	
기말 차입금	(2)	15,308	14,182	12,523	
평균차입금			14,745	13,352	
평균차입금리	(3)		8.6%	8.5%	
Target ICR	(4)	1.5배	1.5배	2.0배	7.0배
적정차입금	(5 = 1 / (3 × 4))		38,411	32,235	9,210
과다차입률	(= 2 / 5 × 100)		36.9%	38.8%	136%

금융산업(주)가 기업가치를 높이기 위하여 목표이자보상배율을 현재의 4.84에서 우량기업으로 평가받기 위하여 7.0으로 높이게 된다면 적정차입금은 9,210백만원으로 산출되고, 이러할 경우 동사의 과다차입률은 136%로 증가하게 된다.

기업 입장에서 현재의 이자보상배율이 감소한다면 매출의 감소나 원가율의 증가, 차입금의 증가, 이자율 상승 등에 대한 종합적인 분석을 하여야 하고, 수년간 지속적으로 감소하고 있다면 중대한 위험신호로 보고 차입금 축소 등을 검토해 보아야 할 것이다.

1-2. EBITDA 기준 방법과 채무 조정

금융자유화 및 세계화 진전과 함께 국제 금융시장의 불안정성이 심화되면서 기업의 위험이 금융위기를 초래하고 있다. 특히 선물, 옵션, 스왑 등의 파생금융상품이 등장하면서 위험 증대가 확대되고 있어 선진 금융회사들은 리스크 관리 강화로 대응하고 있다.

이와 같이 금융회사들이 리스크 관리를 강화하면서 여신심사를 정밀하게 한다고 하여도 산업의 급격한 변동이나 예기치 않은 경쟁사의 출현 등으로 부실여신은 발생하게 되어 있다.

이러한 부실여신이 발생하였을 경우 채권자들은 손실을 최소화하기 위하여 차입금의 조정이나 출자전환 등의 방법을 활용하게 되는데, 아래에서는 EBITDA기준 이자보상배율을 이용한 차입금조정방법을 활용하여 금융산업(주)의 차입금을 조정하는 절차를 설명한다.

$$\text{EBITDA 기준 이자보상배율} = \frac{\text{손익계산서상 영업이익} + \text{감가상각비}}{\text{이자비용}}$$

* 본 사례에서는 감가상각비에 무형자산상각비가 포함된 것으로 간주함

가. 조정대상 차입금 규모 산정

❊ **1단계: 부담 가능한 금융비용의 산정**

$$\text{산식} = \frac{(\text{예상 영업이익} + \text{감가상각비})}{\text{목표이자보상배율}}$$

1단계에서는 추정 재무자료에 의거 영업이익과 비자금비용인 감가상각비를 산정하고 재무활동에서 추구하고자 하는 목표이자보상배율을 정하여 부담할 수 있는 금융비용을 먼저 산정한다.

(단위 : 백만원)

구 분	당해 연도	목표 연도
영업이익	-1,070	841
감가상각비	1,313	770
금융비용	1,096	806
이자보상배율	0.22배	2.0배

❊ 2단계: 적정차입금 규모 산정

$$\text{산식} = \frac{\text{부담 가능한 금융비용}}{\text{예상 차입금 금리}}$$

금융비용과 차입금을 감안하여 현재의 평균 차입금 금리를 산정하고 목표 연도에는 보수적으로 금리를 예측하여 적정차입금 규모를 산정한다.

(단위 : 백만원)

구 분	당해 연도	목표 연도
금융비용	1,096	806
차입금 금리	7.1%	10.0%
차입금 규모	15,426	8,060(적정차입금규모)

❊ 3단계: 유지가능 차입금 규모 산정

산식 = 목표 적정차입금 규모 + 자구노력시 상환 가능액

현재의 총차입금과 목표 연도의 차입금 규모를 비교해보고 기업의 자구노력으로 상환이 가능한 그 금액을 가산하여 유지가능한 적정차입금 규모를 산정하고, 자구노력 상환이 불가능하면 목표 연도 금액으로 확정한다.

(단위 : 백만원)

구 분	당해 연도	목표 연도
차입금 규모	15,426	8,060
자구노력 상환 금액	-	0
유지가능 차입금	-	8,060

❊ 4단계: 조정대상 차입금 산정

산식 = 현재 총차입금 − 유지가능 차입금

4단계에서는 현재의 차입금과 목표 연도의 유지가능차입금을 비교하여 조정대상

차입금을 산정한다. 여기에서 산출된 조정대상 차입금은 구조조정 대상회사가 정상적으로 영업을 하여 기업가치를 높이기 위하여 필요로 하는 조정액을 의미한다.

나. 출자전환 규모 산정

(단위 : 백만원)

구 분	당해 연도	목표 연도
총차입금 규모	15,426	-
유지가능 차입금	-	8,060
조정대상 차입금	7,366	-

상기와 같은 방법에 의하여 산출된 조정대상 차입금 규모를 가지고 출자전환규모를 협상하는 절차는 매우 복잡하다. 물론 여기에는 구조조정 대상회사가 정상적인 영업을 하여 기업가치를 높일 수 있는 추정이 전제되어야 하고, 이 추정의 단계에서 현재의 자산에 대한 재평가도 이루어지는 절차가 선행되어야 한다

정확한 출자규모를 산정하기 위하여는 반드시 현재 가지고 있는 모든 자산의 가치를 현가화하여 확정하고, 미래에 대한 추정도 객관적인 자료에 의하여 입증되어야 한다.

❊ 5단계: 총목표 부채 규모 산정

산식 = 정상화 시점의 추정차입금 + 정상화시점 상거래채무 규모

기업체에 대한 정밀실사 결과 상거래 채무를 포함한 현재의 총부채규모를 확정하고 목표 연도의 상거래 채무도 예측하여 총부채규모를 확정한다. 유지가능차입금은 3단계와 4단계에 이미 확정되어 있으므로 이를 그대로 사용하면 된다.

(단위 : 백만원)

구 분	당해 연도	목표 연도
총차입금 규모	15,426	8,060(유지가능차입금)
상거래 채무	3,140	3,706(추정의 결과)
총부채 규모	18,566	11,766

* 정상화 시점의 상거래 채무: 매입채무의 규모

❊ 6단계: 적정자기자본 규모 산정

$$산식 = \frac{총목표\ 부채규모}{목표\ 부채비율}$$

6단계는 최종적으로 적정자기자본 규모를 확정하는 단계이다. 당해 연도의 자기자본은 회사 자산에 대한 실사결과 부족된 자산에 대하여 감자를 실시한 후의 실질적인 자기자본을 의미하고, 목표 연도의 자기자본비율은 목표 연도에 달성하고자 하는 부채비율을 말한다. 따라서 목표 연도에 필요로 하는 자기자본은 5,883백만원으로 산출된다.

(단위 : 백만원)

구 분	당해 연도	목표 연도
총부채 규모	18,566	11,766
부채비율	526.8%	200%(목표부채비율)
자기자본*	3,524	5,883

* 자기자본: 실사의 결과 확정된 감자후 자기자본

❊ 7단계: 출자전환액 산정

산식 = 적정 자기자본 − 현재 자기자본

목표 연도의 적정자기자본에서 실사후 확정된 현재의 자기자본을 차감하면 출자전환액이 산출된다. 즉, 출자전환액은 구조조정 대상회사가 추가적인 지원 없이 정상적인 영업활동을 하기 위하여 조정되어야 하는 금액을 의미한다.

(단위 : 백만원)

구 분	당해 연도	목표 연도
적정자기자본	−	5,883
현재 자기자본	3,524	−
출자전환액	2,359	(계속기업 전제)

※ **8단계: 채무조정액(탕감액) 산정**

산식 = 조정대상 차입금 규모 – 출자전환액

(단위 : 백만원)

구 분	당해 연도	목표 연도
조정대상 차입금	7,366	4단계에서 확정
출자전환액	2,359	7단계에서 확정
채무조정액	5,007	현재의 32.5% 해당

금융산업(주)가 현재의 결손상태에서 벗어나 정상기업으로 태어나기 위하여 위와 같이 현재 차입금의 32.5%에 해당하는 5,007백만원 만큼의 차입금이 탕감되어야 한다. 물론 이와 같은 채무조정액은 출자로 전환된 주식의 가치가 높아지면 향후에 추가적인 이익으로 되돌아온다는 가정을 전제로 하고 있다.

출자전환 금액의 산정이나 채무조정액 등의 산출은 여러 가지 방식으로 진행될 수도 있으나 기본적인 절차는 상기와 같은 방식을 거치게 된다. 그러나 이와 같은 절차 상의 방법보다는 장부가치의 확정 자체가 중요하기 때문에 자산실사에 대부분 많은 시간이 소요되게 된다.

따라서 어떠한 방법을 이용한다 하더라도 1단계부터 3단계까지를 확정하는 부문이 중요하고 이 부문에서 대부분의 이견이 조정되어야 한다.

2. 적정부채비율 분석

총자산순이익률 대신 총자본 대비 세후영업이익률을 재무목표로 하여 적정 부채비율을 분석하는 기법으로 기업 입장에서 ROE를 극대화할 수 있는 적정부채비율을 분석하는 방법을 말한다.

2-1. 적정재무목표

기업이 재무목표를 달성하기 위하여 설정할 수 있는 주요 재무지표로는 ROE, ROA, 총자본세후영업이익율(ROTC), 투하자본세후영업이익률(ROIC), 그리고 매출액, 당기순이익, 배당금, 주당순이익(EPS), 주당배당금(DPS)등이 있다.

총자산순이익률은 매출액순이익률과 총자산회전율로 구성되어 있다. 따라서 매출액순이익률을 크게 하거나, 적정한 자산구조를 유지하도록 하여 총자산회전율을 높이도록 하면 ROA는 커지게 된다. 여기에서 적정한 자산구조를 유지해야 한다는 개념을 가지고 적정재무목표를 산정하게 된다.[2)]

ROA = 매출액순이익률 × 총자산회전율

경우에 따라서는 ROA 대신 총자본 세후영업이익률(ROTC)라는 개념이 사용되기도 한다. ROTC는 순이익 개념 대신 기업의 실질적인 영업력을 나타내는 세후영업이익률을 말하며 경상외적인 요인을 제거한 개념으로 이해하면 된다.

ROTC = Return on Total Capital (총자본 세후 영업이익률)
= 매출액세후영업이익률 x 총자본회전율

2-2. 재무정책

기업의 재무목표를 달성하기 위해서는 재무목표와 일관성을 유지하면서 재무정책을 수행해야 한다. 경영자입장에서 경영목표를 달성하기 위한 재무정책으로는 차입정책과 배당정책을 들 수 있다. 아래 산식은 재무목표와 재무정책간의 상호의존성을 나타내주는 재무레버리지 산식으로써 ROE(자기자본이익률)를 ROIC(투하자본세후영업이익률)와 재무레버리지효과의 결합으로 나타낸 산식이다.

- ROE를 극대화시킬 수 있는 재무정책 : 적정 부채비율 유지 목표

$$ROE = ROTC + [\ ROTC - K_d\ ] \times D/E$$

ROE : 자기자본순이익률

2) 오세민, 「재무관리의 기초」, 한국금융연수원, 1994.
윤봉한, 「재무관리원론」, 문영사, 1997

ROTC : 총자본세후영업이익률 (= EBIT × (1 − t))

K_d : 세후부채이자율(= r_d × (1 − t)

r_d : 부채이자율

D/E : 부채비율

t : 법인세율

상기 산식의 의미를 살펴보면 다음과 같은 결론을 도출하게 된다. 첫 번째로 수익성(ROTC)이 세후부채이자율(K_d)보다 높은 경우에는 부채비율(D/E)이 높을수록 ROE는 증가하게 된다.

두번째로 ROTC가 세후부채이자율(K_d)에 미치지 못하면 부채증가는 오히려 ROE를 감소시키게 된다.

또한, 부채규모와 차입이자율이 동일한 경우라도 금융비용률은 차이가 발생하게 된다. 즉, 전체 부채중 이자부담이 없는 비이자부 부채의 비중이 높을수록 금융비용률은 하락한다는 의미이고, 자산운용에 따른 이자수익은 높을수록 순금융비용률은 하락한다.

제3절 기업가치 평가

1. 기업가치평가 이론

기업가치경영 또는 주주가치경영이란 기업이 미래에 창출할 것으로 기대되는 현금흐름을 기준으로 기업가치를 측정하고, 그것을 향상시키는 것이 경영의 목표가 되어야 한다는 경영이론이다. 경영관리활동은 계획과 실행, 그리고 평가(plan-do-see)라는 경영관리사이클에 따라 이루어진다.

경영이론은 이러한 경영관리활동을 중심으로 발전해 왔다고 볼 수 있는데, 다만 과거에는 이러한 활동의 중심에 이익이나 매출액, 시장점유율 등이 해당되었으나, 최근 가치창조경영하에서는 기업가치가 경영성과 평가에서 중시되고 있다.

기업의 가치는 이론적으로 경제적 가치와 청산 가치, 경영권 가치 등이 있다. 경제적 가치란 기업이 미래에 창출해내는 순현금흐름 또는 잉여현금흐름의 현재가치의 합계액을 말하며, 청산 가치는 기업을 청산하여 자산을 처분하였을 때 얻어지는 금액이고, 경영권 가치는 기업의 주가에 일정비율 이상의 주식을 취득하는 금액으로 정의된다. 경영이론에서 말하는 기업가치란 바로 경제적 가치를 의미하며 심사 시에 활용되는 기업가치도 경제적 가치를 기준으로 한다.

기업가치를 정확히 측정하는 것은 매우 중요하지만 미래의 상황에 따라 기업의 상황이 계속해서 변하므로 이를 정확히 예측하는 것은 어려운 일이다. 특히 미래의 불확실성이 큰 상태에서 현금흐름과 할인율을 예측한다는 것은 더욱 어려운 일이기 때문에 여신담당자의 시장과 기업을 보는 안목이 중요시 된다.

기업가치평가는 위와 같은 위험과 불확실성, 기대수익률, 포트폴리오 이론 그리고 자본자산가격결정의 기본원리들이 위험이 서로 다른 투자안의 경제성을 평가할 때에도 그대로 적용된다는 가정 하에 평가하는 기법이다. 특정회사의 기업가치를 평가하기 위해서는 다양한 정보가 필요하고 요구되는 정보의 성격도 잘 이해하고 있어야 정확한 평가가 가능할 것이다.

기업가치평가에 요구되는 필수적인 정보를 분류하는 기준은 다음과 같이 다양하다.

첫째, 평가대상이 되는 회사의 내부정보와 외부정보

둘째, 평가대상이 되는 회사의 회계정보와 자본시장정보

셋째, 평가대상이 되는 회사의 과거정보와 미래예측정보

회사의 내부 정보는 주로 손익계산서와 재무상태표로 대변되는 재무제표에 잘 정리되어 있고 회사의 외부정보는 시장정보라고 할 수 있다. 손익계산서에 계상된 매출액 정보는 그 성격상 내부정보인 듯이 보이지만 제품가격에 대한 정보는 제품시장에서 확인되어야 하기 때문에 대표적인 외부시장 정보임을 이해하여야 한다.

기업을 둘러싼 다양한 시장들인 제품시장, 원재료시장, 노동시장, 금융시장, 자본시장 등은 직 · 간접적으로 기업가치의 평가에 요구되는 필수적인 정보를 제공하기 때문에 기업가치평가 과정에서는 이들 시장환경의 변화에 대한 분석이 필요하다.

그러나 보다 중요한 사실은 아무리 훌륭하게 수행된 환경분석이라 하더라도 계량화가 부족하여 서술적으로 시장변화가 나열되어 있다면 기업가치 평가에는 무용지물이 된다는 점을 알아야 한다.

1-1. 기업회계정보의 활용

기업의 회계정보를 기업가치 측정에 활용하는 방법론으로는 회계학적 접근법과 재무관리론적 접근법이 있다. 회계학적 접근법과 재무관리론적 접근법의 가장 큰 차이점은 재무상태표를 보는 방법이며, 손익계산서를 보는 방법에는 차이가 없다.[3)]

회계학적 접근법에서는 재무상태표의 차변금액인 자산합계가 곧 투자정보를 상징한다. 즉 운전자본과 시설자금으로 구분하지 않고 자산합계 전체를 사업에 투자한 것으로 간주하는 것이다.

재무관리론적 접근법에서는 순운전자본과 시설자금으로 구분하여 재무상태표에서 측정하고, 그 합계액을 투하자본으로 삼고 있으며, 이러한 재무이론을 중심으로 기업가치를 이해하게 된다.

재무관리론에서 회계정보를 획득하는 접근방법에서는 다음의 6대 정보를

3) 정순진 · 서상문, 「기본재무관리」, 조이에듀넷, 2004

기업가치평가에 필요한 필수정보로서 정리하고 있다.

- **판매정보** : 매출액
- **코스트정보** : 제조원가, 매출원가, 판매비와 관리비 등 생산과 판매를 위해 소요되는 비용 지출액
- **이익정보** : 영업이익, 계속사업이익, 당기순이익 등 당기이익 측정자료
- **운전자본 투자정보** : 매출채권, 재고자산, 매입채무 등 생산과 판매를 위해 투자하는 현금지출
- **시설자금 투자정보** : 토지, 기계, 건물, 시설물 등 생산과 판매를 위해 투자하는 현금지출
- **자금조달정보** : 상기 운전자본 및 시설자금 투자에 소요되는 자금의 조달원천별 자금 조달액

자산, 부채, 자본과 수익비용 개념의 전통적인 기존 재무제표는 수많은 자원이 투입되어 만들어졌지만 상호 연관성은 매우 제한적이다. 예를 들어, 재무상태표와 손익계산서의 연관성을 살펴보면, 당기순이익이 재무상태표의 자본부분인 이익잉여금으로 귀속된다는 사항 이외에는 직접적인 연관성이 별로 없는 편이다.

그러나 재무제표를 가치평가 위주로 조정하게 되면 상호 연관관계가 명확해진다. 우선 사업용 투하자본은 총자산에서 비사업자산을 차감한 금액이 되는데 이 사업용 투하자본을 활용하여 얻은 이익이 영업이익이 된다.

마찬가지로 비사업자산 부문을 활용하여 얻은 이익은 영업외 수익으로서 배당금수익이나 이자수익이 좋은 예가 된다. 이렇게 얻은 영업이익과 영업외 수익을 합한 금액을 기업이 창출한 모든 이익이라고 보며, 이를 투하자본이익이라고 한다.

이 투하자본이익이 자본 조달의 원천자인 채권자, 정부, 주주들에게 이자비용과 세금 그리고 순이익으로 나뉘게 된다. 여기서 채권자는 이자발생 부채를 제공한 채권자를 의미하며 정부는 사회간접자본, 안보, 교육시스템 등을 제공하였기 때문에 법인세 명목으로 지분을 받는 것이다.

남은 부분이 주주 몫인 순이익이다. 물론 순익 중 일부는 배당으로 나머지는 이익잉여금으로 기업에 유보되는데 순이익 모두가 주주 몫이라는 점이 가치경영의 기본이 되는 아주 중요한 개념임을 이해하여야 한다.

1-2. 기업가치평가의 기초

기업가치를 정확히 평가하기 위해서는 기업이 영업활동을 통해 얻는 현금흐름과 자본을 제공한 채권자와 주주가 요구하는 수익률, 즉 적정할인율을 정확히 추정해야 한다.

여기에서 적정할인율이란 용어는 자본비용, 요구수익률, 필수수익률, 기대수익률, 자본환원률, 할인율 등의 용어로도 사용되나 모두 같은 개념으로서 쓰이는 용도에 따라 달리 불리고 있을 뿐이다.

가. 현금흐름

기업잉여현금흐름으로 측정되며, 이는 기업의 영업이익에 법인세, 감가상각비, 최소한의 자본적 지출 그리고 추가운전자본을 조정한 후의 현금흐름을 의미한다. 이는 추정 현금흐름표에 의하여 산출된다.

나. 적정할인율

할인율을 알기 위하여는 우선 자본비용을 이해하여야 한다. 자본비용은 자금의 시간가치를 계산할 때 사용되는 할인율에 해당되고 이는 최소한의 필요한 투자수익률이라고 할 수 있기 때문이다. 여기에서 자본비용이란 기업 입장에서의 비용이 아니라 투자자(채권자와 주주)의 기회비용을 의미한다.

기업은 다양한 방법으로 자금을 조달하여 사업에 투자하는데, 기업이 조달하는 대표적인 자금으로는 확정이자의 지급이 수반되는 차입금과 이익이 나는 경우에만 대가가 지급되는 주주자본이 있으며, 이외에 매입채무와 같이 이자가 지급되지 않는 채무도 있다. 기업가치에서는 채권자와 주주로부터 조달한 실질 사용자본에 대하여 측정을 하게 된다.

기업이 일반적으로 사용하는 실질 사용자본에 대하여 지불하는 자본비용을 가중평균자본비용(WACC : Weighted Average Cost of Capital)이라고 한다. 이는 부채의 자본비용(타인자본비용)과 주주자본의 자본비용(자기자본비용)을 각각 계산한 후 이를 부채액과 주주자본액의 구성비로 가중평균하여 계산한다.

기업들이 가치경영을 목표로 설정하고 있다는 것은 기업들이 기업가치의 중요성을 인식하고 기업가치 극대화 경영에 전념하고 있다는 의미이며, 기업 외에 개인도 자산가치를 기준으로 투자의사결정을 내리려는 자세를 보이며 금융기관도 대출심사 시 신용대출을 위한 기초자료로서 기업가치평가 정보를 매우 유익한 자료로 활용한다.

자본비용을 구체적으로 이해하기 위하여는 자금의 시간가치와 현재가치를 이해하면 된다. 100만원을 이자율 연 10%의 정기예금으로 1년 동안 예금하면 원금과 이자를 합한 원리금은 110만원이 된다. 반대로 동일한 이자율 10%의 예금으로 5년 후 원리금 합계액을 150만원으로 하려면 93만원이 있어야 한다. 이는 150만원을 $(1 + 0.1)^5$로 나누면 되며 이 금액이 의미하는 바는 연리 10%의 예금을 하는 사람에게 현재의 93만원은 5년 후의 150만원과 가치가 동일하다는 것을 의미한다.

이처럼 미래의 금액을 현재 시점의 가치로 환산한 것을 현재가치라 한다. 위에서 말한 93만원은 5년 후의 150만원을 현재 시점의 가치로 환산한 현재가치가 되고, 반대로 150만원은 현재시점의 93만원이 5년 후에 갖게 되는 가치이므로 이를 미래가치 라고 하며 이와 같이 계산되는 것을 할인이라고 한다.

이를 다시 정리하면 현재가치에 '1+할인율'을 곱하면 미래가치가 되고, 미래가치를 '1+할인율'로 나누면 현재가치가 되는데, 이는 미래가치에 현가계수(1/(1+할인율))를 곱하여 산출한다는 의미와 같다. 기업가치란 바로 추정 재무자료에 의하여 산출된 추정년도별 잉여현금흐름을 각 년도별 현가계수로 환산한 금액의 합계를 의미한다.

다. 장부가치와 시장가치

재무상태표상의 장부가치는 역사적 원가를 기준으로 표시되어 있으므로 현실가치 또는 시장가치와는 차이가 있음을 알 수 있다. 다만 예외적인 경우로 자산을 처분한 가치가 부채의 장부가치보다 작을 때, 부채의 시장가치는 장부가치보다 작아진다. 즉 자산을 처분한 가치가 부채의 장부가치보다 작을 때, 부채 가치는 자산의 처분가치로 제한되게 된다. 이럴 경우에는 기업의 채무불이행 상태가 지속되어 파산상태에 이르게 된다.

손익계산서의 금액도 역사적 원가를 기준으로 기록되어 있어 시장가치를 정확히 반영한다고 볼 수는 없다. 단, 손익계산서는 정태적인 재무상태표보다는 일정기간 동안의 동태적인 형태로 구성되어 있기 때문에 재무상태표상의 금액과 비교할 때 훨씬 더 시장가치에 접근되어 있다고 할 수 있다.

일반적으로 기업가치라 함은 기업의 총자산의 시장가치를 지칭한다. 재무제표를 작성할 때 역사적 원가를 기준으로 하는 것은 객관성을 확보하기 위함이다. 객관성을 중시하는 회계처리에 있어서는 평가의 기준이 되고 있으나, 현실적으로 가치란 역사적 원가가 아니라 현재의 시장가치를 의미하므로 기업가치도 시장가치를 기준으로 평가해야 한다.

기업가치에 있어서 시장가치란 미래현금흐름을 적정할인율로 할인한 현재가치를 말한다. 따라서 기업가치를 정확히 평가하기 위해서는 미래현금흐름과 적정할인율을 정확히 추정하는 일이 무엇보다 중요하다.

2. 기업가치의 평가과정

기업가치의 평가과정은 재무제표의 추정으로부터 시작한다. 이를 통하여 현금흐름의 크기를 측정하고 가중평균자본비용률에 의하여 적정할인율을 계산하는 과정을 통하여 평가가 이루어지게 된다. 이렇게 평가된 기업가치는 기업의 총가치, 또는 계열기업의 총가치 등으로 구분하여 여신심사 시 참고 자료로 활용되게 된다.

2-1. 현금흐름의 추정

기업가치를 추정하기 위해서는 기업자산을 활용한 영업활동의 결과로 얻게 되는 미래의 현금흐름을 알아야 하고, 미래현금흐름의 위험이 반영된 적정할인율을 추정하여야 한다. 여기에서 미래의 현금흐름이란 기업의 잉여현금(또는 가용현금)으로서 추정 재무제표에 의하여 산출된다.

2-2. 미래현금흐름의 분석

미래현금흐름 분석의 목적은 기업의 일상적인 영업활동으로부터 창출된 미래현금흐름이 기존 매출규모의 유지 또는 증대를 위해 필요한 고정비 지출 및 대출관련 원리금의 충당에 충분한지 여부를 예측하고, 향후 분석대상 기업의 경영위기 발생 가능성을 사전 감지함으로써 해당 기업의 계속기업으로서의 존속 가능성에 중대한 의문이 있는지 여부를 판단하는 데 있다.

채권자의 입장에서는 여신을 제공받은 특정 기업이 해당 원리금을 상환하는 기간은 대출 실행 이후로부터 대출 만기까지의 기간이며, 동 기간 중 대출원리금의 주된 상환재원은 기업이 영업활동으로부터 창출하는 현금흐름으로 볼 수 있으므로 기업의 미래상환능력은 그 기업이 본원적 영업활동에서 창출 가능한 미래의 잉여현금흐름과 상환기일이 도래한 원리금의 규모에 의하여 좌우된다.

가. 회계학적 현금흐름과 현금흐름표상 영업현금흐름

회계학적 의미의 영업현금흐름은 손익계산서상의 당기순이익에서 비현금 수입 및 지출 항목을 제거한 후 재무상태표내 순운전자본 변동분을 가감하여 회계기간 내에 발생한 모든 영업활동 관련 창출현금을 산출해내는 것을 의미한다.

그러나, 이러한 회계학상의 영업활동현금흐름은 경상적인 영업활동뿐만 아니라 비경상적인 영업활동까지 포함하는 개념인바, 특정 기업의 미래상환능력의 측정을 위해서는 경상적인 영업활동을 통해 지속적으로 발생가능하리라 생각되는 영업이익 위주의 EBITDA를 기준으로 상환능력을 측정하는 경상적 영업활동 기준에 의한 현금흐름의 측정이 요구된다.

나. 미래현금흐름의 적용범위

미래현금흐름 분석을 위해서는 기업의 재무추정모델을 작성하여야 한다. 재무추정모델은 기업의 미래 재무제표(재무상태표, 손익계산서, 현금흐름표)가 어떠한 모습인지를 예측하게 해주며 다음과 같은 용도로 사용될 수 있다.

- 주식의 가치평가
- 기업의 신용도 평가
- 재무계획
- 전략적 의사결정의 가치판단

2-3. 미래현금흐름 추정방법

가. 매출액 추정

재무추정모델은 기업이 제품을 생산하고 판매하는 영업활동상의 효율성을 포괄적으로 반영하여 미래의 추정재무제표를 작성하는 도구라 할 수 있다.

통상적인 재무추정 과정은 영업 및 경영 요소를 회계자료로 바꾸어 나타내는 것과 회계자료 간의 내부적 일관성을 유지하는 과정으로 나눌 수 있다. 예를 들어 제품의 제조 및 판매 활동은 매출원가, 판매비와 관리비, 운전자본, 매출액 등의 재무제표 항목과 관련지을 수 있으며, 회계자료간의 내부적 일관성이란 손익계산서, 재무상태표 및 현금흐름표상의 관련 항목들이 적절히 연결되어 회계적 순환관계가 이루어짐을 의미한다.

재무추정의 정확성을 위해서는 적절한 모델을 설계하는 것과 함께 각종 회계자료의 추정에 사용된 투입요소의 질을 제고하는 것이 중요하다. 이를 위해서는 분석자가 해당 산업 및 기업의 영업과 재무적인 특성을 충분히 이해하고, 검증된 투입요소를 바탕으로 합리적인 추정기법에 의한 추정절차를 밟아야 한다.

나. 추정의 전제조건

복잡한 기업활동을 집약하여 재무적인 성과를 추정하기 위해서는 일정한 범위의 가정 또는 전제조건이 필요하며 분석의 목적, 대상 기업 및 산업의 특성에 따라 다양한 가정이 설정될 수 있다. 예를 들어, 추정기간 동안에 기존 생산능력을 그대로 유지한다고 가정한다든가, 영업성과에 큰 영향을 미치지 않는 요소의 변화가 크지 않다고 가정하는 것 등이다.

다음은 재무추정에 자주 사용되는 전제조건[4]들이다.

가장 간단하고 일반적인 재무추정의 방법은 매출액 기준 추정법이다. 이는 매출규모와 관련 있는 재무상태표와 손익계산서의 많은 항목을 매출액에 직접적으로 연계시키는 것을 의미한다.

재무추정시의 전제조건

- 가격불변의 원칙 : 이는 급변하는 환경에서 추정의 안정성을 위하여 필요한 원칙으로서 인플레이션, 유가, 금리, 환율 등 시장위험이 해당된다.
- 재고평가방법상의 차이 무시 : 생산량 = 판매량이 되며, 평가방식에 따른 재고자산 금액의 차이는 미래 자금수지예상표상 운전자금에 반영된다.
- 현금기준에 의한 비용과 수익인식 : 현금기준으로 수익, 비용을 인식하므로 선급비용, 미지급비용, 선수수익, 미수수익 등의 항목이 발생하지 않게 된다.
- 생산능력 불변 : 시설자금지원을 위한 여신심사의 경우에는 생산능력 증대에 따른 변화요소가 분석의 초점이 될 것이나, 생산능력 증대효과 측정의 불확실성으로 인해 기존 생산능력을 유지한다는 가정 하에 대상 업체의 미래상환능력을 평가하여야 한다.

---

4) 이영만, 「여신심사 및 관리」, 한국금융연수원, 2002.

- 장기 추정시 성장률 하락 가정 : 현재 초과성장률을 누리고 있는 경우라도 장기적으로 경쟁자의 시장진입에 따른 경쟁 심화로 인하여 성장률 하락은 불가피하게 됨. 통상 3–5년 이후의 매출증가율은 장기거시지표(예를 들면 GDP증가율 등) 수준으로 하락하는 것으로 예상하여야 한다.
- 매출액 기준추정 : 매출액과 연계된 재무항목은 과거 재무제표상 동항목과 매출액의 비율이 유지되는 것으로 가정하고 세법과 회계기준상의 차이는 무시하고 세무조정 항목을 배제한다.

예를 들어, 매출원가를 과거 평균 비율 수준으로 추정하거나, 비유동자산의 규모를 매출액에 직접 연계시키는 것이다. 이러한 추정 방법은 장기적으로 기업의 모든 영업용 자산이 매출액에 연관되어 있음을 가정하고 있다.

다. 매출액 추정의 절차

매출액 추정의 절차는 추정하는 이용자에 따라 다를 수 있으나 일반적으로는 거시적인 시장의 예측 단계와 품목별, 지역별 세분화 단계, 각 세분화 부문별로 수요변동요인을 분석하는 단계, 시나리오분석이나 민감도분석을 이용하여 예측의 위험요소를 파악하는 단계로 진행한다.

[표 6–4] 매출액 추정 절차

시장수급분석	• 수요 : 제품의 시장수요추이, 시장수요결정요인, 수요의 순환변동 유무/정도, 제품의 라이프사이클 및 라이프사이클상의 위치, 수요산업 등 • 공급 : 기존업체들의 영업상황, 생산능력, 가동률, 진입장벽 등
시장규모전망	• 정성적 방법 : 시장점유율법, 임의요소법, 가계예산법, 소비율법 • 정량적 방법 : 판매실적법, 상관관계분석법
생산능력 및 시장점유율	• 생산능력기준 점유율 : 전체생산능력, 기업생산능력 등 • 시장경쟁력 : 수급구조, 유통구조, 가격동향, 납기, 품질, 서비스, 입지조건, 판매전략 등 • 생산투입요소 : 원재료, 기능인력, 유틸리티 등의 조달가능성 등

[표 6-4] 매출액 추정 절차 (계속)

판매가능량 및 판매단가추정	기업의 생산능력, 시장규모 예측 가능 시에는 시장점유율 비교 수급불균형 전망, 정부정책 등에 의한 판매단가 변동 예상
매출액	판매가능량 × 판매단가 총매출액 = 제품별, 부문별, 지역별 추정매출액의 합산

라. 생산능력의 측정

생산능력을 측정하는 기준은 가동시간, 투입요소량 등 여러 가지가 있다. 매출액을 추정함에 있어서 정확성을 높이기 위한 노력과 예측에 소요되는 비용과는 상충관계가 있으므로 추정 목적과 시간 제약을 고려하여 최적의 예측방법을 선택하는 것이 바람직할 것이나, 미래의 매출액에 대한 추정치는 항상 오류의 가능성이 있음에도 유의하여야 한다.

마. 기타항목의 추정과 미래 현금흐름표

매출액 추정이 완료되면 재료비와 노무비, 경비 등을 추정하여 매출원가를 확정하고 판매관리비와 금융비용, 영업외 항목 등을 추정하여 손익계산서 작성을 완료한다. 재무상태표 항목은 일반적인 추정의 절차에 의하여 작성하면 되고, 이를 바탕으로 미래의 현금흐름표를 작성하면 추정은 완료된다.

기업의 미래현금흐름표는 자산을 보유 · 활용하면서 미래에 얻는 현금흐름을 항목별로 보여주는 표로서 현금흐름의 원천은 영업활동에서 얻는 이익, 즉 영업이익이 된다. 기업가치를 평가하기 위한 현금흐름, 즉 기업잉여현금흐름은 영업이익을 기준으로 정확히 다음과 같이 추정한다.

FCF = 영업활동에서 유입하는 현금흐름 − 자본적 지출 − 추가운전자본
= 영업이익 × (1 − 법인세율) + 감가상각비 − 자본적 지출 − 추가운전자본

[표 6-5] 기업의 미래현금흐름표[5)]

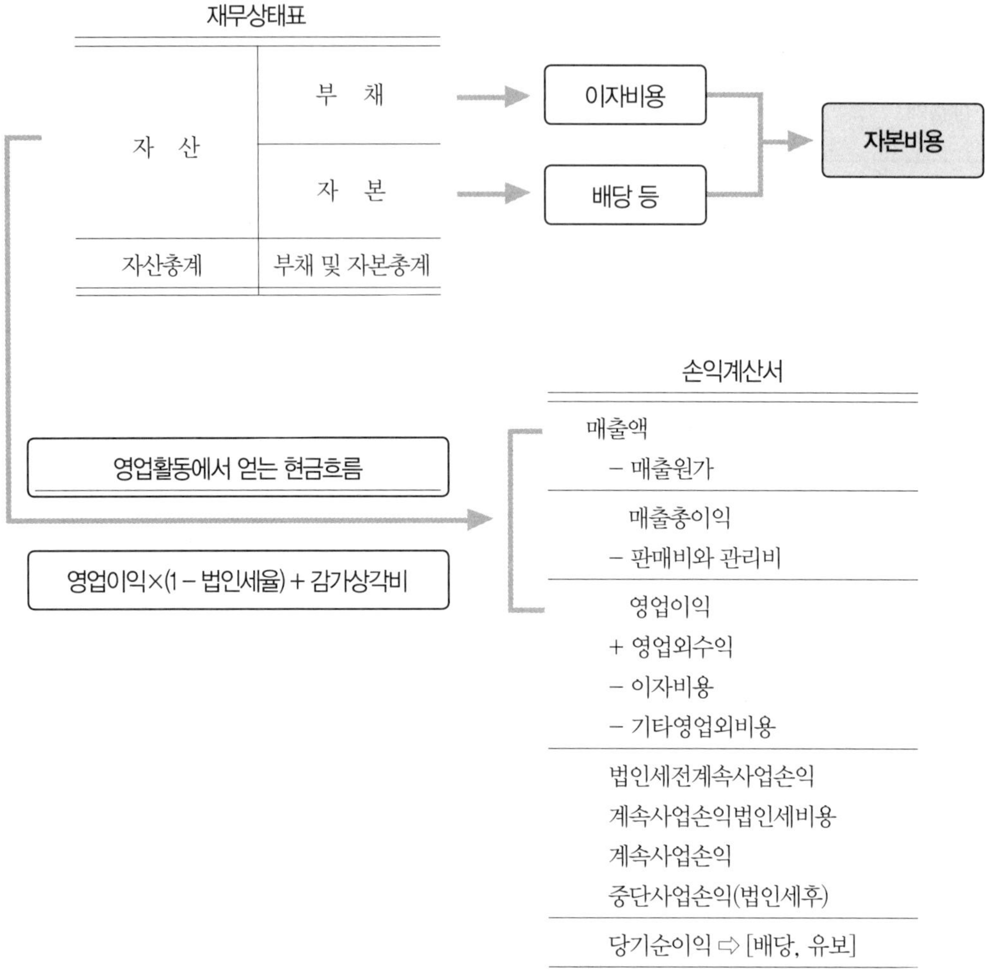

- 자금운용정보(자산) : 투하자본 = 비유동자산 + (유동자산 – 유동부채)
  = 시설자금 + 순운전자본 현금유출액
- 자금조달정보(부채 · 자본) : 조달자본 = 타인자본+자기자본
- 현금유입정보(손익계산서) : 현금유입액 = 영업이익 + 감가상각비 – 법인세

5) 강효석 · 이원흠 · 조장연, 「기업가치평가론」, 홍문사, 2005.

3. 잉여현금흐름의 측정

현금흐름이란 자금의 움직임 또는 자금액 자체를 말하는 일반적인 명칭인데 비해 잉여현금흐름이란 현금흐름의 특별한 형태를 말한다. 여기에서 잉여현금흐름에 영향을 미치는 요소는 영업활동 결과 얻어진 회수금액과 투자할동에 의한 현금흐름이지만 이를 구체적으로 보면 세전이익과, 법인세비용, 비현금지출비용, 추가운전자본, 시설투자액 등이 있다. 특히 추가운전자본과 시설투자액은 잉여현금의 유출항목으로서 매우 중요한 항목이므로 정확한 추정이 필요하다.

생활가전제품을 생산 · 판매하고 있는 연수생활(주)는 초기년도에 1,000백만원을 투자하고 이후에 추가운전자본과 시설투자액으로 100백만원과 300백만원, 120백만원의 현금유출이 예상되고 있으며, 현금유입으로는 1차년도 이후에 각각 500백만원, 500백만원, 600백만원이 될 것으로 전망된다. 현가계수인 할인율을 12%로 하였을 경우 연수생활(주)의 추정년도에 대한 기업가치를 이론적으로 계산하여 보면 다음과 같다.

[표 6-6] 잉여현금흐름과 기업가치 사례

(단위 : 억원, %)

항 목	계산방법	산출액	추정1기	추정2기	추정3기
(1) 현금유입액	추정 결과	0	500	500	600
(2) 현금유출(투자)액	추정 결과		100	300	120
(3) 잉여현금(FCF)	= 1 − 2		400	200	480
(4) 할인율(WACC)	12%의 현가계수		0.8929	0.7972	0.7118
(5) FCF의 현재가치	= 3 × 4		358	160	342
(6) FCF의 현가합계	5의 합계액(추정년도)	860			
(7) FCF의 영구가치	480/0.12×0.7118	2,847			
(8) 기업가치	6 + 7	3,707			

할인율(12%의 현가계수) = 1기 $1 / (1 + 0.12) = 0.8929$
2기 $1 / (1 + 0.12)^2 = 0.7972$
3기 $1 / (1 + 0.12)^3 = 0.7118$

추정3기 이후FCF는 성장없이 추정3기의 FCF와 동일 가정

4. 적정할인율(자본비용)의 추정

기업은 신규투자나 원활한 영업활동에 필요한 자금을 조달해야 하는데, 이 경우 부채나 자기자본 등 자금조달의 원천을 불문하고 자금사용에 대한 대가를 지불해야 한다.

투자자는 기업에 자금을 조달해 주는 대가로 일정한 수익률을 요구하는데 이것이 바로 기업 입장에서 자본사용의 대가로 부담해야 하는 비용 즉, 자본비용이 된다.

이 때 자본제공자의 요구수익률 또는 필수수익률은 비슷한 조건의 다른 곳에 투자할 경우 얻을 수 있는 수익률 즉, 기회비용에 해당하며 기업의 투자안 평가 시 투자로부터 발생하는 미래의 현금흐름을 현가로 환산하는 데 적용되는 적정할인율을 자본환원율이라고 하며 이것 역시 자본비용을 의미한다.

투자안이 경제성을 갖추기 위한 최소한의 투자수익률을 투자자금의 자본비용이라고 한다. 기업가치평가에 필요한 자본비용은 기업이 조달한 자금의 자본비용을 의미한다.

만일 전액 자기자본으로 자금조달된 회사가 있다면 주식의 자본비용이 곧 당해기업의 자본비용이 될 것이다.

그러나 타인 자본과 자기자본을 각각 절반씩 사용 중인 회사의 자본비용은 타인자본비용과 자기자본비용의 평균에 해당된다. 대부분의 기업의 재무상태표를 보면 다양한 원천의 자금을 사용하고 있음을 알 수 있는데 이러한 기업의 자본비용은 각 원천별 자본비용의 가중평균으로 측정한다.

4-1. 자본비용의 의의

정확한 자본비용의 측정은 기업가치평가에 핵심요소일 뿐 아니라 가치창출의 관점에서 올바른 자본예산 편성이나 자본비용이 최소화되는 최적자본구조결정, 각종 공공요금의 적정가격결정 등 기업의 주요 의사결정에 있어서도 핵심적인 고려요인이 된다.

- 자본비용은 자본제공자의 최소한의 요구수익률이므로 투자의 경제성을 평가하는 데 중요한 기준이 된다. 즉, 투자안의 미래 현금흐름을 자본비용으로 할인한 순현재가치가 0보다 크면 그 투자안은 경제성이 있는 것으로 판정되고, 0보다 작으면 경제성이 없는 것으로 판정된다.
- 자본비용은 기업의 최적자본구조를 결정하는 데 중요한 역할을 한다. 기업이

자본을 조달할 때에는 자본비용이 저렴한 자본부터 이용하고 그러고도 부족할 때 점차 자본비용이 높은 자본을 이용하게 된다.

- 투자안의 경제성을 평가하거나 최적자본구조를 결정하는 데 필요한 자본비용은, 자본구성요소의 개별(원천별) 자본비용이 아니라 그것을 가중평균한 기업 전체로서의 자본비용 즉, 가중평균자본비용이어야 한다.
- 자본비용은 일반적으로 자본을 1년간 사용하는 데 대한 대가로서의 연율의 개념이다. 자본비용을 계산하는 목적이 현재의 재무의사를 결정하는 데 이용하려는 것이므로, 과거에 조달한 자본의 역사적 비용으로 계산해서는 아니되고, 새로이 자본을 조달한다고 상정하는 현재 시점에서의 비용으로 계산하여야 한다.

4-2. 원천별 자본비용[6)]

기업이 새로운 투자를 위하여 자금을 조달하는 방법은 크게 나누어 두 가지로 구분된다. 그 하나는 부채의 조달이고 다른 하나는 주주로부터의 자기자본의 조달이다.

이것을 재무상태표를 통한 분석적 입장에서 보면, 자금조달원천은 그 성격상 부채(타인자본)와 보통주 및 우선주를 통한 자기자본 등으로 구분되며, 자기자본은 유보이익과 납입자본으로 구성된다. 따라서 재무상태표를 구성하고 있는 항목을 기준으로 보면 자금의 조달은 차입금과 보통주, 우선주, 유보이익으로 구성된다.

자본제공의 형태는 크게 타인자본(부채)과 자기자본으로 분류한다. 채권자와 주주는 나름대로 일정수준의 수익률을 요구하면서 기업에 자본을 제공한다. 이들은 서로 부담하는 위험이 다르므로 채권자와 주주가 요구하는 수익률은 차이가 난다.

일반적으로 주주의 요구수익률(k_e)이 채권자의 요구수익률(k_i)보다 높다. 채권자와 주주가 요구하는 수익률은 기업의 입장에서는 모두 자본비용이 된다. 채권자와 주주에게 귀속되는 원천별 자본비용은 다음과 같다.

가. 타인자본비용

타인자본비용은 기업이 시장에서 차입금을 조달하는 대가로 지급해야 하는 실질 이자비용을 의미한다. 채권자는 자본제공의 대가로 미리 정해진 이자율을

---

6) 정순진 · 서상문, 「기본재무관리」, 조이에듀넷, 2004

요구하게 된다. 이때 유의해야 할 점은 차입금 조달에 따른 약정이자율은 타인자본 조달시점의 비용율을 적용해야 한다는 점이다. 즉 신규투자결정시 자본비용을 산출하는 경우 현재 시장에서의 회사채 발행금리 또는 차입금리를 기준으로 하여야 하며, 과거 손익계산서상의 이자비용을 재무상태표의 차입금평균잔액으로 나눈 차입금평균이자율을 가지고 타인자본비용률을 측정하는 것은 타당한 방법이 아니다.

그리고 타인자본비용의 측정에 있어서 주의할 점은 자금조달을 목적으로 이자지급을 수반하는 부채만을 대상으로 한다는 점이다. 즉 부채항목 중에서 매입채무처럼 영업활동의 수행과정에서 자연적으로 발생하는 무이자부채는 비록 매출원가에 자본비용으로 암묵적으로 반영이 되겠지만 실제 측정이 곤란하므로 자본비용 계산 대상에서는 제외 한다.

◆ 타인자본비용

$$k_i = \frac{\text{이자비용} - \text{절세효과}}{\text{타인자본}} \times 100$$

또는 $k_i = k(1 - t)$

k_i : 타인자본비용, k : 이자율, t : 법인세율

타인자본비용을 계산할 때 '1 − 실효세율(t)'를 사용하는데 이자비용은 영업외비용으로 법인세법상 손금으로 인정되기 때문에 기업의 납세후 타인자본비용률은 법인세절감 효과만큼 낮아지기 때문이다. 연수생활(주)의 재무제표에서 차입금이 있는 경우와 없는 경우를 비교하여 보면 이를 명확히 이해할 수 있다.

[표 6-7] 연수생활(주)의 손익계산서

(단위 : 만원)

구성항목	차입금이 있는 경우	차입금이 없는 경우	비 고
영업이익	100	100	세금차감 후 이자비용을 계산하면 21이 된다. (30 × (1 − 30%)
이자비용(500만×6%)	30	0	
세금차감 전 이익	70	100	
법인세비용(30%)	21	30	
세금차감 후 이익(배당)	49	70	

위의 표에서 세금차감 후 이익의 차액 “(70만원 – 49만원)”인 21만원은 세금차감 후의 이자비용에 해당된다. 따라서 세금차감후의 타인자본비용은 “(70만원 – 49만원) ÷ 500만원 = 4.2%”로 계산이 되고 이는 세금차감 전의 타인자본비용 “6% × (1 – 실효세율 30%)”와 동일하다는 것을 알 수 있다.

나. 자기자본비용(보통주자본비용)

자기자본비용은 투자자가 기업에 자기자본을 투자한 대가로 요구하는 수익률로 기업이 기존 보통주를 계속 유지하거나 또는 새로 주식을 발행하는 경우뿐만 아니라, 당기순이익 중 배당금을 지급하고 기업 내에 보유하는 이익에 대하여도 발생한다.

새로운 보통주를 발행하여 조달하는 자본을 외부조달자기자본이라 하고, 이익의 내부유보로 조달하는 자본을 내부조달자기자본이라 한다. 자기자본비용은 자본자산가격결정모형(CAPM)과 배당할인모형 등으로 산출할 수 있으나 기업가치 평가를 위한 모형에서는 주로 CAPM 모형을 이용하여 산출한다.

부채와 우선주의 경우에는 그 자본비용이 자본의 조달시점에서 계약으로 확정되므로 투자자의 기대수익과 장래의 실현수익이 다르게 될 위험이 없다.

그러나 보통주의 경우에는 미래의 실현수익이 그 요구수익과 항상 일치한다는 보장이 없어 위험이 개재된다. 따라서 투자자의 요구수익률에는 위험프리미엄이 반영되어야 하고 이를 반영한 모형을 CAPM 모형이라 한다.[7)]

다. 자본자산가격결정모형(CAPM)

CAPM은 기업의 위험도에 따라 주주들에게 그 위험에 따른 초과 수익을 지불해야 한다는 개념에서 출발한다. 즉 기업의 위험도에 따라 무위험이자율(risk free rate)에서 초과위험수익률을 합한 주주의 기대수익률을 보장해야 한다는 의미이다. 무위험이자율은 위험이 제로(0)인 금융상품 등에 투자할 때 기대되는 이자율을 말하며, 초과위험수익률은 해당 회사에 투자할 때 발생되는 위험에 상응하는 추가적인 수익률을 의미한다. 이러한 초과위험수익률은 주식시장에 투자했을 때 시장전체 위험수준에 상응하는 시장포트폴리오 기대수익률에 개별회사 체계적 위험을 나타내는 베타계수를 곱하여 산출하는 개념이 CAPM모형의 개념이다.

---

7) 오세민, 「재무관리의 기초」, 한국금융연수원, 1994

CAPM은 자산의 기대수익률과 위험에 관한 균형시장이론으로 기업의 재무 및 투자결정에 다양하게 응용되고 있다. CAPM에 의하면 주식의 기대수익률은 자본시장의 균형하에 주주가 위험부담에 대한 보상으로 요구하는 수익률이므로 증권시장선으로 측정할 수 있다.

CAPM 모형에서는 위험을 값으로 표시한다. 값이란 개별 주식의 초과위험을 주식시장 전체의 초과위험으로 나눈 것을 말하며, 초과위험이란 위험의 크기에 따라 필요로 하는 추가적인 수익률을 의미한다. 따라서 주식시장 전체라면 시장수익률과 무위험자산(국채) 이자율의 차이가 되며, 개별 주식이라면 주가수익률과 무위험자산(국채)의 차이가 된다.

예를 들어 코스피 지수가 기초에 1,000포인트에서 기말에 1,100포인트로 상승하였다면 이때의 시장수익률은 연 10%로 계산된다.

만약 같은 기간에 '갑'사의 주가가 200원에서 212원으로 상승하였다면 연 6%(12/200원)의 주가수익률이 계산되고, '을'사의 주가는 판매부진의 영향으로 300원에서 258원으로 하락하였다면 주가수익률은 마이너스 14%(42/300)가 된다.

같은 기간 동안 배당이나 유상증자 등은 없으며 국채이자율이 2%라고 하였을 경우 값을 구하면 아래와 같다.

$$\beta = \frac{\text{개별주식의 초과위험}}{\text{주식시장 전체의 초과위험}}$$

개별 주식의 초과위험 = β × 주식시장 전체의 초과위험
(개별 주식의 초과위험은 주식시장 전체 초과위험의 β배)

[표 6-8] 자기자본비용률 계산 사례

구 분	기초지수	기말지수	투자수익률	β 값
코스피(Kospi)	1,000	1,100	10%	10
갑회사	200원	212원	6%	0.5
을회사	300원	258원	−14%	−2.0

β 값 갑회사 = (6% − 2%) ÷ (10% − 2%) = 0.5
을회사 = (−14% − 2%) ÷ (10% − 2%) = −2.0

위의 자료를 가지고 증권시장선에 의한 자기자본비용률을 구하면 아래와 같다.

◆ 자기자본비용률

$$R_e = (R_m - R_f)\beta + R_f$$
$$(10\% - 2\%) \times 0.5 + 2\% = 6\%$$

R_e = 기업의 주가수익률
R_m = 시장수익률(10%)
R_f = 무위험자산(국채)의 이자율(2%)

주식의 체계적 위험척도인 베타계수(β_i계수)는 주가수익률의 시계열자료로부터 측정하거나 또는 전문 증권분석가들의 예측자료를 사용한다. 이 방법은 위험을 명시적으로 고려하며 모든 상장기업에 널리 적용가능하다는 것이 장점이다.

주주의 요구수익률인 자기자본비용 k_e를 CAPM을 사용하여 측정해 보면 다음과 같이 산출된다. k_e는 CAPM의 증권시장선(Security Market Line : SML) 모양을 이용하여 다음과 같이 구할 수 있다.

k_e = 기다리는 것에 대한 보상 + 위험에 대한 보상
$= R_f + \beta_i \times [E(R_m) - R_f]$

R_f : 무위험자산수익률(재무증권수익률)
$E(R_m)$: 주식시장 평균수익률(시장포트폴리오 기대수익률)
$E(R_m) - R_f$: 시장포트폴리오(특정 주식)의 위험프리미엄
β_i : 보통주베타(시장 평균수익률 변화에 대한 특정주식의 기울기)

사례 1 A 기업의 보통주 베타가 1.2이고 과거 10년 동안 연간 주식시장의 평균수익률이 18%이며, 무위험자산수익률이 연 12%라면 기업의 자기자본비용률은 19.2%가 된다.

$$k_e = 12\% + 1.2 \times [18\% - 12\%] = 19.2\%$$

사례 2 금융기업의 국채수익률이 9%이고 시장위험프리미엄이 8%일 때 주식베타가 0.9라면 이 기업의 자기자본비용은 16.2%로 측정된다.

$$k_e = 9 + 0.9(8) = 16.2\%$$

한편, 유보이익의 자본비용은 외형적으로는 없는 것처럼 보이나 실질적으로는 보통주 자본비용만큼의 기회비용이 있는 것으로 간주한다. 왜냐하면 유보이익은 보통주 주주가 기업에게 맡겨놓은 자본으로 이들이 요구하는 수익률을 최소한 벌어들여야 하는 자본이기 때문이다.

라. 우선주 자본비용

우선주 주주는 보통주 주주보다 약정된 배당을 우선적으로 지급받을 수 있으므로 보통주 주주 입장에서 볼 때 우선주는 일종의 타인자본으로 간주된다. 그러므로 우선주자본비용(k_p)은 절세효과만 없이 타인자본비용과 동일한 방법으로 다음과 같이 측정된다.

$$k_p = 우선주\ 주당배당금 / 우선주\ 주가$$

예를 들어 현재 우선주가격이 10,000원이고 액면가가 5,000원이며, 우선주 배당률이 7%라면 우선주 자본비용률은 3.5% 가 된다.

$$k_p = (5{,}000 \times 7\%) / 10{,}000 = 3.5\%$$

4-3. 기업의 가중평균자본비용 측정

기업이 여러 자금 조달원으로부터 자본을 조달하였을 경우 기업의 현금흐름을 가중평균자본비용으로 할인하여 기업가치를 측정하고 기업자산에 대한 요구수익률은 자본을 제공한 채권자와 주주가 평균적으로 요구하는 수익률로 표시된다.

이는 자산 자체가 채권자와 주주가 제공한 자본으로 구입된 것이기 때문이다. 이때 자본총액에 대한 개별자본의 구성비율은 가중치로 한다. 이와 같이 계산되는 기업의 대표적인 자본비용을 복합자본비용(Combined Cost of Capital) 또는 가중평균자본비용(Weighted Average Cost of Capital : WACC)이라 한다. 가중평균자본비용은 다음과 같이 표시된다.[8)]

이때 WACC은 k_i와 k_e를 시장가치 기준의 타인자본 구성비율과 자기자본 구성비율로 가중평균하여 구하여야 한다. 가중치를 장부가치 기준의 구성비율이 아닌 시장가치

8) 홍성수 역, 「사업성검토와 기업가치평가」, 새로운 제안, 2007.

기준 구성비율로 하는 이유는 WACC는 기업이 새로이 자본을 조달하는 경우의 비용을 의미하는데, 원천별 자본의 장부가액은 과거의 역사적 자본구조이기 때문에 장부가액을 기준으로 가중치를 적용하는 것은 부적당하고 새로이 자본을 조달한 후의 목표자본구조에 의한 가중치를 적용하여 계산하는 것이 바람직하다. 즉 목표자본구조는 장부가액에 의한 자본구조가 아니라 현재 시장가액에 의한 자본구조를 바탕으로 하여 설정하는 것이 보다 합리적이기 때문이다.

◆ 가중평균자본비용

$$WACC = k_i(1-t)\left(\frac{D}{D+E}\right) + k_e\left(\frac{E}{D+E}\right)$$

D : 부채의 시장가치 　　　E : 자기자본의 시장가치

k_i : 타인자본비용률(이자율) 　　　k_e : 자기자본비용률

t : 실효법인세율

사례 금융기업의 자본비용 자료

k_i : 12% 　 t : 0.4 　 k_e : 19.2%

부채총액 : 100억원 (시장가치 100억원)

자기자본총액 : 300억원 (시장가치 400억원)

$$\begin{aligned} WACC &= k_i(1-t)\left(\frac{D}{D+E}\right) + k_e\left(\frac{E}{D+E}\right) \\ &= 12\%(1-0.4)\left(\frac{100\text{억원}}{100\text{억원}+400\text{억원}}\right) + 19.2\%\left(\frac{400\text{억원}}{100\text{억원}+400\text{억원}}\right) \\ &= 16.8\% \end{aligned}$$

A기업의 WACC는 16.8%이며, 이것이 기업가치를 측정할 때 금융기업의 적정할인율로 이용된다. WACC는 기업가치 측정뿐만 아니라 신규투자안의 경제성 평가시에도 널리 이용되고 있다.

4-4. 기업가치평가의 유형

잉여현금흐름할인법에 의해 기업가치를 평가하는 경우 현금흐름이 안정적으로 성장하는 기업과 2단계 과정을 거쳐 성장하는 기업에 대한 평가방법을 달리한다.

가. 안정 성장기업의 가치평가

현금흐름이 안정성장률로 성장하는 기업은 안정 성장모형을 사용하여 평가할 수 있다. 즉, 안정성장률로 성장하는 FCFF(free cash flow to the firm)를 갖는 기업은 다음 모형을 이용하여 평가할 수 있다.

◆ 안정 성장기업의 가치

$$FCFF_0(1 + g_S) / (WACC - g_S) / FCFF_1 / (WACC - g_S)$$

$FCFF_1$: 다음연도의 기대 $FCFF_1$ ($= FCFF_0(1 + g_S)$)
WACC : 가중평균자본비용률
g_S: FCFF의 영구성장률

사례 배당금지급액이 주당 2,000원이고, 배당이 매년 10%씩 영구히 지급하는 기업에서 주주의 요구수익률이 15%일 경우 주식의 가치를 구하면 다음과 같다.

주식의 가치 = 2,000(1.1)/(0.15–0.1) = 44,000원

나. 2단계 성장기업의 가치평가

처음에는 높은 성장률로 성장하다가 일정기간 후에는 안정성장률로 성장하는 기업은 2단계 성장모형을 사용하여 평가하여야 한다. 즉, 성장률이 처음에는 높다가 n년 이후에 안정성장 상태에 도달하는 기업은 다음 모형을 이용해서 평가 할 수 있다.

◆ 2단계 성장기업의 가치평가 모형

$$\text{기업의 가치} = \sum_{t=n} \frac{FCFF_t}{(1+WACC)^t} + \frac{FCFF_{n+1}/(WACC_S - g_S)}{(1+WACC)^n}$$

WACC : 고속성장기의 WACC
$WACC_S$: 안정성장기의 WACC
g_S : 안정성장기의 일정한 성장률

2단계 성장모형은 현재는 고속성장하고 있으나 점차 규모가 커지고 경쟁기업에 대해 갖는 강점들이 사라짐에 따라 성장률이 감소하는 기업에 잘 적용될 수 있는 모형이며, 신규투자 사업이나 또는 업종을 변경하거나 제품을 추가하는 경우에는 대부분 활용될 수 있는 모형이다.

제4절 DCF 방식의 기업가치 분석

기업가치평가는 기업이 계속적으로 영업을 한다는 가정하에 기업이 장래에 벌어들일 미래 현금흐름의 크기를 발생시기와 지속기간 및 불확실성(위험)을 고려하여 현재가치로 환산한 것으로 정의될 수 있다.

기업가치에 기초한 평가방법은 기존의 단편적인 기업실적지표에 의한 기업평가와 달리 수익성, 성장성 뿐만 아니라 자본의 효율적 이용, 시장에서의 경쟁우위, 기술력, 인적자원 등 기업이 가지고 있는 무형의 자산까지 평가내용에 포함시킬 수 있는 가장 포괄적인 평가방법으로 기업평가시 우선적인 척도로 사용되고 있다.

기업가치평가를 통하여 기업경영자에게는 다양한 이해관계자들의 가치를 최대로 창출할 수 있도록 의사결정에 대한 합리적이고 공정한 기준을 제공함으로써 기업의 적정한 투자규모를 유지하고 투자자에게는 수익성과 자본효율성을 고려한 투자결정에 도움을 주게 된다.

1. 기업가치평가의 유형

기업가치평가는 역사적 원가를 기준으로 하는 방법과 미래의 수익가치를 기준으로 한 평가 모형 등 이용자와 이용자의 목적에 따라 다양한 유형이 있다. 이중 금융권에서는 미래 수익가치기준 중에서도 잉여현금흐름할인 모형에 의하여 평가를 하고 이를 심사에 반영하고 있다.

1-1. 역사적 원가 기준

역사적 원가를 기준으로 하는 방법은 목적에 따라 장부가치와 시가평가가치, 청산가치 등 자산가치를 기준으로 평가하고 있다.

- 세법에 의한 기업가치 평가
- 내재가치를 기준으로 한 기업가치 평가
- 장부가치를 기준으로 한 기업가치 평가
- 재취득가치를 기준으로 한 기업가치 평가
  (자산가치 : 장부가치, 시가평가가치, 청산가치)

1-2. 미래의 수익가치 기준

미래의 수익가치를 기준으로 평가를 하는 방법도 현금흐름할인 모형과 주가배당 모형 등에 의하여 평가를 하고 있다.

- 현금흐름할인 모형 : 기업잉여현금흐름(FCFF), 주주잉여현금흐름(FCFE)[9]
- EVA 모형
- 주가배당 모형
- 상대가치평가 모형 : PER, PBR, PSR
- 옵션가격결정 모형 : 자기자본, 천연자원, 특허권 등

실무에서 많이 활용되고 있는 EVA모형은 경제적 부가가치에 의한 평가방법을 말한다. 이는 세후영업이익을 기준으로 투하자본의 수익률과 가중평균자본비용을 비교하여 실질적으로 투하된 자본에 대하여 어느 정도의 초과이익을 실현하였는지를 평가하는 지표로서, 투하자본이익률이 자본비용(WACC)을 상회하면 투자의사결정을 내린다는 이론이다.

◆ 기업가치

= 투하자본 + 미래 현금흐름의 현재가치
= 투하자본(IC)[10] + 기업이 창출한 경제적 부가가치(EVA)의 현재가치
= IC + $\sum$ PV(EVA)

또한 기업이 투하자본의 자본비용보다 높은 수익률을 달성할 때 기업의 부가가치가

---

9) FCFE : Free Cash Flow to Equity

10) IC : Invested Capital

창출된다고 본다.

◆ EVA(Economic Value Added)

= 세후영업이익 − 가중평균자본비용
= (영업이익 − 법인세 등) − (타인자본비용 + 자기자본비용)
= IC(투하자본) × (ROIC(%) − WACC(%))

ROIC[11](투하자본세후영업이익률) = 세후영업이익 / 투하자본
WACC(가중평균자본비용) = 자기자본비용 + 타인자본비용

[표 6-9] EVA에 의한 기업가치 결정요인

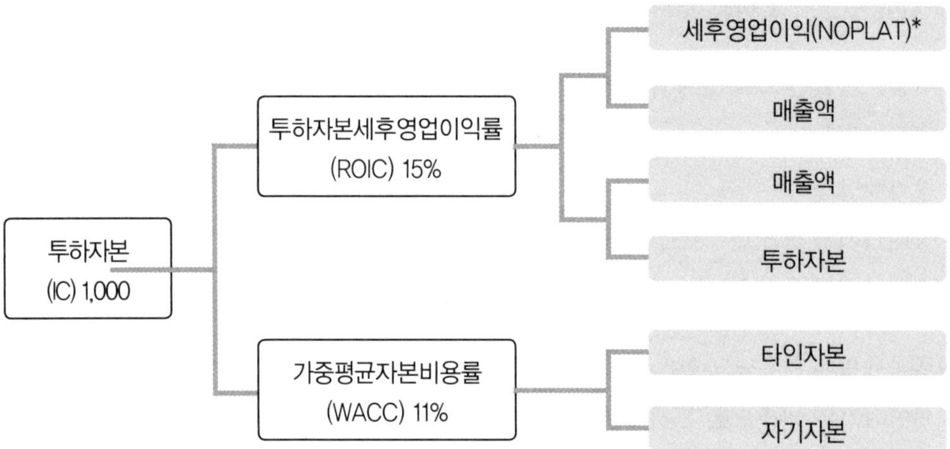

* NOPLAT : Net Operating Profit Less Adjusted Tax

사례 투하자본이 1,000백만원이고 투자자본세후영업이익률은 15%, 가중평균자본비용률이 11%일 경우 경제적부가가치를 구하면 다음과 같다.

EVA = 1,000백만원 × (15% − 11%)
= 40백만원

11) ROIC : Return On Invested Capital

2. DCF 방식에 의한 평가사례

DCF(Discounted Cash Flow : 현금흐름할인) 방법은 기업의 가치를 미래의 수익창출 능력을 중심으로 평가하는 방법으로 미래의 잉여현금흐름(Free Cash Flow)을 현재가치로 할인하여 평가하는 방법을 말한다.

잉여현금흐름(Free Cash Flow)은 앞에서 설명한 대로 기업이 사업을 함으로써 획득한 부가가치(총 현금흐름) 중 계속기업으로서 차기년도 이후에도 계속적인 부가가치 창출력을 유지하기 위해 필요한 투하자본의 증가액(운전자본 및 시설자금 증가액)을 차감한 금액으로 기업이 채권자와 주주에게 당해 연도에 배분 가능한 기업의 총잉여액을 말한다.

실무에서 가장 보편적으로 사용하고 있는 방법으로, 기업의 M&A나 기업내부의 투자가치 평가 등 기업의 본질적 가치 산정에 가장 광범위하게 사용되고 있으며, 거시경제변수 및 수요산업과 원가에 대한 체계적인 분석을 바탕으로 향후 5년 내지 10년 간의 순현금흐름을 추정하고 추정 연도 말의 잔존가치를 구하는 절차를 거쳐야 한다.

회계적인 추정에 의한 미래예측으로 기업정보를 가장 포괄적으로 적용할 수 있으며 시장에 의한 할인율을 적용하므로 기업의 외부정보까지 포괄할 수 있어 이론적으로는 가장 충실한 평가기법이나, 업무용자산과 비업무용자산을 분리해서 평가를 하여야 하기 때문에 미래에 대한 추정 자체가 어렵고, 시장에 대한 자료가 없는 기업이나 위험도가 높은 기업의 경우에는 평가결과가 크게 왜곡될 수 있는 단점도 있다.

2-1. 과거실적 분석

가. 기업체 개요

40년 전에 설립된 금융제약(주)는 항생제 원료 발효 및 의약품 합성과 관련한 기술 경쟁력을 바탕으로 꾸준한 외형성장을 이룩한 업체로서 매출액 기준 업계 3위권의 상장 대기업임. 또한 항생제 이외의 다양한 전문 의약품 육성으로 해외 항생제 원료 시장에서의 경쟁력 위축 및 국내 항생제 시장의 경쟁 심화에 대응하고 있음.

최근에는 무분별하게 확장된 계열사들의 구조조정이 이루어지고 있으며 추가적인 계열사 지원 및 천안공장 이전과 관련한 과도한 차입금 조달로 전반적인 수익성 및 안정성이 저하된 상태임.

[표 6-10] 요약 재무정보

(단위 : 백만원, %)

구 분	D-4기	전전기	전 기	금 기	산업평균
매출액	199,603	291,600	302,222	287,207	
당기순이익	4,104	4,467	4,285	3,915	
총자산	451,741	557,892	532,131	552,435	
총차입금	209,994	266,422	263,241	265,412	
자기자본	147,826	206,703	205,607	222,225	
자본금	19,250	23,500	24,000	35,592	
매출액영업이익률	6.5	16.0	10.7	13.3	10.1
총자본세전이익률	2.1	2.6	1.6	1.7	6.5
이자보상배율(배)	1.3	1.2	1.2	1.3	2.6
부채비율	205.6	169.9	158.8	148.6	98.3
비유동장기적합율	74.1	70.5	78.8	78.7	71.0
운전자금회전율(회)	1.4	1.8	1.9	2.0	2.0
당좌비율	114.7	120.5	119.7	119.7	132.6

주 : 산업평균은 상장 제약업체 매출액 상위 10개사의 가중평균임

나. 경영진 및 관련사 현황

최근 연도 3월말 기준 나경영 회장이 18.7%의 지분을 소유하고 있는 것을 비롯하여 자사주 및 계열사 지분이 6.8%에 이르고 있어 나경영 회장의 경영권은 안정적으로 유지되고 있음.

동사의 경영진은 나경영 회장과 한독약품에서 영입된 김신약 사장을 중심으로 하여 사업 부문별로 동사 및 관련업계에서 오랜 경험을 지닌 전문 경영인들로 구성되어 있어 국내외 제약업계의 환경변화에 적절히 대응해 나가고 있음.

안정적인 원료조달을 위한 수직계열화, 해외시장 개척을 위한 수출기지 확보 및 사업위험 분산을 위해 최근에는 사업 다각화와 해외법인 설립을 활발히 전개함으로써 조사일 현재 동사의 관계사는 9개의 국내 관계사와 3개의 해외 관계사로 구성되어 있음.

국내 관계사들은 항생제 원료합성을 통해 동사와 수직계열화를 이루고 있는 연수화학을 포함하여 식품, 유리병 제조, 부동산 임대 등 다양한 사업을 영위하고

있으며, 최근 동사와의 안정적인 거래에 기반한 영업환경 호전 및 동사의 재무적 지원에 기반한 차입금 규모 감소 등으로 주요 계열사의 사업이 어느 정도 안정화됨으로써 계열 관련 위험부담은 크게 경감되었음.

다. 업계 현황 및 산업의 특성

국민의 보건향상에 일익을 담당하여 온 동사는 의약품 분야의 선도적 기업으로 고혈압치료제, 면역억제제를 비롯한 150여 종의 의약품을 제조 · 판매하고 있으며, 특히 원료합성 및 발효기술에 선구적 기업으로 기초원료를 생산, 세계 30여개 국가에 연간 7억불 이상을 수출하고 있음.

전년도 동사는 기타부문의 매출 축소에도 불구하고 국내 영업부문의 지속적 성장으로 전년대비 4.9% 감소한 2,872억을 기록하였으며, 영업이익 383억원(전년대비 18.42% 증가), 세전이익 91억원 (전년대비 5.7% 증가), 당기순이익 39억원(전년대비 8.6% 감소)을 달성 하였음.

급변하는 경영환경 변화에 능동적으로 대처하고자 제약업 성장의 관건인 연구개발능력을 배가시키는 등 상위권 제약사로서의 안정된 영업력과 양호한 시장지명도 특히 수출부문의 강점을 바탕으로 향후 바이오, 생명공학산업에도 적극적으로 진출하고 있음.

제약산업은 내수용 완제품 중심이며 제품의 라이프 사이클이 짧고 판매비용이 과다하며, 특허권으로 보호되는 의약품에 비해 부가가치 및 영업기반이 취약하고, 또한 기초화학공업의 산물을 원료로 하여 여러 단계의 화학합성 과정을 거쳐 독특한 용도를 가진 화학물질을 생성하는 정밀화학적 특성을 지니고 있음.

제약업은 기초화학공업의 산물을 원료로 하여 여러 단계의 합성과정을 거쳐 독특한 용도를 가진 화학물질을 생성하는 정밀화학적 특성을 가지고 있고 제품의 성공확률이 매우 낮음. 국내 제약사들은 다국적 제약사들의 오리지널 의약품을 라이선스 계약을 맺어 판매하고 있으며, 최근에는 일반의약품 중심에서 고혈압치료제, 당뇨병 등 성인병 및 만성질환 관련 전문의약품 시장으로 수요증가가 이루어지고 있음.

라. 사업 및 재무분석

항생제 관련 매출 및 일반의약품 매출의 추세적 감소로 외형성장은 둔화된 상태이나 핵심 사업인 의약품 사업에서 비항생제 전문의약품(고혈압치료제, 면역억제제 등)을 주력 제품으로 육성하는 데 성공함으로써 의약품 사업에서의 외형신장은 유지하고 있음.

과거 3년 간 동사의 매출구성은 크게 의약품 매출(완제 의약품, 원료의약품)과 상품매출로 이루어짐. 동사의 핵심 사업인 의약품 사업과 관련한 매출을 볼 때 상위 품목의 매출비중이 꾸준히 증가하면서 대형품목 육성 및 주력 약효군 시장의 다양화에도 일정부분 성공함으로써 제품구조는 안정화되는 추세임.

국내 의약품 시장은 의약분업을 거치면서 전문의약품 위주로 전환된 이후 인구고령화 및 평균수명 증가에 따른 처방의약품 시장의 양호한 성장세를 기반으로 안정적인 성장 국면에 들었으며, 제품력에 기반을 둔 매출처의 교섭력 강화, 매출채권 회수정책의 강화 등으로 운전자본 부담이 완화되고 있음.

이로써 매출채권 회수기일이 비교적 장기인 병/의원 의존도가 낮아짐과 동시에 유통채널의 집중화에 따른 관리의 효율성 증대로 현금흐름 및 재무구조 개선도 점차 가시화되고 있음.

수출 비중이 상대적으로 높아 환율변동에 민감한 수익구조를 보유하고 있으며, 원료의약품 시장에서의 공급 과잉에 의한 지속적인 단가 하락에도 불구하고 상품원가율의 증가로 원가율은 업계 평균을 상회하고 있는 상태를 유지하고 있음.

다만, 수출비중이 높고 전문의약품 위주의 제품 구조 보유로 판매관련 비용이 상대적으로 낮은 수준에 머물면서 영업 수익성은 양호한 수준을 유지하고 있음. 또한, 전년도 지속적인 가격 하락으로 수익성이 둔화된 수출 부분의 매출 감소는 외형성장에는 부정적인 영향을 미쳤음.

향후 시장지위 유지와 관련한 판매관리비 부담이 증가할 것으로 예상되나 고부가가치 제품의 매출 비중 확대와 함께 새로이 생산 과정에 도입되는 첨단공법에 의해 지속적인 원가 절감 효과가 기대됨으로써 현 수준의 양호한 영업 수익력은 유지될 것으로 예상됨.

지속적인 수익시현과 더불어 사업의 분사 및 전기 이전의 해외 전환사채의 주식전환에 따른 자기자본 확충으로 전반적인 재무구조는 개선되고 있음.

[표 6-11] 수익성 및 고정비 부담능력 관련 지표

(단위 : %)

구 분	D-4기	전전기	전 기	금 기	업계평균
매출원가율	65.7	65.5	67.8	63.5	59.1
(제품원가율)	(55.5)	(56.4)	(60.7)	(55.8)	
(상품원가율)	(74.4)	(80.3)	(65.5)	(87.5)	
매출액영업이익률	6.5	16.0	10.7	13.3	10.1
매출액세전이익률	4.0	4.4	2.9	3.2	10.5
총자본세전이익률	2.1	2.6	1.6	1.7	6.5
이자보상배율(배)	1.3	1.2	1.2	1.3	2.6
금융비용부담률	9.5	12.7	13.1	11.3	6.4
순금융비용부담률	7.5	9.9	10.8	11.3	4.4

주 : 업계평균비율은 매출액 기준 상위 10개 상장제약업체 가중평균치임.

[표 6-12] 재무안정성 관련지표

(단위 : 백만원, %)

구 분	D-4기	전전기	전 기	금 기	업계평균
자기자본비율	32.7	37.1	38.6	40.2	46.9
부채비율	205.6	169.9	158.8	148.6	113.4
차입금의존도	46.5	47.8	49.5	48.0	36.7
단기성차입금/총차입금	49.7	36.6	40.9	48.5	54.7
비유동장기적합률	74.1	70.5	78.8	78.7	66.9
총차입금	209,994	266,422	263,241	265,412	-
예금성자산	47,264	53,106	63,942	54,348	-
현금예금	33,747	32,942	46,535	41,674	-
유가증권	796	875	13	3,779	-
장기성예금+특정현금	12,721	19,289	17,394	12,674	-

경기침체로 영업실적이 부진한 국내외 관계사 전반의 구조조정에 의한 부실화 가능성 감소와 꾸준히 이루어지고 있는 대손상각 및 부실 재고 폐기 등으로 전반적인 자산의 질은 제고되었음에도 추가적인 계열관련 구조 조정 및 투자자산 관리가 요구되고 있는 것으로 판단됨.

내수시장 의존도 증가 및 의약분업 실시에 따른 유통구조의 변화, 비항생제 위주의 제품구조 변화에 따른 신 시장 개척 등으로 매출채권이 증가함과 동시에 의약분업 이후의 산업 내 수급 동향 변화를 적절하게 예측하지 못함에 따른 과잉 재고 보유로 꾸준한 순익 시현과 감가상각비 등 대규모 비자금비용의 계상에도 불구하고 영업상 현금흐름은 많이 위축되었음.

[표 6-13] 현금흐름 및 부채상환능력 관련지표

(단위 : 백만원, %)

구 분	D-4기	전전기	전기	금기	업계평균
손익활동상 현금흐름	21,077	30,896	34,190	34,145	-
영업활동 현금흐름	3,390	15,085	75,945	4,194	-
투자활동 현금흐름	-79,866	-82,220	-46,280	-8,016	-
영업/투자활동 현금흐름	-76,476	-67,135	29,665	-3,822	-
재무활동 현금흐름	96,804	66,329	-29,595	4,358	-
부채상환계수	18.2	38.7	78.5	22.7	46.2
손익활동CF/총차입금	10.0	11.6	13.0	13.0	20.9
영업활동CF/총차입금	1.6	5.7	28.8	1.6	18.2
영업활동CF/유형자산투자	7.3	29.6	221.1	58.6	403.1
영업 · 투자CF/매출액	-38.3	-23.0	9.8	-1.3	5.8
유동비율	146.2	164.9	150.6	143.7	160.8
당좌비율	114.7	120.5	119.7	111.4	132.6

다만, 향후 운전자금 부담이 지속될 것으로 예상됨에도 영업 수익력 확대로 영업활동상 현금흐름은 다소 개선될 것으로 기대되나 향후 2년 이내에 대규모 차입금의 만기가 도래함으로써 현금흐름상 큰 부담이 될 것으로 판단됨.

2-2. 미래전망 추정

항생제 및 일반의약품 시장에서의 매출 감소에도 불구하고 비항생제 전문의약품 분야의 빠른 매출 성장에 힘입어 의약품 부분에서의 매출은 다소 증가할 것으로 보임. 또한, 완제 의약품 수출 개시, 기술 수출 성과, 새로이 시작된 첨단공법 도입 등으로 전체적인 외형도 현 수준 이상의 유지가 가능할 것으로 판단됨.

상위 제약업체의 경쟁구도가 고착화되고 이에 따른 시장 경쟁 심화와 제품구조의 변화로 향후 판매 관련 비용 부담이 확대될 것으로 예상됨에도 불구하고 원가율이 높은 상품매출 부문의 감소, 고부가 전문의약품의 매출증대 등에 힘입어 안정적인 영업수익성 시현이 가능시 됨.

그러나 외형대비 과다한 차입금 보유 및 어음할인을 통한 자금운용에 따른 과중한 금융비용부담이 동사 수익성 개선에 장애요인으로 작용할 것으로 판단됨. 신제품 출시 및 시장지위 강화를 위한 운전자금부담 확대 가능성이 상존하나, 꾸준한 순익시현, 풍부한 비자금비용의 유입에 힘입어 영업으로부터 지속적인 자금창출이 가능할 것으로 전망됨.

아울러 대규모 투자 계획이 없는 가운데 적극적인 자산매각을 통해 마련한 자금으로 만기도래 차입금을 상환할 예정에 있어 일정수준의 차입금 감소가 기대되나 여전히 과다한 차입금에 대한 상환 부담은 동사의 자금흐름에 크게 부담이 될 것으로 판단됨.

2-3. 기업가치 평가

동사의 과거자료를 분석하여 가중평균자본비용률을 구하여 본 결과 8.07%로 산출되었으며, 가중평균을 구성하고 있는 평균차입금리는 11.2%, 자기자본비용률 8.45%, 총자산은 520,360백만원으로 평가되었음.

[표 6-14] 금융제약(주) 가중평균비용 계산표

(단위 : 백만원, %)

구분	구성항목	금액/비율	계산내용
1	이자비용	32,135	회사채이자 및 사채상환손실 포함
2	평균차입금	286,827	(전기(263,241)+금기(265,412))/2+(할인어음)
3	평균차입금리	11.20%	이자비용(32,135)/평균차입금(286,827)

[표 6-14] 금융제약(주) 가중평균비용 계산표(계속)

(단위 : 백만원, %)

구분	구성항목	금액/비율	계산내용
4	법인세	5,237	실제로 지급된 법인세 비용
5	법인세전순이익	9,152	손익계산서상 이익
6	실효법인세율	30.80%	법인세(5,237)/(세전순이익)(한계법인세 이용)
7	이자발생부 부채	281,672	장.단기차입금 + 할인어음 + 금융리스
8	자본과유사자본 합계	238,688	자본총계(222,225)+부채성충당금(16,463)
9	이자발생부 부채비중	54.13%	이자부(281,672)/(281,672+238,688=520,360)
10	자기자본비용률	8.45%	국공채수익률(8.45%)+신용등급가산금리
11	자본과유사자본비중	45.87%	1-이자발생부 부채 비중(54.13%)
12	가중평균자본비용	8.07%	WACC = 8.07%

WACC = 11.2%×(1−30.8%)×281,672/(281,672+238,688)+8.45%×238,688/520,360 = 8.07%

위에서 분석된 자료를 토대로 금융제약(주)에 대한 증가운전자금과 CAPEX 지출 후의 잉여현금흐름표를 작성하면 다음과 같다. DCF 방식에 의한 평가절차는 현금흐름의 추정년도를 설정하고, 예측기간까지의 잉여현금흐름과 자본비용률의 산출, 예측기간까지의 기업가치 평가, 예측기간 이후의 기업가치 평가의 순서로 이루어진다.

[표 6-15] 금융제약(주)의 잉여현금과 기업가치 평가표

(단위 : 백만원, %)

구 분		추정1년	추정2년	추정3년	추정4년	추정5년
잉여현금부문						
1	영업이익(EBIT)	39,103	38,174	40,127	41,330	43,390
2	감가상각비(Depreciation)	16,780	17,332	18,073	17,710	16,820
3	무형자산상각비 Amortization	0	0	0	0	0
4	EBITDA(1+2+3)	55,883	55,506	58,200	59,040	60,210
5	운전자본의 증감액 Working Capital Inc.Dec	−2,584	867	9,706	4,594	5,910

[표 6-15] 금융제약(주)의 잉여현금과 기업가치 평가표 (계속)

(단위 : 백만원, %)

구 분		추정1년	추정2년	추정3년	추정4년	추정5년
6	시설투자금액 Capital Expenditure	4,296	43,082	20,073	18,430	17,580
7	잉여현금흐름FCF(4-5-6)	54,171	11,557	28,421	36,016	36,720

기업가치 및 유지가능차입금 부문

9	잉여현금흐름의 현재가치 PV of FCF(연도별 할인율)	49,054	9,486	20,909	23,694	18,577
10	FCF 현재가치의 합계 (9번 항목 추정년도의 합계)	121,720	추정년도 현재가치 합계			
11	잔존가치할인율 Terminal Value Rate	14.6%	추정 최종년도 할인율 이용			
12	잔존가치 Terminal Value	127,242	최종 추정년도 PV = FCF/잔존가치 할인율			
13	비업무용자산의 가치	74,518	현재 재무제표에 의거 비업무용자산 확정			
14	기업가치 Enterprise Value(10+12+13)	323,480	총기업가치(기업의 총한도)			
15	유지가능차입금 Sustainable Debt(10+13)	196,238	잔존가치를 제외한 차입금 한도 (기업가치 - 잔존가치현가액)			
16	이자부 부채	265,412	현재 부담하고 있는 총 이자부 부채			

신용등급간 가격결정모형 , 잔존가치 계산시 FCF성장율은 0%로 간주
1) FCF Discount Rate = (f = edf, 영업비용, 목표수익률, 예상 CP rate, 세후 ROE)
2) 년도별 할인율
1기 : 1.1043, 2기 : 1.2184, 3기 : 1.3593,
4기 :1.5200, 5기 : 1.9766 잔존가치할인율 : 1.9766

본건의 경우는 추정년도를 5개년까지 예측하였으며 잔존가치는 마지막 연도의 잉여현금흐름에 의하였다. 다만 기업가치 및 유지가능차입금 부문에서의 현재가치 할인율은 신용등급 간 가격결정모형과 전이행렬, 영업비용과 목표수익률 등에 의하여 매기 다르게 적용되었음에 유의하여야 한다.

위와 같이 평가하여 최종적으로 기업 또는 계열의 가치를 평가하여 과도한 여신이 지원되지 않도록 관리하여야 하며, 기업가치의 변동이 예상되는 경우에는 관련여신의 축소나 동태적인 관리를 강화하는 등의 방법으로 여신의 부실을 사전에 차단토록 하여야 한다.

연 | 습 | 문 | 제

1. 다음자료를 이용하여 아래 물음에 답하시오..

(단위 : 백만원, %)

항 목	전전기	전 기	금 기
영업활동 C/F (가)	3,306	3,681	4,348
이자비용 (나)	1,333	1,274	1,132
조정영업활동 C/F (1=가+나))	4,639	4,955	5,480
현재 ICR (1/나)	3.48	3.89	4.84
기말 차입금 (2)	15,308	14,182	12,523
평균차입금		14,745	13,352
평균차입금리 (3)		8.6	8.5
Target ICR (4)	1.5	1.5	2.0

1) 금기의 적정차입금을 산출하면 얼마인가(소숫점 아래는 절상)? (   )

① 12,523 ② 13,252 ③ 14,745 ④ 32,236 ⑤ 38,411

2) 건전한 재무구조를 바탕으로 기업가치를 높이기 위하여 목표이자보상배율을 현재의 4.84에서 7.0으로 높였을 경우 적정차입금 규모와 과다차입률은? (   )

2. 재무추정시의 전제조건으로 거리가 먼 것은? (   )

① 가격불변의 원칙

② 재고평가방법상의 차이 무시

③ 발생기준에 의한 비용과 수익인식

④ 생산능력 불변가정

⑤ 장기 추정시 성장률 하락 가정

연 | 습 | 문 | 제

3. 다음 자료를 활용하여 A기업의 가중평균자본비용률(WACC)를 구하시오

납세전 타인자본비용률(이자율)	10%
실효법인세율	30%
A기업의 보통주 베타계수	1.2
무위험자산수익률	5%
주식시장의 평균수익률	13%
부채총액	100억원(시장가치 100억원)
자기자본총액	200억원(시장가치 300억원)

① 12.0% ② 12.2% ③ 12.5% ④ 12.7% ⑤ 12.9%

4. 다음 설명 내용 중 가장 거리가 먼 것은? ( )

① 일반적으로 주주의 요구수익률(Ke)이 채권자의 요구수익률(Ki)보다 높다.

② 총자본세후영업이익률(ROTC)이 세후부채이자율(Kd)보다 높은 경우에는 부채비율(D/E)이 낮을수록 ROE는 증가하게 된다.

③ 투하자본이 20억원이고 투하자본세후영업이익률(ROIC)이 15%, 가중평균자본비용률(WACC)이 12%일 경우 경제적부가가치(EVA)는 60 백만원이다.

④ DCF(현금흐름할인)방법은 기업가치를 미래의 수익창출능력을 중심으로 평가하는 방법으로 할인율인 가중평균자본비용률(WACC)이 작을수록 기업가치는 커진다.

⑤ 가중평균자본비용률(WACC) 산출시 자금조달 원천별 가중치는 가능한 한 장부가치가 아닌 시장가치를 기준으로 측정되어야 한다.

정 | 답 | 및 | 해 | 설

1. 1) ④ 32,236

적정차입금 = 조정영업활동/(평균차입금리×목표 이자보상배율)

= 5,480 / (8.5% × 2.0배) = 32,236

2) 적정차입금은 9,210백만원

산식 = 5,480 / (8.5% × 7.0배) = 9,210백만원

과다차입률은 136%로 증가

= (기말차입금 / 적정차입금) × 100

= 12,523 / 9,210 × 100 = 136%

2. ③ 발생기준이 아니라 현금기준으로 인식

현금기준으로 수익, 비용을 인식하여야 선급비용, 미지급비용, 선수수익, 미수수익 등의 항목이 발생하지 않게 된다.

3. ④

타인자본비용률 = 10% × (1 − 0.3) = 7%

자기자본비용률 = 5% + 1.2(13% − 5%) = 14.6%

가중평균자본비용률 = 7% × (100/400) + 14.6% × (300 / 400)

= 1.75% + 10.95% = 12.7%

4. ②

총자본세후영업이익률(ROTC)이 세후부채이자율(Kd)보다 높은 경우에는 부채비율(D/E)이 높을수록 ROE는 증가하게 된다

제 7 장

신용의 보강과 채권보전

학습목표

❇ 신용의 보강에 대하여 이해하여야 한다.

❇ 담보의 평가방법과 평가의 3방식에 대한 개념을 이해하여야 한다.

❇ 채권보전의 방법에 대하여 학습한다.

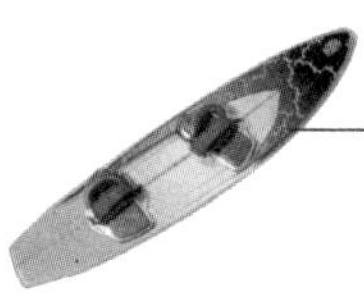

학습개요

❇ 신용의 보강에서 보증여신과 담보여신을 이해하고 보증인의 자격과 보증의 한도, 보증의 종류, 보증인으로서 입보할 수 없는 경우와 입보할 수 있는 경우 등에 대하여 학습한다.

❇ 감정평가의 원칙 중에서 확인주의와 보수주의, 처분주의 등에 대한 기초개념을 파악하고 감정평가의 3방식인 거래사례비교법, 원가법, 수익환원법 등에 대하여 학습한다.

❇ 담보 중에서 가장 일반적인 부동산의 의의와 종류, 등기부등본의 기재사항, 토지와 건물의 감정평가의 가격산정 방법 등에 대하여 학습하고 채권보전 방법에 대하여도 학습한다.

제1절 신용과 인적담보

1. 신용보강의 의의

채무자의 신용도가 미흡하거나 향후 채무자가 지급능력을 상실했을 경우를 대비하여 금융기관에서는 원리금을 회수할 수 있는 수단을 확보하고 있어야 한다. 이와 같은 신용보강의 수단으로는 담보물과 보증이 있다.

그러나 담보물은 이미 인정된 신용에 대한 부가적인 안전망일 뿐, 담보물에 대한 청산이나 강제집행을 예상하여 이를 상환재원으로 보고 대출해 주는 경우는 없어야 한다. 즉, 타당한 자금의 용도나 상환재원의 확보가 없이 단순히 신용보강의 방법만으로 여신이 취급되는 일은 없어야 한다.

신용의 보강에서 신용여신이란 담보가 없거나 담보물건별 유효담보가액을 초과하여 취급하는 여신으로서 보증인을 세우지 않고 채무자 자신의 신용에 의해 취급하는 여신을 말하고, 신용여신비율이란 차주의 총여신금액에서 총담보금액을 차감한 금액을 총여신금액으로 나누어 산출한 비율을 말한다. 신용여신비율은 각각의 금융기관마다 다르게 운용한다.

신용여신은 위험도가 매우 크기 때문에 국가기관이나 정부투자기관 등과 같이 부실의 우려가 거의 없거나, 신용보증기금 등에서 발행하는 부분보증 신용보증서의 은행부담 부분, 또는 신용등급이 우수하여 별도로 신용취급을 승인받은 경우 등에만 제한적으로 운용되고 있다. 또한 채무관계인 자격이 부적합한 자는 신용취급 대상에서 제외한다.

2. 보증여신

보증여신이란 담보가 없거나 담보물건별 유효담보가액을 초과한 여신으로서 보증인이 있는 여신을 말한다. 보증인은 신용 및 자산이 확실한 자로서 채무관계인 자격에 적합하여야 한다.

금융기관 여신에 있어서 보증은 대부분 연대보증 방식으로 운용된다. 연대보증의 법적 성격에서 연대보증인은 보충성이 없어 최고와 검색의 항변권을 가지지 못하기 때문이다. 또한 연대보증은 연대보증인이 수인이 있더라도 분별의 이익이 없기 때문에 채권자는 연대보증인 한명에 대하여도 주채무의 전액을 보증한도 금액까지 청구할 수 있어 채권확보에 유리하기 때문이다.

연대보증은 연대보증인의 의사와 여신의 종류 및 거래형태에 따라 특정채무보증 또는 근보증으로 구분 운용하고, 근보증은 다시 특정근보증, 한정근보증, 포괄근보증으로 구분하여 운용한다.

기업의 실질적인 소유주(과점주주)가 아닌 고용임원은 보증인으로 입보할 수 없으며, 조합에 대한 여신에 있어서는 조합원 전원으로 하여금 개인자격으로 연대입보토록 하여야 한다. 다만, 이에 의하기 어려운 경우에는 임원 또는 주된 조합원으로 하여금 이에 갈음하게 할 수도 있다. 또한 보증인 보호를 위하여 제3자가 담보를 제공한 담보부여신에 대하여는 제3자 담보제공자에게 연대보증을 요구하여서는 아니된다.

가. 가계여신

가계대출에 대한 개인 연대보증제도는 폐지되었다.

나. 기업여신

기업여신의 보증총액한도도 가계여신신용평점에서 산출한 한도 범위내로하며, 보증한도가 산출되지 않는 경우에는 6천만원까지 가능하다. 동일 차주당 보증 가능한도는 대출원금기준 총2천만원이하인 경우에 한하여 가능하며, 대출 약정시 차주 및 보증인의 신용한도와 보증한도에 대하여 반드시 설명하여야 한다. 다만, 다음에 해당하는 자는 여신금액 전액에 대하여 보증할 수 있다.

- 실질적인 기업의 소유자(개인사업자의 경우 공동대표 포함)
- 과점주주

- 무한책임사원
- 개인사업자의 경우 4촌 이내 친족
- 개인사업자의 경우 당해업체에 경상적 영업활동으로 재화 및 용역을 실질적으로 제공하는 자

참고로 보증인보호를 위한 특별법에서 정하고 있는 보증인이란 「민법」 제429조제1항에 따른 보증채무를 부담하는 자로서 다음 각 목에서 정하는 경우를 제외한 자를 말한다.

- 「신용보증기금법」에서 정하고 있는 기업이 영위하는 사업과 관련된 타인의 채무에 대하여 보증채무를 부담하는 경우
- 기업의 대표자, 이사, 무한책임사원, 「국세기본법」 제39조제2항에 따른 과점주주 또는 기업의 경영을 사실상 지배하는 자가 그 기업의 채무에 대하여 보증채무를 부담하는 경우
- 기업의 대표자, 이사, 무한책임사원, 「국세기본법」 제39조제2항에 따른 과점주주 또는 기업의 경영을 사실상 지배하는 자의 배우자, 직계 존속 · 비속 등 특수한 관계에 있는 자가 기업과 경제적 이익을 공유하거나 기업의 경영에 직접 · 간접적으로 영향을 미치면서 그 기업의 채무에 대하여 보증채무를 부담하는 경우
- 채무자와 동업 관계에 있는 자가 동업과 관련한 동업자의 채무를 부담하는 경우
- 위 항목의 어느 하나에 해당하는 경우로서 기업의 채무에 대하여 그 기업의 채무를 인수한 다른 기업을 위하여 보증채무를 부담하는 경우
- 기업 또는 개인의 신용을 보증하기 위하여 법률에 따라 설치된 기금 또는 그 관리기관이 보증채무를 부담하는 경우

보증계약 체결 시에는 보증의사 및 행위능력, 권한 등을 확인함으로써 보증인과의 법률분쟁 발생을 사전에 방지하여야 한다. 본인확인 방법으로 자연인인 경우에는 실명확인증표에 의하고, 법인인 경우에는 법인등기부등본, 법인인감증명서, 정관, 대표이사의 실명확인증표 등에 의한다.

3. 물적 담보여신

물적 담보여신이란 신용이나 보증과 달리 부동산이나 동산, 유가증권 및 채권, 보증서, 부동산담보신탁 수익증권, 골프회원권 등 각 금융기관에서 인정하는 담보를

취득하고 취급하는 여신을 말한다.

담보로 인정되는 부동산으로는 아파트와 단독주택, 상가, 오피스텔, 사무실, 병원, 나대지와 공장용지, 임야, 공장과 공장재단 등이 있으며, 이외에 등기 · 등록이 가능하여 부동산에 준하는 특수한 물건으로 인정되는 차량, 선박 등도 있다. 부동산은 종류가 다양하면서 각각의 담보인정비율도 다르게 적용되므로 담보취득 시 유의하여야 한다.

동산은 원료와 반제품, 완제품 또는 상품 등을 말하며 변질의 우려가 없고, 시장성이 풍부하며 또한 판로도 안정적인 것을 말한다. 유가증권 및 채권이란 거래소 상장 주식과 코스닥 상장 주식, 국공채와 지방채, 회사채, 예금증서와 신탁증서, 양도성예금증서 및 표지어음, 확정채권과 유가증권신탁 등을 말한다.

보증서의 종류로는 은행발급 지급보증서와 신용보증기금, 기술신용보증기금, 한국주택금융공사 등에서 발행하는 보증서, 수출신용보증서, 보증보험증권, 수출보증보험증권 등이 있다.

담보는 담보로서 인정되는 범위와 취득하는 절차에 따라 정식담보와 견질담보, 저당권, 질권, 양도담보, 채권양도 등으로 구분한다.

- **정규담보** : 금융기관의 관련규정 등에서 정한 담보취득가능 대상물건으로서 담보물건의 조건을 충족한 담보를 말한다.
- **비정규담보** : 관련규정 등에 의해 정식담보로 취득할 수 없는 물건을 담보취득하였거나, 소정의 담보 평가절차 미필로 담보가액으로 인정되지 않는 담보물건을 말하며, 일반적으로는 정규담보에 대응하는 개념으로 사용하고 있다.
- **저당권** : 담보제공자가 채무를 담보하기 위하여 제공한 물건(부동산 등) 또는 권리를 담보제공자 수중에 두고 그 수익의 기회를 담보제공자에게 주면서 그 물건 또는 권리의 교환가치(매매시 받는 값)는 채권자가 우선적으로 지배하는 권리로서 저당물을 경매하여 그 대금에서 우선적으로 채무의 변제를 받는 담보권을 말한다.
- **질권** : 채무자 또는 제3자(담보제공자)로부터 받는 물건(예금 등) 또는 권리를 채무의 변제가 있을 때까지 점유 또는 지배하는 것으로 이는 간접적으로 채무의 변제를 강제하고 만일 변제하지 못할 때에는 그 물건 또는 권리로서 다른 사람에 우선하여 변제를 받는 담보권이다.
- **양도담보** : 채무의 담보로 제공되는 목적물의 점유는 담보제공자가 하도록 하고 다만 그 소유권을 양도받는 방법에 의한 담보권을 말하며 저당권 설정이 곤란한

동산 등을 대상 목적으로 한다. 이외에 채권양도는 채무의 담보로 채권에 대한 권리를 양도받는 방법을 말한다.

담보여신에서는 감정가액과 사정가액, 담보인정가액 등 담보가액과 관련된 용어들이 많은데 중요한 용어만 설명하면 아래와 같다.

- **감정가액** : 감정평가업체가 평가한 물건의 가액 또는 금융기관 자체적으로 인정한 추정가액을 말함
- **사정가액** : 감정평가업체의 감정가액을 토대로 각 금융기관에서 정하는 기준에 따라 물건의 실질적 담보가치를 평가한 가액을 말함
- **담보인정가액** : 사정가액에 담보종류별 담보인정비율을 곱하여 산출한 가액임. 여기에서 담보인정비율이란 담보물 종류별로 담보인정가액을 산출하기 위하여 제정한 비율로서 담보의 종류와 금융기관의 성격에 따라 각각 다르게 운용됨
- **유효담보가액** : 담보인정가액에서 선순위 저당권 및 선순위 임대보증금(소액보증금 포함)등을 차감한 금액과 근저당권설정액 중 적은 금액임
- **가용가액** : 사정가액에서 선순위저당권 및 선순위임대보증금(소액보증금 포함) 등을 차감한 금액과 근저당권설정액 중 적은 금액임
- **LTV(Loan to value)비율** : 사정가액에 대한 여신규모를 나타내는 비율로서 (여신금액 + 선순위채권 + 임차보증금 및 최우선변제소액보증금) / 사정가액으로 산출함
- **담보비율** : 여신규모 대비 가용가액을 나타내는 비율로서 가용가액 / 여신금액으로 산출함

제2절 담보의 평가

1. 담보평가의 의의

담보평가란 금융기관 등이 대출에 대한 담보취득을 목적으로 담보대상 물건의 상태나 사실관계를 조사, 확인하여 그 진위 · 선악 · 적부 등을 판정하고 당해 담보대상물건의 경제적 가치를 판단하는 것을 의미한다.

담보평가의 목적은 담보물에 대하여 그 가치를 적절히 평가하여 대출금의 한도를 정하고, 향후 대출금이 부실화될 때 당해 담보물을 처분하여 담보채권을 상환받아 대출에 손실이 발생하지 않도록 하는 데 있다. 본 절에서는 담보 중에서 가장 일반적으로 활용되고 있는 부동산에 관한 내용에 대하여만 약술하고자 한다.

2. 담보평가의 원칙과 평가방식

2-1. 담보평가의 원칙

가. 확인주의

담보평가를 할 때에는 담보대상물건에 대한 물적 현황 및 권리관계 등을 반드시 확인하여야 한다. 담보대상 물건의 소재지, 위치, 면적, 이용상태, 건물의 존부, 미등기건물의 존부 등 물적 확인작업을 전제로 하여 소유권 및 제한물건 등 권리관계를 조사하여야 한다.

나. 보수주의

담보란 금융기관 등이 "완전한 채권회수"라는 목적을 실현하기 위한 것인바,

보수적인 관점에서 감정을 하여야 한다. 특히 담보감정에 있어서는 여신기간 동안 미래의 불확실성이 내재된다는 점을 고려하여야 한다. 즉, 여신기간 중 인근지역의 변화가능성, 담보물건의 현황변동 가능성 등을 고려하여야 하며 아직 실현되지 않은 개발계획에 따른 가격상승 또는 투기개입에 따른 가격상승 등에 대하여는 담보가격에 반영하지 않아야 한다.

다. 처분주의

담보는 담보목적물의 경제적 가치를 지배하는 것이며, 궁극적으로 환가처분을 통하여 채권을 회수하는 것이므로 담보감정은 채권기간 중 원하는 때에 적정한 금액으로 조기에 환가처분을 할 수 있는가 라는 관점에서 접근하여야 한다.

채권회수 관점에서 볼 때 지역적으로는 소외지역, 인구감소지역, 쇠퇴상업지역, 공해다발지역, 기간산업 쇠퇴공업지역, 수요자가 적은 별장지역 등은 일반적으로 환가처분이 곤란하다. 개별적인 요인을 고려하면 맹지, 협소한 대지, 혐오시설 인근의 물건, 주거환경이 열악한 물건, 특수용도물건(종교시설, 장례식장, 양어장 등) 엄격한 공법적 규제를 받는 물건 등은 조기 처분이 곤란하다.

라. 현황주의

담보감정은 공부상 지목이나 용도에 상관없이 현실적인 이용상태를 기준으로 판단하여야 한다. 다만, 공부와 현황이 일치하지 않을 경우 현황이 불법행위에 의하여 이루어진 것이 아닌지를 검토하여야 한다. 불법적으로 이용되거나 변경된 경우에는 강제철거 및 원상복구명령과 같은 행정적 조치가 수반될 수 있기 때문이다.

2-2. 담보평가의 세 방식

가. 거래(또는 매매)사례 비교법

대상 부동산이 시장에서 어느 정도의 가격으로 거래될 수 있는가 하는 시장성에 근거하여 가격을 판단하는 방법으로 가장 일반적으로 사용되며 이 방법으로 평가된 가격을 비준가격이라 한다.

나. 원가법

가격시점에서 대상물건의 재조달원가에 감가수정하여 대상물건이 가지는 현재의 가격을 산정하는 방법을 말하며, 이 방법에 의하여 산정된 평가액을 적산가격이라 한다.

다. 수익환원법

대상물건이 장래 산출할 것으로 기대되는 순수익 또는 미래의 현금흐름을 적정한 비율로 환원 또는 할인하여 가격시점에 있어서의 평가가격을 산정하는 방법을 말하며, 이 방법에 의하여 산정된 평가가격을 수익가격이라 한다.

3. 부동산의 평가

부동산을 평가할 때에는 지적법에 의한 지적제도와 부동산등기법에 의한 등기제도를 이해하여야 한다. 지적제도는 토지에 대한 사실관계를 공시하는 제도로서 토지대장, 임야대장, 공유지 연명부, 대지권 등록부, 지적도, 임야도 등이 해당되며 실질적 심사주의에 의하여 직권 등록주의를 택하고 있기 때문에 공신력이 인정된다.

반면에 등기제도는 토지와 건물 등 부동산에 대한 권리관계를 당사자가 신청하는 경우에 공시하고 있어 공신력이 인정되지 않는다.

가. 공적 장부의 종류 및 기재내용

종 류	기재내용
등기부등본	1.부동산등기 대상 : 부동산과 그 권리 • 부동산 : 토지와 그 정착물을 말하며, 정착물 중에서 건물을 제외한 토지정착물 (입목, 공장재단 등)은 각각 특별법에 따라 등록 또는 등기가 된다. 따라서 부동산등기법상 부동산등기의 대상은 토지와 건물이다. • 권리 : 부동산소유권, 지상권, 지역권, 전세권, 저당권, 부동산임차권 등의 권리 2.부동산등기부의 구성 • 표제부 : 소재지번, 지목, 면적 등 • 갑구 : 소유권 및 관련사항(압류, 가압류, 가처분, 경매기입등기 등) • 을구 : 소유권 이외의 권리(저당권, 지상권, 지역권, 전세권, 임차권)와 관련된 사항

종 류	기재내용
토지(임야) 대장	• 토지에 대한 측량과 조사를 바탕, 지목변경이나 분할 또는 합병사실을 통해 토지의 역사를 파악 • 소재지번, 지목, 면적, 소유자의 성명과 주소 • 부동산의 동일성 판단기준
지적(임야)도	대장에 등록된 토지의 소재지번, 지목, 경계등의 내용을 도면으로 표시
토지이용 계획 확인서	토지의 기본적인 특성 확인
건축물 관리대장	• 소재지번, 구조, 용도, 건축물현황, 건축허가 연월일, 사용 연월일, 소유자 현황 등 기록 • 건물의 동일성 판단기준

나. 지목과 건축물

지목이란 토지의 주된 용도에 따라 토지의 종류를 구분하여 지적공부에 등록하는 것을 말한다. 토지의 지목이 결정되면 건축행위 등 토지의 이용에 직 · 간접적인 영향을 미치며, 나아가 부동산 가격형성에도 커다란 영향을 미친다.

그리고 동일한 지목이라도 이용현황, 법적제한사항(완충녹지, 그린벨트 등)에 따라 환가성면에서 커다란 차이가 있다. 지적법 제 5조에서는 토지를 전, 답, 임야, 공장용지, 주차장 등 28개의 지목으로 분류하고 있으며, 1필지마다 1개의 지목을 설정하도록 하고 있다(1필지 1지목의 원칙).

건물은 토지에 정착하는 공작물 중 지붕과 기둥 또는 벽이 있는 것을 말하며, 이에 부수되는 담장, 대문 등의 시설물과 지하 또는 고가의 공작물에 설치하는 사무소, 공연장, 점포, 차고, 창고 등을 말한다.

다. 부동산의 감정평가

토지의 감정평가는 표준지 공시지가를 기준으로 한다. 표준지 공시지가란 「부동산 가격공시 및 감정평가에 관한 법률」의하여 공시한 지가로서 국토해양부장관이 매년 1월 1일 현재로 고시하는 표준지의 단위면적당 가격을 말한다.

표준지 공시지가는 토지시장의 지가정보를 제공하고 일반적인 토지거래의 지표가 된다. 감정평가업자가 토지에 대하여 평가하는 절차를 간략하게 설명하면 다음과 같다.

◆ 토지평가가격

= 비교표준지 공시지가 × 시점수정 × 지역요인 격차율 × 개별요인 격차율 × 기타요인 보정 × 대상토지의 면적

건물의 평가는 원가법이 원칙이나 원가법에 의한 평가가 적정하지 아니한 경우에는 거래사례비교법 또는 수익환원법에 의하여 평가할 수 있다.

◆ 원가법에 의한 건물의 적산가격

= [재조달원가(건물신축단가) × (내용연수–경과연수)/내용연수] × 면적

제3절 채권보전 방법

1. 채권보전의 의의

담보는 그 종류가 많고 복잡하며, 법률적으로 검토하여야 할 사항도 많기 때문에 담보 사안별로 그에 대한 채권보전 방법을 달리하여야 한다. 여신취급과 관련하여 취득하고자 하는 담보는 여신실행 전에 취득함을 원칙으로 하여야 한다.

시설자금 대출과 관련한 후취담보는 시설의 완공 · 기계의 설치 등 담보취득이 가능한 즉시 취득하여야 하며, 토지와 같이 사업계획의 완성 전이라도 담보취득이 가능한 것은 즉시 취득할 수 있도록 하여야 한다.

담보취득방법은 담보물건의 특성에 따라 다음 각 호의 방법에 의하여야 한다.

- (근)저당권설정계약에 의한 방법 : 부동산, 공장저당 등
- (근)질권설정계약에 의한 방법 : 유가증권, 채권 등
- 양도담보계약에 의한 방법 : 기계기구 등
- 채권양도에 의한 방법 : 채권증서 등

2. 담보취득의 원칙

1-1. 부동산 담보

부동산담보는 근저당권 설정계약서에 의하여 설정계약을 체결하여야 하며, 다음과 같은 방법과 절차에 따라 담보를 취득하여야 한다.

대지는 해당 건물과 공동담보로 취득함을 원칙으로 하며, 나대지인 경우에는

지상권을 함께 취득하여야 한다. 이미 담보취득 하였던 대지 위에 건물을 신·증축하였을 경우에는 「추가근저당권설정계약서(공동담보물건 추가용)」에 의거 공동담보로 취득하여야 하며, 담보물에 부속된 정착물, 창고, 전용수도 기타 담보물의 사용수익에 필요한 물건 및 권리 일체는 첨담보로 취득하여야 한다.

부동산의 소유권이 2명 이상인 공유부동산은 공유자 전원의 지분에 저당권을 설정하거나 또는 저당 목적물을 분할한 후의 독립물건에 대하여 저당권을 설정함을 원칙으로 한다. 부득이 공유지분권을 담보로 취득하는 경우에는 다른 공유자의 「공유지분 위치확인서」를 받는 등 후일 담보권 행사 시 분쟁을 방지하는 조치를 취하여야 한다.

저당권의 목적물이 공장인 경우에는 공장에 속하는 토지, 건물 및 부속물과 거기에 설치된 기계기구 기타 공용물을 일괄하여 담보취득함을 원칙으로 한다. 이 경우 기계기구 등의 설치물 소유자는 공장건물 또는 토지 소유자와 반드시 일치하여야 하며, 또한 공장저당권 실소유자가 리스회사 등인 기계·기구 등은 담보취득을 할 수 없다.

공장에 대한 담보취득방법은 근저당권을 설정하되, 「공장저당법」에 의거 공장저당권임을 표시하고, 「공장저당법」에 의한 목록을 작성 첨부하여야 한다. 기계목록 작성 시에는 기계시설의 규격 및 용도를 확인한 후 목록을 작성하고, 부속물에 대하여도 목록에 기재된 종물 내지 부합물로 인정하기 어려운 것은 독립된 기계로 취급하여 목록에 추가하여야 한다. 공장저당에 의한 방법 이외에 기계기구를 단독으로 담보취득 하고자 하는 경우에는 양도담보계약에 의하여야 한다.

부동산에 준하는 물건으로서 등기된 선박이나 항공기, 등록원부에 등록된 비행기와 헬리콥터, 건설기계등록원부에 등록된 건설기계 등에 대하여도 관련 법률에 의하여 저당권을 설정하여야 한다.

2-2. 동산담보의 취득

동산을 담보로 취득할 경우에는 이를 점유하여야 한다. 그러나 화물증권의 발행이 있는 상품에 대하여는 그 증권에 배서를 받아 이를 점유한다. 동산담보는 담보제공자로부터 「근질권설정계약서」를 받아 확정일자를 받아야 한다. 동산, 채권 등의 담보에 관한 법률(동산담보법)에 의할 경우에는 동 법률에 따라 담보 취득할 수 있다.

담보로 취득한 상품 등의 동산은 은행 창고에 입고하여 보관하거나 전문창고업자 또는 은행과 창고물건 협약을 체결한 창고업자의 창고에 보관하고 창고증권을 취득하는 방법을 취해야 하고 그 관리에 유의하여야 한다.

연 | 습 | 문 | 제

1. 연대보증의 운용 방법으로 거리가 먼 것은? (　　)

① 일괄근보증　② 특정근보증　③ 한정근보증
④ 포괄근보증　⑤ 특정채무보증

2. 기업여신으로서 여신금액 전액에 대하여 보증을 할 수 있는 경우는? (　　)

① 소액주주
② 과점주주
③ 유한책임사원
④ 등기이사 및 감사
⑤ 개인사업자의 경우 8촌이내 친족

3. 채무자로부터 받는 물건 또는 권리를 채무의 변제가 있을 때까지 채권자인 금융회사가 점유 또는 지배하는 담보 취득 방법은? (　　)

① 근저당권　② 보통저당권　③ 첨담보
④ 질권　⑤ 양도담보

4. 담보가액과 관련된 용어들 중 각 금융기관에서 정하는 기준에 따라 물건의 실질적 담보가치를 평가한 가액의 용어로 옳은 것은? (　　)

① 감정가액
② 담보인정가액
③ 유효담보가액
④ 담보비율
⑤ 사정가액

연 | 습 | 문 | 제

5. 부동산담보는 근저당권 설정계약서에 의하여 설정계약을 체결하여야 하는데 부동산의 담보 취득 방법에 대한 설명으로 옳지 않은 것은? (　　)

① 나대지인 경우에는 지상권을 함께 취득하여야 한다.

② 저당권의 목적물이 공장인 경우에는 공장에 속하는 토지, 건물, 기계기구 기타 공용물을 일괄하여 담보취득 함을 원칙으로 한다.

③ 담보물에 부속된 정착물, 창고, 전용수도 기타 담보물의 사용수익에 필요한 물건 및 권리 일체는 양도담보로 취득하여야 한다.

④ 부동산에 준하는 물건으로서 등기된 선박이나 항공기 등에 대하여는 관련 법률에 의하여 저당권을 설정하여야 한다.

⑤ 대지는 해당 건물과 공동담보 취득함을 원칙으로 한다.

정답및해설

1. ①

연대보증은 연대보증인의 의사와 여신의 종류 및 거래형태에 따라 특정채무보증 또는 근보증으로 구분 운용하고, 근보증은 다시 특정근보증, 한정근보증, 포괄근보증으로 구분하여 운용한다.

2. ②

– 전액 보증할 수 있는 경우

*실질적인 소유자(개인사업자의 경우 공동대표 포함)

*과점주주 *무한책임사원 *개인사업자의 경우 4촌이내 친족

*개인사업자의 경우 당해업체에 경상적 영업활동으로 재화 및 용역을 실질적으로 제공하는 자

3. ④

질권이란 채무자 또는 제3자(담보제공자)로부터 받는 물건(예금 등) 또는 권리를 채무의 변제가 있을 때까지 점유 또는 지배하는 것으로 이는 간접적으로 채무의 변제를 강제하고 만일 변제하지 못할 때에는 그 물건 또는 권리로서 다른 사람에 우선하여 변제를 받는 담보권이다.

4. ⑤

사정가액은 감정평가업체의 감정가액을 토대로 각 금융기관에서 정하는 기준에 따라 물건의 실질적 담보가치를 평가한 가액을 말한다.

5. ③

담보물에 부속된 정착물, 창고, 전용수도 기타 담보물의 사용수익에 필요한 물건 및 권리 일체는 첨담보로 취득하여야 한다.

제8장

여신상품의 설계 및 대출금리 결정

학습목표

※ 여신구조 및 여신상품, 여신의 운용한도 등에 대하여 이해하여야 한다.

※ 대출금리 결정 요인에 대해 이해하여야 한다.

※ 여심금리의 실무 적용에 대하여 이해하여야 한다.

학습개요

※ 단기대출과 장기대출의 자금수요 원인과 상환재원, 여신의 운용제도에 의한 기업의 가치와 여신운용 한도 등에 대하여 학습한다.

※ 대출금리는 경기동향, 기업 및 가계의 자금수요, 대출시장의 경쟁구도 등 복합적인 요인들에 의해 영향을 받고 있는데, 이들에 대한 요인을 검토해 보고 이자율 결정 체계를 학습한다.

※ 대출가격의 충족범위를 이해하고 기준금리와 신용가산금리에 적용되는 업무비용과 위험비용 등에 대하여도 학습하도록 하여 금리산출표를 실제 산출해 봄으로써 전반적인 과정을 이해한다.

제1절 여신상품의 종류 및 설계

1. 여신구조 분석

여신구조란 고객에게 적용할 대출방법, 대출기간, 적용금리, 수수료, 보상예금, 채권보전 및 기타 대출조건 등을 설정하는 것을 말한다.

따라서 여신구조를 설정하는 경우에는 여신상환에 불리한 영향을 미치는 순간적 변화를 모니터링하는 조기경보시스템의 구축이 필요하다.

2. 여신상품의 결정

금융기관은 대출목적(자금수요) 및 상환재원을 고려하여 단기대출로 운용할지, 장기대출로 운용할지를 결정하여야 한다. 운전자본은 일시적 요인에 의한 단기 여신수요에 적합하고 그 상환재원은 1영업회전기간 동안 현금을 창출할 수 있는 재원에 의존하는 것이 바람직하다.

장기대출의 경우 회사 성장기에 항구적인 운전자본의 확보와 유형자산 취득 등의 요인으로 장기 여신수요에 적합하고 그 상환재원으로는 장기간에 걸친 현금흐름이 상환재원이 되어야 한다.

[표 8-1] 단기대출과 장기대출의 비교

구 분	대출목적(자금수요)	상환재원
단기대출	• 영업에 필요한 매입 채무 변제 또는 매출채권 보유에 따른 소요자금 • 계절적 재고자산의 구매 • 매출채권 회수가 일시적으로 둔화될 경우 지급채무 충당자금 • 매출 채권 회수시점 차이로 발생하는 자금수요 등	• 매출채권 회수 자금 • 시장성 있는 유가증권이나 투자 및 비유동자산과 같은 기타 자산의 현금화 재원
장기대출	• 회사 성장기에 필요한 항구적인 운전자본 • 비유동자산의 취득 • 영업인수자금의 일부조달 • 장기대출의 상환이나 차환 또는 지분 대체를 위한 차입 등	• 여러 영업주기에 걸쳐서 유입되는 차주의 현금흐름 • 시설자금 대출의 경우 관련 시설 등 2차 상환재원보다는 반드시 1차 상환 재원인 장기 안정적인 현금흐름을 근거로 하여야 함.

3. 여신의 운용

여신은 운용제도에 의하여 일괄여신제도와 개별여신제도로 분류되고, 여신취급기준에 의하여 운전자금과 시설자금, 여신성 유가증권 등으로 분류되며, 계정과목별로는 할인어음과 당좌대출, 일반자금대출, 기업구매자금대출, 지급보증 등의 과목으로 분류된다. 또한 외환여신으로는 무역금융과 무역어음, 외화대출 등 다양한 방법과 과목으로 운용되기 때문에 적절한 방법을 선택하여 여신을 지원할 수 있다.

다만 할인어음이나 기업구매자금대출, 외환여신 등은 한국은행 총액한도대출 규정이나 외환 관련 법규에 의하여 규제를 받기 때문에 관련 규정과 지침에 의하여 한도를 산출하고 그 금액 범위 내에서 지원이 되도록 하여야 한다.

일괄여신제도는 여신거래처에 대하여 일정기간 동안의 신용공여 한도를 설정하여 운용하게 함으로써 대상 업체의 안정적인 자금계획수립 및 운용을 도모하여 고객에게 편의를 제공하고, 금융기관은 신용 리스크관리 및 업무의 효율성 제고를 목적으로 운용되고 있다.

일괄여신제도에 의하여 공여된 신용은 총한도와 여신종별한도, 여신과목별한도로 운용된다. 여신의 총한도란 여신거래처에 대하여 “Total Exposure” 관점에서 정해진 기업의 여신운용한도 범위 내에서 취급되는 여신한도를 말하고, 여신종별한도라 함은 승인된 총한도 범위 내에서 취급할 수 있는 한도이며, 여신과목별한도라 함은 승인된 각 여신종별한도 범위 내에서 취급할 수 있는 각 계정과목별 한도를 말한다.

제2절 대출금리 결정

1. 대출금리 결정의 구성요소

금융기관의 대출금리는 경기동향, 기업 및 가계의 자금수요, 대출시장의 경쟁구도 등 복합적인 요인들에 의해 영향을 받고 있다.

자금조달비용은 예수금, 차입금, 자본금, 채권발행 등 자금조달에 소요되는 비용으로 경제여건과 금융기관 정책 등에 따라 변동한다.

이자율리스크란 고정금리로 대출함에 따라 부가되는 금리변동리스크로 일반적으로 고정금리 대출은 변동금리대출보다 금리를 높게 책정하고 이자율의 변동성과 대출기간이 길수록 금리를 높게 책정한다.

감독 및 검토 비용은 신용상태가 좋지 않은 기업은 양호한 기업보다 재무제표 요구, 경영진 방문, 현장검사, 산업동향 조사 등 사후관리비용이 더 많이 소요되는 것을 고려하여야 한다.

대출상품은 각 차입자마다 상환능력이 다르고 상환의지도 다르기 때문에 다양성을 지니고 있고, 미래의 대출원리금 상환가능성과 상환의지에 대하여는 대출자인 금융기관보다는 차입자가 더 잘 알고 있기 때문에 정보의 비대칭성이 발생하는 특성이 있어 금리체계도 다르게 적용될 수밖에 없다.

2. 대출금리 결정체계

금융시장에서 자본용역의 대가로 형성되는 대출이자가 대출원금에 대한 비율로 표시될 때 이를 대출이자율 또는 대출금리라고 한다. 대출금리는 거시적으로는 정부의 금융정책과 자금수지동향, 경제동향, 물가의 정도, 국제금리 등에 따라 많은 영향을 받고, 미시적으로는 크게 은행요인과 기업요인의 2가지가 있다.

은행요인이란 은행의 자금조달원가, 대출취급비용, 은행의 적정마진 등을 말하는 것이고, 기업체 요인이란 업체의 신용도, 대출기간, 대출금액, 담보 유무 등 리스크관련 요인과 예금 및 외환거래 등과 관련된 수익관련 요인을 말한다.

대출금리 결정은 금융기관이 차주에 대한 신용조사 및 여신심사를 거쳐 최종적인 가격을 부여하는 여신의 핵심요소이며, 대부분의 금융기관은 스프레드방식에 의하여 대출금리를 결정하고 있으며 경우에 따라 위험조정수익률 등의 방식을 이용하기도 한다.

2-1. 스프레드 방식

스프레드 방식은 자금조달 비용에 차주의 신용도 및 은행 기여도 등을 감안한 가산금리와 적정마진을 더하여 대출금리를 적용하는 가장 전통적인 금리결정 방식이다.

◆ 대출금리

자금조달비용 + 업무원가 + 적정마진 + 신용도 가산금리 + 위험조정자본수익률
± 정책적 조정요소

자금조달비용은 CD 유통수익률, 콜금리 등 시장금리를 기준금리로 활용하거나 금융기관 본지점 간에 이전되는 내부이전가격을 사용한다. 특정상품에 대하여 소비된 투입량을 분명하게 측정할 수 있는 원가로서, 조달부문의 직접원가에 해당하는 예금이자지급액과 운용부문에서 그 특정업무와 매칭이 되는 부속원가를 합하여 이루어진다.

업무원가는 특정상품이 단독으로 부담하기 어려운 원가로서 일정한 배부기준에 의하여 상품별 소비량을 간접적으로 측정할 수 있는 원가를 말한다. 이에는 인건비, 경비, 퇴직급여, 감가상각비, 제세공과금 등이 있다.

신용도 가산금리는 신용위험에 따른 리스크프리미엄에 의해 결정되며 차주 및 상품의 위험에 따른 연간 예상손실률(= 예상부도율×부도시손실률)을 사용하여 산출한다. 즉, 신용도 스프레드는 "신용등급별 예상부도율×(1 - 예상회수율)"로 산출된다는 의미이다.

◆ 신용도 스프레드 계산 사례

신용등급에 해당하는 예상 부도율 : 3.5%
대출과목 및 대출금액 : 일반자금대출 500백만원
담보 예상회수율 : 공장담보 예상회수율 60%
신용도 스프레드율 = 3.5% × (1-60%) = 1.4%

위험자본수익률은 예상손실을 초과하는 미예상손실을 대비하기 위한 위험자본 부담에 따른 내부유보 및 배당 등을 위한 요구수익률을 금리에 전가하는 자본비용의 개념이고 정책적 조정요소는 기여수익, 영업정책 등에 따른 조정을 말한다.

2-2. 위험조정자본수익률 방식

위험조정자본수익률(Risk Adjusted Return on Capital : RAROC) 방식은 대출액에서 예상되는 순이익을 그 대출의 신용위험을 감안한 위험조정 자본으로 나눈 비율을 목표 수익률과 비교하여 대출금리를 결정하는 방식이다. 이는 금융기관이 가격결정과정에서 적절한 자기자본을 추가해야 한다는 필요성에 의하여 Bankers Trust에 의해 도입된 기법으로, 개별거래나 사업부서에 세후기준으로 1년 동안 발생할 수 있는 최대 기대손실과 동일한 요구자본을 배분하여 산출한다.

따라서 이 기법은 순이익을 포지션의 크기에 여러 위험요인을 반영하여 산출한 위험조정자본(Risk Adjusted Capital)으로 나누어 산출한 백분율로서 RORAC라고 칭하기도 한다. BIS 자기자본규제 도입으로 이를 변형시킨 다양한 방식이 있다.

$$\text{RAROC} = \frac{\text{순이익}}{\text{위험조정자본}} \times 100$$

2-3. 주주부가가치 방식

주주부가가치(Shareholder Value Added) 방식은 예상 대출 순이익에서 제반 비용을 차감하여 주주에게 귀속되는 최종이익을 구하고 이를 기준으로 대출금리를 산출하는 방식이다.

2-4. ROA 방식

ROA(Return on Assets)란 일정기간 동안 고객과의 거래를 통하여 얻어진 순이익을 비율로 표시하여 여신자산운용의 효율성을 측정 · 평가하는 지표로서, 고객거래로부터 발생한 순이익을 여신자산으로 나누어 산출한 비율이다. 이는 간접비용과 위험자본 등을 고려하지 않고 단순한 계산과정을 거쳐 즉시 확인이 이루어지는 장점이 있어 실무에서 참고자료로 많이 활용되고 있다. 여기에서 발전한 모형으로는 위험조정자산수익률(Return on Risk-Adjusted Assets : RORAA)이 있다.

$$\text{총자산순이익률(ROA)} = \frac{\text{순이익액(총수익 − 총비용)}}{\text{총자산}} \times 100$$

$$\text{RORAA} : \frac{\text{순이익}}{\text{BIS기준 위험가중자산} \times 12\text{(월)} \div \text{대상기간(월)}} \times 100$$

순이익은 일정기간 중 은행이 고객과의 거래로부터 얻어진 이익으로서 총수익에서 총비용을 차감하여 산출한다. 총수익은 운용수익과 기회수익으로 구성되어 있는바, 운용수익은 고객이 사용한 총사용자금 등의 비자금으로의 운용으로부터 발생한 총수익액을 말하며, 기회수익이란 고객이 금융기관에 예치한 예수금을 운용하여 얻을 수 있는 기대수익을 의미한다.

총사용자금은 총자산 중 금융기관이 실질적으로 자금부담이 발생한 운용자산을 의미하며, 비자금이란 자금부담이 발생하지 않는 운용자산으로서 지급보증, 외환실적, 서비스 및 수수료 부문 등으로 구성된다.

비용은 조달비용과 기회비용, 기타 필요비용으로 구분된다. 조달비용은 고객이 금융기관에 예치한 예수금에 대한 지급이자를 말하며, 기회비용이란 고객이 사용한 자금을 타 사업부문에서 조달하였을 경우에 지급하여야 할 비용으로 인식하고, 필요비용이란 총수익 획득과 관련하여 발생하는 신용보증기금출연료, 교육세, 법인세와 제세공과금 및 기타비용 등을 말한다.

3. 대출가격의 충족범위

대출금리결정 모형을 분해해 보면 가격정책의 기본은 고객에 대한 가치를 중심으로 결정되고 있다는 것을 알 수 있다. 즉, 가격정책은 고객이 상품이나 서비스의 대가로 어느 정도의 금액을 지불할 용의가 있는가에 따라 결정된다는 것이다.

고객의 금융행동에 적절한 세분화가 이루어지고 그에 따라 어떠한 서비스를 제공해야 하는지가 분명해지면 금융기관이 이익을 획득하는 방안을 제시하여야 한다. 따라서 대출가격은 다음의 사항을 충족시킬 수 있어야 한다.

- 사전에 계획된 목표이익(목표 ROA 등)의 달성
- 자금조달원가의 완전한 상쇄
- 예측가능한 위험에 대비할 수 있는 요소의 포함
- 여신과 관련된 영업비용과 서비스관련 제비용의 충당
- 수익과 관련된 법인세비용과 지급준비금과 관련된 영향을 고려

제3절 여신금리의 실무 적용

실무에서 여신금리의 결정은 법령이 정하는 최고율 범위내에서 각 금융기관이 내부적으로 정하는 절차에 따라야 한다. 다만 한국은행 이외의 기관(정부기관 및 지방자치단체, 중소기업중앙회 등)으로부터 차입하여 대출하는 경우에는 해당 기관의 관계규정이나 지침 등에 정해진 바에 의하여 산출하여야 한다.

여신금리에서 "변동금리"란 대출약정 기간 내에 기준금리가 변경될 경우 당해 대출금리가 변경되는 금리를 말하고, "고정금리"란 대출취급 당시의 금리가 대출약정기간 동안 계속 적용되는 금리를 말한다. 은행여신거래기본약관에는 고정금리를 "채무의 이행을 완료할 때까지 은행이 그 율을 변경할 수 없음을 원칙으로 하는 것"으로 명시하고 있다. 또한 "확정금리"란 고정금리와 달리 대출금리산출 당시의 금리가 일정기간 동안 동일한 금리가 계속 적용되는 것을 말한다.

확정금리는 변동금리와 반대되는 개념으로 해석되지만 고정금리와 혼용하여 사용되기도 한다. 고정금리와 엄격하게 구분하면, 고정금리는 가입시점부터 만기시점까지 동일한 금리가 적용되는 것을 의미하며, 확정금리는 일정기간 동안만 동일한 금리가 적용된다는 의미이다. 다시 말해서 고정금리가 확정금리에 비하여 보다 넓은 의미의 개념이라고 할 수 있다.

1. 기준금리

기준금리는 여신의 상품과 기간에 따라 기본적으로 적용되어야 하는 금리를 말하며, 이에는 프라임레이트 연동 대출 금리 적용 시 기준이 되는 프라임레이트와, 당좌대출 금리 적용 시 기준이 되는 당좌대출 기준금리, 총액한도대상의 무역어음대출이나 기업구매자금대출, 무역어음 및 상업어음할인 등에 적용되는 총액한도대상대출

기준금리 등이 있다.

이외에도 대출약정기간 내에 일정기간 단위로 기준금리만 변동되는 변동금리부대출 기준금리와 고정금리대출로 취급하고자 하는 대출의 금리 적용시 기준이 되는 고정금리대출 기준금리, 외화대출금리 적용시 기준이 되는 외화대출 기준금리 등이 있다.

2. 신용가산금리

실무에서 신용가산금리는 외부의 신용등급 평가자료와 은행 내부에서 과거자료를 축적한 정보를 종합하여 업종별로 분류한 모델에 따라 차입자의 신용등급에 해당하는 예상손실률을 구하여 산출된 스프레드에 목표이익률을 더한 금리를 말한다.

신용가산금리는 금융기관에 구축된 금리결정 시스템 의하여 산출한다. 금리결정 시스템이란 차주의 위험부분을 계량화하여 위험비용으로 반영하고, 여신형태별 업무원가, 여신부대비용(교육세 및 신용보증기금출연료), 목표이익을 감안하여 적정금리를 산출하는 시스템을 말한다. 금리결정 시스템에 의해 산출한 스프레드란 여신을 취급함으로써 향후 발생하는 수익(이자수입 및 수수료)과 비용(위험비용 및 업무비용)이 같아지는 스프레드 즉, NPV(순현재가치)가 0이 되는 스프레드를 의미한다.

SPREAD = 업무비용 + 위험비용 − 조달비용

업무비용 = 업무원가 + 교육세 + 신용보증기금출연료
위험비용 = 예상손실 + 자본비용
예상손실 = 부도시잔액(EaD) × 예상부도율(EDF) × (1 − 회수율)
자본비용 = 위험자본 × 세전 목표 ROE

자본비용에서 위험자본이란 노출되어 있는 위험으로부터 은행의 안전을 보장하기 위해 보유해야 할 자본의 양을 말한다.

- **조달비용 차감분** : 자금은 외부자금과 자기자본으로 조달(즉, 자금원가 = 외부자금 조달비용 + 자기자본비용)하는데, 자기자본비용은 위험비용에 포함하여 산출된다. 따라서 자기자본 조달분에 대한 조달비용이 이중계산되므로 자금원가 중 이부분을 차감한 값을 말한다.

예상손실에서 회수율은 담보별, 상품별, 신용회수율을 말한다.

- **담보회수율** : 담보물 회수예상가액 ÷ 여신금액 × 100
- **상품회수율** : 여신상품별 특성에 따른 회수율
- **신용회수율** : 차주의 신용회수율 + 보증인의 대위변제에 의한 회수율 + 견질담보에 의한 회수율 + 약정강도에 의한 회수율을 정해진 방법에 따라 순차적으로 구하여 정한다.

위에서 산출된 신용가산금리에 기간별 시장대표금리에 의한 기본조정계수를 더하여 최종적인 적용금리를 정하게 된다. 기간별 시장대표금리로는 1일물 Call 금리, 91일물 및 180일물 CD유통수익률, 1년물 통안채 유통수익률, 2년, 3년 및 5년 국고채 유통수익률 등을 말한다.

조정계수란 수신부문과 정책요소로 구분한다. 수신조달 부대비용은 예금보험료와 지준예치비용 및 수신 업무원가를 더하여 산출하고, 정책요소는 향후 정책적으로 시장금리를 초과하여 수신금리 결정 시 그 초과되는 비용을 반영하는 부분으로서 상품보상계수가 수신조달 부대비용을 초과할 경우에 반영할 수 있다.

3. 금융산업(주)금리산출표 사례

❊ 여신기본정보

법인번호	100000-0038704	차주명	금융산업(주)
차주신용등급	6+	평가일자	200×. 2. 10
여신과목	일반자금대출	선·후취여부	후취
여신신청금액	3,000,000,000	원화금액	3,000,000,000원
기준금리코드	16	세부금리코드	02
여신기간	1년	거치기간	-
이수기간	1개월	신보출연여부	대상
한도/건별	건별	평균사용률	-
상환방법	일시상환	상환주기	-

※ 회수율

담보회수율	88.40%	상품별특성회수율	0.00%
차주신용회수율	2.33%	대위변제회수율	0.00%
견질담보회수율	0.00%	약정강도회수율	0.00%
반영회수율	90.73%		

※ 금리계산결과

기준금리	3.95%	목표이익률	1.00%
업무비용(A)	0.67%	SPREAD(A+B+C+D)	3.31%
예상손실(B)	0.43%	수신부대비용	0.20%
자본비용(C)	2.26%		
조달비용차감분(D)	0.05%	네고금리폭	1.00%
산출금리	8.46%	(기준금리+스프레드+목표이익률+수신부대비용)	
+우대조정	1.39%	-가산조정	0.00%
결정금리	7.07%	적용금리	7.07%

※ 조정사유

조정을 하여야 할 경우의 사유를 기재한다.

연 | 습 | 문 | 제

1. 단기자금의 수요와 거리가 먼 것은? (　　)

① 영업에 필요한 매입채무 변제 또는 매출채권 보유 소요자금

② 계절적 재고자산의 구매

③ 매출채권 회수가 일시적으로 둔화될 경우 지급채무 충당자금

④ 매출채권 회수시점 차이로 발생하는 자금수요

⑤ 영업인수자금의 조달

2. 대출가격의 충족사항과 거리가 먼 것은? (　　)

① 사전에 계획된 목표이익의 달성

② 예측가능한 위험에 대비할 수 있는 요소의 포함

③ 여신과 관련된 영업비용과 서비스관련 제비용의 충당

④ 예상외손실 충담자금의 고려

⑤ 자금조달원가의 완전한 상쇄

3. 수익과 비용이 같아지는 스프레드란 NPV(순현재가치)가 0이 되는 스프레드를 말한다. 이에 대한 산출공식이 잘못 표시된 것은? (　　)

① 스프레드 = 업무비용 + 위험비용 − 조달비용

② 위험비용 = 예상손실 + 자본비용

③ 업무비용 = 업무원가 + 예상손실

④ 예상손실 = 부도시 잔액(EaD) × 예상부도율(EDF) × (1 − 회수율)

⑤ 자본비용 = 위험자본 × 세전 목표 ROE

연 | 습 | 문 | 제

4. 일괄여신제도는 여신거래처에 대하여 일정기간 동안의 신용공여 한도를 설정하여 운용되는 제도인데 이에 대한 설명으로 옳지 않은 것은? (　　)

① 여신의 총한도란 여신거래처에 대하여 Total Exposure 관점에서 정해진 기업의 여신운용한도 범위 내에서 취급되는 여신한도를 말한다.

② 여신과목별한도라 함은 승인된 각 여신종별한도 범위 내에서 취급할 수 있는 각 계정과목별 한도를 말한다.

③ 기업 최고한도는 기업 총가치에 신용등급별 가중치를 곱하여 산출한다.

④ 일괄여신제도에 의하여 공여된 신용은 총한도와 여신종별한도, 여신과목별한도로 운용된다.

⑤ 기업의 총가치는 과거 3년간 현금흐름의 현재가치에 잔존가치를 더하여 산출된다.

5. 신용도 가산금리는 신용위험에 따른 리스크프리미엄에 의해 결정되는데 일반자금 대출 1,000백만의 예상 부도율이 2.5%, 담보 예상회수율이 70%일 경우 신용도 스프레드율로 옳은 것은? (　　)

① 0.75%

② 0.72%

③ 0.68%

④ 0.65%

⑤ 0.62%

정 | 답 | 및 | 해 | 설

1. ⑤

영업인수자금의 조달은 장기대출의 수요에 해당

2. ④

예상외손실은 자기자본으로 충당

3. ③

업무비용 = 업무원가 + 교육세 + 신용보증기금출연료

4. ⑤

기업의 총가치는 미래 현금흐름의 현재가치에 잔존가치를 더하여 산출된다.

5. ①

신용도 스프레드율 = 신용등급별 예상부도율 × (1 − 예상회수율)

2.5% × (1 − 70%) = 0.75%

제9장 심사보고서 작성과 여신약정

학습목표

※ 심사보고서의 작성원칙에 대하여 이해하여야 한다.

※ 심사보고서의 구성과 심사의견 기술 시 유의사항을 이해하여야 한다.

※ 의사결정에 대한 종합적인 내용을 이해하여야 한다.

학습개요

※ 심사보고서의 핵심 내용으로서 기본원칙과 작성원칙을 이해하고 심사의견 기술시 유의사항과 함께 의문점에 대한 해결방향의 제시와 같은 형태의 기술방식 등을 학습하도록 한다.

※ 여신의사결정 점검항목을 통하여 여신심사업무의 종합적인 이해를 돕도록 한다.

※ 여신약정은 특정 대출과 대출관리에 대하여 당사자간의 권리와 의무를 규정한 계약이므로 그 중요성을 이해하도록 하고, 채권서류의 보관에 대하여도 학습하도록 한다.

제1절 심사보고서 작성방법

여신의사결정과정이란 여신결정권한을 보유한 자가 여신심사보고서에 의하여 신청된 여신에 대하여 의사결정과 집행과정을 최종적으로 승인하는 과정을 말한다.

여신심사보고서는 여신의사결정에 필요한 차주의 개요 및 재무상태 그리고 영업에 수반된 제반환경 및 각종 위험요소와 경감요인을 분석하고 여신의 만기 회수가능성에 대한 정보 및 여신관련 기여도와 여신구조 등을 질서 있게 작성하여 승인권자 에게 제시하여 동의를 얻는 수단으로 주로 여신취급에 따라 수반되는 위험요소를 검토 분석하여 취약점을 찾아내어 기술하는 보고서를 의미한다.

여신의사결정 과정에는 업무절차별로 관련자가 많으므로 여신프로세스별로 업무관련자의 역할과 책임을 명확히 할 필요가 있고, 추후 관련여신이 부실화될 경우 여신 취급 시 위규 · 부당한 책임소재를 파악하는데 중요한 근거로 삼을 수 있기 때문에 심사보고서 작성의 중요성은 매우 크다고 할 수 있다.

1. 심사보고서의 핵심내용

여신심사의 관심은 여신금액의 성공적인 회수가 가능할 것인지, 아니면 지급불능될 것인지를 사전에 예측하는 데 있기 때문에 대출의사결정은 "대출신청 → 신용평가 → 가격결정과 대손추정 → 대출취급 → 상환이행"의 과정이 지속적이고 반복적으로 이루어지는 데 있어서 핵심적인 사항이 된다. 그러므로 여신심사보고서의 목적을 한마디로 요약하면 여신심사과정과 여신의사결정 내용을 아래와 같이 문서화하는 것이라고 할 수 있다.

- 심사대상 대출에 수반되는 위험요소들을 분석하고,
- 이러한 위험요소들이 있음에도 불구하고 심사대상 대출이 건전하다는 것을 제3

자가 납득할 수 있을 정도로 객관적으로 증명하고,

- 대출을 실행했을 때 은행이 얻을 수 있는 수익도 목표이상으로 만족스럽다는 것을 설명하는 것이다.

여신심사보고서 작성 목적은 심사 분석을 통하여 여신취급에 따라 수반되는 위험요소를 검토 분석하여 잘 정의된 취약점을 찾아내고, 심사분석 결과를 문서화하여 여신의사결정의 적정성 판단시 기본자료로 활용하기 위한 것이라고 할 수 있다.

1-1. 심사보고서 기술내용

- 여신승인은 반드시 여신전결권자에 의하여야 하고, 의사결정은 심사목적에 맞는 내용에 대하여 종합적으로 작성된 심사보고서에 의하여 결정되어야 한다.
- 금융회사가 대출을 취급할 경우 반드시 위험요소가 내재하고 있으므로 심사보고서에는 수용 또는 회피하여야 할 위험요소가 명시되어 있어야 한다.
- 차주의 심사분석관련 정보내용에 대해 추상적인 설명보다는 분석적 · 구체적인 설명이 구비되어 있는지를 검토하여야 하고, 심사보고서를 작성한 대출심사역이 어떻게 대출을 제공하기로 결정하였으며 또한 어떻게 만기에 상환받을 것인지가 명료하게 기술되어 있어야 한다.
- 심사역의 최종적인 심사의견은 가능하면 부정, 긍정 및 결론 부분으로 나누어 기술되어야 하며, 부정적인 면이 있음에도 불구하고 긍정적인 요소에 대한 비중이 높아 채무상환능력이 양호하다고 평가되었다면 평가된 부분의 신뢰성 및 적정성이 중점적으로 검토되어 있어야 한다.
- 심사보고서 내용을 충분히 파악하여 관련법규에 저촉되거나 차주의 채무상환능력이 의문시될 경우에는 주요 원인을 규명하여야 한다.

1-2. 심사보고서 작성원칙

심사보고서는 여신담당자라면 누구나 알 수 있는 내용을 단순하게 기술하는 것이 아니라 보고서 양식을 이용하여 심사목적에 맞는 내용을 기술하는 것이다. 따라서 심사보고서는 지금까지 정리된 내용과 같이, 은행법에서 정한 "안전성, 수익성, 성장성, 공공성"이라는 대 원칙을 전제로 하여 다음 사항에 유의하면서 작성되어야 한다.

가. 미래상환능력 중심 원칙

대출심사의 핵심은 “차주와 미리 약정한 바에 따라 대출금의 성공적인 회수가 제1차 상환재원 중심으로 가능할 것인지, 아니면 지급불능 될 것인지를 사전에 예측”하는데 있기 때문에 반드시 재무추정에 의해 미래채무상환능력이 입증되어야 한다.

나. 구체적이고 객관적인 원칙

심사보고서는 차주신용과 관련정보 및 대출신청 건에 대한 정보를 승인권자에게 제공하고 동의를 얻을 뿐만 아니라 취급책임의 근거가 되므로, 그 내용을 추상적인 상황설명이 아닌 분석적이며 구체적이고 객관적이어야 한다.

다. 재무구조 개선 또는 건전성 유지약정 원칙

심사자는 1차적인 대출상환재원 확보가 의심스럽거나 불안할 때에는 그에 대한 대책을 검토함과 동시에 차주기업의 질적인 경쟁력을 강화하는 방향에서 재무구조를 개선하거나 건전성 유지가 가능한 방향으로 대출약정을 체결하도록 노력하여야 한다.

라. 건전한 판단과 간단 · 명료의 원칙

심사역은 여신의사결정권자가 올바른 판단을 할 수 있도록 심사보고서에 수용 또는 회피해야 할 위험요소가 객관적 증빙하에 명시되도록 기술하여야 하며, 독립적 입장에서 합리적이고 건전한 판단을 가지고 의사결정에 필요한 핵심적인 사항 위주로 간결하고 명료하게 작성하여야 한다.

2. 심사보고서의 구성

심사보고서의 구성내용은 “차주의 영업활동과 관련된 시장과 사업위험, 차주의 재무위험, 대출원리금을 상환 받지 못할 위험 등의 요소들을 분석하고 심사 결정한 내용”이라고 할 수 있다. 따라서 심사보고서는 이러한 내용을 심층적으로 분석하여 위험이 없다는 것을 증명하는 방향으로 구성되어야 한다.[1]

---

1) 양남하, 「대출심사이론과 종합실무기법」, 한국금융연수원, 2003.(재인용)

2-1. 대출고객의 기본위험 분석

기본위험분석은 차주분석과 자금용도 등 신청내용에 대한 분석으로 나눌 수 있다.

먼저 차주를 파악하기 위한 조사부문으로 차주에 대한 정보를 가능한 한 다양하게 수집하고, 회사의 연혁과 설립연도, 대표자 및 사업목적의 변동내용, 주요설비의 신·증설 및 기술도입 내용과 함께 기업소유권이 누구에게 귀속되는지, 대주주가 대표자일 경우 경영권의 안정적인 확보여부, 지분율과 경영진의 변동상황에 대하여도 파악한다.

차주분석은 개별차주의 분석에만 한정하는 것이 아니라 차주를 중심으로 차주의 경영활동 전반에 영향을 미칠 수 있는 이해관계자들(협력사, 관계회사, 특수관계인 등)을 대상으로 통합분석이 필요하다.

다음으로 제품별 매출액과 원재료, 생산제품의 내용 및 판매상황에 대하여 조사한다. 회사가 목적사업을 달성할 수 있는지를 판매하는 제품 및 용역과 서비스를 과거 3년간 주요 품목별, 내수 및 수출 규모별로 조사하여 기재한다.

주요 원재료구매의 안정성은 기업의 안정성과 상당한 관련이 있기 때문에 이러한 차원에서 주요원재료의 파악, 원재료의 안정적 조달여부, 구매조건, 구매량 파악, 구매단가의 변동추이에 대하여도 면밀하게 파악한다.

구매한 원재료를 이용한 제조공정, 생산능력, 기술력 등을 조사하고, 주요 생산설비 및 리스 현황, 기술특허의 등록 및 제휴처, 평균가동률과 제품수율 등을 조사하여 생산설비의 효율성을 파악하고, 또한 기술집약적인지 노동집약적인지 아니면 자본집약적 산업인지 여부와 소비재인지 생산재인지 등을 파악하여 추세를 분석한다.

생산제품을 누구에게 어떤 방법으로 얼마나 판매하였는가를 조사하여 기술한다. 주요 품목별 고정판매처와 판매수량, 단가, 총판매금액을 조사하여 기재하되, 현금판매와 외상판매 비중, 국내판매와 수출의 비중, 평균외상 판매기간 및 판매면의 특성을 조사하여 기재한다. 이를 통하여 제품의 안정적인 판매처가 구축되어 있는지를 파악하는 한편, 여신의 목적과 관련된 매출채권의 질과 운전자금 부담정도도 파악할 수 있다.

자금용도 등 신청내용을 분석하는 경우 철저하게 사업계획을 검토하고, 이를 토대로 실질적인 자금수요의 목적에 부합하고 생산적인 여신제공 여부를 판단해야 한다. 신청내용 분석 대상은 자금용도의 타당성 및 신청금액의 적정성 그리고 여신기간의 적정성 등을 포함하여 종합적으로 검토하여야 한다.

2-2. 대출고객의 질적 위험 분석

차주에 대한 질적인 분석평가 부문으로 고객정보에 포함되어 있는 정보에 대한 내용이 주를 이룬다. 이 부분에서는 경영진 평가(Management evaluation)와 산업에 대한 위험도 평가(Industry evaluation), 영업위험 평가(Business evaluation)가 이루어지는 부문이다.

경영진 평가에서는 차주의 사업범위와 재무구조, 자산구조 등 사업 및 재무위험을 결정하는 주체인 경영진의 사업에 대한 비전과 가치관, 전략, 도덕성 및 경영능력 등을 파악하고, 채무상환의지와 여신신청서류의 신뢰성 등도 평가한다.

여신거래와 관련하여 허위, 위 · 변조 또는 고의로 부실자료를 은행에 제출한 사실이 확인된 때에는 여신거래기본약관에 의하여 금융기관에 대한 모든 채무의 기한 이익을 상실할 수도 있다.

산업분석은 산업 속에 현재화되어 있거나, 내재하는 각종 위험요소를 식별하여 평가하기 위하여 실시한다. 그러므로 산업분석에서는 산업의 일반적인 특성과 수요 · 공급의 구조, 경쟁구조, 산업의 성장성 및 수익성 등을 검토하고, 시장점유율, 원가율, 영업이익률, 기술력 등을 종합하여 산업내 주요 소속 기업을 분석하여 우열 여부를 평가한다.

- 제품종류에 따라 산업재 또는 소비재, 내구재 또는 비내구재, 생활 필수품 또는 사치품 등을 구분하고,
- 생산형태에 따라 수주생산 또는 시장생산, 소품종대량생산 또는 다품종소량생산, 노동집약형 또는 자본집약형, 기술집약형 등인지 여부,
- 산업형태에 따라 독과점 또는 경쟁산업, 성장산업 또는 사양산업, 수출지향 또는 내수지향 산업인지 여부,
- 산업수명주기에 따라 도입기, 성장기, 성숙기 및 쇠퇴기 등으로 구분하여 산업의 성장성과 위험도 여부를 분석한다.

영업위험 평가에서는 대출고객의 경영진평가에서 분석된 경영전략과 목표, 재무분석의 결과와 신용등급의 적정성, 그리고 외부환경요인인 산업분석의 결과를 고려할 때, 대출고객의 향후 성장, 생존, 쇠퇴여부를 평가하고, 영업주기상의 위험요소, 시장점유율과 시장경쟁현황, 환율과 금리, 유가 등 외부환경 변화가 EBITDA 등 영업수익성 및 현금흐름에 미치는 영향 정도를 분석한다.

2-3. 상환재원 검토

사업위험과 재무위험 분석이 선행되고 난 후 여신담당자는 차주의 상환재원이 무엇인지에 대하여 분석을 하여야 한다. 차주의 상환재원으로는 지금까지 계속 설명되어온 1차 상환재원과 2차 상환재원이 있다.

상환재원의 평가의 핵심은 미래채무상환능력에 대한 평가와 변동성 분석이라고 할 수 있다. 미래 상환능력 예측은 재무추정 절차를 통해 이루어진다. 재무추정은 기업의 미래 재무건전성과 상환능력에 영향을 줄 수 있는 내 · 외부 추정변수를 선정한 후 추정재무제표를 작성하고 그 결과에 따라 미래 영업성과 및 채무상환능력을 예측하고 변동성을 판단한다. 원리금 상환능력 변동성 분석은 민감도 분석(Sensitivity Analysis) 및 시나리오별 현금흐름 여유분석(C/F Cushion) 등을 통해 평가할 수 있다.

2-4 채권보전조치 및 여신구조 등 검토

채권보전은 제1차 상환재원의 변동성으로 인해 채무상환능력에 변동을 가져올 경우에 대비하여 제2차 상환재원 확보를 포함하는 포괄적 채권보전조치를 의미한다.

채권보전조치는 내부적 채권보전조치와 외부적 채권보전조치로 구분할 수 있다.

다음은 여신과 관련된 전반적인 리스크 수준과 이에 대한 기대수익률 등 보상수준이 합리적인 수준인가를 검토하고 여신기간, 금리수준, 상환방법, 특별약정 등 여신 구조를 설계하고, 기존 여신의 승인조건 이행사항이나 거래 기여도 등을 평가하고, 관련 법규 및 금융기관 여신정책과의 부합여부 등 기타 점검사항들을 검토한다.

3. 심사의견 기술시 유의사항

심사의견은 여신취급에 따라 수반되는 위험요소를 검토 분석하여 취약점을 찾아내는 것이다. 여신심사보고서는 차주의 개요 및 재무상태 그리고 영업에 수반된 제반환경 및 신청여신의 만기 회수가능성에 대한 정보를 질서 있게 작성하여 승인권자에게 제공하고 동의를 얻는 수단이다.

따라서 심사의견기술은 의사결정권자가 올바른 판단을 할 수 있도록 간결, 명료하게 작성되어야 하며 기술방식이 잡다한 비율의 나열이라든지, 분석지표의 증감변동 등을 단순 나열하는 형식으로 기재되어서는 아니 되며, 분석적 차원에서 핵심적인 사항만을 기술하여야 한다.

3-1. 심사의견 기술 (written presentation)

여신 심사역의 최종적인 심사의견은 의사결정권자에게 동의를 구하는 절차로써 여신 의사결정권자에게 불확실성을 제공해서는 안 된다. 또한 심사과정에서 나타난 부정적인 요소와 긍정적인 요소를 정리하여 기술하는 것이 바람직하며, 부정적인 요소에 대해서는 위험경감요인이 있을 경우 이를 경감시킬 수 있는 요인, 그리고 결론부분으로 나누어 기술하도록 하여야 한다.

- 긍정적인 면
- 부정적인 면과 경감요인
- 결론
- 심사역이 판단한 결정적 중요 사항
- 평가항목의 강점 및 약점 비교분석
- 승인 또는 부결권고 의견 기술
- 신청내용의 수정조건과 승인조건에 대한 의견 기술

3-2. 심사의견 구두 설명(verbal presentation)

심사역은 여신 의사결정권자로 하여금 올바른 의사결정을 하도록 여신의사결정협의체에 출석하여 본인이 작성한 심사보고서를 기준으로 설명을 해야 할 경우가 있는데, 심사보고서를 정확하게 작성했다 하더라도 심사역의 설명이 부족하거나 핵심을 정확히 제시하지 못하는 경우 의사결정권자들로 하여금 판단의 오류를 범하게 할 수도 있다.

따라서 심사역이 여신의사결정협의체에서 설명할 내용을 사전에 철저히 숙지하고 준비함으로써 부의 내용을 자신감 있고 명료하게 설명해야 한다. 심사역 입장에서 미흡한 설명이나 자신감의 부족은 여신의사결정권자들에게 신청여신의 質에 대한 불확실성으로 오해를 야기시킴으로서 신속하고 정확한 판단을 저해할 수 있기 때문이다.

제2절 여신의사결정 체계 및 점검 항목

1. 여신의사결정 체계

일반적으로 금융기관들의 여신의사결정 과정을 살펴보면 다소 차이는 있지만 '5P' 또는 '5C'[2] 체계에 의한 여신의사결정을 하고 있다. '5P'에 의한 여신의사결정은 차주(People), 자금용도(Purpose), 상환능력(Payment), 채권보전(Protection), 전망(Perspective)에 대한 심사과정을 거쳐 여신의사결정을 하는 접근방식을 의미한다.

[표 9-1]'5P'에 의한 여신의사결정 체계

• 차주분석 (People)	• 차주 분석 / 거래관계 분석 / Target Market
• 신청금액 및 자금용도 검토 (Purpose)	• How much is requested? (신청금액 적정성) • Why? (신청사유/자금용도) • For how long? (여신기간 적정성)
• 채무상환능력(Payment) (Financial Forecasting, Valuation) (Sensitivity Analysis)	• 차주의 상환의지 (Willingness to pay) • 상환재원 분석 (Repayment Source Analysis) (1차상환재원, 2차상환재원) • 상환재원의 변동성 분석(민감도분석, 시나리오분석 등)
• 산업위험분석 (Industry Risks)	• 경제 및 산업동향과 산업위험이 차주를 포함한 동종산업에 미치는 영향분석
• 경영위험분석 (Management Risks)	• 차주의 대출상환의지 등 대출상환을 완료하기까지 발생할 수 있는 경영위험분석
• 영업위험분석 (Business Risks)	• 대출상환을 완료하기까지 차주가 관리하여야 할 영업상의 위험분석
• 재무위험분석 (Financial Risks)	• 차주의 상환능력에 영향을 줄 수 있는 재무상태의 추이 및 위험분석
• 환경위험분석 (Environmental Risks)	• 차주의 상환능력 및 은행의 채권보전에 영향을 줄 수 있는 환경위험요소 분석

2) Character(차주), Capacity(상환능력), Capital(자본), Collateral(담보), Conditions(조건)을 의미하며, 주로 소기업 및 소상공인 여신의사결정 체계로 활용되고 있다.

• 채권보전(Protection)	• 채무상환능력 변동 요소분석, 내부적 채권보전 및 외부적 채권보전 조치 강구)
• 전망 (Perspective) – Loan Structuring	• 대출금리 결정 및 수익성, 거래 기여도 분석 • 여신구조설계(승인조건, 만기,상환방식,여신약정(covenants) 등)
• 기타검토사항 및 종합의견	• 관련 법규, 규정과의 부합여부 검토, 승인조건이행사항, 조기경보해당여부, 거래관계, 여신포트폴리오 정책 부합, 위험요소 및 경감요인분석, 긍정적의견, 부정적의견, 종합결론

여신의사결정

2. 여신의사결정 점검항목

다음 내용은 여신의사결정시 항목별 주요 점검항목과 확인 내용이다.

점검항목		확인사항	점검결과
차주개요 (People)	채무관계인의 적법성	차주, 보증인, 담보제공인의 적법성 확인 – 민법상 차주의 적격성 제한 여부 – 은행법상, 신탁업법상 제한 여부 – 금융기관 내부 규정에 의한 제한	
	차입행위제약	법규에 의한 차입행위 제한 – 학교법인, 의료법인, 비영리단체 등 – 여신의 제한 대상자, 신용 불량거래처 등	
	실질경영진	차주사 실제소유자 및 현 대표와의 관계	
신청내용 (Purpose)	자금용도	금융 수요(운전, 시설)산정근거 적정성 자금용도와 용도외 유용여부 여신의 실제목적은 무엇이며 유익한 여신인지 여부	
	신청사유	여신이 차주 금융수요에 가장 적합한 여신인가? 여신포트폴리오 목적과 일관성이 있는가? 본건 여신 신청 배경은 무엇인가? 총소요자금 조달 및 운용내용은 적정한가?	

점검항목		확인사항	점검결과
신청내용 (Purpose)	상환재원 및 방법	대출금을 어떻게 회수할 것인가? 제1차 상환재원은 영업활동에서 창출된 C/F인가? 제2차 상환재원 및 방법, 실행가능성여부 – 시장 동향 및 이행 가능성 – 부동산 매각시 : 가격, 위험, 시기 – 강제 경매시 매각가격 등 차주에 대한 민감도분석(What If분석) 결과는 어떠한가?	
	여신금리	목표수익률 대비 적정한 수준인가? 주요 수익창출 거래기반은? 위험조정수익률(RAROC)개념에 의한 이자율 검토	
	거래기여도	총수익기여액의 규모 수신거래도 및 외환거래 실적 기존여신 운용상태 Pricing관련 의견 권고	
	FRR(여신등급)	여신등급 적정성 – 여신등급의 주요 결정요소 – 여신등급의 단기간내 변동 가능성 검토	
채무 상환 능력 (Payment) (산업위험)	거시환경지표	• 거시경제지표 분석 (GDP, 이자율, 환율, 무역수지 등) • 경기순환분석 – 경기순환주기 (회복기, 활황기, 수축기, 침체기) – 경기동향지표 (개별경제지표, 종합경기지표) (경기선행지수, 경기동행지수, 경기예고지표등 분석)	
	산업동향	• 제품수명주기 검토 (도입기, 성장기, 성숙기, 쇠퇴기) – 유망, 성장, 현상유지, 침체, 사양산업등 파악 – 산업등급 추이 • 경기변동에 대한 산업별 민감도 검토 (환율, 금리, 유가 등 경제변수에 대한 산업 영향도) • 기술변화에 대한 위험 노출여부	

점검항목		확인사항	점검결과
채무 상환 능력 (Payment) (산업위험)	산업구조의 경쟁요인분석	• 산업구조의 경쟁요인 분석 – 기존기업간 경쟁강도 – 새로운 기업진출 위협 – 공급자 교섭력 – 구매자 교섭력 – 대체재 위협 • 정부규제 등 외부요인 분석	
(경영위험)	경영진 전문성 및 안정성	경영진능력, 과거성과, 위기관리능력 경영승계의 안정성, 겸직여부 검토 실질경영진과 대표이사 관계	
	경영진 전문성 및 안정성	경영실권자의 개인채무, 담보, 예금 유무 및 적정성 전문 및 핵심경영인 이탈여부 경영진 · 간부의 빈번한 교체여부 소유 및 지배구조와 관련된 마찰여부	
	경영전략 및 사업계획 검토	경영전략수립 및 이행정도 경영환경 변화 적응력 무리한 사업확장 여부	
	내부통제 적정성	은행거래현황(거래신뢰도) 회계투명성 외부감사의견 및 감사인 변경유무와 사유 소송, 분쟁발생 현황 내부통제 현황 정보화정도 및 의사결정시스템 노사관계 계열주 및 계열사 경영간섭 유무	
(영업위험)	시장지위	시장점유율 및 업계순위 시장경쟁 현황(제품인지도, 수급추이, 경쟁유형 등)	
	구매위험	원재료 조달능력 및 가격추이(환위험 포함)	
	생산위험	• 생산 효율성 – 가동율 수준 (총자산회전율 추이와 병행분석), 기술/품질수준/R&D 투자규모 • 노사분규 여부	

<table>
<tr><th colspan="2">점검항목</th><th>확인사항</th><th>점검결과</th></tr>
<tr><td rowspan="3">(영업위험)</td><td>판매위험</td><td>매출성장율 추이(외상, 현금비중) 악화 유무
판매처 및 고객집중도
주요 거래처 도산 유무</td><td></td></tr>
<tr><td>회수위험</td><td>판매조건(외상, 현금비중)악화 유무
판매처 및 고객 집중도, 주요거래처 도산 유무</td><td></td></tr>
<tr><td>영업실적</td><td>• 매출액 추세 및 원인 분석
• 매출구성(제품별, 내수, 수출 등)
• 매출액영업이익률 추세 및 변동원인 분석
– 매출액 증감 · 원가율 증감 · 판관비 요인 분석</td><td></td></tr>
<tr><td rowspan="3">(재무위험)</td><td>손익계산서
분석</td><td>매출액분석, 매출총이익 및 영업이익 증감
영업외 손익 및 기타손익 변동 내용
감가상각방법 등 회계방법 변경 여부</td><td></td></tr>
<tr><td>재무상태표
분석</td><td>• 매출채권 · 재고자산 · 매입채무 증감요인 분석
• 자산구성(유동 · 비유동자산) 및 자본구조 분석
• 차입금 변동추이 및 기간구조 분석
– 장단기차입금 구성 추이, 금융기관별
차입규모변동
• 관계사 재무건전성 및 사업구조
• 관계사에 대한 우발채무(담보제공/상호보증)
• 투자자산내용(지배구조 및 자산운용 성향 파악)</td><td></td></tr>
<tr><td>비율분석</td><td>• 수익성분석
– 매출액영업이익률, EBITDA/매출액
– 금융비용부담률
– 매출액순이익률
• 안정성분석
– 부채비율, 총부채 · 유형자산의 시장가치
• 효율성분석 : 총자산회전율, 운전자본회전율
• 성장성분석
– 총자산증가율, 매출액증가율, 영업이익증가율
– EBITDA증가율
• 경영성과 및 자본고정화지표
– ROA, ROE, 비유동비율, 비유동장기적합률</td><td></td></tr>
</table>

점검항목		확인사항	점검결과
채무상환 능력검토	재무융통성	주가수준 또는 대주주의 자금력 및 증자 의지 사채등급 및 기업어음등급 변동 추이 통상적인 조건에 의한 장기여신 이용 가능 여부 계열사 및 관계사 간 자금조달 연계성 유무 추가 담보여력 · 한도여신 미사용 규모	
	미래현금흐름 분석 현금흐름 여유 분석 민감도분석	이자보상배율 부채상환계수(재무융통성과 병행검토) 영업활동현금흐름/총차입금 영업현금(EBITDA) 창출수준 분석 주요요인 변동에 대한 경영성과 민감도 측정	
채권보전 (Protection)	물적담보 인적담보	• 담보물 취득 및 관리 적정성 • 보증인 입보 및 관리 적정성 – 연대보증인 상환능력 및 의지 파악 – 연대보증인 자격 적법성	
전망분석 (Perspective) 승인조건	승인조건 부여의 적정성	• 채무상환능력 유지를 위한 적정 승인조건 부여 – 재무 약정사항 – 비재무 약정사항 • 여신건전성 및 상환능력유지 목적 • 목표수익률 유지목적 • 승인조건 이행가능성 및 사후관리 적정성 검토	
적정한도	산출한도 적정성	신용공여의 범위와 타행여신규모 관련규정에 의한 적정한도 산출여부 (운전, 시설, 외환관계 등) 은행법상 신용공여한도 초과여부 및 감축계획 이행 상황	
제한사항 저촉여부	여신 정책 부문 포트폴리오 부문	금융기관 내부 제규정 준수여부 여신포트폴리오(산업별, 여신종별 등) 전략과 일치 여부	
기타고려 사항검토	Management & Relationship	당해 금융기관 경영정책 및 전략과 일치 여부 차주와의 거래관계 및 역사적 배경(Background) 검토 기존여신 건전성 상태 및 승인조건 이행 여부	

점검항목		확인사항	점검결과
부실징후 요인점검	Watchlist 해당여부 Loan Review 의견 EWS(조기경보)	Watch list 해당 여부 및 관리방안 Loan Review의견준수 여부 조기경보 Signal 발생 여부	
심사의견		제반 검토부문 중 긍정적인 요소들은 무엇인가? 부정적이며 발생가능성이 높은 위험요소는 무엇인가? 동사의 강점이 약점을 보완할 수준인가? 승인, 불승인, 조건부승인 등 최종 결정	

제3절 여신약정과 채권서류 보관

1. 여신약정

여신에 대한 사후관리는 부실 발생 시부터 개시되는 것이 아니고, 여신 실행 후부터 개시되는 것이기 때문에 일단 여신이 실행되면 차주의 신용상태 변화를 모니터링하여 채무상환능력을 지속적으로 점검하게 되는데 이러한 점검을 가능케 하는 것이 여신약정이다.

여신약정(특별약정 포함)은 특정 대출과 대출관리에 대하여 당사자 간의 권리와 의무를 규정한 계약으로 대출금을 지급하는 조건 및 차주가 영업활동에서 지켜야 하는 사항 등을 규정하고 있다.

따라서 금융기관은 여신약정을 근거로 차주와 의사소통을 수행함으로써 재무상태 및 사업동향에 관한 최신의 정보를 확보할 수 있고, 또한 약정을 통해 체결한 특정 경영실적목표를 달성하게 하여 대출금을 적기에 상환할 수 있도록 유도할 수도 있는 것이다.

여신약정 운용 시 주의할 점은 약정이 차주사의 부실가능성을 차단하는 수단인 반면 성장기에 있는 차주사에 대한 과도한 양적 규제는 회사의 경쟁력과 효율성을 저하시키는 요인도 될 수 있다는 것을 인식하고 있어야 한다.

약정서는 대출의 운용방침을 기술함으로써 은행과 차주가 대출상환기간 중 대출금이 효과적으로 운용될 수 있도록 해준다. 따라서 약정서는 원금과 이자, 수수료, 지급방법, 기간 및 계산방법에 대하여 분명하게 기술하고 있다.

1-1. 여신거래 약정서 체계

여신거래와 관련한 약정서는 크게 여신거래기본약관과 거래관계약정서, 담보관계약정서, 채무인수 및 근저당권변경계약서 등 기타약정서로 구분할 수 있다. 그리고 표준양식

여부에 따라 표준화된 서식을 사용한 표준약정서와 비표준화 약정서로 구분할 수 있는데 표준화되지 않은 약정서를 사용하는 경우에는 각 금융기관 법률담당 소관부서나 변호사의 법률검토를 거친 후 약정을 체결하도록 하여야 한다.

그리고 일반적 약정외에 차주의 건전경영 유도와 아울러 부실채권 방지를 위해 필요한 경우 차주와 특별약정을 체결할 수 있다

1-1-1 여신거래약관

여신거래약관은 여신에 대한 모든 거래에 공통적으로 적용되는 일반적 사항을 약관화한 불특정 다수인과의 약정으로 금융기관은 관련 법규에 따라 약관 승인을 받은 후 항상 영업점에 비치하고 차주의 열람 및 교부의 요청에 따라야 한다.

1-1-2 거래관계약정서

여신거래와 관련하여 거래조건에 대한 사항을 약정하는 약정서로서 대출금액, 이자율, 상환방법, 이자지급 시기 및 방법 등에 대한 구체적 사항을 정하는 약정서로써 차주 및 거래형태 및 여신과목별로 다양한 약정서로 구분하여 사용한다.

1-1-2 담보관계약정서

담보관계약정서는 크게 인적담보(보증)약정서와 물적담보약정서, 기타 추가약정서 (추가근저당권설정계약서, 지상권설정계약서 등)로 구분할 수 있다. 보증 및 담보관계약정을 체결하는 경우 피보증(담보)채무의 범위, 결산기 등에 대하여 자세히 설명을 하여야 한다.

1-2. 여신거래 특별약정(Covenant)

여신거래 특별약정은 일반적인 여신거래약정과 관련하여 채무불이행 가능성을 사전에 최대한 방지하기 위하여 금융기관과 차주 간에 맺는 별도 약정으로서 차주의 경영상의 장점을 보호하고, 취약점은 개선하도록 유도하며, 약정사항에 의하여 차주의 재무자료와 경영성과를 주기적으로 제공토록 함으로서 금융기관 입장에서는 차주의 재무변동성을 관찰함으로서 여신의 건전성을 유지하는 기능을 담당한다.

특별약정 종류는 약정 성격에 따라 차주가 금융기관에 무엇을 해야 하는가를 정하는 긍정적 약정과 차주의 행위를 제약하는 성격을 지니는 약정인 부정적 약정으로 구분할 수 있으며, 약정 대상에 따라 재무적 약정과 비재무적 약정으로 구분할 수 있다. 다음은 약정 대상에 따른 분류 내용을 설명한다.

1-2-1 재무약정 (financial covenants)

여신의 유형에 따라 결정되는 재무약정은 상환 위험에 따라서 결정된다. 재무약정의 주요 대상은 우선 현금흐름, 수익성, 레버리지 수준, 그리고 자산 범위를 관리하기 위하여 쓰인다.

- 이자보상배율, 부채상환계수, 소유 최저 지분율, 최저 기준 유동비율
- 차입금 규모, 부채비율 등 레버리지 비율
- 순자산 규모, 자본적 지출 규모, 추가 여신 차입 행위
- 여신한도(Credit Line)제공시 일시 상환의무 조항

재무약정을 체결할 때 주의해야 할 사항은 너무 지나치게 재무약정 내용을 결정하면 재무약정의 순기능 보다는 여러 가지 역기능이 발생할 우려가 있다는 점을 유의할 필요가 있다.

1-2-2 비재무약정(Non-financial covenants)

재무약정 외에 차주의 위험 수준과 경영활동에 대한 관찰을 목적으로 한 비재무 약정 조항이 있을 수 있다. 이러한 비 재무 약정 조항을 통해 파악된 문제점들은 재무약정과 연관된 조항을 통하여 통제될 수 있다.

- 재무제표 주기별 제출의무
- 회사 재산의 임의 처분 및 담보제공 금지 (Negative Pledge)
- 채무보증 제한, 출자 제한 및 투자행위 제한
- 임의적인 임금인상 및 과도한 배당금 제한, 사업 양도 및 타 사업 진출 제한
- 종업원 신규 고용 금지, 자금사용 내역 증빙서류 제출 등

1-3. 여신 약정 이행사항 점검 및 조치사항

약정체결이 완료되고 여신이 실행된 이후에는 지속적인 약정조건 이행 상황을 점검하여 계약 조항 이행상태 여부와 채무불이행 상황을 점검해야 한다. 그러나 만일 약정 사항 위반으로 기한이익이 상실되거나 채무불이행 상황이 발생되면 금융기관은 다음과 같은 조치를 취하여야 한다.

- 법률적 측면에서 유예기간 부여 여부, 채무불이행 통지, 그리고 필요한 법적 조치와 절차, 채권서류에 대한 검토를 해야 한다.
- 차주의 신용위험 변동성을 고려하여 신용등급 재평가를 실시한다.
- 채무불이행의 원인을 분석하고 이것이 특정한 행위를 필요로 하는지도 파악한다. 특정한 행위란, 차주의 재무적인 상황 검토, 증가된 위험에 적합하도록 여신 재평가, 추가적인 보증/담보물 취득, 강화된 계약조항을 반영하거나 추가적인 조항/권리를 포함한 약정 체결, 담보물건 처분, 여신회수조치 등을 말한다.
- 필요한 경우, 차주의 실행계획 및 위기관리방안을 요구한다.
- 보증인에게 채무불이행이나 은행의 채권보전 조치를 통지를 해 주어야 한다.

1-4. 여신약정서의 구성내용

일반적으로 여신약정서를 구성하고 있는 내용은 다음과 같다.

- 용어의 정의와 해설
- 대출선행조건
- 차주의 확인과 보증
- 은행의 확인
- 차주의 긍정조항과 부정조항
- 위반사태와 기한이익의 상실
- 기타 약정조항과 재판관할권

2. 채권서류 보관

여신관련 채권서류는 대출의 종류 및 담보 유무와 취득방법, 약정체결 시점 등에 따라 약정서류 및 채권서류 종류가 상이하다. 특히 여신거래약정은 채무관계인과의 분쟁을 방지하기 위하여 중요한 약정조건 (금액, 이자율, 기간, 상환방법, 특별약정 등)은 반드시 본인 의사 확인 후 자필서명에 의해 체결되어야 한다.

또한 약정 및 담보취득관련 계약 체결은 향후 법적 효력의 유효성을 인정받기 위해 충분한 법률적 검토 및 정당한 절차에 의해 체결되어야 하며. 최종적으로 여신이 회수될 때까지는 약정서류는 안전하게 보관하여야 한다.

대표적인 채권보전 서류는 다음과 같다.

- 융자상담 및 차입신청서
- 이사회의사록사본 및 정관, 법인 등기부등본, 인감증명서
- 담보관련 서류 및 약정서류
- 기타 인가서, 추천서 등 필요한 서류

연 | 습 | 문 | 제

1. 심사보고서의 작성원칙과 거리가 먼 것은? (　　)
   ① 구체적이고 객관적인 원칙
   ② 미래상환능력중심 원칙
   ③ 재무구조 개선 또는 건전성 유지약정 원칙
   ④ 명료의 원칙
   ⑤ 추상의 원칙

2. 다음 항목 중 영업위험 평가 항목에 해당되는 것은? (　　)
   ① 주가수준 또는 대주주의 자금력 및 증자의지
   ② 사채등급 및 기업어음등급 변동추이
   ③ 시장경쟁 현황
   ④ 계열사 및 관계사간 자금조달 연계성 유무
   ⑤ 추가 담보여력/ 한도여신 미사용 규모

3. 여신약정서의 구성내용과 거리가 먼 것은? (　　)
   ① 용어의 정의와 해설
   ② 차주의 확인과 보증
   ③ 차주의 긍정조항과 부정조항
   ④ 위반사태와 기한이익의 상실
   ⑤ 법원의 확인

연 | 습 | 문 | 제

4. 다음 설명 내용 중 가장 거리가 먼 것은? (　　)

① '5P'에 의한 여신의사결정은 차주(People), 자금용도(Purpose), 상환능력(Payment), 채권보전(Protection), 전망(Perspective)에 대한 심사과정을 거쳐 여신의사결정하는 접근방식을 의미한다.

② 산업구조의 경쟁요인 분석항목은 기존기업간 경쟁강도, 새로운 기업진출의 위협, 공급자교섭력, 구매자교섭력, 제품수명주기이다.

③ 여신거래특별약정 중 회사 재산의 임의처분 및 담보제공 금지 약정은 비재무약정에 해당된다.

④ 원리금상환능력 변동성 분석은 민감도 분석 및 시나리오별 현금흐름 여유분석 등을 통해 평가할 수 있다.

⑤ 채무상환능력을 평가하기 위한 재무위험지표 중 비유동비율은 자본고정화 정도를 측정하는 지표이다.

정 | 답 | 및 | 해 | 설

1. ⑤

추상적이 아니라 구체적으로 기술되어야 한다.

2. ③

시장경쟁 현황은 영업위험 평가 항목과 관련된다.

◇ 아래 항목은 주로 재무융통성 평가 항목임

- 주가수준 또는 대주주의 자금력 및 증자의지
- 사채등급 및 기업어음등급 변동추이
- 통상적인 조건에 의한 장기여신 이용 가능여부
- 계열사 및 관계사간 자금조달 연계성 유무
- 추가 담보여력/ 한도여신 미사용 규모

3. ⑤

법원의 확인이란 없고 은행의 확인이 있다.

4. ②

산업구조의 경쟁요인 분석항목은 기존기업간 경쟁강도, 새로운 기업진출의 위협, 공급자교섭력, 구매자교섭력, 대체품의 위협 이다.

제2편 여신사후관리

제 10 장

여신감리

학습목표

❈ 여신감리의 개념과 목적을 이해하여야 한다.

❈ 여신감리조직이 독립되어야 하는 필요성을 이해하여야 한다.

❈ 여신감리조직의 기능과 역할을 파악하여야 한다.

❈ 여신감리업무의 주요 내용에 대하여 구체적으로 파악하여야 한다.

학습개요

❈ 여신감리의 개념, 여신감리의 범위, 여신감리의 주기 그리고 여신감리를 담당하는 직원의 자격요건에 관하여 학습함으로써 여신감리업무의 전반적인 개념파악이 가능하다.

❈ 여신감리조직의 역할과 기능을 학습하고 독립적인 조직으로서의 여신감리조직의 필요성과 감리 결과에 따른 후속조치들이 어떻게 이루어지는지에 대하여 학습한다.

❈ 여신감리업무의 주요 내용인 여신심사의 적정성, 신용등급결정의 적정성, 관련 법규 및 여신정책의 내용, 신용등급조정, 여신포트폴리오의 적정성, 신용평가시스템의 일관성, 적절한 사후관리, 자산건전성분류와 대손충당금 적립업무 등에 관하여 학습한다.

제1절 여신감리의 개요

1. 여신감리의 개념

여신감리라고 하는 용어는 credit review 또는 loan review를 번역한 것으로서 신용감리, 여신감사, 여신재검토 등으로도 번역되지만 여신감리라는 용어가 가장 보편적으로 통용되고 있다.

여신감리는 여신취급의 사전단계인 여신영업부문부터 시작하여 여신심사 및 승인 그리고 여신의 사후관리까지를 포함하는 여신업무의 전 과정을 점검하여 여신취급의 정당성과 객관성이 확보되었는지를 점검하고 사후관리의 적절성 감시를 통하여 신용리스크의 확대를 방지하고 여신자산의 건전성을 유지하기 위한 업무를 말한다.

여신감리업무는 크게 두 가지로 구분할 수 있다. 하나는 여신을 승인한 직후에 당해 여신의 취급이 규정된 절차에 의해 적절하게 취급되었는지를 점검하는 일이며, 또 다른 하나는 부실화될 가능성이 높은 여신이나 일정금액 이상의 비중이 높은 여신에 대하여 주기적으로 신용상태를 점검하는 일이다.

따라서 여신감리업무는 심사부서와 독립된 조직하에서 심사역을 견제하는 역할을 수행하여야 할 뿐만 아니라 여신영업과 심사업무와의 긴밀한 협조체제 유지와 상호 독립적인 업무수행으로 인한 피할 수 없는 업무적 마찰을 중재하는 역할도 동시에 수행하여야 한다.[1)]

[표 10-1] 여신감리업무의 행내 역할

여신영업 → 여신심사 → 여신승인 → 여신실행 → **여신감리** → 여신관리

1) 금융감독원, 「은행검사업무편람 II－I」, p.122

2. 여신감리제도의 도입 배경

국내 역사상 가장 큰 금융위기를 초래한 IMF 외환위기 당시 기업의 부실화로 인하여 은행을 포함한 금융회사들이 도산하는 등 심각한 금융 및 경제위기에 처하게 되었으며, 이는 곧 금융회사들이 신용위험관리에 대한 관심을 크게 증대시키는 전기를 마련하게 되었다.

금융회사 특히 은행의 신용리스크 관리는 여신의 심사 및 실행에 그쳐서는 안 되며 여신을 실행한 후에도 차주기업에 대한 지속적인 모니터링을 통하여 차주기업의 신용도 변화를 점검하는 것이 신용리스크관리업무의 중요한 업무로 자리를 잡게 되었다.

외환위기를 극복하기 위하여 정부가 IMF로부터 구제금융을 받는 조건으로 국내 은행들의 신용리스크 관리 강화 방안의 하나로 여신감리제도를 도입하도록 권고를 받았으며, 금융감독원은 이에 대한 실행방안으로 관련 감독규정을 제정하여 여신감리조직의 신설과 감리업무기능을 수행하도록 각 금융회사들에 강제하였다.

뿐만 아니라 Basel Ⅱ 협약에 의해서도 신용위험이 내재되어 있는 모든 운영자산에 대하여 금융회사들은 감리업무를 수행하여야 하도록 명시되어 있다.

3. 여신감리의 목적

여신감리의 궁극적인 목적은 자산건전성을 제고시키는 일이다. 당해 금융회사가 운용하고 있는 전체 자산, 특히 여신자산에 대하여 취급의 정당성과 신용등급결정의 적정성 및 취급조건의 타당성 등 사전적인 감리는 물론 사후적으로 차주의 신용리스크를 지속적으로 모니터링하고 분석하여 신용등급을 재조정하거나 포트폴리오의 문제점을 지적하여 경영진에게 보고하고 이를 신용정책에 반영시킴으로써 여신자산의 부실화를 사전에 예방하는 목표를 달성시킬 수가 있다.

그리고 여신감리의 부수적인 목적으로서는 당해 금융회사 내에서 건전한 여신문화를 정착시키고 이를 확대시킴으로써 조직이 나아가야 할 일관된 방향성을 제시할 수 있을 뿐만 아니라 자산의 건전성을 제고시키는 충실한 감독자의 역할을 하는 데 있다.

4. 여신감리의 대상과 범위

여신감리는 주요 거래처 모두를 감리대상으로 하여야 한다. 여기서 주요 거래처라고 함은 여신금액이 일정금액 이상인 정상으로 분류되는 차주를 포함하여 정상여신이 아닌 요주의이하 문제여신은 모두 포함된다고 보아야 한다. 특히 연체여신, 무수익여신, 채권재조정여신 등은 반드시 감리 대상에 포함하여야 한다. 여신감리대상의 범위는 매년 또는 중요한 변화가 있을 때 이사회의 승인을 받아 결정하여야 한다.[2)]

여신감리의 대상은 개별차주에만 국한되지 않는다. 계열별, 산업별 등과 같이 당해 금융기관의 여신포트폴리오에 대한 전반적인 적정성 여부에 대하여도 감리가 이루어져야 한다.

계열기업군에 대한 감리의 목적은 계열기업군의 신용리스크 점검은 물론 제공된 총여신의 적정성과 법정한도 초과여부 등에 대한 주기적인 감리를 통하여 신용리스크를 최소화하는 데 있다.

그리고 당해 금융기관 전체 여신자산의 포트폴리오 구성이 적절한지에 대한 감리도 정기적으로 이루어져야 하며, 점검결과 특정 산업에 여신이 편중되어 있다거나 경기변동으로 인하여 특정 산업의 신용위험이 확대되고 있다고 판단된다면 즉시 경영진이나 이사회에 보고하여야 하며, 경영진은 신용위험 축소를 위하여 여신운용정책을 변경하는 등 감리결과를 여신정책에 반영하여야 한다.

5. 여신감리의 주기

차주의 신용등급과 여심금액의 크기 등에 따라 여신감리의 빈도가 달라져야 한다. 바람직한 감리는 모든 차주와 모든 여신에 대하여 무차별적으로 실시되어야 하지만 현실적으로 업무의 효율성 측면을 고려할 때 일정금액 이상의 여신을 보유한 차주를 대상으로 하여 감리를 실시할 수밖에 없다.

따라서 이와 같은 이유로 인하여 여신금액의 규모가 크거나 신용등급이 낮을수록 감리의 빈도수도 증가하게 되며, 신용등급이 높거나 여신금액이 작은 차주에 대하여는

---

2) 금융감독원,「은행검사업무편람Ⅱ-Ⅰ」, p.367

[표 10-2] 여신감리주기의 예시

<table>
<tr><th colspan="4">구 분</th><th rowspan="2">감리주기</th></tr>
<tr><th colspan="2">건전성분류</th><th>신용등급</th><th>여신금액</th></tr>
<tr><td colspan="2" rowspan="3">정상여신</td><td>5등급이상</td><td>30억원 이상</td><td>연간 1회 이상</td></tr>
<tr><td rowspan="2">6등급</td><td>10억원 이상</td><td>연간 2회 이상</td></tr>
<tr><td>10억원 미만</td><td>연간 1회 이상</td></tr>
<tr><td rowspan="6">문제여신</td><td rowspan="2">요주의</td><td rowspan="2">7등급</td><td>10억원 이상</td><td>연간 4회 이상</td></tr>
<tr><td>10억원 미만</td><td>연간 2회 이상</td></tr>
<tr><td rowspan="2">고정</td><td rowspan="2">8등급</td><td>5억원 이상</td><td>연간 4회 이상</td></tr>
<tr><td>5억원 미만</td><td>연간 2회 이상</td></tr>
<tr><td>회수의문</td><td>9등급</td><td>구분 없음</td><td>대상 외(강제회수 또는 상각)</td></tr>
<tr><td>추정손실</td><td>10등급</td><td>구분 없음</td><td>대상 외(강제회수 또는 상각)</td></tr>
</table>

주 : 감리주기는 금융회사마다 상이하며 본 표는 하나의 예시에 불과함

감리 대상에서 제외하거나 감리 주기가 길어진다.

한편 감리의 주기는 관련 법규 등에 의해 규정되어 있지 않기 때문에 각 금융회사가 자율적으로 내규화하여 시행하도록 하고 있어 각 금융회사마다 감리의 대상이나 감리의 주기 등 감리부서의 역할과 기능에 있어서 다소 차이를 보이고 있다.

6. 여신감리 담당자의 자격요건

여신감리가 효과적으로 수행되고 여신감리의 목표를 달성하기 위해서는 여신감리역의 자격이 제한되어야 할 필요가 있다. 감리업무를 담당하는 직원은 여신영업을 포함하여 여신심사, 여신의 사후관리, 관련 법규나 당해 금융기관의 여신정책과 규정 등 여신 전반에 걸쳐 깊이 있는 업무지식을 필요로 한다. 그러기 위해서는 각 금융기관들은 여신감리역을 선발할 때 여신영업과 여신심사역의 경험이 풍부하고 관련 업무에 관한 풍부한 지식과 경험이 있는지를 고려하여야 한다.

제2절 여신감리조직의 기능과 특성

1. 여신감리조직의 역할

여신규모가 소액인 경우에는 여신영업부문과 심사부문을 구분하여 운용할 필요성이 적지만 여신규모가 큰 경우에는 심사부문과 영업부문의 역할은 반드시 분리되어야 한다. 그러나 여신영업의 확대와 신용리스크 관리의 효율성을 위해서는 심사부문과 영업부문은 상호 유기적인 협조가 필요하기 때문에 이러한 목적을 달성할 수 있는 방향으로 조직이 구성되어야 한다.

금융기관은 수신을 받아 여신으로 운용하는 것이 기본적인 영업이기 때문에 건전한 여신자산의 증가는 매우 중요하다. 따라서 여신영업담당자는 수시로 거래처를 방문할 필요가 있다. 거래처를 자주 방문하는 목적은 여신영업의 목적도 있지만 한편으로는 거래처의 재무 및 비재무적인 정보를 수집하여 심사역에게 전달할 의무도 있는 것이다. 이와 같이 여신영업담당자의 역할은 여신영업뿐만 아니라 신용리스크관리의 책임도 부여되어 있다.

한편, 여신심사역은 여신영업담당자가 수집하여 보내온 거래처의 재무 및 비재무적인 정보들을 취합하여 분석 및 평가를 통해 신용등급을 조정하거나 여신지원 여부를 결정하는 데 참고하여야 한다.

이처럼 여신업무는 여신의 승인과정에서부터 사후관리에 이르기까지 영업과 심사부문이 별도의 역할과 기능을 수행하면서도 한편으로는 서로가 긴밀하게 협조해야만 하는 견제와 협력의 상반된 기능을 수행하여야 하기 때문에 필연적으로 두 업무의 영역 간에는 의견불일치와 충돌이 자주 발생하기 마련이다. 이러한 의견불일치와 업무적인 충돌을 조정하거나 해결해 줄 수 있는 제3의 조직이 여신감리조직이다.

2. 여신감리조직의 기능

여신감리조직은 은행장 또는 이사회 산하에 독립적인 기능으로 설치되어 운영되어야 하며, 여신영업부문과 여신심사부문에 부여된 각각의 업무가 균형 있게 수행되고 있는지를 감시하는 기능을 가지고 있어야 한다.

이처럼 여신업무별로 분산된 내용을 사전적 또는 사후적으로 모니터링을 한 결과가 관련 법규나 당해 금융기관의 여신정책과 일치하는지를 점검하여 전체적으로 일관성을 유지하도록 하는 것이 여신감리조직의 기능이다.

또한 여신자산의 건전성 유지에 영향을 주는 제반 여건의 변화들을 고려하여 전반적인 여신포트폴리오 구성의 적정성과 건전성을 평가함으로써 여신정책의 수립 및 집행에 적절한 방향을 제시하는 역할을 담당한다.

여신감리조직의 구체적인 기능들을 열거하면 다음과 같다.

- 여신심사의 적정성에 관한 감리기능
- 신용등급결정의 타당성에 관한 감리기능
- 관계 법규 및 여신정책과의 부합여부에 관한 감리기능
- 신용등급조정의 적시성에 관한 감리기능
- 사후조치의 적정성 및 신속성에 관한 감리기능
- 여신포트폴리오 구성의 적정성과 건전성에 관한 감리기능
- 신용평가시스템의 일관성 유지여부에 관한 감리기능
- 적절하고 신속한 사후관리 여부에 관한 감리기능
- 자산건전성 분류기능
- 대손충당금적립의 적절성에 관한 감리기능 등

3. 여신감리조직의 독립성

객관적인 신용리스크관리를 위해서는 여신심사부서와 여신영업을 담당하는 부서로부터 독립적인 제3자가 여신의 평가등급을 검증하여야 한다. 국내 대부분의 은행들은 이러한 여신의 평가등급에 관한 검증절차를 여심감리부서를 통하여 수행하고

있다. 그러나 필요하다면 여신의 평가등급에 관한 검증절차는 여신감리조직 외에도 타부서 또는 외부 아웃소싱을 통해서도 수행될 수 있다.

검증절차는 정확성과 일관성을 확보하고 신용리스크 관리과정에 대한 감시를 강화하는 효과가 있으며, 검증과정의 절차와 검증의 범위는 여신포트폴리오의 복잡성과 여신자산에 내재되어 있는 리스크에 상응하여야 한다.

여신감리기능은 직원의 수나 전문성 측면에서 충분한 인력을 확보하여야 하며 리스크 등급평가체계의 유효성 여부를 독립적으로 평가하고 그 결과를 이사회 및 경영진에게 보고할 수 있는 권한을 가지고 있어야 한다. 별도의 여신감리부서가 없는 소규모 은행의 경우에는 평가된 여신의 승인 및 관리업무와 직접 관련이 없는 제3의 직원들로 하여금 감리업무를 수행토록 하여 이와 같은 요구사항들을 충족시킬 수가 있다.

4. 문제점 파악 및 후속조치

여신감리결과 발견된 문제점이나 위규 사항에 대해서는 담당 심사역은 물론 여신승인권자에게 즉시 통지하여 시정을 요구하여야 하며, 필요한 경우 경영진에게도 즉시 보고가 이루어져야 한다. 이때 담당 심사역과 여신승인권자는 감리역의 지적사항에 대하여 재검토를 하고 지적사항의 내용이 정당하고 타당성이 있다고 판단되면 지체 없이 시정조치를 강구하여야 한다.

제3절 여신감리업무의 주요 내용

1. 여신심사의 적정성 점검

여신감리업무 중에서 가장 중요한 부문 중의 하나가 여신심사의 적정성에 관한 점검업무이다. 여신심사의 적정성에 대한 감리업무는 여신관련 외부 법규를 포함하여 당해 금융기관의 여신정책이나 내규를 준수하였는지의 여부, 여신금액의 적정성, 여신조건의 적정성, 신용등급의 적정성 등을 감리하는 일이다.

여신심사와 여신승인의 적정성에 대한 감리는 여신이 승인된 직후에 이루어지는 것이 일반적이다. 다음은 여신심사의 적정성에 대한 감리업무의 주요 점검사항들이다.

- 법적 규제한도 초과 여부
- 내부 규제한도 초과 여부
- 내부 여신정책 및 규정과의 부합성 여부
- 자금용도의 타당성 여부
- 신용등급의 적정성 여부
- 여신금액의 적정성 여부
- 여신조건의 적정성 여부
- 여신의 승인절차의 정당성 여부
- 승인권자의 적정성 여부 등

2. 신용등급 결정의 적정성 점검

신용등급은 리스크관리의 기본이 되는 매우 중요한 자료이다. 여신의 승인은 물론

금리의 결정, 자산건전성분류에 의한 대손충당금의 적립, 여신포트폴리오의 구성 등 매우 다양한 용도로 이용되는 것이 신용등급이다. 이러한 신용등급이 차주의 상환능력을 객관적으로 반영한 등급인지를 재점검하는 업무가 여심감리의 역할이다.

신용등급의 적정성을 감리한 결과 주관성이 개재되어 있거나 등급의 도출과정이 불합리하여 등급의 조정이 필요하다면 감리역은 즉시 심사역에게 등급의 조정을 권고하여야 하며 심사역은 이에 응할 의무가 있다.

3. 관련 법규 및 여신정책과의 부합여부 점검

여신거래처를 유치하고 신청여신을 심사하는 과정에서 영업담당자나 심사역은 심사대상 차주나 여신의 자금용도 등이 관련 법규에 위반되지는 않는지의 여부와 당해 금융기관의 여신정책과 규정에 부합하는지의 여부 등을 충분하게 검토하여야 한다.

그러나 고의적인 목적이 있거나 아니면 과중한 업무량 등으로 인하여 충분한 검토를 하지 못하는 경우가 발생할 수도 있기 때문에 조직과 기능적으로 이들과 독립적인 위치에 있는 감리역의 입장에서 한번 더 점검할 필요가 있다.

4. 신용등급조정의 적시성 점검

신용등급은 차주의 미래 상환능력변화에 따라 적기에 조정을 하여야 하며 등급이 하락할 경우 그에 상응하는 사후조치를 취하여야 한다. 신용등급은 차주기업의 내부적인 요인들에 의해 변동요인이 발생하기도 하지만 경기침체와 같은 외부 요인들에 의해서도 영향을 받는다.

특히 신용등급이 6등급이나 7등급인 경우 경영여건 변화에 따른 등급의 변동성이 매우 높은 등급 구간이기 때문에 심사역은 물론 여신감리역도 정해진 감리주기에 따라 신용등급의 유효성을 항상 점검하여 적절한 신용등급을 유지하여야 한다. 이는 신용리스크 관리의 기본이라고 하겠다.

5. 여신포트폴리오의 적정성 점검

은행의 전체적인 여신포트폴리오가 적정하게 구성되어 있는지와 전체 여신자산의 건전성에 관한 점검을 통하여 객관적인 시각에서 평가를 하고 그 결과를 시의 적절하게 경영진이나 이사회에 보고를 하여야 한다. 그리고 경영진은 이러한 보고 내용들에 기초하여 여신정책을 수립하거나 정책변경에 반영하도록 하여야 한다.

6. 신용평가시스템의 일관성 유지여부 점검

개별기업이나 개인의 신용등급을 결정하는 지원시스템인 신용평가시스템이 정상적으로 작동되고 있는지를 점검하여야 한다. 점검결과 신용평가시스템에 의한 신용평가모형이 신용등급의 기간경과에 따른 변동률이 높게 나타나거나 등급간의 부도율의 역전현상이 발생하는 등 신용평가모형이 시장의 현상이나 변화내용들을 충분히 반영하지 못하고 있다고 판단되면 담당 부서에 모형의 개선을 권고하여야 한다.

7. 적절한 사후관리 여부 점검

잠재적 또는 명확한 약점을 지닌 여신에 대해 손실을 최소화하기 위하여 여신담당자가 신속하고 정확한 평가를 통하여 적절한 사후관리조치를 취하고 있는지를 점검하여야 한다.

정당하게 취급된 정상여신이라 할지라도 시간이 경과함에 따라 문제여신이 될 가능성은 항상 존재하고 있다. 그러므로 당해 여신을 심사한 심사역도 여신의 건전성 유지에 필요한 최선의 노력을 하여야 하지만 감리업무를 담당하는 감리역도 여신의 건전성 유지를 위하여 심사역보다도 더욱 보수적인 입장에서 사후관리를 하여야 한다.

그러므로 당해 금융기관의 여신감리 규정에 따라 여신금액이나 신용등급별로 감리대상 차주의 범위를 사전에 규정하여 두고 주기적으로 사후감리를 실시하여야 하며, 필요에 따라서는 수시로 기획감리를 실시하여야 한다.

기획감리라고 함은 경기의 급변동이나 정부정책의 변화 등으로 인하여 특정 산업이나 특정 계열기업군의 신용리스크가 증대될 만한 이슈가 발생하였거나 발생이 예상될 때

선제적인 리스크관리전략의 일환으로 특정 산업의 여신과 특정 계열에 대한 여신을 재점검하는 것을 말한다.

감리의 결과 신용등급을 조정할 사안이 발생하였다면 심사역에게 신용등급의 조정을 권고하여야 하며 필요한 경우 중요한 사항에 대해서는 경영진이나 이사회에도 보고를 하여야 한다. 여신을 취급한 이후 사후적인 관리를 위하여 필요한 주요 감리 사항들은 다음과 같다.

❊ 시장부문

- 경기의 침체
- 시중금리의 급상승
- 환율 변동성의 확대
- 정부정책의 불리한 변화
- 불리한 법률적 규제 발생 등

❊ 산업부문

- 수요시장 전망의 불투명
- 원재료시장의 수급불안
- 시장 경쟁구도의 변화
- 강력한 신규 진입 기업의 발생
- 대체품의 출현가능성
- 산업 트렌드의 변화
- 영위 산업의 사양화 등

❊ 경영부문

- 대주주의 변동
- 경영진의 건강
- 경영진의 도덕성
- 경영진의 경영능력 및 업종에 대한 전문적인 지식수준
- 노사분규
- 허술한 내부통제 및 관리

- 비업무용 부동산 증가
- 외형 위주의 경영전략
- 주요 경영진의 교체 및 교체사유
- 사업부의 매각 및 인수
- 신규 추진사업 유무 등

❊ 영업부문

- 매출액의 월별 또는 분기별 동향
- 제품경쟁력의 약화
- 시장지위의 하락
- 주요 거래처의 이탈
- 신제품 개발지연
- 생산설비의 노후화
- 생산공정의 자동화 또는 기계화 수준 낙후
- 생산직 종업원의 이직률 증가 등

❊ 재무부문

- 보유 부동산의 매각
- 계열사에 대한 자금지원
- 차입금의 급증
- 유동성의 부족현상 등

❊ 기타사항

- 부적절한 감사의견
- 사채시장 접근 소문
- 주가의 비정상적인 하락
- 업종 평균지수의 등락에 반하는 차주사의 주가 움직임
- 신용평가회사의 신용등급 하락
- 자금시장에서의 각종 루머 등

8. 자산건전성분류의 적정성 점검

은행업감독규정에 의해 모든 여신자산은 자산건전성을 합리적으로 분류하고 그에 상응하는 대손충당금을 적립하도록 규정되어 있다.

각 금융기관마다 자산건전성분류를 담당하는 조직이 다를 수도 있지만 대부분의 금융기관들은 여신감리조직에서 자산건전성분류를 담당하거나 점검하도록 하고 있다. 따라서 여신감리조직은 자산건전성의 분류가 차주기업의 상환능력에 기초하여 정확하게 분류가 되었는지를 점검하여야 한다.

9. 대손충당금 설정의 적정성 점검

자산건전성분류가 완료되면 감독규정에 정한 수준 이상의 대손충당금을 적립하여야 한다. 대손충당금은 감독규정에서 정하고 있는 의무적립 대상자산과 의무적립비율이 있으며 금융기관의 자율적인 판단에 의해 추가로 더 적립하는 자율적립이 있다. 따라서 감리조직은 관련 규정을 숙지하여 대손충당금의 적립이 적정한 수준이상으로

[표 10-3] 금융감독원의 개별 여신에 대한 여신감리의 적정성 점검방향(6P)[3)]

구 분	주요 점검사항
차주(People)	차주는 누구이며, 특성은 무엇인지 여부
여신의 목적(Purpose)	왜 차주는 여신을 필요로 하는지 여부
채권보전조치(Protection)	담보는 제공되었으며, 담보가치는 어떠한지 여부
상환능력(Payment)	상환재원은 무엇이며, 차주는 현재 및 장래 여신을 상환하기 위한 능력과 장점을 가지고 있는지 여부
문제점(Problem)	부적절한 현금흐름, 불충분한 담보 및 부적절한 구조 등 문제는 무엇인지 여부
전망(Prospects)	여신을 상환할 차주의 능력, 금융기관의 차주에 대한 여신관리 등 긍정적이든 또는 부정적이든 장래에 영향을 미치는 어떠한 사건이 발생할지 여부

3) 금융감독원, 검사업무편람, p.364

적립되었는지를 점검하여야 한다.

다음의 표는 금융감독원의 금융회사 임점 검사 시 개별 여신에 대한 여신감리의 적정성을 점검하는 접근방법이다. 이는 각 금융회사의 입장에서 볼 때 개별 여신에 대한 여신감리업무가 어떻게 이루어져야 하는지를 잘 말해 주고 있다.

연 | 습 | 문 | 제

1. 여신감리의 대상에서 거리가 먼 것은? (　　)

① 채권재조정여신　　② 신용등급이 7등급인 여신

③ 강제회수절차가 진행중인 여신　　④ 문제여신

⑤ 산업별 여신포트폴리오

2. 여신감리조직의 기능과 특성에 관한 설명 중 내용이 부적절한 것은? (　　)

① 여신영업과 심사업무에 대한 견제기능을 가지고 있다.

② 여신심사의 적정성에 관한 감리기능을 가지고 있다.

③ 관계 법규 및 여신정책과의 부합여부에 관한 감리기능을 가지고 있다.

④ 여신포트폴리오 구성의 적정성과 건전성에 관한 감리기능을 가지고 있다.

⑤ 신용등급을 조정할 권한을 가지고 있다.

3. 여신감리업무의 주요 내용이 아닌 것은? (　　)

① 여신심사의 적정성 점검　　② 여신영업에서 발생하는 민원해결

③ 신용등급 결정의 적정성 점검　　④ 신용평가시스템의 일관성 유지여부 점검

⑤ 자산건전성분류의 적정성 점검

정 | 답 | 및 | 해 | 설

1. ③

여신감리의 대상은 신용등급과 여신규모의 크기에 따라 결정되며, 법적인 수단을 동원하여 강제회수절차가 진행 중인 여신은 여신감리업무의 대상이 아니다.

2. ⑤

여신감리조직은 신용등급을 조정할 사유가 발생하면 심사역에게 등급조정을 권고할 의무는 부여되어 있지만 직접 등급을 조정할 수는 없다.

3. ②

여신영업에서 발생하는 민원해결업무는 여신감리조직의 업무가 아니다.

제 11 장

자산건전성 분류와 대손충당금 적립

학습목표

❇ 자산건전성분류 대상자산의 종류를 파악하여야 한다.

❇ 자산건전성 분류기준을 숙지하여야 한다.

❇ 대손충당금 적립대상 자산의 종류를 파악하여야 한다.

❇ 대손충당금 적립기준을 숙지하여야 한다.

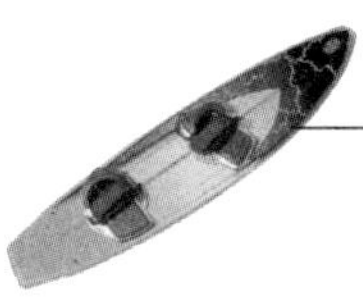

학습개요

❇ 자산건전성분류제도의 기본방향과 목적에 관한 내용과 자산건전성분류의 중요성에 관하여 학습한다.

❇ 자산건전성을 분류하여야 하는 대상자산의 종류와 자산건전성 분류단계별로 각각의 정의에 관하여 학습하여야 하며, 자산건전성 분류단계별 결정기준인 채무상환능력 기준, 연체기간 기준, 부도여부 기준 그리고 기업여신, 비거주자 기업, 부도기업, 채권재조정여신, 가계여신, 유가증권 등에 대한 건전성 분류기준에 관하여 학습한다.

❇ 대손충당금 적립기준 및 적립대상자산의 종류와 자산건전성 분류단계별로 대손충당금 최소 의무적립비율에 관하여 학습한다.

제1절 자산건전성분류제도의 개요

1. 자산건전성분류제도의 목적

1999년 12월 31일부터 시행되고 있는 자산건전성분류제도는 금융기관이 보유하고 있는 여신자산에 대하여 FLC(Forward Looking Criteria)에 기초하여 신용리스크 분석 및 평가를 통하여 건전성을 분류함으로써 부실자산의 발생을 사전에 예방하고 기존 부실자산의 조기정상화를 촉진하여 자산운용의 건전화를 도모하려는 것이 목적이다.

2. 자산건전성분류제도의 역사

과거 금융기관의 자산건전성 분류는 금융감독원이 제시한 자산건전성분류기준에 따라 차주의 과거 금융거래 및 영업실적에 중점을 두고 이루어졌다. 따라서 차주의 사업전망이나 미래의 채무상환능력 등 신용리스크를 종합적으로 평가하여 반영할 수 있는 기준이 없었다. 그 결과 금융기관은 보유자산의 부실화를 조기에 발견하지 못하고 부실화가 상당히 진전된 이후 사후적으로 부실채권을 인식할 수밖에 없었기 때문에 자산건전성 분류의 기본목적인 부실채권 발생의 사전적 예방기능이 미흡하였다.[1)]

이러한 문제점을 해소하기 위하여 금융감독원은 금융기관의 자산건전성 제고를 통한 건전 경영을 유도하기 위하여 국제기준에 걸 맞는 자산건전성분류기준을 새로이 마련하여 1999년 12월 31일부터 시행하게 되었다.

1) 자산건전성 분류기준과 대손충당금 적립기준 등은 모두 은행업감독규정에 기초하여 각 금융기관이 내규화하여 운영하는 의무적인 제도이다. 따라서 본 장에서 제시한 내용은 금융감독원의 검사업무편람에 게재된 내용을 재구성한 것이다.

3. 자산건전성분류제도의 기본방향

자산건전성분류제도의 기본방향은 차주의 연체기간과 부도여부 등 과거실적뿐만 아니라 미래채무상환능력 등을 종합적으로 감안하여 자산건전성을 분류하여야 한다는 것이다.

그리고 금융기관이 차주의 미래채무상환능력을 반영하여 건전성을 분류하고 건전성분류결과에 따라 충당금을 적립할 수 있도록 금융감독원은 최소한의 기준만을 제시함으로써 금융기관의 자율성을 최대한 확대하도록 하고 있다. 따라서 금융기관은 차주의 상환능력을 평가하기 위하여 신용평가모형을 개발하여 운용하는 등 채무상환능력에 의한 자산건전성분류의 세부기준을 자율적으로 마련하도록 하고 있다.

신용평가모형은 차주의 산업위험, 영업위험, 경영위험, 재무안정성 및 현금흐름 등의 분석을 통하여 차주의 신용리스크 및 채무상환능력을 평가하고 이에 따라 자산건전성을 분류하여야 한다.

마지막으로 금융감독원은 금융기관의 자산건전성 분류결과 및 대손충당금 적립의 적정성을 점검하여 자산건전성 분류업무가 자율적으로 적절하게 이루어지고 있는지를 확인하는 방향으로 제도화시키는 것이 기본방향이다.

4. 자산건전성분류제도의 중요성

4-1. 신용리스크관리의 기초 제공

보유자산의 신용리스크 변화를 적시에 분석 및 평가하여 자산건전성을 유지하는 역할을 수행함으로써 자산건전성분류제도는 보유자산에 대한 신용리스크 관리의 기초가 된다.

4-2. 대손충당금 적립금액 산정의 기준 제공

금융회사는 여신포트폴리오에 내재된 손실발생위험을 흡수할 수 있는 수준의 대손충당금의 적립을 통하여 자산건전성을 유지할 수가 있다. 따라서 자산건전성분류제도는 대손충당금 적립금액 산정의 기준이 된다.

4-3. BIS자기자본비율의 산정에 영향

고정이하 여신과 같이 부실여신의 증가는 대손충당금 적립금액의 증가를 수반하기 때문에 수익 및 자기자본 감소 등의 결과가 초래되어 은행의 대표적인 경영지표인 BIS 자기자본비율에 영향을 준다.

4-4. 대손상각업무의 기초 제공

자산건전성분류 결과 회수의문이나 추정손실로 분류되는 자산에 대해서는 조기에 상각함으로써 자산건전성을 도모하게 된다. 그러므로 자산건전성분류제도는 각 금융기관이 부실채권을 상각하기 위한 기초자료로 활용된다.

4-5. 경영실태평가(CAMELS)의 주요 항목

마지막으로 자산건전성분류결과는 금융감독원이 각 금융기관들의 경영실태를 평가(CAMELS)할 때 자산건전성 및 자본적정성 평가의 주요 항목이다.

제2절 자산건전성분류제도의 근거 규정

은행업감독규정의 자산건전성분류 규정에 의거 금융기관은 정기적으로 차주의 채무상환능력과 금융거래내용 등을 감안하여 보유자산의 건전성을 정상, 요주의, 고정, 회수의문, 추정손실의 5단계로 분류하여야 하며, 적정한 수준의 대손충당금(지급보증충당금 및 미사용약정충당금 포함)을 의무적으로 적립하여야 한다.

자산건전성 분류와 대손충당금을 적립할 때는 은행업감독규정의 자산건전성분류 규정과 동 규정의 '별표3' 및 은행업감독규정에서 정하는 대손충당금 적립기준을 반영하여 차주의 채무상환능력 평가기준을 포함한 자산건전성 분류기준 및 대손충당금 적립기준을 설정하여야 함은 물론 각 자산에 대하여 건전성을 분류하고 그에 따른 충당금을 설정하여야 한다.

그리고 금융기관은 은행업감독규정에 의해 설정한 기준과 동 기준에 따른 자산건전성 분류 및 대손충당금 적립 결과를 금융감독원장에게 보고하여야 하며, 금융감독원장은 금융기관의 자산건전성 분류 및 대손충당금 적립의 적정성을 점검하고, 부적정하다고 판단되는 경우 이의 시정을 요구할 수 있다.

한편, 금융기관은 은행업감독규정에 따라 자산건전성 분류 및 대손충당금 적립의 적정성과 객관성의 확보를 위하여 조직과 기능적으로 독립된 여신감리조직을 유지하는 등 필요한 내부통제체제를 구축하여 운영하여야 한다.

또한 금융기관은 은행업감독규정에 따라 회수의문 또는 추정손실로 분류된 부실자산을 조기에 상각하여 자산의 건전성을 확보하여야 한다. 금융감독원장은 금융기관이 보유하고 있는 부실자산에 대한 상각실적이 미흡하다고 인정하는 경우 당해 금융기관에 대하여 특정 부실자산의 상각을 요구할 수 있다.

제3절 자산건전성분류 대상자산

은행업감독규정에서 정하고 있는 자산건전성분류 대상자산은 다음의 각 호에서 정하는 자산을 말하며, 신탁계정 및 종합금융계정의 해당 자산도 포함하고 있다.

대출채권

증권선물위원회가 정하는 은행업회계처리준칙에 의한 다음의 대출채권이 자산건전성 분류대상이다.

- 원화대출금
- 외화대출금
- 은행간외화대여금
- 외화차관자금대출금
- 내국수입유산스
- 역외외화대출금
- 콜론
- 원화환어음매입
- 매입외환
- 지급보증대지급금
- 신용카드채권
- 직불카드채권(외화)
- 환매조건부채권매수
- 사모사채
- 팩토링채권

※ 확정지급보증

지급보증 중에서 주 채무가 확정된 지급보증은 자산건전성을 분류하여야 한다.

※ 유가증권

은행업회계처리준칙상 자산건전성 분류대상은 아니지만 리스크관리의 강화 목적으로 자산건전성을 분류할 수 있다.

※ 리스자산

은행업회계처리준칙상 리스자산은 모두 자산건전성 분류대상이다.

※ 가지급금 및 미수금

은행업회계처리준칙상 가지급금 및 미수금은 자산건전성을 분류하여야 한다.

※ 기타 자산

약정, 파생금융상품거래 등과 같이 금융기관이 신용리스크 관리 목적에서 자산건전성 분류가 필요하다고 판단되는 경우 자체적인 결정에 의해 건전성 분류 대상자산에 포함할 수 있도록 규정하고 있다.

※ 신탁계정 및 종합금융계정의 해당자산

신탁계정의 대출금, 콜론, 환매조건부채권, 유가증권 등과 어음관리계좌 운용자산을 포함한 종금계정 및 리스자산 등도 건전성 분류 대상자산에 해당한다.

제4절 자산건전성 분류기준

2006년 12월에 개정된 은행업감독규정에서 정의하고 있는 자산건전성 분류단계별 정의와 동 규정의 '별표3'에서 정하고 있는 자산건전성 분류기준은 다음과 같다.

1. 자산건전성 분류단계별 정의

1-1. 정상

차주기업의 경영내용, 재무상태 및 미래현금흐름 등을 감안할 때 채무상환능력이 양호하여 채권회수에 문제가 없는 것으로 판단되는 거래처(정상거래처)에 대한 자산을 말한다.

1-2. 요주의

다음 각 호의 1에 해당하는 자산을 말한다.

- 경영내용, 재무상태 및 미래현금흐름 등을 감안할 때 채권회수에 즉각적인 위험이 발생하지는 않았으나 향후 채무상환능력의 저하를 초래할 수 있는 잠재적인 요인이 존재하는 것으로 판단되는 거래처(요주의거래처)에 대한 자산
- 1월 이상 3월 미만 연체대출채권을 보유하고 있는 거래처에 대한 자산

1-3. 고정

다음 각 호의 1에 해당하는 자산을 말한다.

- 경영내용, 재무상태 및 미래현금흐름 등을 감안할 때 채무상환능력의 저하를 초래할 수 있는 요인이 현재화되어 채권회수에 상당한 위험이 발생한 것으로 판단되는 거래처(고정거래처)에 대한 자산
- 3월 이상 연체대출채권을 보유하고 있는 거래처에 대한 자산 중 회수예상가액 해당부분
- 최종부도 발생, 청산 및 파산절차 진행 또는 폐업 등의 사유로 채권회수에 심각한 위험이 존재하는 것으로 판단되는 거래처에 대한 자산 중 회수예상가액 해당부분
- 회수의문거래처 및 추정손실거래처에 대한 자산 중 회수예상가액 해당부분

1-4. 회수의문

다음 각 호의 1에 해당하는 자산을 말한다.

- 경영내용, 재무상태 및 미래현금흐름 등을 감안할 때 채무상환능력이 현저히 악화되어 채권회수에 심각한 위험이 발생한 것으로 판단되는 거래처(회수의문거래처)에 대한 자산 중 회수예상가액 초과부분
- 3월 이상 12월 미만 연체대출채권을 보유하고 있는 거래처에 대한 자산 중 회수예상가액 초과부분

1-5. 추정손실

다음 각 호의 1에 해당하는 자산을 말한다.

- 경영내용, 재무상태 및 미래현금흐름 등을 감안할 때 채무상환능력의 심각한 악화로 회수불능이 확실하여 손실처리가 불가피한 것으로 판단되는 거래처(추정손실거래처)에 대한 자산 중 회수예상가액 초과부분
- 12월 이상 연체대출채권을 보유하고 있는 거래처에 대한 자산 중 회수예상가액

초과부분

- 최종부도 발생, 청산 및 파산절차 진행 또는 폐업 등의 사유로 채권회수에 심각한 위험이 존재하는 것으로 판단되는 거래처에 대한 자산 중 회수예상가액 초과부분

2. 자산건전성 분류단계별 결정기준

은행업감독규정에서 정하고 있는 기본원칙은 차주의 채무상환능력에 대한 평가를 기초로 하되 연체기간 및 부도여부 등 차주의 금융거래실적을 종합적으로 감안하여 자산건전성을 분류하도록 하고 있다. 즉, 채무상환능력, 연체기간, 부도여부 등 각각의 기준에 의해 건전성을 분류한 결과 가장 낮은 단계를 적용하여야 한다.

2-1. 채무상환능력 기준

채무상환능력 기준이란 산업위험, 영업위험, 경영위험, 재무안정성, 현금흐름 등에 의한 차주기업의 채무상환능력 및 신용리스크 평가를 통해 여신의 원리금 회수 위험정도에 따라 건전성을 분류하는 것을 말한다. 그리고 담보나 보증 등이 있을 경우에는 채무상환능력 평가결과에 따라 건전성 단계를 결정할 때 고려하게 된다.

2-2. 연체기간 기준

연체기간에 따른 건전성 분류는 다음과 같다.

[표 11-1] 연체기간에 따른 건전성 분류

구 분	기업 및 일반가계여신	가계신용카드채권
정상	1월미만	좌동
요주의	1월이상 3월미만	좌동
고정	3월이상(회수예상가액 부분)	좌동
회수의문	3월이상 12월미만(회수예상가액 초과)	3월이상 6월미만(회수예상가액 초과)
추정손실	12월이상(회수예상가액 초과)	6월이상(회수예상가액 초과)

연체기간에 따라 건전성을 분류할 때 유의하여야 할 사항은 다음과 같다.

- 연체라 함은 약정기일에 상환되지 아니한 경우를 말하며, 약정기일 이내라도 이자미납일 등의 사유로 기한이익을 상실한 경우와 분할상환조건 여신일 경우 분할상환기일에 상환되지 아니한 경우를 포함한다.
- 연체기간은 최초 연체발생시점을 기준으로 산정하며 연체상태가 완전히 해소될 때까지는 연체가 지속되는 것으로 간주한다. 예를 들면 이자납입을 5개월간 연체중인 차주가 3개월 분 이자를 중도에 납입한 경우에도 연체기간은 2개월이 아닌 5개월로 산정하여야 한다.
- 연체에 따른 대환의 경우 당해 여신이 계속 연체될 때에는 대환 이전의 연체시점으로부터 적용되어야 한다.
- 동일한 금융기관과 복수의 여신거래를 하고 있는 차주가 하나의 여신에서 연체가 발생한 경우 원칙적으로 그 연체기간에 따라 전체 여신을 동일하게 분류하여야 한다.
- 다수의 금융기관과 거래를 하고 있는 차주가 특정 금융기관에 대해서만 연체를 하고 있는 경우에는 향후 다른 금융기관으로부터의 여신에 대해서도 연체할 가능성이 높으므로 이를 감안하여 분류하여야 한다.

2-3. 부도여부 기준

최종부도가 발생하거나 청산 또는 파산절차가 진행 중인 경우 또는 폐업중인 거래처의 경우에는 담보물의 회수예상가액 해당부분은 고정으로 분류하고 회수예상가액을 초과하는 부분은 추정손실로 분류하여야 한다.

그러나 최종부도가 발생한 이후 법원으로부터 회생절차 개시결정을 받은 차주의 경우에는 채권재조정이 이루어질 때까지 회수예상가액 초과부분은 추정손실에서 회수의문으로 상향조정할 수 있다.

또한 최종 부도 후 법원으로부터 정리계획안에 관한 인가를 받는 등 채권재조정이 이루어지는 경우에는 채권재조정 여신에 대한 자산건전성 분류원칙에 따라 건전성을 분류하여야 한다.

다만, 청산 또는 파산절차가 진행 중인 업체에 대한 여신 중 담보가 없더라도 자산 및 부채의 실사결과 청산가치가 존재하여 채권자 균등배분원칙에 의해 객관적으로 회수가

가능할 것으로 판단되는 부분은 회수의문으로 분류할 수 있다.

3. 기업여신의 건전성 분류

3-1. 기업여신의 건전성분류 원칙

기업여신에 대한 자산건전성 분류는 거래기업의 채무상환능력과 연체기간, 부도여부 등을 종합적으로 고려하여 건전성을 분류하여야 한다. 그러나 여신규모 또는 자산규모가 작은 거래기업에 대하여는 채무상환능력 평가를 생략하고 연체기간, 부도여부 등을 기준으로 건전성을 분류할 수 있다.

3-2. 신용평가모형의 설정 및 운용

거래기업의 채무상환능력 평가를 위한 신용평가모형을 설정하여 운영하여야 하며, 거래기업의 업종과 기업규모 및 여신포트폴리오 등을 감안하여 채무상환능력 평가대상 기업의 범위, 전체여신 중 신용평가모형에 의한 평가대상 여신의 비중 등을 합리적으로 결정하여야 한다.

그리고 채무상환능력 평가의 정확성을 제고하기 위하여 거래기업의 경영내용, 재무상태, 미래현금흐름 등에 관한 제반 정보 및 자료를 정기적으로 확보하여 유지 및 관리하여야 한다.

3-3. 여신 건별 건전성분류 조정

동일 거래기업에 대한 총 여신은 동일하게 건전성을 분류하는 것이 원칙이다. 그러나 다음과 같은 경우 거래기업에 대한 총 여신과 구분하여 건전성 분류를 조정할 수 있다.

- 보증부 여신은 거래기업뿐만 아니라 보증인의 채무상환능력을 평가하여 건전성을 분류할 수 있다. 이 경우 보증인의 보증채무 이행능력, 회수가능성의 제약여부 등을 충분히 고려하여야 한다.

- 대한민국 정부 및 지방자치단체, 정부투자기관이 보증한 여신은 거래기업에 대한 건전성 분류내용에도 불구하고 정상으로 분류할 수 있다.
- 원리금 회수가 확실시되는 예적금담보대출, 국공채 및 통화안정증권 담보대출과 정상적인 자금결제가 확실시되는 상업어음할인은 거래기업에 대한 건전성 분류내용에도 불구하고 정상으로 분류할 수 있다.
- 매입외환은 지급인 또는 보증인의 신용도 등을 고려하여 필요하다고 인정되는 경우 거래기업에 대한 총 여신과 구분하여 건전성을 분류할 수 있다.

3-4. 비거주자 기업에 대한 건전성분류 원칙

비거주자인 거래기업에 대한 여신의 경우에는 해당기업의 채무상환능력 외에 해당기업 소재 국가의 국가위험을 감안하여 건전성을 분류하며, 외국정부 또는 국제금융기구에 대한 여신 또는 외국정부나 국제금융기구가 보증한 여신의 경우에는 해당 외국정부나 국제금융기구의 신용도를 감안하여 건전성을 분류하여야 한다.

3-5. 부도기업에 대한 건전성분류 원칙

부도기업에 대한 건전성분류는 최종부도가 발생한 이후 법원으로부터 회사정리법에 의한 회사정리 개시결정 또는 화의법에 의한 화의개시결정을 받은 거래기업에 대한 총 여신 중 회수예상가액 초과 부분은 채권재조정이 이루어질 때까지 회수의문으로 분류할 수 있다.

[표 11-2] 기업여신의 자산건전성 분류 흐름도

1차 판단	2차 판단	자산건전성 분류	
부도 여부 ⓐ	• 최종부도발생, 파산 및 청산절차 진행, 폐업 등 • 회수예상가액	고정	채권담보자산중 회수예상가액 해당부분
		추정손실	채권담보자산중 회수예상가액 초과부분
		* 채권담보자산중 회수예상가액이 결정되지 아니한 부분은 회수의문으로 분류 가능	
연체 기준 ⓑ	• 연체월수 • 회수예상가액	정상	1월미만
		요주의	1월이상 3월미만
		고정	3월이상 (회수예상가액 해당부분)
		회수의문	3월이상 12월미만 (회수예상가액 초과부분)
		추정손실	12월이상 (회수예상가액 초과부분)
채무 상환 능력 기준 ⓒ	㉠ **일반기업여신** • 신용평가등급 • 보증, 담보 질 • 회수예상가액	정상	상위 신용평가등급 업체
		요주의	즉각적인 위험은 없으나 잠재적인 부실화 요인이 존재
		고정	• 대출취급 부적격 신용평가등급 업체 • 부실화 요인이 현재화하여 채권회수에 상당한 위험이 존재 • 회수예상가액 해당부분
		회수의문	• 대출취급 부적격 신용평가등급 업체 • 부실화 요인이 현재화하여 채권회수에 상당한 위험이 존재 • 회수예상가액 초과부분이나 회수예상가액은 미결정
		추정손실	• 대출취급 부적격 신용평가등급 업체 • 회수불능 또는 손실처리가 불가피 • 회수예상가액 초과부분
		* 신용평가등급과 자산건전성분류와의 연계는 개별은행에 따라 상이 * 은행의 양자간 연계사례 • 정상 : 6등급이상 • 요주의 : 7등급 • 고정 : 8등급 • 회수의문 : 9등급 • 추정손실 : 10등급	

예외 분류 기준 ⓓ

구분		분류 기준
ⓛ 보증부여신 • 차주, 보증인의 신용평가등급 • 회수예상가액		• 보증인의 신용등급이 차주보다 우량한 경우 보증인의 신용등급으로 분류 • 보증인의 보증채무 이행능력 및 의사, 법적 강제 등을 감안하되 회수가능성에 제약이 있는 경우 반영하지 않거나 또는 제한적으로 반영
ⓒ 정부 보증여신	정상	회수불능위험이 없음
ⓔ 담보부여신 등 • 예적금담보대출 • 국공채 및 통화안정증권담보대출 • 상업어음할인	정상	담보권행사를 통해 즉각적으로 회수가능한 금액범위내로 국한 예적금범위는 예금, 적금, 원본보전 약정이 있는 금전신탁 등 만기확정 및 원금회수 보장 금융상품
		발행, 지급인에 의한 정상적인 자금결제가 확실한 경우
ⓜ 매입외환 • 발행, 지급, 보증인의 신용상태		• 채무상환능력이 양호한 지급인 및 외국 우량금융기관이 발행/할인/인수한 경우 거래기업의 총여신과 구분하여 분류 • 무신용장방식(D/A, D/P)은 거래기업의 신용상태에 따라 분류 • 어음상 지급인이 외국인 수입상이거나 신용장방식에 의한 경우 지급인 또는 보증인의 건전성분류에 의하여 조정 가능
비거주자기업 여신 • 채무상환능력 • 국가위험도		• 일반기업여신의 경우를 준용하되 해당기업의 채무상환능력 및 소재국의 국가위험 반영
		• 외국정부, 국제금융기구 관련 여신 및 보증여신은 당해 정부, 기구의 신용도를 감안하여 분류
기타여신		• 회사정리 및 화의개시결정을 받은 차주의 회수예상가액 초과부분은 채권재조정결정시까지 회수의문으로 분류

▷ 최종 건전성 분류	• ⓐ, ⓑ, ⓒ 기준에 의한 건전성 분류결과 가장 낮은 단계적용 • ⓓ의 경우에는 건전성분류결과로 확정

4. 채권재조정여신의 건전성 분류

채권재조정여신이라 함은 은행업회계처리준칙에서 정한 여신을 말한다. 채권재조정여신에 대한 건전성 분류는 은행업회계처리준칙에 의거 재조정된 조건에 따라 현재가치를 산정한 후 현재가치 분에 대하여 기업여신과 동일한 기준을 적용하여 건전성을 분류하되, 채무상환능력은 채권재조정 후 해당기업의 경영내용, 재무상태 및 미래현금흐름 등을 기준으로 평가한다.

그리고 채권재조정 후 충분한 시일이 경과되지 않아 해당기업의 채무상환능력을 평가할 수 있는 객관적인 자료를 확보할 수 없는 경우에는 채권재조정내용을 반영한 추정재무제표 등을 통해 평가할 수 있다.

5. 가계여신의 건전성 분류

가계여신의 건전성 분류는 원칙적으로 차주의 채무상환능력과 연체기간을 종합적으로 고려하여 건전성을 분류하여야 하나, 가계여신의 특성을 감안하여 연체기간을 기준으로 건전성 분류를 할 수 있다.

가계에 대한 신용카드채권은 총 여신과 구분하여 건전성을 분류할 수 있으며, 6개월 이상 연체된 경우 추정손실로 분류한다.

주거용 주택담보대출은 회수예상가액 대비 대출금액, 담보권 행사 등을 통한 신속한 채권회수조치 가능여부 등을 감안하여 필요하다고 인정되는 경우에는 총 여신과 구분하여 건전성 분류를 할 수 있다.

기타 여신 건별 특성을 감안한 건전성분류 조정은 기업여신에 대한 자산건전성 분류기준을 준용한다.

6. 유가증권의 건전성 분류

유가증권의 건전성 분류는 신용평가모형에 의한 발행기업의 신용등급에 따라 유가증권의 건전성을 분류하며, 발행기업에 대한 신용등급을 산출하지 않은 경우에는 국내외 신용평가기관의 최근 유가증권 신용등급에 따라 건전성을 분류할 수 있다.

보증부 유가증권은 발행기업뿐만 아니라 보증인의 채무상환능력을 평가하여 건전성을 분류할 수 있으나, 이 경우 보증인의 보증채무 이행능력, 회수가능성의 제약여부 등을 충분히 고려하여야 한다.

그리고 대한민국 정부 및 지방자치단체, 정부투자기관이 보증한 유가증권은 발행기업에 대한 신용등급에 불구하고 정상으로 분류할 수 있다.

한편 비거주자인 기업이 발행한 유가증권의 경우에는 해당기업 소재국가의 국가위험을 감안하여 건전성을 분류하며, 외국정부 또는 국제금융기구가 발행한 유가증권 또는 외국정부 또는 국제금융기구가 보증한 유가증권의 경우에는 해당 외국정부 또는 국제금융기구에 대한 신용평가기관의 신용등급에 따라 건전성을 분류한다.

7. 회수예상가액 산정

7-1. 은행업감독규정상의 일반원칙

고정이하 분류여신에 대하여는 담보물의 적정한 회수예상가액을 산정하기 위한 기준을 설정하여 운영하여야 한다.

회수예상가액은 담보물 처분 시 실제 회수 가능한 공정가치를 기준으로 산정하되, 담보물을 처분할 때 부대 적으로 수반되는 비용을 차감하여야 한다.

7-2. 담보물의 공정가치 판단

회수예상가액은 해당 담보물을 다수의 구매자와 판매자가 참여하는 시장에서 형성되는 실제 매매대금인 공정가치를 기준으로 하고 해당 담보물의 공정가치가 형성되지 않을 경우에는 유사한 물건의 공정가치를 준용할 수 있다.

공정가치를 산출할 때 다음 사항을 고려하여야 한다.

- 유가증권은 시장에서 형성된 공정가치에서 처분 시 소요되는 기간동안 하락할 수

있는 부분을 차감한다.

- 담보부동산 중 아파트 등 주택은 비교적 환가성과 유동성이 높은 반면에 토지, 상가, 공장건물의 경우 실제 처분 시 가격하락이 심한 점을 감안하여야 한다.
- 특히 기계설비는 환가성이 매우 낮은 점을 고려하되 범용성이 있는 경우와 없는 경우를 차별하여 평가할 필요가 있다.

7-3. 담보물의 회수예상가액 조정

담보물 중 주택을 제외한 부동산 및 기계설비 등은 경기변동에 의한 가치증감을 감안하여 회수예상가액을 적절히 조정하는 것이 바람직하다.

회수예상가액은 공정가치에서 처분 시 부대되는 비용을 차감하되 처분 시 부대비용을 건별로 산정하는 것이 현실적으로 곤란한 경우에는 적정비용을 산출하여 공정가치에서 일률적으로 차감하는 방식도 가능하다.

법정관리업체의 경우 법정관리에 따른 공익채권은 담보권에 비해서도 우선 변제권이 있으므로 금융기관이 판단하여 실제로 회수가 가능하다고 판단되는 경우 이를 회수예상가액으로 인정할 수 있다. 따라서 공익채권이 회수예상가액으로 판단될 수 있는 경우 법원으로부터 회사정리 개시결정을 받은 이후 정리계획안에 관한 인가를 받아 채권재조정이 이루어질 때까지 고정으로 분류할 수 있다.

8. 연체대출채권의 정의

연체대출채권은 이자 또는 분할상환금을 포함한 원금의 상환 약정기일에 상환되지 아니한 대출채권을 말하며 다음의 어느 하나에 해당하는 경우를 포함한다.

- 이자 또는 분할상환금의 상환지체 이외의 사유로 인해 기한의 이익을 상실한 대출채권
- 한도금액을 초과한 한도거래 대출채권
- 지급보증대지급금

9. 연체기간의 정의

연체기간은 이자 또는 분할상환금을 포함한 원금을 상환하기로 한 약정기일의 다음 날로부터 기산하며, 연체대출채권의 연체기간은 다음에서 정한 날로부터 기산하여 계산한다.

[표 11-3] 연체대출채권의 연체기간 기산일 기준

연체 대출채권의 종류	연체기간 기산일
이자 또는 분할상환금의 상환지체 이외의 사유로 인해 기한의 이익을 상실한 대출채권	기한 이익 상실일
한도금액을 초과한 한도거래 대출채권	한도초과일의 다음날
지급보증대지급금	지급보증대지급 발생일

제5절 대손충당금 설정

1. 대손충당금 적립제도의 의의

내부유보를 확대하고 자기자본의 충실화를 도모하기 위하여 금융기관은 여신포트폴리오에 대한 신용리스크 평가에 기초하여 여신의 손실예상액을 산정하고 이를 흡수할 수 있는 충분한 수준의 충당금을 적립하여야 한다. 대손충당금의 충분한 적립은 정상화가 어려운 부실자산에 대해 대손충당금을 재원으로 하여 조기 상각을 유도함으로써 부실자산 감축을 통한 자산건전성을 확보할 수가 있다.

또한 미래에 발생가능한 손실부분을 조정하지 않고 여신자산을 당해연도의 재무상태표에 그대로 표기할 경우 금융기관의 수익성과 건전성이 실제보다 과장되게 되며, 이 경우 예금자나 투자자 및 금융감독당국 등의 이해관계자는 금융기관의 경영상태를 정확하게 파악하기 어려운 문제가 발생될 수 있기 때문에 이러한 폐단을 제거하기 위해서라도 대손충당금 적립제도는 필요하다고 볼 수 있다.

2. 대손충당금 적립제도의 기본방향

금융기관은 은행업감독규정에 의거 보유자산의 건전성을 5단계로 분류하고 각 단계별로 적정수준의 대손충당금을 적립 및 유지하여야 한다. 이를 위해 금융감독원은 대손충당금 의무적립 대상자산과 자산건전성 분류단계별 최저 대손충당금 적립비율을 제시하고 있으며, 금융기관은 건전성분류단계별 대손충당금 적립총액을 최저적립비율 이상으로 유지하여야 할 의무가 있다.

3. 대손충당금 적립대상 자산

대손충당금의 적립은 신용리스크가 내재된 모든 자산을 대상으로 하고 있다. 그리고 대손충당금은 다음과 같이 의무적립대상과 자율적립대상으로 구분하여 운용된다.

3-1. 의무적립 대상자산

은행업감독규정에 의거 의무적으로 대손충당금을 적립하여야 할 자산은 대출채권, 금융리스채권, 금융리스 선급금, 여신성 가지급금, 미수금으로 대체 처리된 부실 매입외환 및 확정지급보증 등이다.

3-2. 자율적립 대상자산

의무적립 대상자산 이외의 자산은 금융기관이 자율적으로 판단하여 대손충당금을 적립할 수 있다.

4. 계정별 적립대상 자산

4-1. 은행계정

대출채권에 해당하는 모든 자산에 대하여 대손충당금을 적립하여야 하며, 지급보증 중 주 채무가 확정된 확정지급보증에 대하여는 지급보증충당금을 적립하여야 한다. 그러나 대한민국 정부 및 지방자치단체에 대한 여신과 거래처가 금융기관으로서 정상으로 분류된 채권 및 회계처리기준상 시가평가 대상인 유가증권은 대손충당금 적립 대상이 아니다.

4-2. 종금계정

대출채권에 해당하는 모든 자산, 리스자산 중 금융리스채권 및 금융리스 선급금, 어음관리계좌에서 운용하는 자산 중 대손충당금적립 대상자산은 대손충당금을 적립하여야 하며, 주 채무가 확정된 확정지급보증에 대하여는 지급보증충당금을 적립하여야 한다.

4-3. 신탁계정

불특정금전신탁에서 운용하고 있는 모든 자산에 대해 채권평가충당금을 적립하여야 하며 적립률은 은행계정과 동일하다. 그러나 시가평가적용을 받는 자산과 정상으로 분류된 콜론 및 환매조건부채권은 채권평가충당금을 적립하는 대상이 아니다.

5. 대손충당금 적립기준

은행업감독규정의 대손충당금 적립기준에 의하여 금융기관은 결산 시(분기별 가결산 포함) 결산일 현재 은행계정 및 종합금융계정의 대출채권, 금융리스채권, 금융리스 선급금 및 여신성 가지급금에 대하여 건전성 분류결과에 따라 다음의 표에서 정하는 금액을 대손충당금으로 적립하여야 한다.

[표 11-4] 대손충당금 적립기준

자산의 건전성 구분	대손충당금 적립기준
정상	자산의 100분의 0.85 이상, 다만, 통계법에 따른 한국표준산업분류상 건설업(F), 도매 및 소매업(G), 숙박 및 음식점업(H), 부동산 및 임대업(L)은 100분의 0.9 이상
요주의	100분의 7 이상
고정	자산의 100분의 20 이상, 다만, 「기업구조조정 촉진법」또는「채무자 회생 및 파산에 관한 법률」제 180조제2항에 따라 은행이 우선하여 변제받을 권리가 인정되는 자산(이하 "우선변제자산"이라 한다.)은 100분의 10 이상
회수의문	자산의 100분의 50 이상. 다만, 우선변제자산은 100분의 25 이상
추정손실	자산의 100분의 100. 다만, 우선변제자산은 100분의 50 이상
(기타)	정상 내지 추정손실에도 불구하고 차주가 대한민국 정부 또는 지방자치단체인 경우와 "정상"으로 분류된 대출채권 중 콜론, 환매조건부채권매수, 은행간 대여금, 은행간 외화대여금에 대하여는 0원으로 할 수 있다.

주 : 2007년 12월 31일부터 업종별로 대손충당금 적립율을 차등화하여 시행

6. 대손충당금 적립기준 예외사항

6-1. 가계자금대출금

가계자금대출금에 대한 대손충당금의 적립은 은행업감독규정의 대손충당금 적립기준 규정에 불구하고 다음과 같이 적립하여야 한다.

[표 11-5] 가계자금대출금의 대손충당금 적립기준

자산의 건전성 구분	대손충당금 적립기준
정상	100분의 1 이상
요주의	100분의 10 이상
고정	100분의 20 이상
회수의문	100분의 55 이상
추정손실	100분의 100

6-2. 신용카드채권

신용카드채권에 대한 대손충당금의 적립은 은행업감독규정의 대손충당금 적립기준 규정에 불구하고 다음과 같이 적립하여야 한다.

[표 11-6] 신용카드채권의 대손충당금 적립기준

자산의 건전성 구분	대손충당금 적립기준
정상	100분의 1.5 이상
요주의	100분의 15 이상
고정	100분의 20 이상
회수의문	100분의 60 이상
추정손실	100분의 100

6-3. 정부기관 등에 대한 여신

은행업감독규정의 대손충당금 적립기준 규정에도 불구하고 차주가 대한민국 정부 또는 지방자치단체인 자산과 정상으로 분류된 대출채권 중 콜론, 환매조건부채권매수, 은행간대여금, 은행간외화대여금에 대하여는 대손충당금을 적립하지 아니할 수 있다.

6-4. 지급보증

금융기관은 결산 시 결산일 현재 지급보증(배서어음 포함)에 대하여 건전성 분류결과에 따라 다음과 같이 지급보증충당금을 적립하여야 한다. 지급보증충당금은 별도 기준의 "난외 항목의 신용환산율 적용기준"에 따라 신용환산율에 의해 환산된 금액을 기준으로 적립한다.

[표 11-7] 지급보증에 대한 지급보증충당금 적립기준

자산의 건전성 구분	지급보증충당금 적립기준
정상	지급보증액 × 환산율 × 100분의 0.7 이상
요주의	지급보증액 × 환산율 × 100분의 7 이상
고정	지급보증액 × 환산율 × 100분의 20 이상
회수의문	지급보증액 × 환산율 × 100분의 50 이상
추정손실	지급보증액 × 환산율 × 100분의 100

[표 11-8] 난외 항목의 신용환산율 적용기준

환산율	항 목	예 시
100%	(1) 일반 채무보증(대출과 유가증권에 대한 보증신용장 포함) 및 인수(인수성격의 배서 포함) 등 직접적인 신용대체수단	• 사채발행 지급보증, 융자담보 지급보증 등 • 신용파생상품 매도
50%	(2) 특정거래와 관련된 우발채무 (입찰보증,계약이행보증, 특정거래 관련 보증신용장 등) (3) NIF(Note Issuance Facilities) 및 RUF (Revolving Underwriting Facilities)	• 수입화물선취보증, 계약이행 보증, 입찰보증 등

[표 11-8] 난외 항목의 신용환산율 적용기준 (계속)

환산율	항 목	예 시
50%	(4) 원만기 1년 초과 기타 약정 (할인어음 및 외국환 관련 약정 포함)	• 당좌대출, 회전대출 약정액 중 미인출 한도 등
20%	(5) 단기(원만기 1년 이내)의 자동결제성 무역 관련 우발채무(상업신용장 등) (6) 원만기 1년 이내 약정 (할인어음 및 외국환 관련 약정 포함)	• 신용장 개설관련 지급보증 등 • 당좌대출, 회전대출약정액 중 미인출한도 등
0%	(7) 금융기관이 사전통지 없이 무조건적으로 취소 가능한 약정	

주 : 금융기관은 주식회사의 외부감사에 관한 법률에 의한 외부감사인이 기업회계기준에 부합한다고 인정하는 경우 당해 금융기관이 합리적이고 객관적인 기준에 따라 산출한 경험에 의한 신용환산율을 적용할 수 있음

6-5. 미사용약정

금융기관은 결산 시 결산일 현재 미사용약정에 대하여 다음과 같이 미사용약정충당금을 적립하여야 한다. 미사용약정충당금도 역시 앞부분의 표와 같이 별도의 "난외 항목의 신용환산율 적용기준"에 따라 신용환산율에 의해 환산된 금액을 기준으로 적립한다.

[표 11-9] 미사용약정에 대한 미사용약정충당금 적립기준

자산건전성	자산의 종류	미사용약정충당금 적립기준
정상	기업자금 가계자금 신용카드채권	미사용약정 × 환산율 × 100분의 0.7 이상 미사용약정 × 환산율 × 100분의 1 이상 미사용약정 × 환산율 × 100분의 1.5 이상
요주의	기업자금 가계자금 신용카드채권	미사용약정 × 환산율 × 100분의 7 이상 미사용약정 × 환산율 × 100분의 10 이상 미사용약정 × 환산율 × 100분의 15 이상
고정	기업자금 가계자금 신용카드채권	미사용약정 × 환산율 × 100분의 20 이상 미사용약정 × 환산율 × 100분의 20 이상 미사용약정 × 환산율 × 100분의 20 이상
회수의문	기업자금 가계자금 신용카드채권	미사용약정 × 환산율 × 100분의 50 이상 미사용약정 × 환산율 × 100분의 55 이상 미사용약정 × 환산율 × 100분의 60 이상

[표 11-9] 미사용약정에 대한 미사용약정충당금 적립기준 (계속)

자산건전성	자산의 종류	미사용약정충당금 적립기준
추정손실	기업자금	미사용약정 × 환산율 × 100분의 100
	가계자금	미사용약정 × 환산율 × 100분의 100
	신용카드채권	미사용약정 × 환산율 × 100분의 100

6-6. 특별대손충당금

금융감독원장은 은행업감독규정의 대손충당금 적립기준 규정에도 불구하고 금융기관검사 및 제재에 관한 규정에서 정하는 바와 같이 금융사고가 발생하여 금융기관의 전월말 현재 자기자본의 100분의 1에 상당하는 금액을 초과하는 손실이 발생하였거나 발생이 예상되는 경우에는 당해 금융기관에 대하여 해당 분기 말까지 손실예상액 전액을 특별대손충당금으로 적립할 것을 요구할 수 있도록 하고 있다.

그리고 당해 금융기관이 특별대손충당금을 적립한 후 당해 손실 예상 분에 대한 자산건전성 분류가 확정되는 경우에는 동 충당금을 환입하고 은행업감독규정의 대손충당금 적립기준의 규정에 따라 대손충당금을 재적립할 수 있다.

6-7. 한국채택국제회계기준에 의한 대손준비금

한편, 은행은 보유자산 등에 대하여 한국채택국제회계기준에 따라 충당금을 적립하고, 앞에서 열거한 기존의 대손충당금 적립기준에 따라 건전성분류별로 각각 산출된 금액(국제결제은행의 내부등급법을 사용하는 은행의 경우 동 합계금액이 이에 상응하는 내부등급법상 예상손실금액에 미달하는 경우에는 위에서 정한 건전성분류별로 각각 산출된 예상 손실금액)이 이에 상응하는 건전성분류별 충당금보다 많은 경우에는 그 차액을 매 결산 시마다 대손준비금으로 적립하도록 은행업감독규정이 개정(2014년 2월 11일) 되었다.

연 | 습 | 문 | 제

1. 자산건전성 분류단계별로 정의가 잘못된 것은? (　　)

① 정상–차주기업의 경영내용, 재무상태 및 미래현금흐름 등을 감안할 때 채무상환능력이 양호하여 채권회수에 문제가 없는 것으로 판단되는 거래처에 대한 자산

② 요주의–1월이상 3월미만 연체대출채권을 보유하고 있는 거래처에 대한 자산

③ 고정–경영내용, 재무상태 및 미래현금흐름 등을 감안할 때 채권회수에 즉각적인 위험이 발생하지는 않았으나 향후 채무상환능력의 저하를 초래할 수 있는 잠재적인 요인이 존재하는 것으로 판단되는 거래처에 대한 자산

④ 고정–최종부도 발생, 청산 및 파산절차 진행 또는 폐업 등의 사유로 채권회수에 심각한 위험이 존재하는 것으로 판단되는 거래처에 대한 자산 중 회수예상가액 해당부분

⑤ 회수의문–경영내용, 재무상태 및 미래현금흐름 등을 감안할 때 채무상환능력이 현저히 악화되어 채권회수에 심각한 위험이 발생한 것으로 판단되는 거래처에 대한 자산 중 회수예상가액 초과부분

2. 다음의 정의에 해당하는 자산건전성 분류단계는? (　　)

> 경영내용, 재무상태 및 미래현금흐름 등을 감안할 때 채권회수에 즉각적인 위험이 발생하지는 않았으나 향후 채무상환능력의 저하를 초래할 수 있는 잠재적인 요인이 존재하는 것으로 판단되는 거래처에 대한 자산

① 정상　② 요주의　③ 고정　④ 회수의문　⑤ 추정손실

3. 가계자금대출금의 대손충당금 최소적립비율로 옳지 못한 것은? (　　)

① 정상 : 1% 이상　② 요주의 : 10% 이상　③ 고정 : 20% 이상
④ 회수의문 : 50% 이상　⑤ 추정손실 : 100%

정 | 답 | 및 | 해 | 설

1. ③

요주의-경영내용, 재무상태 및 미래현금흐름 등을 감안할 때 채권회수에 즉각적인 위험이 발생하지는 않았으나 향후 채무상환능력의 저하를 초래할 수 있는 잠재적인 요인이 존재하는 것으로 판단되는 거래처에 대한 자산

2. ②

채무상환능력 기준으로 요주의에 해당하는 정의이다.

3. ④

가계자금대출금의 적립비율 중 회수의문에 해당하는 대출금은 100분의 55 이상(55%이상)이다.

제 12 장

문제여신 관리

학습목표

- ❇ 문제여신의 개념을 파악하여야 한다.
- ❇ 문제여신의 종류별로 특징을 파악하여야 한다.
- ❇ 조기경보제도의 의의와 필요성에 관하여 학습하여야 한다.
- ❇ 기업부실의 개념들을 파악하여야 한다.
- ❇ 기업부실의 일반적인 원인들을 숙지하여야 한다.
- ❇ 기업부실징후를 조기에 포착하는 방법들을 숙지하여야 한다.

학습개요

- ❇ 문제여신 관리의 중요성과 효과적인 관리방법들에 관하여 학습한다.
- ❇ 조기경보제도의 업무흐름에 관하여 학습하고 조기경보지표들의 종류 및 이 지표들의 출처와 각각의 지표가 의미하는 바가 무엇인지를 숙지할 수 있도록 충분히 학습한다.
- ❇ 기업의 부실을 조기에 판단할 수 있는 재무 및 비재무적인 측면에서의 징후들에 관하여 충분히 학습한다.
- ❇ 부실징후판단에 사용되는 각종 부도예측모형의 특성과 부도예측모형의 장단점 및 이들 모형들을 이용할 때 유의하여야 할 사항들에 관하여 학습한다.

제1절 문제여신

1. 문제여신의 개요

문제여신을 선정하고 관리하는 등에 관한 업무내용은 금융감독관련 규정에서는 별도로 규정하지 않고 있다. 그러나 금융감독원의 금융기관 경영실태등급평가제도(CAMELS)의 자산건전성 부문 평가시 비계량 평가항목의 일부로 평가하고 있다.

문제여신(Problem loans)이라 함은 정상으로 분류되는 여신 이외의 모든 여신을 말한다. 통상적으로 10단계의 신용등급체계를 가지고 있는 경우 7등급부터 10등급에 해당하는 여신자산이 문제여신으로 분류된다.

일반적으로 금융기관이 문제여신으로 관리하고 있는 대상은 일정규모 이상의 거액요주의 여신으로써 부실징후기업체 또는 부실기업체에 대한 여신과 고정이하로 분류되는 여신 또는 무수익여신, 비업무용 부동산, 특수채권 등이다.

2. 문제여신 관리의 목적

부실징후 가능성이 있는 여신을 조기에 정리하지 못하고 거액의 문제여신을 장기간 방치할 경우 거액의 대손충당금을 적립하여야 할 뿐만 아니라 부실자산을 회수하지 못할 경우 금융기관의 부실로도 이어질 가능성이 있기 때문에 금융기관은 자율적으로 문제여신에 대한 합리적인 관리방안을 마련하여 운영하여야 한다.

3. 문제여신 발생의 주요 원인

금융기관들이 문제여신을 발생시키는 주요 원인들은 다음과 같다.[1)]

- 취약한 리스크관리제도
- 특정 산업이나 특정 계열 및 차주에 대한 과다한 여신지원
- 여신의 상환방안에 관한 해결책 마련 실패
- 내부자거래에 의한 부당한 여신지원
- 기술적인 무능력
- 경쟁력 악화
- 감독 부족이나 소홀
- 불완전한 고객정보
- 지나친 수익성 위주의 여신운용
- 경제상황 변화에 대한 대처능력 부족 등

4. 문제여신의 종류와 특징

4-1. 부실징후여신

부실징후여신은 부실징후가 있거나 부실징후가 예상되는 기업에 대한 여신을 말한다. 금융기관은 부실징후여신의 발생을 최소화시키기 위하여 리스크관리 수단과 방법들을 채택하여야 한다. 대부분의 금융기관들은 부실징후여신에 대한 리스크관리 방안으로 조기경보시스템(Early warning system)을 비롯하여 부실예측모형 등을 구축하여 운용하고 있으며, 이에 관한 자세한 내용은 다음의 절에서 설명하기로 한다.

조기경보시스템이나 부실예측모형 등에 의해 관리대상으로 선정되는 기업은 다음과 같이 2가지의 형태로 구분하여 운용하기도 한다.

1) 금융감독원, 검사업무편람, p.257

※ 요관찰기업

부실징후가 예상되기는 하지만 그 정도가 미약하여 신용리스크 이슈의 방향성이 드러날 때까지 지속적인 관찰(Watch)이 필요한 기업을 말한다.

이러한 요관찰기업에 대하여는 매 분기마다 기업동태를 점검하여 부실징후의 정도가 심화되고 있지는 않는지를 평가하여야 한다. 그리고 요관찰기업에 대한 신규여신은 신중히 결정하여야 한다.

※ 부실징후기업

조기경보시스템이나 부실예측모형 등에 의해 부실징후가 예상되어 관리대상으로 선정된 기업을 말한다. 주로 여신금액이 일정규모 이상을 보유하고 있는 업체들을 중심으로 선정하고 있으며 선정하는 기준은 각 금융기관마다 차이가 있다.

부실징후기업에 대하여는 매월 기업동태를 점검하여야 함은 물론이고 자구노력을 포함하여 경영개선권고를 실시하거나 필요에 따라서는 여신을 축소하여야 한다.

4-2. 부실기업체 여신

부실기업체 여신이라 함은 분류기업체, 은행관리기업체, 기업정성화금융수혜기업체, 산업합리화지정기업체 등에 대한 여신을 말한다.

부실기업체 여신에 대하여도 금융기관은 사후관리를 철저히 하여 상황에 맞는 대책을 강구하여 여신이 정상화되도록 노력하여야 한다.

4-3. 고정이하 분류 여신

금융기관의 자산건전성 분류제도에 의해 고정이하 거래처로 분류된 기업에 대한 여신을 말한다.

고정이하로 분류되는 여신은 이미 차주기업이 채무상환능력을 상실하여 장기간 연체중에 있거나 회수예상가액 부분에 해당하는 담보를 제외하고는 사실상 회수가 어려운 여신이 대부분이다. 따라서 이러한 고정이하 분류여신은 가장 효과적이고 경제적으로 여신을 회수할 수 있는 방안을 마련하여 조속히 실행에 옮겨야 한다.

4-4. 특수채권

부실여신을 장기간 회수하지 못하여 대손상각으로 손실처리 한 후 특수계정으로 편입한 여신자산을 특수채권이라고 한다. 대손상각으로 처리한 특수채권에 대해서도 지속적인 사후관리 및 회수방안을 강구하여 특수채권의 회수에 최선을 다하여야 한다.

4-5. 무수익 여신

무수익여신이라 함은 다음의 표에서 정의한 바와 같이 3개월 이상 연체 또는 이자미계상 등으로 이자수익이 발생하지 않는 여신을 말한다.

[표 12-1] 무수익여신 산정기준[2]

대 상		산정기준
연체여신		• 원리금이 3월이상 연체된 채권으로써 이자미계상 여신을 제외한 여신
이자 미계상 여신	부도업체 등에 대한 여신	• 최종 부도업체, 파산, 청산절차 진행 중인 업체, 폐업 중인 업체, 법정관리 및 화의절차 진행 중인 업체에 대한 여신으로 채권재조정여신을 제외한 여신
	채무상환 능력 악화 여신	• 채무상환능력 기준에 의한 자산건전성 분류상 회수의문거래처 또는 추정손실거래처에 대한 여신으로서 부도업체 등에 대한 여신 및 채권재조정여신을 제외한 여신
	채권재조정 여신	• 채권재조정으로 인하여 실제 수익이 발생하지 않는 여신
		• 3월이상 재조정된 조건에 따른 원리금 상환이 이루어지지 않은 여신
		• 원리금의 상환이 유예되거나 기준금리 이하로 재조정되었음에도 불구하고 향후 원리금 상환이 불확실한 거래처에 대한 여신

* 보증부 또는 담보부 여신으로 여신 건별 건전성 분류 조정에 의해 정상 또는 요주의로 분류된 경우 또는 1월 이내에 연체금액을 포함한 원리금의 회수가 가능한 경우에는 무수익여신으로 인정하지 아니함

* 다음의 경우에는 무수익여신에서 수익여신으로 전환됨

- 연체된 원리금이 모두 상환되고 향후 원리금의 상환이 가능할 것으로 판단되는 거래처에 대한 여신
- 보증인에 대한 보증이행청구, 담보물 처분 등에 의하여 1월 이내에 원리금 회수가 가능한 부도업체 등에 대한 여신
- 경영내용, 재무상태 및 미래현금흐름 등을 감안할 때 채무상환능력이 개선되어 향후 원리금의 상환이 가능할 것으로 판단되는 거래처에 대한 여신
- 이자의 현금 수취 등으로 수익이 발생하고 향후에도 원리금의 상환이 가능할 것으로 판단되는 채권재조정여신

2) 금융감독원, 검사업무편람, p.263

제2절 조기경보제도

1. 조기경보제도의 목적

조기경보제도(Early warning system)는 거래기업의 부실징후 및 부실화 가능성을 조기에 발견하고 이에 대한 신속한 대응을 통하여 여신자산의 건전성을 유지하고자 하는 데 그 목적이 있다.

2. 조기경보방법

금융기관마다 다르게 운용되고 있는 조기경보제도는 과거에는 금융감독규정에 의해 구체적인 방법과 조기경보지표(Early warning indicators)가 제시되었으나 지금은 각 금융기관이 자율적으로 동 제도를 구축하여 운용하고 있다.

조기경보제도는 일반적으로 사전에 설계된 조기경보지표들을 추출하여 여신담당자에게 자동전달시스템에 의해 전달한 후 담당자들은 이들 조기경보지표들을 분석하고 평가하여 실행에 옮기는 방법을 채택하고 있다.

특정기업에 조기경보지표가 전달되었다고 하더라도 반드시 부실징후기업으로 선정하여 관리하는 것은 아니다. 담당자가 지표(Warning indicators or signals)의 특성이나 신용리스크에 미치는 영향 정도를 판단하여 요관찰기업(Watch list) 또는 부실징후기업으로 선정하여 관리를 계속할 것인지 아니면 정상기업으로 유지할 것인지를 결정하게 된다.

[표 12-2] 조기경보제도의 흐름도

데이터 수집 →	데이터 집계 →	담당자앞 통보 →	데이터 분석 →	실행
각종 조기경보 지표들을 수집	Data Base 구축	자동전달 시스템	정보의 질적인 분석 및 판단	사후관리
-은행거래정보 -기업내부정보 -기업외부정보	무작위로 수집된 자료들을 체계적으로 정리	-심사역 -영업점장 -감리역	-원인분석 -향후전망	-지속적 관찰 -신용등급조정

3. 조기경보지표

금융기관마다 조기경보시스템에서 사용하고 있는 조기경보지표들은 매우 다양하다. 조기경보시스템에서 주로 사용하고 있는 지표들에는 주가나 부도확률 등 기업의 외부에서 조달 가능한 지표들과 기업 내부의 경영활동에서 포착할 수 있는 지표들 그리고 은행과의 거래관계에서 발생하는 지표들이 있다.

❊ 기업의 외부에서 조달되는 조기경보지표 예시

- 신용등급(회사채 및 기업어음등급)이 하락하였거나 하락이 예고된 기업
- 사채시장에서 자금을 조달한 기업
- 부도확률(EDF)이 동업계 평균 이상인 기업
- 경영자에 관한 부정적인 소문이나 언론보도가 있는 기업
- 사주(Owner)에 관한 부정적인 소문이나 언론보도가 있는 기업

❊ 은행거래관계에서 조달되는 조기경보지표 예시

- 대지급이 발생한 기업
- 대출원금이 연체된 기업
- 대출이자가 연체된 기업
- 신용카드의 결제가 연체된 기업
- 신용불량자 등록사유가 발생한 기업
- 할인어음이 부도난 기업

- 당좌수표나 약속어음의 결제연장이 자주 발생하는 기업
- 금융기관 차입금이 급격하게 증가한 기업
- 비은행차입금이 과다한 기업
- 재무약정을 포함한 대출약정조건을 위배한 기업
- 당좌거래 유무 등 신용조회가 빈번한 기업 등

❊ 기업경영활동에서 추출되는 조기경보지표 예시

- 지나치게 급성장하고 있는 기업
- 이자보상배율이 1미만인 기업
- 부채비율이 가파르게 증가하는 기업
- 감사의견이 한정, 부적정 또는 의견거절인 기업
- 주요 매출거래처가 도산한 기업
- 주요 매출거래처와의 거래가 단절된 기업
- 주요 구매거래처가 원재료 공급을 중단한 기업
- 노사분규가 발생하였거나 조업중단 중인 기업
- 세금이나 공과금을 체납한 기업
- 보유 자산에 대한 가압류가 발생한 기업
- 보유 부동산을 갑자기 처분하려고 하는 기업
- 최근 2분기 동안 연속하여 매출이 감소한 기업
- 원재료 가격 상승 등 원가부담이 크게 상승한 기업
- 비정상적인 할인판매를 자주 하는 기업
- 종업원의 임금지급이 지연되는 기업
- 소송사건이나 우발채무가 과다한 기업
- 업종전환을 추진하고 있는 기업
- 재고자산이 지속적으로 증가하는 기업
- 반품이나 클레임이 증가하는 기업
- 경영자나 담당자가 면담을 회피하는 기업
- 종업원의 이직률이 높은 기업
- 최근 수년간 목표 매출액이나 이익을 달성하지 못하는 기업
- 운전자본 회전율이 둔화되고 있는 기업 등

제3절 기업부실예측

1. 부실기업의 정의

1-1. 부실

부실의 개념은 경제적 부실(Economic failure)과 법적 부실(Legal failure)로 구분하여 정리할 수 있다. 먼저 경제적 부실이란 경영성과의 부진으로 인한 불량한 수익성을 보이는 경우를 말한다. 투자를 하기 위해 조달한 자본의 대가로 지불하는 자본비용에 비해 조달자본을 실제 운용하여 거두어들인 투자수익이 더 적은 경우가 발생한 경우도 경제적인 부실에 해당한다. 경제적 부실 상태를 보이는 대부분의 기업들은 손익계산서 상의 당기순손실을 기록하는 것이 일반적이다. 그러므로 정도의 차이는 있지만 경제적 부실의 초기상태에 처해진 기업을 부실징후기업이라고 말할 수 있으며, 경제적 부실의 초기상태를 지나 부실이 심화된 상태로 진입한 기업을 부실기업이라고 볼 수 있다.

한편, 법적인 부실은 사실상의 부도나 도산을 의미한다. 경제적인 부실상태인 적자구조에서 벗어나지 못하는 대부분의 기업은 자본잠식과 더불어 대외 채무에 대한 법적인 지급의무를 이행하지 못하는 상황이 발생하는 경우가 많은데 이러한 상태에 처해진 기업을 법적 부실이라고 한다.

1-2. 지급불능

기업이 유동성 부족으로 지급능력을 상실한 상태를 지급불능(Insolvency)이라고 하며, 지급불능은 다시 기술적 지급불능(Technical insolvency) 상태와 파산적 지급불능(Insolvency in bankruptcy) 상태로 구분할 수 있다.

기술적 지급불능은 적자의 누적으로 인한 자본잠식으로 총부채가 총자산보다 더 많아진 상태를 말한다. 일시적으로 기술적 지급불능 상태에 직면한 기업은 경우에 따라서는 정상적인 경영이 가능한 기업으로 회복되는 경우도 간혹 있지만 대부분은 시간의 문제이지 언젠가는 도산에 이르게 된다고 보아야 한다.

한편, 파산적 지급불능이란 기술적 지급불능 상태의 기업보다 부실의 상태가 더욱 심화된 기업을 말하며, 사실상의 도산을 의미한다.

1-3. 채무불이행

채무자가 채권자에게 미래의 일정시점에 원금과 이자를 지급하기로 약속하였으나 기일에 원리금의 지급을 이행할 수 없게 된 경우를 채무불이행이라고 한다. 이러한 채무불이행에는 일반적인 채무불이행과 기술적 채무불이행(Technical default)이 있다.

또한 일반적인 채무불이행에는 채무를 전액 상환하지 못하는 불완전이행과 채무상환이 늦어지는 이행지체 그리고 채무를 상환할 수 없는 이행불능 등이 있다. 채무불이행을 당한 채권자는 채무면제나 계약의 해지 또는 손해배상 청구나 강제이행청구 등의 법적인 조치를 취할 수 있다.

반면에 기술적 채무불이행은 채무자가 필요한 자료를 채권자에게 제출하지 않거나 중요한 사실이나 채무상태의 변화내용 등을 채권자에게 통보하지 않아 발생하는 경우와 채무자의 진술과 보증사항이 부정확하거나 사실과 다름이 판명되어 발생하는 채무불이행을 가리킨다. 주로 채무자가 채권자와의 계약사항을 위반하여 발생하게 된다.

은행이 장기여신에 대하여 체결하는 재무비율준수조항(Financial covenants)의 위반도 기술적 채무불이행에 속한다. 이러한 기술적 채무불이행은 법적으로 일정기간 동안의 보정기간이 허용되므로 일반적인 채무불이행과는 구분된다.

1-4. 파산과 도산

파산과 도산은 서로 유사한 개념으로서 혼용하여 사용되고 있다. 엄격히 구분한다면 파산은 법률적인 용어이며 도산은 지급능력을 완전히 상실한 경우를 말한다.

파산이란 채무자가 채무를 모두 갚지 못하는 상황에 처해진 경우 채무자의 총자산을 채권자 모두에게 공평하게 변제하기 위한 법적인 절차이다. 기업이 부도가 발생한 경우 법원이 기업개선작업(Workout)이나 법정관리 등의 방법으로도 기업이 회생하기 어렵다고 판단되는 경우 법원의 명령으로 기업의 자산을 채무자에게 법에 정해진 기준에 따라 공평하게 분배하여 지급하고 채무자에게는 그 채무를 면책하게 하는 제도이다. 일반적으로 법원의 파산명령은 기업의 총부채가 총자산의 시장가치보다 더 많아 기업의 실질적인 순 자산가치가 부(-)인 경우에 선고된다.

2. 기업의 부실화 진행과정

J. Fred Weston과 Eugene F. Brigham에 의하면 기업은 일순간에 무너지는 것이 아니라 대부분 다음과 같이 단계적으로 부실화가 진행되어 한계에 도달하면 마침내 도산하게 된다고 하였다. 즉, 기업의 부실화는 경제적인 부실이 심화되어 기술적인 지급불능상태에 이르게 된 후 그 상태가 더욱 심화되면 마침내 파산하게 된다.

[표 12-3] 기업의 부실화 진행과정(국외연구)

진행단계	기업의 상태	나타나는 현상
제1단계	경제적인 부실	• 총수익 < 총비용 • 투자수익 < 자본비용 • 실현이익 < 기대이익
제2단계	기술적인 지급불능	• 총자산 < 총부채
제3딘게	파산	• 총자산가치 < 총부채가치

여기서 제1단계인 경제적인 부실 상태에서 나타나는 현상은 당기순손실이 발생하는 등 투입되는 비용에 비해 수익성이 매우 불량한 상태를 말한다.

그리고 제2단계인 기술적인 지급불능 상태란 총부채가 장부상의 총자산을 초과한 상태 즉 자본이 잠식된 상태를 의미한다.

마지막으로 제3단계인 파산 상태는 총자산의 시장가치가 총부채의 가치보다 더 적은 상태에 놓이게 되어 기업주가 더 이상 기업을 경영할 유인이 사라진 상태를 의미한다.

한편, 국내에서의 조사연구결과[3]에 의하면 기업의 부실화는 일반적으로 다음과 같은 과정을 밟는다고 하였다.

3) 김선기 · 황석화 · 김건우, 「기업부실화의 원인 · 징후 및 예측」, 한국신용평가(주), 1986

[표 12-4] 기업의 부실화 진행과정(국내연구)

진행단계	기업의 상태	나타나는 현상
제1단계	비효율적인 경영	• 전략적 계획수립 및 실행 실패 • 환경변화에 대한 대응능력 부족
제2단계	매출부진	• 과당경쟁으로 인한 출혈판매 • 재고누적 • 공장가동률 저하
제3단계	수익성 저하	• 손실발생으로 내부 창출자금 감소
제4단계	운전자금 부족	• 부채비율(차입금) 증가 • 금융비용 증가
제5단계	자금조달능력 부족	• 자산 매각 • 악성사채 유입
제6단계	도산	• 부도

2-1. 제1단계(비효율적인 경영)

조직이 방만하거나 기업의 규모에 비해 너무 작은 조직 또는 지나치게 비대한 조직 등과 같이 불합리한 조직을 가진 기업은 위기에 신속히 대처할 수 없을 뿐만 아니라 고비용구조로 인하여 효율성이 떨어지게 된다.

그리고 기업의 지배구조를 포함한 전반적인 경영시스템이 제대로 작동이 되지 못한다면 이 또한 경영의 효율성이 떨어질 수밖에 없을 것이다. 상대적으로 경영시스템이 잘 갖추어져 있는 대기업보다는 그렇지 못한 중소기업의 도산율이 높은 것도 이러한 경영시스템이 원활히 작동되지 못한다는 것에 그 원인을 찾을 수 있다.

또한 경영자와 대주주의 무능에서 비롯되는 비전과 경영목표의 부재, 경영전략의 부재 또는 부실, 경영의 연속성의 단절 그리고 경영권의 불안 등은 모두 비효율적인 경영의 표본이며 이는 곧 기업의 생존에 필수적인 기술과 인재 개발의 소홀과 방만한 경영, 종업원에 대한 통제능력의 상실 등 전반적인 경영위기로 이어져 마침내 기업을 패망의 길로 가게 만든다.

2-2. 제2단계(매출부진)

매출부진의 원인은 여러 가지가 있지만 크게 기업의 외적인 요인과 기업의 내적인 요인으로 구분하여 볼 수 있다. 경기불황, 수요의 부진, 경쟁의 심화 등이 외적인 요인이 되겠으며, 제품경쟁력의 약화, 영업력의 취약, 마케팅능력의 부족 등은 내적인 요인이 된다. 이러한 매출부진의 내적인 요인과 외적인 요인들의 근본 원인은 대부분이 비효율적인 경영에서부터 출발한다. 따라서 매출부진의 근본적인 원인은 외부환경 변화에 대한 신속한 대응책 마련의 실패와 수요의 변화를 제대로 읽어 내지 못한 무능한 경영진의 책임에 있다고 하겠다.

기업의 매출은 이익창출의 근본이며 영업활동에서의 현금창출의 원동력이다. 매출이 감소하거나 정체상태를 보이게 되면 수익성도 저하되기 쉬우며 따라서 현금흐름도 악화되기 마련이다.

2-3. 제3단계(수익성 저하)

이유를 막론하고 매출이 줄면 궁극적으로 수익성은 저하될 수밖에 없다. 한편, 수익성은 저조하지만 매출액이 증가하는 경우도 있다. 그러나 수익성이 동반되지 않는 매출증가는 일시적으로는 기업이 생존할 수는 있어도 오래가지 않아 도산에 이를 것이다. 이익은 매출의 크기와도 관련이 높지만 수익성이 없는 덤핑판매와 같은 매출은 적정 수익을 기대할 수 없다. 따라서 매출의 증대와 더불어 최소한의 수익성도 확보되어야 한다.

2-4. 제4단계(운전자금 부족)

매출부진은 수익성을 저하시키고 수익성의 저하는 현금흐름을 악화시키는 근본 원인이 된다. 물론 수익성이 다소 저조하더라도 매출채권의 회수가 원활하고 재고자산의 회전율이 높다라면 일시적으로는 유동성 위기를 피할 수도 있겠지만 오래가지 않아 운전자금의 부족을 초래하게 된다.

운전자금이 부족하게 되면 원재료 구매가 어렵게 되어 생산활동이 위축되고 이로 인해 조업이 중단되기도 하며, 운전자금의 부족이 더욱 심화되면 매입채무 등 각종 채무에 대한 지급불능으로 이어져 도산할 가능성이 높아진다. 물론 부족한 운전자금을 유상증자를 통하여 조달하거나 차입금으로 해결할 수도 있지만 매출과 수익성의 악화로 인해 이미 재무상태가 불량하기 때문에 필요자금의 조달이 용이하지 않게 된다.

2-5. 제5단계(자금조달능력 부족)

매출과 수익성이 악화되면 당기순손실의 발생으로 인한 적자의 누적과 차입금의 증가 등으로 인하여 재무구조가 더욱 악화된다. 재무구조의 악화는 대외 신용의 하락으로 이어져 제도권 내의 금융기관으로부터 자금조달에 한계를 느끼고 고금리의 악성 사채를 이용하거나 소유 부동산을 처분하게 된다.

2-6. 제6단계(도산)

운영자금이 부족하여 자금조달에 실패하면 곧바로 도산으로 이어진다. 이때 상장기업이나 모기업의 지원이 가능한 대기업은 재무융통성이 비교적 높아 자금조달에 성공하여 도산으로까지 이어지지 않는 경우도 있다. 반면에 중소기업은 대기업에 비해 재무융통성이 약할 뿐만 아니라 자금조달창구가 다양하지 못하여 쉽게 도산에 이르게 된다.

경영위기의 본질

미국 테러사건이후 기업의 경영자로서 기업위기의 본질에 대해 새삼 되짚어 보지 않을 수 없다.

첫째, 위기는 평화롭고 번영을 구가할 때 홀연히 찾아온다. 더 파헤쳐 말하면 평화와 번영이라고 모두가 믿을 때 급습한다. 평화라고 믿는 착시 현상이 위기라 할 수 있다. 따라서 위기는 특별할 때 관리하는 게 아니다. 눈을 부릅뜨고 항시 예방하는 게 중요하다. 방심의 틈을 비수처럼 파고들기 때문이다. 그러나 시간이 흐르면서 긴장이 풀리고 안일해지기 쉽다. 그런 점에서 위기관리의 어려움이 있다. 그래서 상시 전방위 위기관리만이 유일한 대책이라고 할 수 있다.

둘째, 경기하강 때보다 절정으로 갈 때 위기의 피해는 커진다. 따라서 일이 잘돼 간다고 느낄 때 위기관리에 보다 관심을 가져야 한다. 사망선고와 같은 부도는 기업이 팽창하면서 닥치는 경우가 많다. 신용이 좋아 사옥을 짓고 입주한 후 부도를 맞는 기업이 허다한 것도 음미해 볼 일이다.

셋째, 기업의 위기는 자금위기관리의 미흡에서 표출된다. 따라서 자금관리가 위기관리의 전부인양 착각하기 쉽다. 그러나 자금위기관리는 마지막에 나타날 뿐이지 본질은 아니다. 자금의 위기에 앞서 판매, 유통의 위기가 선행한다. 생산과 기술, 조직과 인사의 위기가 쌓인 결과가 결국 자금의 위기로 나타난다. 그래서 경영전반의 위기관리와 점검이 필수적이다.

넷째, 경영기술로 위기를 극복하려고 한다. 그러나 더 중요한 것은 지도부의 처절한 자기반성과 성찰이다. 이러한 성찰 없이는 위기의 실체를 파악하기 어렵다. 로마의 멸망도 기업의 붕괴도 그 뿌리는 지도부의 오만과 나태에 있다.

다섯째, 기업 환경에 대응하는 능력의 부재가 위기를 부른다. 거대한 공룡은 지구상에서 멸망했으나 연약한 모기는 수만 년을 살아남았다. 환경을 극복하는 다위니즘의 증표이다.

(출처 : 한국경제신문 2001.9.19 윤윤수 〈휠라코리아 대표이사〉)

3. 기업의 부실화 유형

3-1. 매출부진 유형

매출이 부진하여 부실기업이 되는 유형이다. 매출부진의 원인들은 다음과 같이 정리할 수 있다.

- 경기의 침체
- 강력한 경쟁기업의 출현
- 경쟁의 심화
- 대체품의 출현 또는 대체품의 시장잠식 가속화
- 산업이나 제품의 사양화 등
- 영업전략의 부재
- 마케팅능력의 부족
- 품질경쟁력의 약화 및 상실
- 가격경쟁력 약화 및 상실
- 영업력의 약화
- 신제품 개발의 소홀 및 실패

- 주요 매출거래처의 이탈
- 시장점유율의 하락 등

3-2. 수익성악화 유형

수익성이 악화되어 부실기업이 되는 유형이다. 수익성 악화의 주요 원인에는 다음과 같은 것들을 예로 들 수 있다.

- 원재료 가격의 상승
- 유가의 상승(에너지비용과 운반비의 증가요인)
- 경쟁의 심화로 인한 판매단가의 하락이나 판매부진
- 덤핑판매
- 원가율의 상승(생산성 하락, 가동률 하락, 노무비 증가 등)
- 비효율적인 영업활동으로 인한 판매비 등 영업비용의 지출증가
- 과다한 금융비용과 매출채권 대손의 증가 등

3-3. 운전자금부족 유형

유동성인 운전자금이 일시적 또는 만성적으로 부족하여 도산하거나 부실기업이 되는 유형이다. 운전자금 부족의 원인에는 다음과 같은 것들이 있다.

- 자금시장의 유동성 경색으로 인한 자금조달 여건 악화
- 금리의 급격한 상승
- 급격한 매출액 감소
- 수익성 악화
- 판매부진으로 인한 재고자산의 증가
- 매출채권의 회수지연 또는 대손증가
- 과잉 설비투자
- 무리한 신규사업 추진 등

3-4. 연쇄도산 유형

능력 밖의 무리한 지급보증으로 인한 지급보증처의 도산이나 영업의존도가 높은 기업의 도산으로 인하여 매출이 급감하거나 매출채권의 회수지연 또는 회수불가능으로 인하여 차주기업도 연쇄적으로 도산하거나 경영이 악화되는 유형을 말한다. 연쇄도산의 원인은 외형적으로는 외부요인에 기인하지만 근본적으로는 내부적인 경영판단의 잘못에 기인하고 있다. 연쇄도산의 원인에는 다음과 같은 것들이 있다.

- 지급을 보증한 업체의 도산으로 인한 우발채무의 현실화
- 영업의존도가 높은 관계회사 또는 거래기업의 도산으로 인한 급격한 매출감소
- 거래기업의 도산으로 인한 매출채권의 대손 발생 등

3-5. 투자실패 유형

거액의 신규투자나 기존사업의 무리한 확장이 실패로 돌아갔을 때 자금사정의 악화나 수익성 악화로 인하여 부실기업이 되는 유형이다. 투자실패의 주요 원인에는 다음과 같은 것들을 예로 들 수 있다.

- 경기의 후퇴
- 예상하지 못한 강력한 경쟁기업의 출현
- 소비자의 기호변화 등으로 인한 수요의 감소
- 신규 사업에 대한 불충분한 사업성검토
- 불충분한 시장조사
- 무리한 자금조달계획
- 능력 이상의 무리한 투자
- 신규설비의 완공지연
- 신제품 개발의 지연 등

3-6. 경영자의 무능력 유형

기업경영을 총괄하는 기업의 최고 책임자인 경영자의 경영능력 부족으로 인하여

도산하는 유형이다. 경영능력 부족의 원인은 다음과 같다.

- 경영경험에 관한 전문지식의 부족
- 영위 산업에 관한 전문지식의 부족
- 경영환경변화에 대한 감지능력 및 대처능력 부족
- 경영위기 관리능력의 부족
- 독단 경영
- 방만한 경영
- 경영 및 시장정보의 부재
- 내부통제 및 관리능력의 부족
- 도덕성과 창의성의 결여
- 인재육성 및 관리의 소홀 등

3-7. 기타 부실유형

이상과 같은 원인들 외에도 기업의 부실 원인에는 다음과 같은 사유들이 있다.

- 시장개방 등 예측하지 못한 정부정책의 불리한 변화
- 환경규제, 독점규제, 영업제한 등 각종 법률 및 규제 강화
- 수입국의 수입금지, 덤핑판정, 고율의 관세 부과 등 수입규제 강화
- 수출의존도가 높은 기업의 경우 원화환율의 급락
- 화재, 홍수, 지진, 전쟁 등과 같은 천재지변의 발생
- 강도 높은 노사분규의 장기화
- 핵심인력의 퇴사 등

4. 기업의 부실요인

4-1. 기업의 외부요인

❊ 시장요인

- 경쟁업체의 신규진입
- 경쟁사의 신제품 출현
- 대체상품의 출현
- 과당경쟁
- 덤핑판매 성행으로 시장이 교란
- 유행의 변화
- 소비자의 기호나 성향 변화 등

❊ 경기요인

- 소비위축
- 매출부진
- 금리의 상승 등

❊ 정부정책 요인

- 시장개방
- 각종 시장규제(환경규제 등)
- 세제지원 중단
- 세율인상 등

❊ 기타 요인들

- 수해, 화재, 전쟁, 지진 등 자연재해로 인한 피해
- 공해문제
- 거래기업의 도산
- 관계회사의 도산
- 소송에서 패소 등

4-2. 기업의 내부요인

❊ 경영자 요인

- 경영자의 지식, 경험, 의사결정 능력부족
- 경영자의 지나친 정치적 성향
- 1인 독재 경영 또는 가족 및 친족경영
- 경영권 다툼
- 경영진 내부갈등
- 도덕성 결여
- 공금유용 등

❊ 경영조직 요인

- 직무권한 및 책임한계의 불명확
- 내부통제제도의 미흡
- 관리회계의 허술 또는 불비
- 권한 하부이양의 미흡
- 의사결정과정이 복잡
- 노사갈등 또는 노사분규 발생
- 종업원의 사기침체
- 경쟁업체에 비해 너무 낮은 임금 및 복지수준 등

❊ 경영전략 요인

- 무리한 기업확장 전략
- 투자계획 실패
- 수요예측의 판단오류
- 경영전략 부재 등

❊ 생산 요인

- 원재료 확보 또는 저가 고품질의 원재료 확보 실패
- 품질경쟁력 저하
- 신제품 개발의 실패 또는 지연
- 생산설비의 노후화 등

❊ 판매 요인

- 가격정책 실패
- 출혈판매
- 취약한 유통구조
- 거래처수가 제한적임(1개 또는 몇 개)
- 반복적인 Sales실시 등

❊ 재무적 요인

- 차입금 등 지나친 타인자본 의존도
- 비업무용자산의 과다 보유(부동산 등)
- 거래 금융기관의 여신제한, 유상증자 곤란
- 부실채권의 과다보유
- 판매대금 회수부진
- 고금리의 사채이용
- 융통어음 발행 등

5. 중소기업의 부도원인

설문조사에 의한 중소기업의 부도원인은 기업의 외적 원인이 50.4%, 내적 원인이 49.6%로 복합적으로 작용한 것으로 분석되고 있다. 중소기업청이 2006년 6월에 조사한 "2006년 1/4분기 부도기업의 부도원인 분석결과"의 내용이다.

[표 12-5] 중소기업의 부도원인

구 분	비 중	부도 원인
기업 외적 부도원인	50.4%	• 과당경쟁 • 환율 및 원자재가격의 상승 • 경기침체 등
기업 내적 부도원인	49.6%	• 방만한 자금관리 • 무리한 투자 • 기술 및 생산력 열세 등

기업 외적 부도원인 중에서도 경기변동 원인의 비중이 65.4%로서 구조적 원인의 비중인 34.6%보다 높다. 이는 부도기업이 부도직전의 시기에 환율하락 및 원자재가격 상승 등의 경기변동에 다소 직접적인 영향을 받은 것으로 보인다.

[표 12-6] 기업 외적 부도원인의 영향요소

구 분	비 중	부도원인의 영향요소
경기변동 원인	65.4%	• 경기침체 • 환율하락 • 원자재 가격 상승 등
구조적인 원인	34.6%	• 과다경쟁 • 수요패턴의 변화 등

부도의 주요 원인으로는 판매부진(46.8%), 판매대금 회수지연(13.8%), 방만한 경영(7.9%), 거래기업 및 관련기업 도산(7.3%)의 순으로 나타났으며, 부원인은 판매대금 회수지연(23.9%), 적자누적(23.4%), 환경변화에 대한 대응능력 부족(12.3%)의 순으로 나타났다.

[표 12-7] 중소기업 부도의 주된 원인

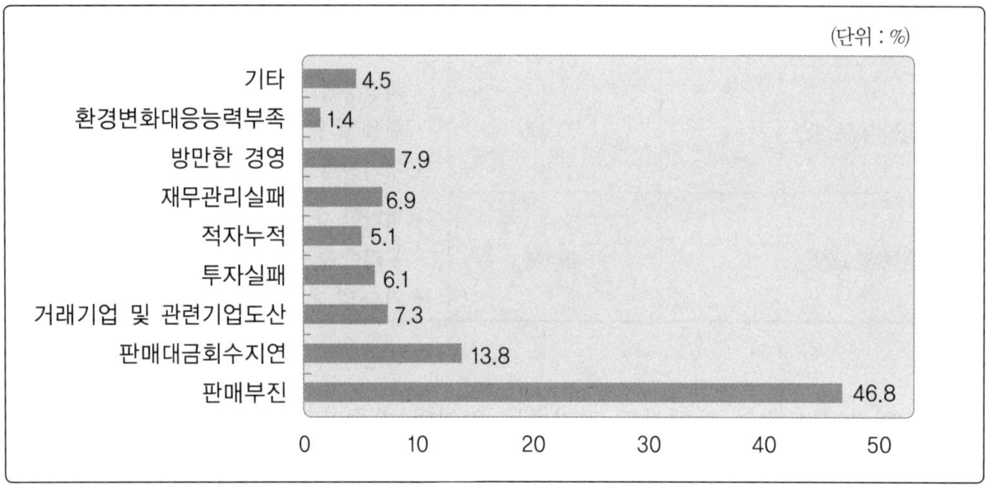

6. 중소기업이 도산하기 쉬운 이유

경험적으로 볼 때 중소기업이나 영세기업의 부도율이 대기업에 비하여 상대적으로 높은 것이 사실이다. 영세기업을 포함한 중소기업이 도산하기 쉬운 가장 큰 이유는 영업이 불안정하기 때문에 기업의 존속에 필요한 최소한의 영업이익을 지속적으로 창출하기가 매우 어렵다는 점에 있다. 영세기업들의 공통적인 특징인 불안정한 영업의 주요 이유들을 정리하면 다음과 같다.

- 대부분 업력이 일천하고 경영경험이 부족하여 위기상황에 대한 대처능력이 떨어진다.
- 시장지위가 낮아 구매처와 판매처 모두에 대해 교섭력이 약하다.
- 매출거래처가 소수이기 때문에 영업기반이 매우 취약하다.
- 유통망이나 판매망이 부족하여 영업기반 확대가 어렵다.
- 유능한 인력과 자금력의 부족으로 마케팅능력이 약하다.
- 유능한 영업인력의 확보가 어렵고 영업노하우의 부족으로 영업력이 약하다.
- 가격과 품질의 우위확보가 어려워 제품경쟁력에서 열세이다.
- 경영관련 정보를 적기에 수집하기 어려워 경영환경변화에 대하여 신속하게 대처하기가 어렵다.
- 경기가 침체되면 영세기업부터 도산하기 시작한다.

- 기술력과 자금력의 부족으로 신제품 개발능력이 뒤진다.
- 대량생산을 통한 규모의 경제로 원가율을 낮출 수가 없다.
- 사장의 단독 경영체제로 인해 비효율적이고 독단적인 경영을 하고 있다.
- 신용도가 낮기 때문에 금융회사로부터 차입이 어렵다.
- 유상증자, 회사채 발행, 현금창출능력, 재무융통성 등 자체 자금조달능력이 취약하다.
- 경영전략이나 영업전략이 없거나 부실하여 무계획적인 경영을 하고 있다.
- 유능한 인재를 확보하기가 어렵다.

7. 부실징후 발견방법

부실징후를 조기에 발견하고자 하는 이유는 여신자산의 부실화 방지에 있다. 여신자산은 부실징후가 보이거나 부실화되었다면 이미 때가 늦은 경우가 대부분이다. 여신은 기업이 정상적인 영업활동을 하고 있을 때에도 상환을 받기가 어렵지만 부실이 진행되고 있거나 이미 부실화된 기업으로부터 여신을 회수하기란 무척 어렵다. 그러므로 부실기업이 되기 전에 부실징후를 조기에 발견하여 여신을 회수하는 것이 중요하다.

부실징후를 예측하는 방법에는 재무제표를 통하여 발견하는 방법과 비재무적인 정보를 가지고 판단하는 방법 그리고 부실예측모형을 이용하여 판단하는 방법 등이 있다. 이러한 방법들은 각각의 장단점을 가지고 있으므로 사용 시 단점을 보완하여 사용하는 것이 중요하다.

7-1. 재무정보에 의한 발견방법

재무상태표, 손익계산서 및 현금흐름표 등 재무제표상의 계수변동이나 재무비율의 변화추이를 보고 기업의 이상 징후를 발견하고자 하는 방법이다.

정태적인 비율값을 판별의 기준이 되는 비율값과 비교를 통하여 이상 징후를 찾아내거나 과거의 동태적인 추세변화를 통하여 이상 징후를 찾아내기도 한다. 여기서 판별의 기준이 되는 비율값은 주로 경험적으로 과거에 도산한 유사 기업들의 평균비율값을 사용한다.

가. 재무상태표상의 부실징후

1) **부채비율의 급증**

부채비율은 기업의 재무건전도를 나타내는 가장 의미 있는 비율이다. 동 비율은 총자산 중에서 타인자본의존도가 얼마나 높은가를 보여주며 높을수록 자본구조가 불량하다는 뜻이다.

부채비율이 상승하는 주된 원인은 소요자금을 주로 차입에만 의존한 결과이기도 하며, 또한 당기순손실의 누적으로 자기자본이 잠식되어 나타나는 현상이기도 하다.

과거 실제로 부도가 발생한 기업들의 부채비율의 평균치를 살펴보면 부채비율이 상승할수록 부도업체수가 증가하는 모습을 보여 주었다. 따라서 이와 같은 과거의 경험으로 볼 때 부채비율이 약 200%를 넘어선 기업은 부실기업이 될 가능성이 높다고 보아야 할 것이다.

[표 12-8] 부도발생 업체들의 부채비율 분포 현황

업 종	구 간	도산 직전연도	
		업체수	구성비
제조업	1000% 초과	14	51.9%
	500~1000%	9	33.3%
	200~500%	3	11.1%
	100~200%	1	3.7%
	100% 미만	0	0.0%
건설업	1000% 초과	10	62.5%
	500~1000%	2	12.5%
	200~500%	1	6.3%
	100~200%	2	12.5%
	100% 미만	1	6.3%
도소매 서비스 기타	1000% 초과	9	56.3%
	500~1000%	1	6.3%
	200~500%	3	18.8%
	100~200%	3	18.8%
	100% 미만	0	0.0%

주 : 외감법 대상 업체들 중에서 부도 발생한 업체들임

2) 순운전자본부담률의 급증

순운전자본부담률은 총 매출액에서 순운전자본이 차지하는 비중을 말한다. 일반적으로 매출액이 증가하면 순운전자본도 증가하는 것이 자연스러운 현상이지만 비정상적으로 순운전자본이 증가하게 되면 기업의 입장에서는 운전자금 부담으로 소요운전자금이 증가하여 차입금이 증가하거나 자금조달에 실패하면 도산하는 경우가 많다.

순운전자본이 비정상적으로 증가하는 원인은 매출이 부진하여 신용판매기간의 연장을 통하여 매출을 증가시키기 위한 결과이기도 하지만 매출채권이 부실화되어 회수가 지연되거나 판매부진으로 재고자산이 누적되어 나타나는 현상이기도 하다.

다음의 표는 실제로 부도가 발생한 기업들의 부도직전 2년간의 순운전자본증가율과 매출액증가율을 비교한 결과 부도기업의 70~80%가 매출액증가율보다 순운전자본증가율이 더 높은 것으로 나타났다.

[표 12-9] 부도업체들의 순운전자본증가율과 매출액증가율의 비교

구 분	도산 2년전		도산 1년전	
	업체수	점유비	업체수	점유비
순운전자본증가율 > 매출액증가율	35	83.4%	22	71.0%
순운전자본증가율 < 매출액증가율	7	16.6%	9	29.0%

주1 : 순운전자본 = 매출채권 + 재고자산 − 매입채무
주2 : 외감법 대상 업체들 중에서 부도가 발생한 업체들임

3) 매출채권의 급증

일반적으로 매출액이 증가하면 매출채권도 자연적으로 증가하게 된다. 그러나 매출이 정체상태를 보이거나 감소하고 있는데도 불구하고 매출채권이 증가하는 것은 매우 부정적인 현상이다. 그 이유는 제품의 경쟁력이 하락하고 있거나 영업의 경쟁력이 저하되는 경우와 같이 기업의 전반적인 경쟁력이 하락하는 경우에 나타나는 현상이기 때문이다. 즉, 매출증가는 고사하고 현재의 매출 수준만이라도 유지하기 위하여 신용판매기간을 늘린다거나 매출채권의 대손 발생 가능성이 높은 불량 거래처에게도 신용판매를 확대함으로써 매출채권의 회수가 지연된 결과이기 때문이다. 기업의 경쟁력은 하루아침에 높아지거나 하락하는 것이 아니기 때문에 한번 상실하게 되면

쉽사리 회복하기가 어려운 것이 바로 기업의 경쟁력이다.

한편 매출채권의 증가는 대손가능성의 증가로 기업의 미래 수익성을 악화시키는 주범이기도 하지만 상당한 기간 동안 운영자금이 매출채권에 고정되기 때문에 현금흐름이 나빠지게 되며 기업의 재무관리가 어려워지게 된다.

또한 매출채권의 비정상적인 증가는 가공된 매출채권일 가능성도 항상 염두에 두어야 한다. 기업이 분식을 시도할 때 가장 많이 사용하는 계정과목이 매출액이며 매출액을 분식하기 위해 주로 매출채권을 증가시켜 대차를 일치시킨다. 매출채권이 비정상적으로 증가한 경우에는 동업계 평균 매출채권회전율과 비교를 통하여 매출채권의 과다 여부를 점검하여야 한다.

4) 재고자산의 급증

기업의 규모인 매출액이 증가하면 적정한 수준의 재고상품을 유지하기 위하여 통상적으로 재고자산이 증가하는 경향이 있다. 그러나 매출액이 답보상태이거나 감소하고 있음에도 불구하고 재고자산이 큰 폭으로 증가하는 경우는 부실징후이다.

재고자산이 비정상적으로 증가하는 것도 역시 매출채권과 같은 이유이다. 제품경쟁력의 상실, 영업력의 약화, 경기의 부진으로 인한 수요 감소, 수요예측 잘못으로 인한 과잉생산 등 복합적인 요인으로 인하여 재고자산이 증가한다. 재고자산의 증가는 상품가치의 하락은 물론 운전자금을 장기적으로 고정화시키기 때문에 현금흐름을 악화시키는 주된 요인으로 작용한다.

또한 재고자산도 분식에 많이 이용되는 계정과목이다. 재고자산을 분식하게 되면 매출액총이익이 증가하는 효과를 거둘 수 있기 때문이다. 따라서 재고자산이 비정상적으로 증가한 경우에는 동업계 평균 재고자산회전율과 비교하여 재고자산의 과다 여부를 점검하여야 한다.

5) 차입금의 급증

기업의 차입금이 증가하는 원인에는 여러 가지가 있을 수 있다. 설비증설에 필요한 시설자금대출, 소요 운전자본 증가에 따른 운전자금대출 증가, 적자발생에 따른 자금부족 해결에 필요한 대출 그리고 신규 사업에 필요한 자금 등 다양하다.

차입금은 판매대금이나 영업에서 발생한 현금이익으로 일정기간이 지난 후에 상환되어야 하지만 수익성이 저조하거나 운전자금이 장기간 회수되지 않고 고정화되는 경우와 신규 추진사업이 지지부진하거나 실패할 경우 차입금의 상환이 이루어지지 못하고 증가하는 경우가 대부분이다.

차입금의 증가는 금융비용을 증가시켜서 수익성을 하락시키기도 하지만 상환부담이 높아져 자금관리의 어려움을 겪게 된다. 따라서 차입금 대 매출액비율이나 차입금의존도의 변화추이를 살펴보고 동 비율들이 30~40%를 넘어서고 있고 현금흐름상 계속적으로 증가할 가능성이 있다면 부실징후로 받아들여야 한다.

나. 손익계산서상의 부실징후

1) 매출액의 급감

부실기업이 될 가능성이 높은 가장 확실한 징후 중의 하나가 매출액의 급격한 감소 또는 감소추세이다. 매출이 감소하면 수익의 감소는 물론 운전자금의 부족, 분식의 시도 등 여러 가지 부작용을 낳게 된다. 매출액이 감소하는 원인 중에서도 주력제품의 판매수량 감소와 판매단가의 하락으로 총매출이 감소하는 경우가 부실의 전조이다.

반면에 주력제품의 매출은 증가하고 있지만 비주력 제품의 매출이 일시적인 요인에 의해서 감소하여 총매출액이 감소하였다면 큰 문제가 아닐 수도 있다. 그러므로 손익계산서 상의 총매출액의 변동만 점검하여서는 오판할 수 있기 때문에 매출을 사업부별, 제품별, 지역별, 판매수량과 판매단가의 형태로 재작성하여 총매출액의 증감원인을 검토하여야 할 필요가 있다. 그리고 매출감소의 근본적인 원인을 찾아내어 부실가능성을 판단하여야 한다.

2) 저조한 매출액총이익률

매출액총이익률인 판매마진이 감소하면 기업의 영업활동은 여러 가지로 제약을 받게 된다. 판매단가의 인하전략, 판매촉진비 또는 판매수수료의 지급을 통한 마케팅전략 등 영업전략의 선택이 어려워지게 된다.

판매마진이 낮아지는 이유는 판매단가의 하락이라는 원인도 있지만 근본적인 이유는 고비용구조가 고착화되어 있기 때문이다. 고비용구조가 고착화되어 있는 기업은 매출액이 어느 정도 증가하여도 판매마진이 쉽게 향상되지 않는다는 특성이 있다.

고비용구조는 경쟁업체에 비해 상대적으로 낮은 생산성과 생산수율, 유휴설비의 증가 또는 과다로 인한 감가상각비와 같은 고정비 부담의 과다 그리고 낮은 숙련도와 높은 수준의 노무비 지출 등에 의해 나타나는 문제기업의 가장 고질적인 현상이다.

3) 매출액영업이익률의 급락

판매마진인 매출액총이익률은 정상적인 수준을 보이더라도 판매비지출이 과다하거나 증가폭이 커지면 영업수익성은 하락하게 된다. 매출액 증가에 기여하지 못하는 판매비 증가의 원인은 영업전략이 부실하거나 비효율적인 영업의 결과에서 비롯된다.

따라서 매출액영업이익률이 전기대비 큰 폭으로 하락하거나 동업계 평균 수익성에 크게 밑도는 경우 그리고 이자비용을 커버하지 못하는 수준의 불량한 수익성을 보이고 있다면 이는 부실징후이다.

4) 높은 금융비용 부담률

차입금이 감내할 수 있는 수준을 넘어서도록 크게 증가하는 경우 금융비용이 늘어나 영업이익으로 금융비용을 커버할 수 없는 수준까지 이르게 된다. 이 또한 부실징후로 보아야 한다. 영업이익이 금융비용을 커버하지 못하는 상황이 발생하게 되는 이유는 수익성이 불량하여 나타나기도 하지만 과다한 차입금으로 인하여 발생하는 경우도 있다.

5) 당기순손실의 발생

판매마진이 적고 저조한 영업수익성임에도 불구하고 금융비용이 증가하거나 외환관련 손실의 과다, 거액의 관계회사 유가증권 평가손실 등의 발생은 영업이익이 흑자임에도 불구하고 당기순손실의 원인이 된다. 거액의 당기순손실이 발생하였거나 손실의 발생이 지속되면 자본잠식의 원인이 되며 이는 곧 기업부실의 시작이라고 볼 수 있다.

다. 현금흐름표상의 부실징후

1) 현금당기순이익의 급감

현금당기순이익은 기업의 현금창출능력을 나타내는 지표이다. 이러한 현금당기순이익이 크게 감소하였거나 부(−)의 상태를 보인다면 부실이 심화되었다고 보아야 한다.

현금당기순이익의 감소원인은 수익성이 악화되어 당기순이익이 크게 감소하거나 당기순손실이 발생한 경우와 당기순이익의 주된 원인이 영업외적인 비현금수익의 증가에 주로 기인한다. 즉, 당기순이익이 매출의 증가로 발생한 영업이익의 증가가 아닌 질적으로 불량한 수익이기 때문이다.

현금당기순이익 = 당기순이익 + 비현금비용 − 비현금수익

2) 영업자금의 과다지출

현금흐름표 상 ‘영업활동관련 자산 및 부채의 변동’에서 부(-)의 현금흐름 상태가 지속되는 경우이거나 유출액 규모가 과다한 경우이다. 이는 비정상적인 매출채권이나 재고자산의 증가가 주된 원인이며 구매거래처로부터 신용을 잃어 매입채무회전기간이 단축되는 경우이기도 하다. 이러한 이유로 인하여 비록 현금당기순이익을 시현하고 있더라도 영업자금 지출이 크게 늘어나면 영업활동현금흐름이 부(-)의 현상을 보이게 되는데 이는 곧 부실징후이다.

3) 영업활동 잉여현금흐름의 급감

현금당기순이익의 급감과 영업자금의 과다지출로 인하여 영업활동현금흐름이 거액의 부(-)의 상태를 보이거나 부(-)의 상태가 만성적으로 지속된다면 유동성 부족으로 도산할 가능성이 높아진다.

7-2. 비재무정보에 의한 발견방법

어떤 기업이 부도가 날 것인가를 판가름하는 데에는 재무적인 요소보다는 비재무적인 요소들을 들여다보는 것이 훨씬 효과적이다. 왜냐하면 재무적 요소들은 비재무적 요소들에 대한 항상 한 걸음 늦은 반영에 불과하기 때문이다.

가. 경영측면의 부실징후

1) 경영자 측면

- 경영자가 지식과 경험이 부족하여 의사결정능력이 약하다.
- 경영자의 정치적 성향이 지나치게 강하다.
- 경영자가 독단경영을 하고 있다.
- 경영진의 대부분이 능력과 경험이 부족한 가족이나 친족들로 구성되어 있다.
- 경영권을 승계하기 위하여 후계자간에 다툼이 일어났다.
- 경영진의 내부갈등이 심화되고 있다.
- 경영자가 도덕적으로 의심스러운 행동을 한다.
- 경영자가 회사공금을 사적인 용도로 유용하였다.

2) 경영조직 측면

- 임직원의 직무권한과 책임의 한계가 불명확 하는 등 경영조직과 지배구조가 미흡하다.
- 내부통제제도가 미흡하여 조직과 시스템의 작동이 제대로 되지 않고 있다.
- 관리회계제도가 없거나 허술하여 경영자가 경영의사결정에 필요한 재무정보를 적기에 얻지 못하고 있다.
- 경영자에게 권한이 집중되어 있고 권한의 하부이양이 미흡하여 경영의사결정이 비효율적이다.
- 중간 의사결정권자가 많아 의사결정과정이 매우 복잡하여 비효율적인 경영을 하고 있다.

3) 경영전략 측면

- 기업확장을 무리하게 추진하여 유동성이 부족해지고 수익성이 악화되었다.
- 신규투자 혹은 기존사업 확대전략이 실패로 돌아갔다.
- 시장분석과 수요예측의 잘못으로 투자자금의 회수가 불투명하게 되었다.
- 위기를 극복할 만한 경영전략이 없어 경영성과가 악화되고 있다.

4) 인사관리 측면

- 노사분규가 자주 발생하는 등 노사갈등이 심각하다.
- 비전의 부재, 근로조건의 악화, 임금의 체납, 경쟁업체에 비해 너무 낮은 임금 및 복지수준 등으로 종업원의 사기가 침체되어 있다.

나. 시장측면의 부실징후

1) 정부정책 측면

- 해당 제품에 대한 정부의 시장개방정책으로 인하여 수입품이 급증하였다.
- 환경규제 등 각종 시장규제가 증가하여 매출의 부진과 비용지출이 증가하고 있다.
- 정부의 세제지원이 중단되어 매출이 감소하고 수익성이 악화되었다.
- 세율이 인상되어 매출이 감소하고 수익성이 악화되었다.

2) 시장 측면

- 산업 내 경쟁이 심화되고 있다.
- 강력한 경쟁업체가 시장에 새로이 진입하였다.
- 경쟁업체가 신제품을 출시하였다.

- 대체품이 출현하였으며 기존 시장을 빠르게 잠식하고 있다.
- 덤핑판매가 성행하여 시장이 혼탁하다.
- 유행이 빠르게 변화하여 수요가 감소하고 있다.
- 소비자의 기호와 취향이 변화하고 있으며 이로 인해 매출이 감소하고 있다.
- 경기침체로 인한 소비위축으로 매출이 감소하고 있다.

다. 영업측면의 부실징후

1) 생산측면

- 수급상황이 불안정하여 저가의 원재료 확보가 어렵다.
- 품질경쟁력이 저하되고 있다.
- 신제품 개발에 실패를 하였거나 기술적인 문제로 개발이 지연되고 있다.
- 생산설비가 노후화 되어 생산수율의 하락 등 생산성이 낮아지고 있다.
- 가동률이 낮아지고 있다.
- 종업원들의 노동 숙련도가 경쟁업체에 비해 현저히 낮다.

2) 판매측면

- 가격정책의 실패로 매출과 수익성이 악화되고 있다.
- 점유비 상승 또는 매출증가를 위한 출혈판매로 수익성이 악화되고 있다.
- 경쟁업체들에 비해 유통망과 유통구조가 취약하여 매출이 부진하다.
- 거래처수가 매우 적어 영업이 불안정하다.
- 매출부진을 타개하기 위해 반복적인 Sale을 실시하고 있다.

라. 재무적 측면의 부실징후

- 차입금 등 타인자본에 대한 의존도가 너무 높다.
- 유휴 부동산이 많아 고정비 부담이 많으며 경영자금이 사장되고 있다.
- 거래하고 있는 은행의 여신제한으로 자금융통이 어려워지고 있다.
- 재무상태의 불량으로 유상증자가 어려워지고 있다.
- 매출채권 등 회수 불가능한 부실채권을 과다하게 보유하고 있다.
- 매출채권 회수가 부진하여 운전자금부족이 심화되고 있다.
- 고리의 악성 사채를 이용하고 있다.

- 자기어음을 발행하여 자금을 융통하고 있다.

마. 기타 부실징후

- 주요 거래처의 도산으로 인하여 매출이 급감하였으며 매출채권의 회수가 불투명하게 되었다.
- 관계회사의 도산으로 인하여 지급보증채무가 현실화되었다.
- 소송에서 패소하여 거액의 피해보상을 해야 할 사건이 발생하였다.
- 화재, 수해, 지진, 황사 등 예상하지 못한 자연재해로 인하여 감내할 수 없는 막대한 피해가 발생하였다.
- 환경파괴 또는 환경오염 등 공해를 유발하여 피소되었다.

[표 12-11] 부실화될 가능성이 큰 기업들의 특징(1)[4]

- 소규모 기업
- 신설기업
- 사양산업 영위기업
- 급성장 기업
- 차입으로 인수한 기업
- 후계자가 정해져 있지 않은 고령의 경영자가 운영하는 기업
- 현금흐름이 약한 다층 빌딩 보유기업
- 창업자이후 2~3세대가 경영하는 기업
- 주요 기술의 변화에 적응하지 못하는 기업 등

4) 2000.12.1 KDI 국제정책대학원 주관하에 개최되었던 "International Workshop on Advanced Techniques of Credit Analysis" 중에서 Dr. David J. Behling 교수가 발표한 자료의 일부이다.

[표 12-12] 부실화될 가능성이 큰 기업들의 특징(2)[5)]

- 회사의 수위나 안내양이 불친절하다.
- 사장과 경리사원의 부재가 잦다.
- 사원들의 출근율이 저조하다.
- 사내의 기강이 해이해졌다.
- 어음거래가 불량해진다.
- 높은 이자의 어음이 나돈다.
- 회의가 장시간이고 빈번하다.
- 이상한 바겐세일을 한다.
- 갑작스레 부동산을 처분한다.
- 거래처가 자주 바뀐다.
- 상품가격이 터무니없이 오른다.
- 경기추세와 수요변화를 무시한다.
- 거래금융기관이 변경된다.
- 비정상적인 임원이동을 한다.
- 간부와 사원의 퇴사가 잦다.
- 경영자가 공과 사를 혼동하고 있다.
- 대주주의 지분변동이 불안정하다.
- 후계자의 계승을 둘러싸고 분쟁이 있다.
- 경영자의 성격이 내성적으로 바뀐다.
- 낯선 사람들이 드나들기 시작한다.
- 악성루머가 되풀이해서 떠돈다.
- 경영자가 정치 같은 일에 너무 관심을 쏟는다.
- 사무실에 비해 사장실이 호화롭다.
- 사장이 분수에 넘치는 호화생활을 한다.
- 경영자의 여성관계 소문이 그치지 않는다.
- 경영자가 점쟁이 말을 너무 믿는다.
- 무리하게 본사 사옥을 늘렸다.
- 화장실이나 창고가 지저분하다.
- 회사 게시판에 부착된 내용들이 부정적이다.
- 간판이 쓰러져 있거나 쇼윈도우가 지저분하다.

5) 한국신용평가(주)에서 발행하고 있는 비즈니스誌에 게재된 내용을 옮긴 것이다.

[표 12-13] 부실화될 가능성이 큰 기업들의 특징(3)[6]

쇠퇴하는 기업에는 징후가 있다

현재의 성공에 안주한다.

- 코닥사는 지난 1975년 최초의 디지털 카메라를 선 보였지만 경쟁사들과의 기술 격차 등에 만족하면서 방심하고 있다가 시장을 선점하지 못했다.
- GM 역시 소비자들의 변화에 무관심하다가 경쟁사들에 밀렸다.

부서간에 장벽이 높다

- 기업의 규모가 커지면서 나타나는 전형적인 증상이 각 부서가 자신들의 이해를 우선시하는 부서 이기주의로 부서간 협조가 어려워지고 조직 내부에 높은 장벽이 생기게 된다.
- 소니의 경우가 지나친 분권화로 유사 제품이 여러 부서에서 동시에 출시될 정도로 협력체제가 약화된 사례라는 설명이다.

실속 없는 전시성 관리 행태가 많다

- 제대로 작동되지 않는 위기대응책 등 각종 시스템만 하나둘 늘어난다.

보신주의가 팽배한다.

- 문제가 발생해도 이를 책임지고 해결하려는 사람들이 줄고 오히려 문제에 대한 책임을 서로 떠넘기려는 핑퐁 게임이 발생하거나 문제를 묻어두려는 양상이 심화된다.
- 분식 회계로 파산한 엔론사의 경우 적지 않은 내부 관계자들이 문제를 인식했을 터인데 문제 제기를 하지 않았다.

인재들이 회사를 떠난다.

- 회사가 망할 것 같은 조짐이 있으면 가장 먼저 우수 인재들이 빠져나가기 시작한다.

진실한 정보가 위로 전달되지 않는다.

- 기업의 위기 전에는 신호가 있기 마련이지만 경영진들은 이를 너무 늦게 발견한다. 결국 아래로부터 진실한 정보가 경영진에게 올라가지 않는 것이다.
- 파이어스톤의 경우 몇 차례 자동차 사고로 타이어의 결함을 알 수도 있었지만 뒤늦게 리콜에 나서면서 천문학적인 비용을 부담해야 했다.

6) LG경제연구원의 보도자료(2005. 5. 12)

7-3. 부실예측모형에 의한 발견방법

부실예측모형은 비재무적인 정보를 이용하는 경우도 있지만 주로 재무정보(회계정보)에 의존적인 모형이 주류를 이루고 있다. 그 이유는 업종과 기업의 규모별로 특성이 달라서 표준화 작업이 어렵고 매우 다양한 비재무적인 정보를 계량화하기가 어렵기 때문이다. 따라서 부실예측모형은 재무제표의 신뢰성이 높아야 한다는 것이 전제되어야 한다. 재무정보모형은 신용평점모형이나 Beaver의 프로파일 분석방법과 같은 단일변수 판별모형과 Edward Altman의 Z Score Model과 같은 다변량 판별모형의 형태로 구분할 수 있다.

한편, 재무 또는 비재무정보를 이용한 모형 외에도 KMV의 EDF모형과 같이 주가와 같은 시장정보를 이용하여 만들어진 모형들도 있다.

가. 재무정보를 이용한 모형

1) Beaver의 Profile 분석

Beaver는 1954년부터 1964년 사이에 부도가 발생한 79개 기업과 이들 기업들과 비교되는 집단으로서 업종과 자산규모가 비슷한 79개의 정상기업을 표본으로 하여 프로파일 분석을 실시하였다. 이 때 사용한 재무비율은 경험적으로 유용하다고 판단한 30개의 재무비율을 선택하여 6개의 그룹으로 분류한 다음에 이들 재무비율들의 부도예측력을 분석하였다.

Beaver는 정상기업과 부도기업을 표본기업으로 선정할 때 업종과 자산규모가 비슷한 기업들을 모집단으로 구성하고자 한 것은 업종이 서로 다르고 기업의 규모가 다르면 재무비율의 값도 달라지고 부도의 유형도 다를 수가 있다고 보고 가능한 한 유사한 업종에 속하는 비슷한 규모의 기업을 선택하여 분석하는 것이 예측력을 높일 수 있다고 본 것이다. 그리고 비슷한 시기에 부도가 난 기업들을 표본으로 선정한 것도 경기국면이 다르면 부도의 원인도 다를 수 있기 때문이다.

프로파일(Profile) 분석은 부도기업군의 재무비율 평균치와 정상기업군의 재무비율 평균치의 비교를 통하여 부도기업군과 정상기업군 사이에서 발생하는 특징적인 차이를 찾아내는 분석방법이다. 이러한 접근방법은 단일변량 판별분석의 한 가지 예로서 Beaver는 이 연구에서 다음과 같은 결론을 도출하였다.

- 부도기업은 적어도 5년 전부터 정상기업보다 재무비율이 나쁘다.
- 정상기업의 재무비율의 추세는 5년 간 변화정도가 크지 않는데 비해 부도기업은 부도시점에 근접할수록 그 변화의 속도가 악화 방향으로 가속화된다.
- 결론적으로 부도기업과 정상기업 간에는 재무비율상 뚜렷한 차이가 있다는 것을 확인하였다.

Beaver는 프로파일 분석으로 부도기업과 정상기업 간에 재무비율에 있어서 차이가 발생한다는 사실을 밝힌 다음에 양분검증방법에 의해 부도기업과 정상기업을 구분하여 주는 판별점(Cut off point)을 찾아내었다.

대부분의 통계적 모형이 그러하듯이 양분검증과정에서 판별력이 부족하여 분류오류를 범할 수가 있을 수 있다. 즉, 정상기업을 부도기업으로 오류 판별할 수 있고, 반대로 부도기업을 정상기업으로 오류 판별할 수 있다. 그래서 예측력을 더 높이기 위하여 2차 검증에 필요한 부도기업군과 정상기업군을 무작위로 선택하여 2종류의 표본을 만든 다음에 1종류의 표본기업들은 채택된 분류판별점이 예측력을 가지고 있는지를 검증하는데 사용하고 또 다른 1종류의 표본기업들은 예측력을 다시 확인하는 데 사용하였다.

2) Altman의 Z Score Model

Edward Altman의 Z score model은 재무정보를 이용하여 만들어진 모형이다. Z score model은 다음과 같이 5가지의 재무비율을 사용하여 만든 함수식에 의해 Z score를 산출하여 평가 대상기업을 부실기업 또는 정상기업으로 판별하는 다변량 판별분석모형이다.

[표 12-14] Edward Altman의 Z Score Model

판별함수식	$Z = 0.012X_1 + 0.014X_2 + 0.033X_3 + 0.006X_4 + 0.0099X_5$
투입 변수 (재무비율)	X_1 = Working Capital/Total Assets X_2 = Retained Earnings/Total Costs X_3 = EBIT/Total Assets X_4 = Market Value of Equity/Book Value of Liabilities X_5 = Sales/Total Assets

Altman의 Z score model은 Z score가 2.99이상일 때는 정상기업으로 판별하며, Z score가 1.81이하이면 부실기업으로 판별한다. 만약에 Z score가 2.99와 1.81사이에 있으면 모형에 의한 판별을 유보하고 추가적인 전문가의 판단을 필요로 하고 있다. 이 구간을 회색지대(Grey zone)라고 하며, 이 구간에 있는 기업에 대한 여신의 가부결정은 금리와 여신조건에 의해 이루어져야 한다고 하였다.

회색지대(Grey zone)는 1종 오류(Type 1 error)와 2종 오류(Type 2 error)가 혼재하고 있는 지역이다. 여기서 1종 오류라고 하는 것은 실제로는 부도기업인데 모형은 정상기업으로 판단하는 오류를 말하며, 반대로 실제로는 정상기업인데도 불구하고 모형은 부도기업으로 판단하는 오류를 2종 오류라고 한다. 이상적인 모형은 이러한 판별 오류를 최소화할 수 있거나 더 나아가 오류가 발생하지 않는 것이 바람직하다.

[표 12-15] Edward Altman의 Z Score Model의 예측력

구 분	정확한 판별	오류 판별	예측력
도산 1년전	31개사	2개사	95%
도산 2년전	23개사	9개사	72%
도산 3년전	14개사	15개사	48%
도산 4년전	8개사	20개사	29%
도산 5년전	9개사	16개사	36%

[표 12-16] 부실예측모형들의 예측력 비교

연구자	표본크기	예측력	연구기간	사용한 변수
Altman(1968)	66	95%	1946~65	5
Deakin(1972)	143	94%	1964~69	5
Edmeister(1972)	42	93%	1958~65	19
Ohlson(1980)	310	96%	1970~76	9
Gru(1982)	68	94%	1968~72	11

자료 : 남주하 외 2인, 「부도예측모형분석」, 한국경제연구원, 1995

3) 신용평점모형

신용평점모형(Credit scoring model)은 기업의 우불량을 판별하는 데 기여도가 높은 평가항목들을 다수 선정하여 각 항목별로 기여도에 따라 배분한 배점의 범위 내에서 평가대상기업의 평가점수를 부여한 다음에 이를 합산하여 종합점수를 산출하는 방법이다.

국내 각 은행들이 개발하여 사용하고 있는 신용평가모형은 대부분이 신용평점모형으로서 Wall의 지수법과 Beaver의 단일변량 판별모형과 유사한 방법으로 구축된 모형들이다. 신용평가모형은 재무정보형 모형과 비재무정보형 모형으로 구성되어 있다. 재무모형은 단일변수 판별분석방법에 의해 개발되며 비재무모형은 계량화하기 어려운 비재무항목들에 대하여 일정기준을 정하여 평가자가 점수를 부여하여 종합평점을 산출하는 방식이다.

신용평가모형은 기업의 규모나 업종의 특성을 반영하여 재무모형의 배점과 비재무모형의 배점을 구분하여 운용하는 것이 일반적이다. 그 이유는 재무정보의 신뢰성이 낮은 비외감업체와 상대적으로 재무정보에 대한 신뢰성이 확보되어 있는 외감업체의 경우 배점을 차등화하여 신용평가모형의 예측력을 높이기 위한 목적이다.

은행에 있어서 신용평가모형을 개발하고 이용하는 목적은 대부분 여신의사결정의 참고정보 또는 신용등급을 결정하기 위한 사전 작업으로 활용되고 있다. 신용평점에 기초하여 필요한 경우 평가자의 평점조정을 통하여 신용등급이 결정되며, 결정된 신용등급은 금리결정이나 자산건전성분류 등에 활용되고 있다.

신용평점은 통상적으로 100점을 만점으로 하여 구성되어 있기 때문에 기업의 신용위험을 점수로 구체화할 수 있다는 장점이 있는 반면에 평가한 기업들의 수가 많아질수록 평균점수가 가운데로 집중되는 한계를 보이고 있다.

신용평가모형은 일종의 확률모형과 유사하여 기업을 정상기업과 부도기업으로 양분하지는 않지만 기업의 부도가능성을 판단하는데 어느 정도 유용성이 있다고 볼 수 있다.

[표 12-17] 신용평가모형의 예시(국내 K은행)

신용평가표 (중소기업용)

(총자산 70억원 이상 : 제조업 및 건설업용)

1. 업 체 명 :
2. 업　　종 :
3. 결산연도 :
4. 작 성 일 :
5. 유효기일 :

부점

구분		평가항목	배점	A	B	C	D	E	평점
재무상태	안정성	자기자본비율	6	6	4.8	3.6	2.4	1.2	
		고정장기적합률	4	4	3.2	2.4	1.6	0.8	
		당좌비율	6	6	4.8	3.6	2.4	1.2	
		차입금의존도	4	4	3.2	2.4	1.6	0.8	
	수익성	매출액경상이익률	6	6	4.8	3.6	2.4	1.2	
		총자본순이익률	9	9	7.2	5.4	3.6	1.8	
	활동성	총자본회전율	5	5	4	3	2	1	
		영업자산회전율	5	5	4	3	2	1	
	생산성	총자본투자효율	5	5	4	3	2	1	
		부가가치율	5	5	4	3	2	1	
	성장성	매출액증가율	5	5	4	3	2	1	
		총자본증가율	5	5	4	3	2	1	
사업성	성장전망	추정매출액증가율	2	2	1.6	1.2	0.8	0.4	
	수익전망	추정매출액영업이익률	2	2	1.6	1.2	0.8	0.4	
	시장성	거래조건 및 판매안정도	4	4	3.2	2.4	1.6	0.8	
		업종의 유망성	2	2	1.6	1.2	0.8	0.4	
	경쟁력	인력개발	2	2	1.6	1.2	0.8	0.4	
		품질 및 기술수준	3	3	2.4	1.8	1.2	0.6	
거래신뢰도	은행거래상황	여신거래기간, 연체사실 여부	2	2	1.6	1.2	0.8	0.4	
	사업안정성	사업장 및 주택보유 여부	2	2	1.6	1.2	0.8	0.4	
	업 력	기업체 업력	2	2	1.6	1.2	0.8	0.4	
	세 평	동업계 세평	2	2	1.6	1.2	0.8	0.4	
경영능력	경영성과	흑자경영기간 및 경상이익 추세	2	2	1.6	1.2	0.8	0.4	
	경영자능력	경영형태	2	2	1.6	1.2	0.8	0.4	
		경영전략	2	2	1.6	1.2	0.8	0.4	
		경영자 경력	2	2	1.6	1.2	0.8	0.4	
	노사관계	노사관계	2	2	1.6	1.2	0.8	0.4	
		근로조건	2	2	1.6	1.2	0.8	0.4	
		신 용 평 점	100						
		작 성 자							

나. 시장정보를 이용한 모형

1) EDF모형

EDF(Expected Default Frequency)모형은 주가에 기초한 기업신용위험 평가모형으로서 장부상의 부채가치와 자본가치를 비교 평가하여 부도가능성을 판단하고자 하는 시장정보형 접근방법이다. 자본가치는 시장에서 실제로 거래되고 있는 주가의 총액을 사용한다.

부채와 자산가치를 비교하여 부채가 자산에서 차지하는 비중이 높을수록 부도가능성이 높은 것으로 본다. 부실의 정의에서 살펴본 바와 같이 자산의 시장가치가 부채의 가치보다 더 적을 경우 부실기업으로 판단한다는 개념과 유사하다. 다만 EDF 모형에서는 합리적인 자산의 시장가치를 주가에 의해 평가한다는 것이다.

EDF모형은 KMV[7]가 기업의 채무불이행확률을 측정하기 위하여 Merton의 이론을 기초로 하여 개발하였으며 EDF 결정과정[8]은 다음과 같다.

- 기업의 시장가치와 변동성은 주가와 주가의 변동성 그리고 부채의 장부가치로 추정된다.
- 기업의 부채로부터 기업의 채무불이행점이 계산된다. 또한 기업의 기대가치는 현재의 기업가치로부터 결정된다. 이 두 값과 기업의 변동성을 이용하면 기업의 기대가치로부터 채무불이행점(Default Point)까지 표준편차(채무불이행까지의 거리)를 의미하는 측정치가 만들어진다.
- 다양한 표준편차를 가진 기업의 역사적 채무불이행 경험을 기초로 채무불이행까지의 거리(Distance to Default)와 채무불이행률(Default Rate) 사이의 매핑(Mapping)이 결정된다.

다. EVA에 의한 부실예측

기업의 경제적 부가가치를 의미하는 EVA(Economic Value Added)가 부(−)일 경우 부실징후기업으로[9] 판단하는 접근방법이다.

---

7) KMV는 본사가 샌프란시스코에 있으며, 신용분석에 관한 소프트웨어(tool)를 채권금융기관 등에 판매하는 회사임.

8) 김철중 · 윤평식 역,「신용위험관리」, 한국신용분석사회(2001), pp.266~267.

9) LG경제연구원(LG주간경제, 2001.10.31)에서 발표한「EVA에 의한 기업부실예측」에 관한 연구보고서를 발췌한 것임.

EVA<0 → 부실징후기업

EVA = 투하자산 × (ROIC − WACC)
ROIC(Return On Invested Capital) : 투하자본수익률
WACC(Weighted Average Cost of Capital) : 가중평균자본비용

EVA가 부(−)를 보인다는 사실은 자본비용의 지출규모에 비해 수익성이 불량하고 자산운용의 효율성이 낮다는 의미이며, 차입금을 포함하여 부채비율이 높은 경우에도 이자비용 부담률의 상승으로 인하여 EVA는 감소하게 된다.

[표 12-18] EVA의 구성요소와 부실징후 판단방법

구 분	분석의 관점	관련 재무비율	부실징후
ROIC (투하자본수익률)	수익성	매출액영업이익률	산업평균보다 더 낮은 매출액영업이익률
	자산운영효율성	투하자산회전율	투하자산회전율 < 1회
WACC (가중평균자본비용)	재무구조	부채비율	200%이상 또는 산업평균보다 높은 부채비율
	금융비용부담능력	이자보상배율	부적절한 이자보상배율

라. 체크리스트를 이용한 부실예측

부실징후기업 체크리스트는 금융감독원에서 업무지침으로 운영하여 오다가 1998년 12월에 규제개혁 및 여신관행혁신의 일환으로 동 지침을 폐지하고 각 행이 자율적으로 부실징후기업 조기경보체제를 구축하여 운영하도록 하였다. 당시 체크리스트는 부실징후기업과 요관찰기업의 두 가지 체크리스트 형태로 구분하여 운용되었다.

1) 부실징후기업 체크리스트

부실징후기업 체크리스트는 요관찰기업에 비해 부실의 징후가 상대적으로 농후한 업체들이며, 13가지 항목 중 어느 한 가지에 해당되면 부실징후기업으로 분류를 하여 철저한 사후관리를 기하도록 하는 제도이다.

[표 12-19] 부실징후기업 체크리스트

- 기업신용평가표 평점이 40점 미만인 기업
- 최근 결산일 현재 납입자본이 완전 잠식된 기업
- 최근 3년간 결손이 계속된 기업
- 최근 3년간 금융비용 부담률이 10%이상 계속된 기업
- 금융기관차입금(금융기관대출금, 차관, 비은행 금융기관 대출금의 합계액)이 연간 매출액의 100%를 초과하는 기업
- 최근 3년간 현금수지분석표상의 현금영업이익이 계속하여 "부(-)"로 나타난 기업 (주식회사의 외부감사에 관한 법률 적용 대상업체에 한함)
- 공인회계사의 감사의견이 "부적정" 또는 "의견거절"로 나타난 기업 (주식회사의 외부감사에 관한 법률 적용 대상업체에 한함)
- 기업동태평가표상 평점 2점 이하이거나 불량항목이 3개 이상 해당기업
- 최근 6개월 이내에 1차 이상 부도발생 또는 적/황색거래처로 규제된 기업
- 최근 6개월간 1개월 이상 연체대출금(지급보증대지급금 포함)이 2회 이상 발생 기업
- 휴업 또는 3개월 이상 조업중단 중인 기업
- 경영권 또는 상속권과 관련하여 내분이 있는 기업
- 기타 부실징후가 예견되거나 발생 중에 있다고 인정되는 기업

2) 요관찰기업 체크리스트

요관찰기업 체크리스트는 부실징후기업에 비해 부실의 징후가 상대적으로 미약한 업체들이며, 7가지 항목 중 어느 한 가지에 해당되면 요관찰기업으로 분류를 하여 정상기업보다 사후관리를 좀더 강화하도록 하는 제도이다.

[표 12-20] 요관찰기업 체크리스트

- 최근 3년간 경상이익이 지속적으로 감소하는 기업
- 최근 3년간 매출액 대비 금융기관 차입금 비율이 지속적으로 증가하는 기업
- 최근 3년간 자기자본비율이 지속적으로 감소하는 기업
- 최근 3년간 금융비용부담률이 10%이상 지속하는 기업
- 최근 6개월간 15일 이상 연체 또는 대지급이 2회 이상 발생한 기업
- 기업동태평가표에 의해 산출된 평점이 2.4점 이하 또는 불량항목 3개 이상 해당하는 기업
- 기타 요관찰기업으로 관리할 필요가 있다고 판단되는 기업

위 체크리스트 항목 중 기업동태평가표는 다음의 표와 같으며, 동 평가표는 차주기업이 거래하고 있는 일선 영업점에서 여신담당자가 분기별로 파악하여 심사부서 또는 여신감리부서에 보고하는 제도이다.

기업동태평가표를 구성하고 있는 평가항목들의 내용으로 볼 때 영업점의 여신담당자가 제대로 기업의 동태를 파악하였다면 부실징후를 조기에 포착이 가능할 정도로 매우 다양하면서도 의미 있는 평가항목들로 구성되어 있다고 볼 수 있다. 그러나 동 기업동태평가제도는 여신담당자가 적절한 시기에 그리고 제대로 충실히 이행하지 못하고 있어 기업의 부실징후를 조기에 판단하는데 있어서 한계점을 노출시키고 있는 것이 현실이다.

[표 12-21] 기업동태평가표

구분	항 목	정상 (3점)	요주의 (1점)	불량 (0점)	1차 평가	2차 평가
경영관리 및 영업활동	1. 영위업종의 사양성(영위업종의 경기 및 국제 경쟁력 등)	양호	사양화추세	사양화		
	2. 제품경쟁력 정도(시장점유율, 가격수준, 제품의 질, A/S등)	양호	약화추세	취약		
	3. 영업활동(원가상승, 수익성저하 등)	양호	약화추세	위축		
	4. 할인판매, 투매 등에 의한 현금확보에 급급	없음	일 시 적	빈번함		
	5. 공장, 창고 등 영업현장에 불량재고, 반품상품의 누적정도	없음	다소있음	심각함		
	6. 본업 이외의 투자가 활발하고 이를 위한 차입신청 정도	없음	다소있음	급증		
	7. 경영자 및 간부직원의 교체	없음	일 시 적	빈번함		
	8. 경영자 또는 기업주의 세평(관련업체, 업계의 평판 등 신뢰도, 불법행위, 건강, 가정생활, 악성풍문 등)	양호	다소불량	불량		
	9. 직원의 대고객 응대태도(전화응대, 직원부재 및 불친절 등)	양호	다소불량	불량		
	10. 관계기업의 부실화	없음		있음		
	11. 주요거래처의 부실화, 거래규모 축소, 거래조건 변경, 거래 이탈	없음		있음		
	12. 노사분규	없음		있음		
	13. 매출액이 전년대비 30%이상 감소 또는 3년 이상 감소	없음		있음		
	14. 최근 3년간 경상이익이 지속적으로 감소	없음		있음		
	15. 최근 3년간 매출액 대비 차입금비율이 지속적으로 증가	없음		있음		
	16. 최근 3년간 자기자본비율이 지속적으로 감소	없음		있음		

[표 12-21] 기업동태평가표 (계속)

구분	항 목	정상 (3점)	요주의 (1점)	불량 (0점)	1차 평가	2차 평가
금융거래	17. 당좌대출 등 운전자금이 급격히 증가하거나 긴급대를 이용 하는 정도	정상	일 시 적	급격 증가		
	18. 교환결제시간의 지연	없음	다소있음	빈번함		
	19. 외부의 당좌거래 신용상태 조회정도	정상	다소있음	빈번함		
	20. 분기중 연체대출금이 2회 이상 발생	없음		있음		
	21. 자금용도가 명확하지 않은 차입신청 유무	없음		있음		
	22. 조세공과 체납 및 임금체불 여부	없음		있음		
	23. 사채업자가 제공하는 고리의 자금이용	없음		있음		
	24. 무역거래의 클레임, Unpaid발생빈도	없음	다소있음	빈번함		
	25. 재무제표 등 제출자료의 신뢰도	정상		불량		
평가자	대출책임자 (인) 당좌책임자 (인) 외환책임자 (인)	불 량 항목수	( )개		소계 ( ) 평점	소계 ( )

※ 산출공식 : 1. 평점 = [(1차평가 + 2차평가)/2]/ 평가항목수
2. 불량항목수 = (1차평가 불량항목수 + 2차평가 불량항목수) − 1차 및 2차평가 중복 불량항목수

마. 금융감독원의 부실예측모형

금융감독원도 감독업무를 수행할 목적으로 다음과 같이 기업부실예측모형을 개발하여 활용하고 있다. 특이한 점은 접근방법이 판별분석모형과 로짓모형 등 서로 다른 2개의 예측모형을 개발하여 사용하고 있다는 점과 일반기업과 건설업용 모형으로 구분하고 있다는 점이다.

1) 일반기업용 부실예측모형

도산 기업의 표본과 정상기업의 표본간에 큰 차이를 나타내는 재무비율 중에서 신용분석 전문가들의 경험에 비추어 중요하다고 판단되는 16개의 재무비율을 선정하였으며, 특정 분야에 비율이 편중되지 않도록 성장성, 수익성, 현금흐름 등 분야별로 선정하였다. 이때 기업규모의 차이에 따른 편차를 제거하기 위하여 주로 재무비율을 변수로 사용하고 있다. 그리고 모형을 구축하기 위하여 사용한 비율변수는 도산 기업의 경우 도산 직전 연도를, 정상기업은 도산 기업과 같은 연도의 재무비율을 사용하였다.

[표 12-22] 최초로 선택된 16개 재무비율

유동성지표	영업활동지표	재무활동지표	수익성지표
영업활동총현금흐름/부채 영업활동총현금흐름/총차입금 유동비율 당좌비율 운전자본/총자본	총자산증가율 매출채권회전율 총자본회전율	차입금의존도 부채상환계수 금융비용부담률 이자보상비율	총자본경상이익률 매출액영업이익률 매출액순이익률 총자본순이익률
5개	3개	4개	4개

[표 12-23] 최초로 선택된 16개 재무비율 중 판별분석모형에 사용된 5개의 재무비율

유동성지표	영업활동지표	재무활동지표	수익성지표
영업활동총현금흐름/부채	매출채권회전율 총자본회전율	차입금의존도 금융비용부담률	
1개	2개	2개	0개

[표 12-24] 최초로 선택된 16개 재무비율 중 로짓모형에 사용된 2개의 재무비율

유동성지표	영업활동지표	재무활동지표	수익성지표
		차입금의존도 이자보상비율	
0개	0개	2개	0개

판별분석모형에서는 표본기업의 판별 값이 "0"보다 크면 도산 가능 기업으로 판정하고 그 이하이면 정상기업으로 분류한다. 그리고 로짓모형에서는 표본기업의 도산 확률이 "0.5"보다 크면 도산 가능 기업으로 판정하고 그 이하이면 정상기업으로 분류한다.

일반기업용으로 개발된 모형의 검증결과 사용표본에 대한 예측력은 판별모형의 경우 98.3%이고 로짓모형의 경우는 93.3%로 나타났다. 그러나 미사용 표본으로 검증한 결과 판별모형의 예측력 및 로짓모형의 예측력은 각각 82.5% 및 80.0%로 나타났다.

[표 12-25] 미사용 표본의 예측오차

구 분	판별모형	로짓모형
Type-1 오차 (1종 오류)	26.7% (16개/60개)	25.0% (15개/60개)
Type-2 오차 (2종 오류)	8.3% (5개/60개)	15.0% (9개/60개)
모형의 예측력	82.5%	80.0%

2) 건설업용 부실예측모형

도산 기업군과 정상기업을 동일한 수로 선정하여 그 중에서 4분의 1은 모형 추정에 사용하고 나머지는 추정된 모형의 예측력을 검증하는데 사용하였다. 그리고 모형에 사용된 재무비율은 일반기업과 동일한 16개 재무비율을 채택하였다.

[표 12-26] 최초로 선택된 16개 재무비율

유동성지표	영업활동지표	재무활동지표	수익성지표
영업활동총현금흐름/부채 영업활동총현금흐름/총차입금 유동비율 당좌비율 운전자본/총자본	총자산증가율 매출채권회전율 총자본회전율	차입금의존도 부채상환계수 금융비용부담률 이자보상비율	총자본경상이익률 매출액영업이익률 매출액순이익률 총자본순이익률
5개	3개	4개	4개

[표 12-27] 최초로 선택된 16개 재무비율 중 판별분석모형에 사용된 4개의 재무비율

유동성지표	영업활동지표	재무활동지표	수익성지표
운전자본/총자본	매출채권회전율	차입금의존도 금융비용부담률	
1개	1개	2개	0개

[표 12-28] 최초로 선택된 16개 재무비율 중 로짓모형에 사용된 3개의 재무비율

유동성지표	영업활동지표	재무활동지표	수익성지표
영업활동총현금흐름/부채 운전자본/총자본		금융비용부담률	
2개	0개	1개	0개

건설업용 판별분석모형과 로짓모형의 판별점도 일반기업용과 동일하다. 그리고 건설업용으로 개발된 모형의 검증결과 사용표본에 대한 예측력은 판별모형의 경우 86.7%이고 로짓모형의 경우는 85.0%로 나타났다. 그러나 미사용 표본으로 검증한 결과 판별모형의 예측력 및 로짓모형의 예측력은 각각 75.8% 및 72.7%로 나타났다.

건설업의 경우 일반기업에 비해 모형의 예측력이 많이 떨어지고 있음을 알 수가 있다. 이는 금융감독원의 모형뿐만 아니라 대부분의 모형에서도 나타나는 현상이다.

3) 부실예측모형의 활용

평가 대상기업에 대하여 판별모형과 로짓모형을 동시에 적용하여 도출된 판정결과를 3단계로 구분하여 운용하도록 하고 있다.

- A등급(건전기업) : 판별모형과 로짓모형에서 모두 정상으로 판정된 기업
- B등급(요주의 기업) : 판별모형과 로짓모형 중에서 어느 한 모형이 도산으로 판정한 기업. 이러한 기업은 모형에 따라 판정결과가 상이하므로 주의를 요하는 기업으로 분류
- C등급(부실기업) : 판별모형과 로짓모형에서 모두 도산으로 판정된 기업

[표 12-29] 평가대상기업의 분류

구분		판별모형 판정결과	
		정상	도산
로짓모형 판정결과	정상	A (건전기업)	B (요주의기업)
	도산	B (요주의기업)	C (부실기업)

4) 모형활용 시 유의사항

부실예측모형에는 경영진의 구속, 신기술의 개발, 모기업의 도산 등 기업의 매우 중요한 비계량적 요인이나 특수사정이 반영되지 않으므로 유의하여야 한다.

모형자체에서 분식된 재무지표의 상당한 부분을 제거시키고는 있으나, 회계정보가 다방면으로 크게 분식되어 있을 경우에는 예측결과가 왜곡될 수 있으므로 수정재무제표를 작성하는 등 분식계수를 조정하여 사용하여야 한다.

모형의 예측결과를 해당기업의 여신지원 여부 결정에 직접 사용하기보다는 기업여신을 심사할 때 주요 목표설정 및 객관적인 기준이나 척도로 활용하여야 하며, 최종적으로는 심사역의 전문지식에 의한 판단이 추가적으로 필요하다.

바. 부실예측모형의 유용성과 문제점

1) 모형의 유용성

기업의 부실징후를 판단하는 데 사용되고 있는 모형의 대부분은 예측력에 있어서 80~90%에 이르고 있기 때문에 실무적으로 유용성이 높은 편이다. 특히 모형은 소수의 인력으로 짧은 시간 안에 많은 기업의 평가를 처리할 수 있는 커다란 장점을 가지고 있다.

부실예측모형의 또 다른 장점은 재무정보를 이용하여 전산처리되므로 신속한 평가가 가능함은 물론 평가결과에 대한 객관성을 확보할 수 있고, 약간의 기초지식만 있어도 작업이 가능할 뿐만 아니라 평가결과에 대한 이해와 제3자에 대한 설명력이 높다.

2) 모형의 문제점

각종 부실예측모형은 대부분이 재무적 정보에 의존하고 있는 통계모형들이다. 그러나 실제로는 정상기업이 부실기업으로 변하거나 도산하는 이유들 중에는 비재무적인 요인들도 매우 많다. 따라서 이러한 계량화가 어려운 비재무적인 요인들에 의해 모형의 예측력의 제고에는 한계가 있다.

통계모형의 또 다른 문제점은 기업의 회기 중에는 재무정보 입수가 어려워 비재무정보로 인해 파생되는 부실징후를 감지하는 것이 불가능하다.

그 외에도 예측력을 유지하기 위하여 지속적으로 모형의 개선작업이 필요할 뿐만 아니라 업종별 특성을 충분히 반영할 수 없는 실무적인 한계도 문제점으로 지적되고 있다.

결론적으로 통계적 기법에 기초하여 만들어진 각종 계량적 모델을 금융기관의 일선에서 실무적으로 유용하게 이용하기 위해서는 신용평점의 범위를 여러 단계로 구분하거나, 부실예측모형으로 구한 객관적 신용평점에 일선에서 관찰할 수 있는 주관적인 정보를 종합적으로 고려하여 사용하는 것이 바람직할 것이다.[10)]

---

10) 남주하 외 2인, 「부도예측모형 분석」, 한국경제연구원

[표 12-30] 모형이용 시 유의사항

도산 형태	모형 이용 시 유의사항
서서히 도산하는 기업 (Slow death)	• 이러한 유형은 대기업의 도산에서 찾아볼 수 있는 유형임 • 잠재부실기업 상태에서 도산까지 이르는데 걸리는 시간이 2~3년 정도 시차를 두기 때문에 도산 1~2년 전의 재무제표를 이용하여 도산예측이 어느 정도 가능하다고 볼 수 있음 • 따라서 주로 재무지표들을 이용한 통계(계량)모형의 유용성이 어느 정도 인정되는 유형이라고 할 수 있음
갑자기 도산하는 기업 (Sudden death)	• 이러한 유형은 중소기업의 도산에서 찾아볼 수 있는 유형임 • 잠재부실기업 상태에서 도산까지 이르는데 걸리는 시간이 1년 이내로 짧아 재무제표에 의존하여 도산을 예측한다는 것이 사실상 불가능하다고 볼 수 있음. • 따라서 주로 재무지표들을 이용한 통계(계량)모형의 유용성이 현저히 낮아지는 유형이라고 할 수 있음

연 | 습 | 문 | 제

1. 부실기업의 정의로서 가장 거리가 먼 것은? (　　)

① 총수익 〈 총비용

② 자본비용 〈 투자수익

③ 총자산 〈 총부채

④ 총자산가치 〈 총부채가치

⑤ 목표이익 〉 실현이익

2. 운전자금의 부족 원인으로서 거리가 먼 것은? (　　)

① 매출액 증가

② 재고자산 증가

③ 매출채권의 회수지연

④ 채산성 악화

⑤ 매출채권의 대손증가

3. 기업부실의 일반적인 진행과정을 바르게 나열한 것은? (　　)

① 매출부진 → 수익성 저하 → 비효율적인 경영 → 자금조달실패 → 운전자금 부족 → 도산

② 비효율적인 경영 → 매출부진 → 수익성 저하 → 운전자금 부족 → 자금조달실패 → 도산

③ 비효율적인 경영 → 수익성 저하 → 매출부진 → 자금조달실패 → 운전자금 부족 → 도산

④ 비효율적인 경영 → 매출부진 → 운전자금 부족 → 수익성 저하 → 자금조달실패 → 도산

⑤ 비효율적인 경영 → 운전자금 부족 → 매출부진 → 수익성 저하 → 자금조달실패 → 도산

정 | 답 | 및 | 해 | 설

1. ②

자본비용 〈 투자수익 → 자본비용 〉 투자수익

2. ①

매출액의 증가가 반드시 운전자금 부족의 직접적인 원인이 되지는 않는다.

3. ②

기업부실의 일반적인 진행과정 : 비효율적인 경영 → 매출부진 → 수익성 저하 → 운전자금 부족 → 자금조달실패 → 도산

제13장

기업신용위험 상시평가

학습목표

❈ 기업신용위험 상시평가제도의 도입 배경과 목적을 설명할 수 있다.

❈ 기업신용위험 상시평가 대상 업체를 설명할 수 있다.

❈ 기업신용위험 상시평가 방법과 절차를 설명할 수 있다.

❈ 기업신용위험 상시평가 결과 기업을 4단계로 분류할 수 있다.

학습개요

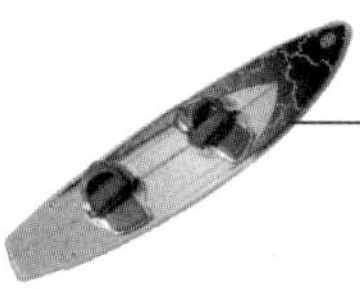

❈ 본 장에서는 기업신용위험 상시평가제도의 도입 배경과 목적에 대하여 설명하였으며, 기업신용위험 상시평가 대상 업체를 선정하는 기준과 상시평가를 통하여 기업을 4단계로 분류하는 방법과 분류결과에 따른 사후관리 방법에 대하여 설명하였다.

제1절 기업신용위험 상시평가제도의 개요

1. 상시평가제도의 도입 배경

IMF 금융위기 직후 국기경제의 비상 상황 하에서 약 3년여 간 부실기업 정리 등의 기업구조조정 작업을 신속하게 추진하는 과정에서 금융시스템의 급속한 안정을 회복하는 데에는 상당한 기여를 하였으나, 일시에 다수의 기업을 대상으로 퇴출작업 등의 기업구조조정을 추진함에 따라 대상기업이 확정되는 기간 동안에 금융시장의 불확실성이 커지고 우리나라 경제에 미치는 충격이 컸다. 이에 따라 금융감독당국은 기업구조조정업무는 채권금융회사에 의해 상시적으로 이루어지는 것이 바람직하다는 판단 하에 기업신용위험 상시평가제도를 도입하게 되었다.[1)]

2. 상시평가제도의 도입 목적

기업신용위험 상시평가제도는 시장기능에 의한 상시적인 기업구조조정을 통하여 기업부실의 확대를 차단하고 금융회사의 건전성을 제고하는 것을 목표로 자생력이 없는 부실기업이 발생할 경우 이를 신속하고 효과적으로 퇴출시키고 회생 가능성이 있는 부실징후기업에 대해서는 적극적인 구조조정을 통하여 회생을 유도하는데 중점을 두는 것이 주된 목적이다.

1) 금융감독원, 「기업구조조정촉진법 운영성과 및 향후 운영방안」, 2005년 9월

3. 관련 법규

기업신용위험 상시평가제도는 기업구조조정촉진법에 의거 도입된 제도이다. 기업구조조정촉진법은 당초 2001년 7월 의원입법으로 제정되어 2001년 9월 15일부터 시행되었으나 2005년 12월 31일을 일몰로 정한 한시법이었기 때문에 약 2년여 기간 동안 공백기가 발생하였으나 의원입법으로 다시 제정되어 한시적으로 재시행하게 되었다.

금융감독원은 기업구조조정촉진법의 원활한 시행을 위하여 금융기관 감독규정을 제정하여 운영하고 있으며, 이에 따라 금융기관들은 상시평가를 포함한 기업구조조정에 관한 업무처리지침을 내부 규정에 반영하여 운용하고 있다.

4. 평가주기

기업구조조정촉진을 위한 기업신용위험 상시평가는 정기평가와 수시평가로 구분하여 운영하고 있다. 정기평가는 매년 1회 실시하며, 정기평가 외에도 거래 기업의 경영부실화 가능성이 높아지거나 신용위험이 확대될 사안이 발생한 경우 수시로 신용위험평가를 실시하여야 한다.

5. 평가결과에 따른 사후관리

평가결과 외부로부터의 자금지원이나 별도의 차입이 없이는 금융기관으로부터의 차입금의 상환이 어렵다고 인정한 기업은 부실징후기업으로 판정하여 경영개선지도 및 워크아웃 등을 포함하여 기업구조조정을 유도하여야 한다. 그리고 평가결과 경영정상화 가능성이 없다고 판단되는 기업의 경우 주채권은행은 청산 또는 해산 등 공개적이고 투명한 처리절차에 의하여 조기에 정리를 하도록 하여야 한다.

다음은 기업신용위험 상시평가 업무의 근거가 되는 은행업감독업무시행세칙의 일부이다.

제48조(여신심사 및 사후관리기준)

① 규정 제78조 제2항에 따른 여신심사 및 승인업무에 관한 내부시스템에는 다음 각 호의 사항이 포함되어야 한다.

1. 여신심사조직과 영업조직간 역할 정립 및 상호 협조
2. 신용평가시스템 등에 의한 합리적이고 투명한 여신심사 및 승인
3. 적정한 규모의 여신이 취급될 수 있는 차주별 여신한도제도의 운영
4. 신용평가결과 우량등급기업에 대한 원칙적 신용여신의 운영

② 규정 제78조 제3항에 따른 여신사후관리업무에 관한 내부시스템에는 다음 각 호의 사항이 포함되어야 한다.

1. 차입자의 신용상태 변화에 대한 상시 모니터링
2. 신용평가시스템에 의한 차입자의 신용등급의 정기적인 조정 및 조정된 등급에 따른 적절한 조치
3. 조기경보제도 운영을 통한 이상 징후 차입자에 대한 관리
4. 기업신용위험 상시평가를 통한 부실징후기업(외부로부터의 자금지원 또는 별도의 차입이 없이는 은행으로부터의 차입금의 상환이 어렵다고 인정한 기업) 해당 여부 판정 및 사후조치
5. 여신심사 및 사후관리업무 운영의 적정성을 점검하고 시정하는 여신감리제도 운영
6. 신용등급이 정상등급에서 벗어난 문제기업에 대한 경영개선(워크아웃) 지도
7. 회생불가능한 부실기업의 정리

제2절 신용위험평가방법

기업신용위험 상시평가는 기업구조조정촉진법에 근거한 채권은행의 기업신용위험 상시평가 운영협약(약칭 "상시평가 운영협약")에 의해 다음과 같이 운영되고 있다.

1. 신용공여금액 500억 원 이상인 기업의 신용위험평가

1-1. 평가대상기업

상시평가 운영협약에 의한 기업신용위험 상시평가 대상기업이란 채권금융기관으로부터 신용공여를 받은 회사로서 최근 월말 기준으로 금융기관의 신용공여금액이 500억 원 이상인 자를 말한다. 그러나 동 협약 내용에도 불구하고 다음 중 어느 하나라도 해당하는 경우에는 평가대상기업에서 제외할 수 있다.

- 법인세법시행령 제61조 제2항 각 호의 금융회사 등
- 공공기관의 운영에 관한 법률에 의한 공공기관
- 외국법에 따라 설립된 법인
- 당해 채권은행의 신용공여금액이 50억 원 미만인 기업
- 채무자 회생 및 파산에 관한 법률에 따른 회생절차 또는 파산절차가 진행 중이거나 회생절차 폐지 또는 파산폐지 된 기업
- 기업구조조정촉진법 및 채권금융기관의 기업구조조정업무 운영협약 등에 따른 관리절차가 진행 중인 기업

1-2. 기본평가

기본평가란 매년 2월말 현재 신용공여금액을 기준으로 상기 평가대상기업에 해당할 경우 동 기업에 대하여 채권을 보유하고 있는 은행이 평가대상기업에 대하여 매년 정기적으로 4월말까지 부실징후기업에 해당될 가능성이 있는지 여부를 1차적으로 평가하여 세부평가 대상기업 여부를 판정하는 작업을 말한다.

정기적으로 실시하는 기본평가 외에도 채권은행은 수시로 기본평가를 실시하여 세부평가 대상 여부를 결정하여야 하는데 이를 수시평가라라고 부른다.

기본평가 결과 다음 중 어느 하나에 해당할 경우 당해 기업이 부실징후기업에 해당되는지 여부를 평가 하여야 하는데 이를 세부평가라라고 한다.

- 회계연도를 기준으로 최근 3년간 연속하여 영업활동 현금흐름이 부(-)인 기업
- 회계연도를 기준으로 최근 3년간 연속하여 이자보상배율(영업이익/금융비용)이 1.0 미만 기업
- 회계연도를 기준으로 최근 자본총계가 부(-)인 기업
- 은행업감독규정 제27조의 자산건전성 분류기준에 따른 신용평가모형의 평가결과 "요주의" 상당하는 등급 이하로 분류된 기업
- 급격한 신용도 악화 등으로 신속한 세부평가가 필요한 경우
- 채권은행 내부 신용등급이 일정 수준 이하인 기업
- 채권은행이 조기경보제도 운영을 통해 이상 징후가 있다고 판단한 기업
- 회계감사의견이 적정이 아니거나 적정인 경우에도 회계감사인이 계속기업 관련 중요한 불확실성이 존재한다고 의견을 피력한 기업
- 매출총손실이 발생하였거나, 최근 2년 연속 매출이 10% 이상 감소하고 직전 연도 현금흐름표 상의 투자활동 순 현금유출 금액이 최근 3년간 영업손익 합산액을 초과하는 등 사업위험이 급격히 증가한 기업
- 일정 기간 부분자본잠식기업
- 단기채무 상환 부담이 큰 기업
- 평가대상기업 선정을 위한 신용공여 산출일 기준으로 2년 이상 자체 경영 개선 기업으로 관리 중인 기업
- 기타 채권은행 자체 기준에 의하여 세부평가가 필요하다고 인정한 기업

위 기준에도 불구하고 채권은행이 자체 기준에 의하여 세부평가의 실익이 없다고 인정하는 경우에는 평가대상에서 제외할 수도 있다.

1-3. 세부평가

세부평가란 기본평가를 마친 후 세부평가 대상에 해당될 경우 구체적이고 심층적인 분석을 실시하여 기업을 4단계로 분류하여야 하는데 이를 세부평가라고 한다. 세부평가는 기본평가가 종료된 이후 2개월 이내에 평가를 완료하여야 한다. 그러나 급격한 신용도 악화 등으로 신속한 세부평가가 필요한 경우에는 지체 없이 세부평가를 완료하여야 한다.

각 채권은행들은 세부평가를 위해 평가항목별로 구체적인 평가기준을 마련하여 평가를 하여야 한다. 세부평가를 할 때 중점적으로 점검하여야 할 내용들은 다음과 같다.

- 산업위험 : 업종별 향후 3년간 경기변동 민감도, 성장전망 등
- 영업위험 : 시장지배력, 구매 · 생산 · 판매 등의 효율성 및 안정성, 제품 · 상품 · 서비스 등의 경쟁력, 매출원가율, 재고자산 회전율, 매출채권회전율, 총자산 회전율 등
- 경영위험 : 경영진 도덕성 및 신뢰성, 소유 · 지배구조의 안정성, 경영진의 경영관리 능력, 관계회사 위험 등
- 재무위험 : 단기차입금 비중, 매출액 추세, 재무융통성 등
- 현금흐름 : 이자보상계수(ICR), 부채상환계수(DSCR) 등

한편, 세부평가를 할 때는 평가대상기업으로부터 별도의 소명이나 자구계획 등의 의견을 제출받아 세부평가에 반영하도록 하여야 한다.

1-4. 공동 수시평가

경제 및 금융상황 등을 고려하여 필요한 경우 채권은행 공동으로 신용위험평가를 실시할 수 있으며, 평가 기간, 대상, 평가 방법 및 관리방안 등에 관한 사항은 채권은행 간의 협의를 통해 별도로 정할 수 있다.

2. 신용공여금액 500억 원 미만인 기업의 신용위험평가

2-1. 평가대상기업

채권은행으로부터 신용공여를 받은 자로서 최근 월말 기준으로 금융기관의 신용공여금액이 500억 원 미만인 자를 신용위험평가 대상기업으로 하며, 그 내용은 다음과 같다.

- 정기평가 : 다음 각 목에 해당하는 기업
  * 당해 채권은행의 신용공여금액이 50억 원 이상인 기업
  * 당해 채권은행의 신용공여금액이 30억 원 이상 50억 원 미만인 기업 중 취약산업에 해당하는 경우로서 직전 연도 회계 감사의견이 한정, 부적정, 의견거절이거나, 은행업감독규정 제27조에 따른 자산건전성 분류가 "요주의" 이하인 기업
- 수시평가 : 당해 채권은행의 신용공여금액이 30억 원 이상인 기업

그러나 다음 각 호의 어느 하나에 해당하는 자는 평가대상기업에서 제외할 수 있다.

- 법인세법시행령 제61조 제2항 각 호의 금융회사 등
- 공공기관의 운영에 관한 법률에 의한 공공기관
- 외국법에 따라 설립된 기업
- 부실화 위험이 없는 여신을 제외하고 당해 채권은행의 신용공여금액이 30억 원 미만인 기업
- 채무자 회생 및 파산에 관한 법률에 따른 회생절차 또는 파산절차가 진행 중이거나 회생절차 폐지 또는 파산폐지 된 기업
- 법 및 협약 등에 따른 관리절차가 진행 중인 기업

2-2. 기본평가

정기평가는 매년 5월말 신용공여금액을 기준으로 평가대상기업을 선정하고 7월말까지 부실징후기업에 해당될 가능성이 있는지 여부를 평가한다. 그리고 수시평가는 3, 6, 9,

12월말 신용공여금액을 기준으로 평가대상기업을 선정하여 5, 8, 11, 2월말까지 부실징후기업에 해당될 가능성이 있는지 여부를 평가한다.

기본평가 결과 다음 중 어느 하나에 해당할 경우 당해 기업이 부실징후기업에 해당되는지 여부를 평가 하여야 하는데 이를 세부평가라고 한다.

- 최근 3개월 이내 10일 이상 연체발생(연속) 기업
- 최근 3개월 이내 당좌(가계당좌)거래 부도발생 기업
- 최근 3개월 이내 신용등급이 3단계 이상 하락되어 요주의 이하로 분류된 기업
- 신용정보관리규약에 의한 신용관리대상으로 규제 중인 기업
- 2년 연속 매출액 20% 이상 감소하였거나, 매출액이 직전 연도 대비 40% 이상 감소한 기업 중 자산건전성 분류가 요주의 이하인 기업
- 개인사업자의 경우 대표자의 개인 신용평점이 개인 신용평가회사의 개인 신용평점 기준 하위 100분의 5로 하락한 기업
- 채권은행이 조기경보제도 운영을 통해 이상 징후가 있다고 판단한 기업
- 직전 사업연도 현금비율(현금 및 현금성 자산/유동부채)이 5% 미만이면서 최근 3개월간 비은행금융기관(신용정보의 이용 및 보호에 관한 법률 시행령 제5조 제2항 제9호부터 제16호까지, 제21조 제2항 제19호의 금융기관을 말한다.) 대출채권(종합신용정보집중기관의 기업신용공여정보 중 대출채권을 말한다.)이 10억 원 이상 증가한 기업
- 기타 채권은행 자체기준에 의하여 세부평가가 필요하다고 인정한 기업

위 기준에도 불구하고 경영정상화 계획 마련이 어려운 개인사업자 중 비제조업 영위업체 등 채권은행이 자체기준에 의하여 세부평가의 실익이 없다고 인정하는 경우와 기업활력 제고를 위한 특별법 등에 따라 관련 정부 부처의 승인 절차 등을 거쳐 사업재편 · 전환을 이행 중인 기업이 최근 회계연도 말 기준 승인된 사업재편계획 기간에 해당하는 경우(단, 최대 4년에 한함)에는 세부평가를 실시하지 아니할 수도 있다.

2-3. 세부평가

채권은행은 평가대상기업에 대하여 기본평가 종료 후 3개월(수시평가는 2개월) 이내에

세부평가를 완료하여야 한다. 다만 급격한 신용도 악화 등으로 신속한 세부평가가 필요한 경우에는 지체 없이 세부평가를 완료하여야 한다.

채권은행은 세부평가를 위하여 외감기업, 비외감기업, 개인사업자로 구분하여 각 평가대상기업의 특성을 감안한 평가기준을 마련하되, 평가기준에는 각 부문별로 위험의 수준을 구분하는 판단기준이 포함되어야 한다.

※ 외감기업

- 산업위험 : 업종별 향후 3년간 경기변동 민감도, 성장전망 등
- 영업위험 : 시장지배력, 구매 · 생산 · 판매 등의 효율성 및 안정성, 제품 · 상품 · 서비스 등의 경쟁력, 매출원가율, 재고자산 회전율, 매출채권회전율, 총자산 회전율 등
- 경영위험 : 경영진 도덕성 및 신뢰성, 소유 · 지배구조의 안정성, 경영진의 경영관리능력, 관계회사 위험 등
- 재무위험 : 단기차입금 비중, 매출액 추세, 재무융통성 등
- 현금흐름 : 이자보상계수(ICR), 부채상환계수(DSCR) 등

※ 비외감기업

- 산업위험 : 업종별 향후 3년간 경기변동 민감도, 성장전망 등
- 영업위험 : 시장지배력, 구매 · 생산 · 판매 등의 효율성 및 안정성, 제품 · 상품 · 서비스 등의 경쟁력, 매출원가율, 재고자산 회전율, 매출채권회전율, 총자산 회전율 등
- 경영위험 : 경영진 도덕성 및 신뢰성, 소유 · 지배구조의 안정성, 경영진의 경영관리능력, 관계회사 위험 등
- 재무위험 : 단기차입금 비중, 매출액 추세, 재무융통성 등

※ 개인사업자

- 산업 및 영업위험 : 결제조건 악화여부, 판매안정성 등
- 경영위험 : 동업계 경력, 도덕적 해이, 신용도 등
- 재무위험 : 추가차입 여력, 원리금상환능력 등

한편, 채권은행은 세부평가 과정에서 평가대상기업으로부터 소명서, 자구계획 등의 의견을 제출받아 세부평가에 반영하여야 한다.

3. 평가기업 분류 및 사후관리

세부평가 결과에 따라 평가대상기업을 다음 중 어느 하나로 분류하고 그에 따른 사후관리조치를 취하여야 한다.

- 정상적인 영업이 가능한 기업
- 부실징후기업이 될 가능성이 큰 기업
- 부실징후기업에 해당하며 경영정상화 가능성이 높은 기업
- 부실징후기업에 해당하며 경영정상화 가능성이 낮은 기업

채권은행은 세부평가 결과 부실징후기업으로 선정한 경우에는 지체 없이 주채권은행에 동 사실을 통보하여야 한다. 그리고 채권은행은 부실징후기업의 구조조정 방안을 논의하기 위한 금융채권자협의회가 최초로 소집 통보되기 이전에는 대상기업이 부실징후기업으로 선정되었다는 사실을 주채권은행 이외의 금융기관에 통보하여서는 아니 된다.

한편, 주채권은행은 부실징후기업으로 판단된 기업이 유상증자, 자산매각, 영업호전 등으로 재무구조가 현저히 개선되어 부실징후기업에 해당하지 않음을 증빙하는 서류를 제출하는 경우에는 재평가를 실시할 수 있다.

4. 주채권은행의 평가등급에 대한 이의제기 절차

주채권은행이 아닌 일반 채권은행은 세부평가 대상기업에 대한 신용공여금액이 채권은행 총 신용공여금액의 20분의 1을 초과하는 경우에는 주채권은행에 대하여 세부평가 분류결과를 당해 주채권은행에 통지하도록 서면으로 요청할 수 있으며, 이 경우 주채권은행은 당해 기업에 대한 분류결과를 분류 확정일 또는 요청을 받은 날로부터 7영업일 이내에 서면으로 통지하여야 한다.

주채권은행이 아닌 채권은행은 단독이나 다른 채권은행과 합하여 당해 기업에 대한 신용공여금액이 채권은행 총 신용공여금액의 4분의 1을 초과하는 경우에는 주채권은행에 대하여 당해 기업의 신용위험평가등급에 대한 검증을 요구할 수 있다. 이때 검증 요구를 받은 주채권은행은 지체 없이 신용위험평가등급 검증작업반을 구성하기 위한 채권은행의 협의회를 소집하여야 한다. 채권은행협의회 회의결과 검증작업반이 구성되면 당해 기업에 대한 신용공여금액이 채권은행 총 신용공여금액의 20분의 1을 초과하는 채권은행이 추천한 자 중에서 채권은행협의회가 결정한 자로 구성하며, 검증작업반의 소집과 운영은 채권은행협의회가 주관한다. 검증작업반의 구성원은 다음에 해당하는 자로 지정하여야 한다.

- 금융기관 또는 금융유관 분야에 10년 이상 근무한 경험이 있는 자
- 공인회계사, 변호사 또는 신용평가회사, 금융관련 연구기관 등에 근무하고 있는 자로서 기업분석 및 평가에 전문성이 있는 자
- 기업분석 및 평가업무에 3년 이상 종사한 경험이 있는 전문가

검증작업반은 총 구성원의 3분의 2이상의 출석과 출석한 구성원의 3분의 2이상의 찬성으로 주채권은행에 대해 신용위험 평가등급을 변경하도록 건의할 수 있으며, 이 경우 주채권은행은 특별한 사유가 없는 한 이를 수용하여야 한다.

5. 주채권은행의 조치

각 채권은행이 주채권은행에 부실징후기업 선정 사실을 통보할 경우 주채권은행은 지체 없이 당해기업이 부실징후기업에 해당하는지 여부를 판정하여야 한다.

연 | 습 | 문 | 제

1. 기업신용위험 상시평가(세부평가) 대상기업이 아닌 것은? ( )

① 회계연도를 기준으로 최근 3년간 연속하여 영업활동현금흐름이 부(-)인 기업

② 회계연도를 기준으로 최근 3년간 연속하여 이자보상배율(영업이익/금융비용)이 2.0배 미만인 기업

③ 자산건전성분류기준에 따른 신용위험평가모형의 평가결과 요주의에 상당하는 등급 이하로 분류된 기업

④ 급격한 신용도 악화 등으로 신속한 세부평가가 필요한 경우

⑤ 기타 채권은행 자체 기준에 의하여 세부평가가 필요하다고 인정하는 기업

2. 세부평가 결과에 따른 기업분류가 아닌 것은? ( )

① 정상적인 영업이 가능한 기업

② 부실징후기업이 될 가능성이 큰 기업

③ 부실징후기업에 해당하며 경영정상화 가능성이 높은 기업

④ 부실징후기업에 해당하며 경영정상화 가능성이 낮은 기업

⑤ 기업 회생절차 대상기업

정 | 답 | 및 | 해 | 설

1. ②

회계연도를 기준으로 최근 3년간 연속하여 이자보상배율(영업이익/금융비용)이 1.0배 미만인 기업이 세부평가 대상이다.

2. ⑤

기업 회생절차 대상기업은 법원에 의한 기업구조조정방법이다.

제14장 기업구조조정

학습목표

❈ 우리나라 기업구조조정의 변천사를 설명할 수 있다.

❈ 기업구조조정의 법적 근거인 기업구조조정촉진법을 설명할 수 있다.

❈ 대표적인 기업구조조정방법인 워크아웃 업무를 설명할 수 있다.

❈ 자율협약에 의한 기업구조조정방법을 설명할 수 있다.

학습개요

❈ 앞부분에서는 우리나라 기업구조조정 역사를 간략하게 설명하였으며, 기업구조조정의 3대 축이라고 할 수 있는 자율협약, 워크아웃, 법정관리의 장단점을 비교하였다. 그리고 외환위기 이후 처음으로 도입된 워크아웃제도의 개념과 구체적인 절차를 설명하였다. 그 다음으로는 워크아웃보다는 강도가 약한 채권은행 자율협약에 의한 기업구조조정방법과 법원에 의한 기업회생절차를 소개하였다.

제1절 기업구조조정의 개요 및 변천사

1. 기업구조조정의 개요

기업구조조정이란 기존 사업구조 및 조직의 기능과 효율성을 높이고자 실시하는 구조 개선 작업을 말한다. 기업구조조정은 부실기업이나 비능률적인 조직을 미래지향적인 조직으로 개편하는 데 주 목적이 있다. 이러한 기업구조조정의 방법에는 성장성이 낮은 사업 분야를 축소하거나 폐지 또는 매각하고 중복된 사업을 통폐합하는 등 사업구조 개편 전략과, 조직이나 인력의 감축을 통한 비용절감 전략, 부동산 등과 같은 소유자산의 매각을 통한 재무구조 개선전략, 경영시스템의 효율성 개선전략과 같은 수동적인 방법들이 있다. 또한 적극적인 방법으로는 국내외의 유망기업과 제휴하여 새로운 기술을 개발한다거나 타 기업과의 전략적인 업무제휴와 같은 방법들도 있다.

기업구조조정의 종류는 크게 두 가지의 형태로 구분해 볼 수 있다. 그 중 하나는 관계 법령에 근거하여 추진하는 구조조정방법으로서 워크아웃과 기업회생절차가 있다. 워크아웃은 기업구조조정촉진법에 근거하여 기업구조조정을 추진하는 방법이고 기업회생절차는 채무자 회생 및 파산에 관한 법률에 근거하여 기업구조조정을 추진하는 방법이다. 또 다른 하나는 사적인 협약에 의해 추진하는 방법으로서 채권은행협약, 대주단협약, 중소기업 패스트 트랙 등이 있다.

2. 기업구조조정의 변천사

우리나라의 기업구조조정은 최근에 들어서 기업이 자발적으로 경영혁신 차원에서 추진하는 경우도 있지만 역사적으로는 대부분 국가적인 경제위기가 발생하였을 때마다 정부 또는 금융기관이나 주채권은행의 주도 하에 타의에 의한 수동적인 기업구조조정이 이루어져 왔다.

우리나라의 기업구조조정정책은 1980년대에 국가가 정책적으로 부실기업을 정리하기 위해 시행한 산업합리화조치가 시발점이다. 당시 국내 중화학공업이 최초로 위기에 직면하면서 정부는 과잉 중복 투자된 중화학공업을 구조조정하기 위해 대기업간 인수합병(M&A)과 대기업별로 독과점과 유사한 국가 정책적으로 산업별 「전업화」를 추진하였다. 이 때 대기업간 인수합병과 대기업의 산업별 전업화를 전제로 국책은행의 구제금융이 투입되었다.

1990년대에 들어서는 정부는 재벌의 문어발식 팽창을 억제하고 대기업의 국제경쟁력 향상을 위하여 「주력업종전문화제도」를 도입하였다. 당시 선정된 대기업의 주력업종에 대해서는 여신관리규제의 완화, 총액출자제한완화 등 여신규제를 완화하여 주었다.

1997년에는 한보 사태 이후 특정 기업에 불리한 루머가 돌면 제2금융권이 대출금을 회수함으로써 진짜로 부도가 나는 경우가 많았는데, 이 같은 사태를 막기 위해 정부가 주도하여 1997년 4월 21일 금융기관들이 「부실징후기업의 정상화 촉진과 부실채권을 효율적 정리를 위한 금융기관협약」을 만들었다. 일반적으로 부도방지협약 또는 부도유예협약이라 불린다. 정부는 당초 약칭을 방지협약으로 하였다가 금융기관들이 대상 기업에 대해 부도를 막아준다는 오해를 불러일으킬 소지가 있다고 판단하여 유예협약으로 바꿨다. 부도방지협약이라 해도 적용대상기업의 어음이 교환에 회부될 경우 부도처리는 하였으나 당좌거래정지, 불량거래처 등록 등 제재조치를 취하지 않고 정상적인 영업활동을 하도록 혜택을 주는 제도였다. 이 제도를 적용받는 기업은 2개월 동안 채권상환부담이 유예되므로 회생의 기회를 갖게 된다. 이렇게 해도 회생 가망이 없다고 판단되면 채권기관협의회가 법정관리를 신청하고 청산절차에 들어간다. 적용 대상 기업은 은행 여신이 2,500억원 이상인 대기업이며, 주식 또는 경영권 포기각서, 임금 및 인원 감축에 관한 노조동의서, 자금관리단 파견 동의서 등을 사전에 제출해야 협약의 적용을 받게 된다. 이 협약은 제2금융권이 마구잡이로 대출금을 회수하면서 부실기업체가 자금난에 빠지는 사례를 방지하겠다는 취지로 출발했으나 오히려 다른 기업의 자금난을 압박하여 부도를 촉발하는 부작용이 발생하였다. 즉 부도방지협약을 적용받는 기업이 발행한 어음의 경우 당분간 자금회수가 불가능해지기 때문에 부실징후기업에 대한 여신을 조기에 회수하려는 움직임이 확산되어 무차별적인 자금회수 압력과 대출연장을 기피하는 현상이 일어났던 것이다.

이에 정부는 1997년 아시아 외환위기를 기점으로 하여 국가적인 과제로서 강력한 구조조정정책을 시행하게 되었다. 이 때는 기업뿐만 아니라 금융기관들까지도 구조조정 대상으로 지정하여 금융부문에서는 퇴출 또는 인수합병의 방법으로 부실금융기관을 대거 정리하였다. 기업구조조정 부문에서는 1998년 1월에 대통령과 5대 기업집단 대표 간에 기업구조조정 5대 원칙에 합의하였으며, 계열기업 간 상호채무보증의 해소와 재무구조개선, 핵심사업 설정과 비 핵심사업의 매각 등의 기업구조조정 프로그램을 추진하였다. 그리고 1998년 2월에는 64대 재벌집단과 채권은행들 간에 2000년까지 부채비율을 200% 이하로 감축하도록 하는 약정을 체결하였으며, 재무구조 및 수익성이 비교적 양호한 5대 재벌그룹은 채권은행단과 재무구조개선 약정을 체결하도록 하였고, 6~64대 재벌그룹은 채권은행들과의 협의에 의한 자율적인 워크아웃을 추진하였다.

외환위기에서 벗어난 2001년에는 기업구조조정촉진법 및 기업신용위험상시평가시스템이 시행되면서 상시적 구조조정체제가 마련되었다.

2008년에는 리먼 브라더스 사태로 촉발된 글로벌 금융위기로 인해 자금난을 겪고 있던 일부 건설업체 및 조선업체들을 대상으로 하는 대주단협약이 시행되었으며, 또한 키코(Kiko) 사태로 인해 유동성 위기에 직면한 중소기업들에 대한 금융지원을 위해 페스트트랙(Fast Track) 프로그램이 시행되었다.

2009년에는 기업부실이 현실화되기 이전에 사전적으로 부실징후기업을 찾아내어 선제적으로 구체적 경영개선책을 제시하고 이에 비협조적인 기업에 대해서는 부실 발생 시 워크아웃 절차를 거치지 않고 바로 퇴출되도록 하는 프리워크아웃(Pre Workout) 제도가 도입되었다.

이처럼 우리나라의 기업구조조정은 역사적으로 볼 때 정부 또는 금융기관이나 주채권은행의 주도 하에 타의에 의한 수동적인 기업구조조정이 이루어져 왔기 때문에 구조조정을 추진하는 과정에서 기업의 비협조와 채권금융기관 간의 이견 노출 등으로 기업의 구조조정이 신속하고 효과적으로 추진되지 못하는 등 부작용이 많이 발생하였다. 정부는 이러한 문제점을 해소하기 위하여 기업구조조정촉진법을 제정하여 시행하게 되었다.

제2절 워크아웃

1. 워크아웃의 개념[1)]

워크아웃(Workout)이란 용어의 사전적 의미는 격렬한 운동을 통한 '연습' 내지 '훈련'을 말한다. 트레이닝을 통해 불필요한 군살을 빼고 근육을 단련함으로써 체질을 개선하는 것을 의미한다. 강도 높은 구조조정을 통한 기업의 체질개선작업을 이에 빗대어 사용한 것이다. 따라서 워크아웃과 기업개선작업이라는 용어는 혼용하여 사용되고 있다.

워크아웃은 회생가능성은 있지만 재무적으로 어려움에 처한 기업이 주로 대상이 되며, 법원에 의해 강제적 회생 또는 정리절차에 들어가기 전에 채권자인 채권금융기관들과 채무자인 대상기업 간에 협상과 조정과정을 통해서 채무조건의 완화라는 사적화의를 시도하는 것이다. 따라서 워크아웃은 채무부담의 경감을 위해 채무기업이 채권금융기관들을 설득하는 과정이라고 할 수도 있다. 이 모든 과정이 법원 밖에서 이루어지는 사적화의의 형태인 만큼 워크아웃의 성공여부는 워크아웃 대상기업이 제시한 채무상환계획에 대하여 채권금융기관들이 얼마나 적극적으로 동의하느냐에 달려 있다.

채무상환계획에 대하여 채권금융기관들의 적극적인 동의 여부는 워크아웃 대상기업이 작성한 Workout Plan(기업개선계획)의 충실성과 신뢰성에 달려 있다. Workout Plan이 성공하기 위해서는 다음과 같은 특성들을 반드시 갖추고 있어야 한다.

- 실행가능성(Feasibility)
- 공평성(Fairness)
- 우월성(Superiority) 등

1) 기업구조조정협약 운영위원회 사무국의 해설자료(2001년 3월 16일)

여기서 우월성이란 채권금융기관의 입장에서 보았을 때 워크아웃을 통한 채권회수율이 법정관리나 청산 등 여타 다른 대안이나 방법에 의한 채권회수율보다 높아야 한다는 것을 의미한다. 워크아웃은 법적인 강제성에 의존하지 않고 채권금융기관들의 경제적 이해관계에 따른 자율적 합의에 기초하는 만큼 워크아웃은 실행가능성과 채권금융기관 간 공평한 손실분담의 원칙이 필수 불가결하다.

워크아웃의 핵심은 채권금융기관들의 채무조정과 이에 대한 대상기업의 화답으로서 자구노력이 반드시 수반되어야 하며 또한 주주들의 손실 분담이 요구된다.

- 채권금융기관의 채무조정 수단
  * 대출 원리금 상환유예
  * 이자감면(대출금리 인하)
  * 단기 대출의 중장기 대출로의 전환
  * 대출금의 만기연장
  * 대출금의 출자전환
  * 대출금의 전환사채(CB) 전환
  * 채무면제
  * 신규자금지원
  * 보증채무 해소 등
- 대상기업의 자구노력 방법
  * 자산매각
  * 한계 계열사의 정리
  * 인력감축
  * 비용절감
  * 핵심사업의 정비
  * 영업전략의 전환 등
- 주주의 손실분담 방법
  * 무상 감자
  * 유상 증자
  * 대주주의 사재출연 등

2. 워크아웃의 유용성

외환위기 이전의 부실징후기업 또는 부실기업에 대한 국내 금융기관들의 관행은 기업이 유동성 부족으로 자금난에 봉착할 경우 근본적인 처방 없이 막대한 신규자금을 지원하거나 대출금의 만기를 연장해 줌으로써 부도를 방지하거나 아니면 신규자금의 지원 없이 부도처리하여 왔다. 여기서 자금을 지원하지 않고 바로 부도처리하는 방식의 경우에는 채권금융기관이 보유하고 있는 부실기업에 대한 채권금액 전체가 부실채권으로 전락하게 되어 금융기관에 막대한 손실을 초래하는 결과를 빚게 되었다. 또한 신규자금을 지원하여 부도를 막아주는 구제금융(Bail-out) 방식의 경우에도 대부분 시간이 지나면 부실채권의 규모만 더욱 확대시키는 결과를 초래하였다.

이에 반해 외환위기 때 도입한 워크아웃제도는 부실징후기업의 영업에서의 현금창출능력 및 기업의 경쟁력을 제고시키는 것을 전제로 채권금융기관들의 금융지원을 통하여 기업의 경영정상화 가능성을 높임으로써 워크아웃 추진 초기에는 채권금융기관들이 손실을 일부 부담하지만 성공적인 워크아웃을 통하여 궁극적으로는 채권의 회수가능성을 높여 채권금융기관의 손실을 최소화할 수 있는 제도로 정착하게 되었다.

구제금융(Bail-out) 방식은 회생가능성이 없어 퇴출되어야 할 부실기업을 정부 또는 채권금융기관들이 일방적으로 자금을 지원해 줌으로써 한계기업의 도산을 일시적으로 연장시켜 주는 미봉책에 불과하기 때문에 시간이 지나면 또다시 신규 자금을 지원해야 되는 악순환이 반복되는 결과를 초래하였다.

이처럼 부실기업이 되게 한 원인을 제거하고자 하는 처방은 물론이고 경영진 및 대주주의 손실부담이나 자구노력과 같은 근본적인 대책을 수립하지 않은 상태에서 단순히 자금만을 지원함으로써 채권금융기관의 손실만 키우는 구제금융 방식에 비해서 워크아웃은 정밀한 자산 및 부채의 실사와 사업성 검토에 기초하여 경영정상화가 가능한 기업에 한해서 대상기업과 채권금융기관들의 긴밀한 상호협의를 통하여 투명하고 공정한 절차를 거쳐 객관적이면서도 현실적으로 실행 가능한 워크아웃 플랜(Workout plan)을 마련하여 신규자금의 지원 여부와 지원 방법을 결정하기 때문에 경영정상화를 위한 워크아웃 프로그램의 형태가 다양한 것이 특징이다.

또한 워크아웃은 채권금융기관의 경우 채무조정과 추가적인 자금지원으로 초기에는 손실을 보게 되지만 궁극적으로는 기업의 경영이 정상화 될 경우 채권회수율이 높아지게 된다. 그리고 주주들의 경우에는 감자로 인해 지분비율은 낮아지지만 기업의 경영이 정상화 될 경우 주가가 상승하여 투자수익률이 높아지게 된다. 워크아웃 대상기업의 종업원들은 급여 삭감과 인력 구조조정 등으로 인해 고통이 수반되지만 기업이 도산함으로써 대부분이 실업자가 되는 것을 막을 수 있을 뿐만 아니라 기업의 경영정상화를 통하여 직장이 안정되는 것이 더 바람직할 것이다. 이처럼 워크아웃은 채권자, 주주, 경영진 및 종업원 모두에게 결과적으로는 유리한 상생의 개념에 기초하고 있다.

3. 워크아웃의 장단점

워크아웃은 상대적으로 시간과 비용이 적게 드는 장점이 있다. 그 이유는 워크아웃에 참여하는 채권금융기관의 수를 최소화하여 의사결정을 신속히 할 수 있기 때문이다. 예를 들어 채권금융기관들이 매우 많아 워크아웃 추진이 어려워지거나 운영에 효율성이 떨어진다고 판단되면 거액 채권금융기관들이 다수의 소액 채권금융기관들로부터 대출채권을 매입하여 채권금융기관들의 수를 최소화하여 워크아웃을 추진할 수도 있다. 그리고 일반 상거래 채권자는 제외하고 채권금융기관들만이 워크아웃을 추진하기 때문에 일을 추진하기가 쉬운 편이다. 또한 워크아웃은 법정관리처럼 법규에 의한 까다로운 심사절차에서 벗어날 수 있으며, 워크아웃에 관련된 모든 이해당사자들이 동의할 수 있도록 워크아웃 플랜을 신축성 있게 변경할 수 있는 융통성을 가지고 있기 때문에 프로그램 추진이 용이하고 효율적이다.

그러나 이러한 워크아웃의 단점은 법정관리나 정리절차에 비해 상대적으로 법적 구속력 및 강제성이 부족하여 프로그램 추진에 장애요소가 되고 있다. 또한 일정비율(4분의 3) 이상의 채권금융기관의 동의를 얻지 못할 경우 워크아웃이 중단되거나 교착상태에 빠질 수 있다는 문제점도 있다. 이에 대한 대안으로는 소수의 거액 채권금융기관들이 소액 채권금융기관들의 대출채권을 전부 매입하여 채권금융기관 구성을 단순하게 만들어 주요 채권금융기관들끼리 워크아웃 플랜을 수립하는 방법이 있다. 이처럼 워크아웃은 법정관리와 같이 법률에 의해 진행되는 것이 아니기 때문에 기본적으로 상호 신뢰가 뒷받침되지 못하면 순항하기가 어려운 구조이다. 그러므로 워크아웃은 이해당사자들 간의 신뢰와 양보 그리고 협력이 절대적으로 필요한 작업이다. 다음은 경험적으로 워크아웃과 법정관리 중에서 어느 쪽이 더 유리한 선택인지를 정리한 내용이다[2)]

2) 기업구조조정협약 운영위원회 사무국의 해설자료(2001년 3월 16일)

※ 워크아웃이 기업회생절차(법정관리)보다 유리한 경우

- 대상기업이 경제적으로 회생이 가능한 경우
- 경영진이 정직하고 전문경영능력이 인정되는 경우
- 현금창출능력이 상거래 영업활동을 충당할 수 있는 경우
- 경영진이 채권단과 문제를 협의할 자세가 되어 있는 경우
- 법원처리 시 소요되는 시간과 비용이 회사의 생존을 저해하는 경우

※ 워크아웃이 기업회생절차(법정관리)보다 불리한 경우

- 경영진이 정직하지 않거나 전문경영능력이 떨어지는 경우
- 경영진이 문제를 열어놓고 논의하려고 하지 않는 경우
- 경제적 회생가능성이 의문시 되는 경우
- 상거래에 필요한 운전자금조달이 어려운 경우
- 주요 거래처가 유지되기 어려운 경우
- 수정하기 어려운 계약이 회사에 큰 부담이 되는 경우
- 채권단에 의해 회사의 자산에 대한 강력한 통제가 필요한 경우
- 채권자들로부터 소송가능성이 예상되는 경우

워크아웃의 문제점에 관한 보도자료

워크아웃이나 퇴출 대상으로 선정된 기업들 중 일부가 채권단 결정에 반발하는 등 곳곳에서 마찰이 빚어지고 있다.

7일 금융권에 따르면 지난달 25일 채권단으로부터 C등급(부실징후기업)이나 D등급(퇴출)을 받은 기업들 중 일부는 채권단의 신용위험평가 결과를 납득할 수 없다며 구조조정에 저항하고 있다. (중략) C등급을 받아 워크아웃 추진 대상으로 선정된 M제강은 워크아웃 신청 여부에 대한 결정을 내리지 못했다. 이 회사는 워크아웃을 신청할지, 차입금을 상환할지 등의 방안을 놓고 고민중인 것으로 알려졌다. 이외 주채권은행 선정 문제 등으로 채권은행 간 힘겨루기가 이뤄지고 있는 사례도 있다. H건설은 워크아웃 개시 결정이 내려졌지만 아직 주채권은행이 결정되지 않았다.

아울러 채권단 내부에서는 이번 신용위험평가도 "눈 가리고 아웅"하는 식으로 부실하게 이뤄졌다는 자성의 목소리도 나온다. 구조조정을 최소화하려는 은행들이 주채권은행을 맡고 있는 기업들에 대해 실제 경영 상황보다 상향 평가를 내리고 구조조정 대상에서 빼줬다는 얘기다. 작년 구조조정 과정에서도 B등급을 받은 기업들이 몇 개월 후 워크아웃이나 기업회생절차를 신청하

는 부작용이 발생한 바 있다. 한 채권단 관계자는 "은행들이 실적 악화 등을 우려해 구조조정을 꺼려 C등급을 받아야 할 기업이 B등급을 받는 사례도 적지 않다"며 "이런 식으로 구조조정을 해봐야 내년에도 똑같은 문제가 반복될 수밖에 없다"고 말했다. 또 다른 관계자는 이에 대해 "금융당국이나 채권단, 기업 등 3자의 생각과 판단이 모두 다르기 때문에 평가 결과에 대해서는 불만이 있을 수밖에 없다"고 설명했다. 이에 따라 금융권 안팎에서는 채권단 주도의 구조조정 절차에서 투명성과 책임성을 확보할 수 있는 법률적인 근거가 마련돼야 한다는 주장이 제기되고 있다. 경제개혁연대는 "국내 기업구조조정촉진법상 워크아웃은 선진국과 달리 법원의 심사를 배제한 채 이해관계자인 주채권은행이 주도하기 때문에 금융 감독당국의 암묵적 개입이 수월해지는 문제가 있다"며 "기촉법상 워크아웃 과정에서는 주채권은행 및 채권금융기관협의회의 결정에 대해 법원이 심사하는 절차를 도입할 필요가 있다"고 주장했다.

(출처 : 연합뉴스 2010.07.07)

[표 14-1] 워크아웃과 기업회생절차(법정관리)[3]의 비교

구 분	워크아웃	기업회생절차(법정관리)
대상기업	채권은행으로부터 신용공여를 받은 기업	모든 기업
신청권자	당해회사, 주채권은행, 채권금융기관	채무자, 채권자, 주주(자본의 1/10)
경영권	부실 책임이 있다고 판단되는 경우 협의회 의결로 경영권 발탁 가능	관리인이 사업의 경영권, 재산의 관리처분권을 행사
개시결정 효과	소집일로부터 채권행사 유예기간 동안 협약대상 차입금의 상환 유예	회사 사업의 경영, 재산의 관리, 처분권은 관리인에게 전속됨
채권신고	신고하지 않은 채권은 권리가 소멸되지는 않지만 의결권 행사는 불가	신고기간 내 신고하지 않은 채권은 실권(관리인의 채권자 목록에 기재되어 있으면 예외)
채권 유예기간	워크아웃 플랜 확정까지의 상환유예 기간은 최장 6개월이나 상환계획에 따른 원금 상환 유예기간은 제한 없음	담보물의 존속기간을 넘지 못하며 담보가 없거나 담보물의 존속기간을 판정할 수 없는 때에는 10년을 넘지 못함(회생계획에 의거 사채발행의 경우는 예외)

3) 종전의 회사정리법, 화의법, 파산법, 개인채무자회생법이 통합되어 2006년 4월 1일부터 발효된 채무자 회생 및 파산에 관한 법률에서 정한 기업회생절차임

구 분	워크아웃	기업회생절차(법정관리)
주주권리 변경	대출금의 출자전환 시 실사결과에 따라 주주 지분 소각 가능	회생절차 개시 당시 순자산이 부(-)인 경우 발행 주식의 1/2 소각 또는 주식병합 방식 감자. 채무자의 이사나 지배인의 중대한 책임이 있는 경우 특수 관계인 주식의 2/3이상 소각
회생가능성 여부 판단	회생가능성 여부 판단은 채권금융기관 협의회의 의결로 결정	회생계획에 의한 변제방법이 청산할 때의 채권자에게 변제하는 것보다 유리하여야 함(채권자가 동의한 경우에는 그러하지 아니함)
신규자금지원	금융채권자협의회 의결로 결정	일반적으로 없음
이견조정기구	금융채권자 조정위원회 채권은행 조정위원회	관할 법원

4. 워크아웃제도의 도입배경

4-1 기존의 기업구조조정 방법과 문제점

가. 법정관리제도

법정관리는 회사정리절차를 대신하여 일컫는 말이다. 기업이 자력으로는 도저히 회사를 살리기 어려울 만큼 빚이 많을 때 법원에서 지정한 관리인이 자금을 비롯한 기업 활동 전반을 대신 관리하는 제도이다.

법정관리제도는 부도위기에 몰린 기업을 파산시키기보다는 살려내는 것이 단기적으로는 채권자의 이익을 희생시키지만 장기적으로는 기업과 채권자는 물론 국민경제 전반에 바람직한 경우가 많다는 점에서 동 제도를 시행하고 있다. 또 회사의 경영을 계속 유지시켜 줌으로써 인적자원이나 경영노하우를 보호하는 측면도 있다. 법정관리는 채무자인 기업, 자본의 1/10 이상에 해당하는 채권을 가진 채권자, 발행주식 총수의 1/10 이상에 해당하는 주식을 가진 주주가 신청할 수 있다. 법정관리를 신청할 때는 대개 기존의 모든 채권이나 채무를 동결시키는 재산보전처분도 동시에 신청하기 때문에 채권자는 그만큼

채권행사의 기회를 제약받는다.

법원이 법정관리의 신청을 받으면 보통 3개월 정도의 기간을 가지고 가장 중심적인 판단 사항으로 회생의 가능성을 보고 법정관리 여부를 결정한다. 법정관리가 허용되면 법원에서 지정한 관리인에 의해 회생작업이 시작된다. 그러나 법정관리신청이 기각되면 파산절차를 밟거나 항고, 재항고를 할 수 있는데 항고, 재항고 기간 중에도 법원의 회사재산보전처분 결정에 대한 효력이 그대로 유지되기 때문에 시간 벌기 작전으로 파산위기를 넘기는 데 이용되는 경우도 있어, 법정관리가 부실기업의 도피처로 악용되거나 남용되는 사례가 많다는 비판도 있다.

법정관리가 기업구조조정 방안으로서의 문제점은 기업회생방안 마련에 시간이 너무 많이 소요된다는 점과 이 과정에서 기업 가치와 경쟁력이 크게 훼손되어 회생가능성이 저하된다는 점이다.

나. 화의제도

화의제도란 기업이 파산위험에 직면할 때 법원의 중재 하에 채권자들과 채무변제협정 즉, 화의조건을 체결하여 파산을 피하는 제도이다.

법원은 화의신청이 타당하다고 판단되면 법정관리와 같이 회사의 재산보전처분 결정을 내려 기업도산을 막아주지만, 법원이 법정 관리인을 선정하고 기업경영까지 책임지는 법정관리와는 달리 기업경영에 전혀 개입하지 않고 기존 경영주가 기업경영을 계속 맡는다. 또 화의개시 결정기업에는 부채를 5년 이상 분할 상환할 수 있는 혜택이 주어진다.

기업이 법원에 채무변제방법과 채권 및 채무자 열람표 등을 갖춰 화의를 신청하면 법원은 감정인을 선임해 동 서류들을 심사한다. 이 과정에서 법원은 화의신청 후 10일 이내에 재산보전처분을 내려 모든 채무와 채권을 동결하고, 각 채권자들에게 채권신고를 받아 채권자집회를 소집한다. 이때 임금, 조세, 저당권, 질권 등은 채권 신고대상에서 제외된다. 채권자회의에서는 2분의 1 이상이 찬성해야 하며 채권액 기준으로 4분의 3 이상이 동의했을 때만 화의가 받아들여진다.

화의제도가 기업구조조정 방안으로서의 문제점은 이해당사자가 비교적 적은 중소기업의 회생방안으로서는 적합할 수 있으나 규모가 큰 대기업의 경우 이해당사자 간의 합의가 어려워 법정관리에 비해 상대적으로 실효성이 적다는 점이다.

다. 부도유예협약

부도유예협약의 정식 명칭은 "부실징후기업의 정상화 촉진과 부실채권의 효율적 정리를 위한 금융기관 협약"이다. 초기에는 부도방지협약이라고 줄여 불렀으나 기업의 부도를 방지해 준다는 오해의 소지가 있어 부도유예협약이라고 불리게 되었다.

부도유예협약제도는 대기업의 연쇄 부도 사태를 막기 위해 1997년 4월 21일 금융기관들이 만든 협약이다. 금융기관들의 공격적인 자금회수로 인해 일시적인 자금난을 겪는 기업이 도산하게 되는 사태를 막기 위해 도입됐다. 당시 적용 대상 기업은 대출금과 지급보증을 포함하여 은행여신이 2,500억 원 이상인 대기업이었으며, 주식 또는 경영권 포기 각서, 임금 및 인력 감축에 관한 노조의 동의서, 자금관리단 파견 동의서 등을 사전에 제출해야 협약의 적용을 받을 수 있었다. 주거래은행이 협약 적용을 위해 채권단 회의 소집을 통보한 날로부터 2개월까지는 해당기업의 약속어음이나 당좌수표를 교환 회부하여도 부도 처리하지 않았다.

부도유예협약제도가 기업구조조정의 방안으로서 성공하지 못한 이유는 당시 대기업의 주요 채권금융기관이었던 제2금융권의 협약 미 가입으로 인해 실효성이 크게 떨어졌고 채권단 간의 이견을 조정할 중재기구가 없어 추진이 쉽지 않았을 뿐만 아니라 기업의 입장에서는 경영권 박탈 가능성에 대한 의구심으로 화의제도를 택하는 대기업이 많았기 때문이다.

4-2 워크아웃제도의 도입[4)]

1997년에 시작된 외환위기 사태로 잠재되어 있던 우리 경제의 구조조정 필요성이 심각하게 대두되었고, 이중에서 우리나라는 기업구조조정의 추진방식으로서 런던식 추진방식을 채택하게 되었다. 이에 따라 1998년 6월 25일에는 210개 금융기관들이 상호간의 이해관계를 합리적으로 조정하고 공조체제를 유지하기 위해 기업구조조정협약을 체결하게 되었으며, 동 협약을 근거로 하여 기업구조조정을 추진하는 주요수단의 하나로서 워크아웃이 채택되었다. 아울러 워크아웃은 협약에 가입한 채권금융기관과 당해기업이 자율협의에 의해 워크아웃 플랜을 마련하고 추진하되, 채권금융기관 간에 이견이 발생하는 경우 협약에 명시된 바에 따라 중재를 위한 기업구조조정위원회를 설치하였다.

4) 기업구조조정협약 운영위원회 사무국의 해설자료(2001년 3월 16일)

외국의 예를 보게 되면, 워크아웃은 채권금융기관들끼리 모여서 가급적 대외에 비공개적인 형태로 추진하는 것이 통례이나 우리나라의 경우 이와는 달리 다음과 같은 배경적 특성을 가지고 있다.

첫째는 협약이 대상기업에 대해 특별히 기업규모를 규정하고 있지는 않지만 주로 재벌그룹 계열사 및 중견대기업에 대해 워크아웃을 적용하고, 중소기업에 대해서는 협약에 의존하기보다는 주채권은행이 채권금융기관들과 사적으로 협의하여 특약의 형태로 워크아웃을 추진하고 있다.

둘째는 은행을 중심으로 추진되고 있다는 것이다. 주채권은행 내지 여신최다은행이 주관은행으로서 자격을 가지고 채권금융기관 협의회를 소집하여 워크아웃을 주관하며, 대상기업이 워크아웃 플랜 초안을 제출하더라도 주관은행이 주도적으로 워크아웃 플랜을 마련하도록 하고 있다. 이로 인해 우리나라의 기업구조조정은 은행을 통한 구조조정이라고 할 수 있다.

셋째는 IMF체제라는 긴급 상황을 맞아 금융산업 구조조정과 연계되어 대량의 집단적인 형태로 워크아웃이 이루어지고 있다는 것이다. 또한 비록 협약이 사적인 계약의 형태이지만, 예전의 협조융자나 부도유예협약과는 달리 은행 등 제1금융권은 물론 제2금융권을 포괄함으로써 일단 자금의 누수현상을 막을 수 있게 됨으로써 더욱 강력한 추진기반 위에서 출발하고 있다는 점도 다른 특징 중의 하나이다. 이처럼 대대적, 집단적으로 워크아웃을 추진하다보니 대부분의 진행과정이 공개되는 형태를 띠고 있다.

참고로 세계 각국의 사례로 보면 기업구조조정 추진방식은 크게 세 가지 유형으로 대별될 수 있다.

[표 14-2] 기업구조조정 추진방식별 유형

유 형	추진방식과 특징
정부개입에 의한 추진방식 (Centralized Approach)	스웨덴, 헝가리 등에서 채택된 방식으로서 주로 대상기업의 규모가 작고 단순한 경영 지배구조를 가진 경우에 적합하다. 또한 이 방식이 성공적이기 위해서는 구조조정의 전제조건으로서 정부가 각 이해당사자들로부터 신뢰를 받는 대상이어야 한다.
민간자율 추진방식 (Decentralized Approach)	미국, 폴란드 등에서 채택된 방식으로서 이해당사자가 관련 제도 하에서 스스로 이해관계를 해결해 나가는 구조조정 추진방식이며, 대상기업의 규모가 크거나 비교적 시장 감시제도가 잘 발달한 경우에 적합하다.
런던식 추진방식 (London Approach)	대상기업과 채권금융기관들 간의 자율협상에 의해 구조조정을 추진하되, 중앙은행인 영란은행이 적극적인 중재자로서 역할을 수행한 데서 유래한 방식으로서 영란은행이 이해당사자들로부터 깊은 신뢰를 받는 대상이었던 점이 영국에서 성공의 요인이었다.

[표 14-3] 국내 워크아웃 제도의 역사

구 분	주요 내용
① 기업구조조정협약 체결	- 워크아웃협약 체결(1998.06.25) - 고합계열 4개사를 최초로 워크아웃 대상기업으로 선정(1998.07.06) - 적용대상 : 금융기관 총 여신 500억원 이상
⬇	
② 채권은행협의회 운영협약	- 별도의 워크아웃협약 없이 채권금융기관 공동관리(2001.06.29) - 적용대상 : 금융기관 총 여신 500억원 미만
⬇	
③ 기업구조조정 촉진법 제정	- 한시법(일몰 2005.12.31)으로 제정(2001.09.15) - 적용대상 : 금융기관 총 신용공여 500억원 이상
⬇	
④ 기업구조조정 협약 적용	- 기업구조조정촉진법 시한 만료로 인해 기존의 기업 구조조정협약 적용(2006.01) - 대상기업 : 팬택계열, 현대엘씨디 등 6개사
⬇	
⑤ 기업구조조정 촉진법 제정	- 한시법으로 재 입법 - 재 입법하기 전에 기업구조조정협약 적용 업체도 소급하여 동 기촉법 적용

5. 워크아웃의 추진원칙

워크아웃은 다음과 같은 4가지의 기본적인 원칙하에 추진되고 있다.[5)]

5-1 손실최소화의 원칙(적격대상 선정의 원칙)

워크아웃은 부실기업을 퇴출시키거나 문제기업의 부도를 유예시키는 절차가 아니고, 일시적으로 재정적인 어려움을 겪고 있으나 중장기적인 관점에서 경쟁력의 회복이 가능한 기업을 회생시키는 절차이다. 따라서 구조적인 이유로 도산에 직면한 기업을 워크아웃의 대상기업으로 선정하는 사례는 없어야 하며, 부실징후의 초기단계에 있어 그 치유가 가능한 기업을 대상으로 하여야 한다. 또한 채권행사 유예조치를 담고 있는 협약은 채권금융기관의 공조체제를 유지하는 수단으로만 활용되어야 하며, 부도를 유예시키는 수단으로 악용되어서는 안 된다.

5-2 손실분담의 원칙(형평성의 원칙)

협약에 가입한 채권금융기관은 협의회 소집이 통보된 대상기업에 대해서 자동적으로 채권행사유예가 이루어진다. 이는 일부 채권금융기관의 이기적인 채권회수는 채권금융기관 전체의 공동이익을 저해하기 때문에 협약이 강제하는 사항이다. 채무조정에 있어서도 각 채권금융기관들은 자신의 채권보유비율에 따라 안분비례를 원칙으로 손실분담 및 금융지원을 하게 된다.

워크아웃은 금융기관의 일방적인 손실부담만으로 진행되어서는 안 되며, 기업회생으로 인하여 이익을 향유할 수 있는 주주 및 경영진, 종업원과 노조 등 이해관계자들의 손실부담도 채권단의 손실부담에 비례해서 커지도록 해야 한다. 여기서도 기업 측의 손실부담과 주주의 손실부담은 분명히 구별이 되어야 한다.

5) 기업구조조정협약 운영위원회 사무국의 해설자료(2001년 3월 16일)

5-3 공평성의 원칙

워크아웃의 추진과정에서 모든 채권금융기관은 보유채권액을 기준으로 의결권의 부여 등에서 공평한 대우를 받아야 한다. 채권의 속성 차이에도 불구하고 일률적인 처우를 받아야 하는 것은 아니지만, 적어도 담보채권자와 무담보채권자, 보증채권자 등 채권자 조별로는 동등한 대우를 받아야 한다. 이는 채무조정 시 손실부담에서도 마찬가지로 적용된다.

워크아웃의 전 과정에서 취득한 정보는 모든 채권금융기관에 공유되어야 하며, 일부 채권금융기관의 독점에 의한 우월적 지위의 남용은 허용되어서는 안 된다. 채권금융기관 간 정보의 공유는 원칙적으로 주관은행의 임무로서 책임이 부여된다. 이를 위해 주관은행은 워크아웃의 추진과정에서 항상 균형감각을 유지하여야 하며, 채권금융기관에게 신뢰감을 주되 일방적으로 이끌어가지 말고 대화의 중재자로서 공정한 역할을 다하여야 한다.

5-4 신속성의 원칙(비용최소화의 원칙)

워크아웃은 신중한 결정을 요하지만 합의가 지연될수록 대상기업의 부실화가 심화될 수 있고, 외부전문가 등에 소요되는 비용이 증가하므로 관련 절차를 최대한 신속히 추진하는 것이 중요하다. 워크아웃의 장점은 법적 절차에 얽매이지 않는 신축성과 유연성에 있는 만큼 이해당사자 간에 대승적 차원의 협조와 양보로써 신속한 합의를 도출하도록 해야 한다.

6. 기업개선작업(워크아웃) 실무

6-1 기업개선작업(워크아웃) 실무 흐름도

기업개선작업(워크아웃)의 실무는 다음과 같이 진행된다. 각 진행 단계별로 추진하는 과정에서 이해당사자인 금융채권자 간 이견이 발생할 경우 추가적인 협의회를 개최하여 이를 조정하는 과정이 필요하다. 조정하는 과정에서 합의가 도출되지 못하고 평행선을 달릴 경우 금융채권자조정위원회 또는 채권은행조정위원회 등의 운영지원기구의 도움을 받아 이견을 조정하게 된다. 그럼에도 불구하고 이견조정이 어려워 더 이상 워크아웃 진행이 어려워지게 될 경우 대상기업은 퇴출된다.

[표14-4] 기업개선작업 실무 흐름도

대상기업 선정 (기업의 요청 또는 주채권은행이 선정)

▼

금융채권자협의회 소집통보

▼

금융채권자협의회 개최

▼

협의회에 상정된 안건에 대한 상호 이견 조정

▼

협의회 안건에 대한 이견조정 완료

▼

기업개선작업 대상기업 실사작업 요청 (외부전문기관)

▼

기업개선작업 대상기업 실사작업 완료

▼

실사 내용과 기업이 작성한 기업개선계획안을 바탕으로 기업개선계획안 작성

▼

금융채권자협의회를 개최하여 기업개선계획안 검토 및 확정

▼

기업개선약정 체결

▼

기업개선작업 대상기업 사후관리 (자구계획과 경영목표 이행 점검)

▼

경영정상화(자구계획과 경영목표 달성)

▼

기업개선작업(워크아웃) 종료

6-2 기업개선작업 대상기업 선정

가. 대상기업 선정절차

기업개선작업을 위한 대상기업 선정은 크게 둘로 구분된다. 먼저 유동성 문제를 겪고 있는 기업이 자발적으로 주채권은행에 워크아웃을 신청하는 경우이다. 기업이 스스로 신청하는 경우에도 주채권은행은 워크아웃을 추진하기에 적합한 기업인지를 검토한 다음에 추진여부가 결정된다. 또 다른 방법은 거래 은행에서 기업신용위험 상시평가를 통하여 부실징후기업(C등급)으로 분류하게 되면 워크아웃을 추진하여야 한다.

나. 기업신용위험 상시평가 절차

기업신용위험 상시평가는 채권은행의 기업신용위험 상시평가 운영협약에 의해 다음과 같은 방법으로 진행된다. 운영협약에서 정한 선정기준에 해당하는 기업을 1차로 선정하는 작업을 기본평가라고 한다. 여기서 선정기준은 종전에는 금융감독원에서 예시기준을 명시하였으나 그 이후로 은행의 자율에 맡겼다. 그러나 은행 간 선정기준의 상이 등으로 인해 업무혼선이 발생하여 통일된 기준을 마련하게 되었다.

다. 대상기업 선정 시 고려할 사항

워크아웃 대상기업을 선정할 때는 기업신용위험상시평가 항목 외에도 다음 사항들을 고려하여 워크아웃이 성공적으로 진행될 수 있도록 대상기업 선정에 유의하여야 한다.

〈일반적 검토사항〉

- 자구노력의 여지와 실현 가능성
- 채권단이 부담해야 할 손실 규모
- 비 협약 채권금융기관과의 채권 및 유가증권의 협약 내 해결 가능성
- 채권구조의 단순화 가능성
- 이자지급능력(사채이자 포함)
- 신규 자금지원의 최소화 가능성
- 채권단의 고정화 여신의 조기해소 가능성
- 사업의 조기정상화 가능성 등

〈부적격 요인〉

- 매출액과 수익성 등 주력사업의 내용에 비해 금융채무 부담이 과다한 기업
- 채권행사 유예기간 중 정상적인 이자지급 및 상거래 유지가 어려운 기업
- 타 기업에 대한 보증채무 부담이 과다한 기업
- 협약적용 대상 외 채권비중이 과다하여 채권단 간 이해조정이 어려운 기업
- 채무구조가 소수 채권금융기관에 의해 과점형태를 형성하고 있는 기업
- 상습적인 대출금 연체발생 또는 금융거래가 불량한 기업
- 대주주 및 경영진의 적극적인 협력이나 자구노력의 의지가 부족한 기업
- 해외현지법인 등에 대한 보증채무 및 사업의존도가 큰 기업 등

6-3 금융채권자협의회 개최

가. 금융채권자협의회 소집 전 사전정비 작업

※ 경영계획서 접수 및 타당성 검토

대상기업이 작성한 향후 경영계획서와 다음 자료들을 징구하여 경영목표 달성이 가능한지를 검토한다.

- 재무제표 및 부속명세서
- 사업현황 파악에 필요한 자료
- 채무 및 보증채무의 채권금융기관별 종류와 형태 및 만기 현황
- 재무추정에 필요한 자료
- 기업집단(계열기업군)인 경우 소속 기업의 분석에 필요한 재무 및 비재무자료 등

※ 대주주 및 노동조합 동의서 징구

대주주와 종업원의 대표기관인 노동조합으로부터 손실부담의 형평성과 자구노력 차원에서 워크아웃 진행에 적극 동참하고 협조하며 감자 및 인력감축이나 임금삭감 등 채권단이 필요하다고 판단하는 어떠한 조치에도 조건 없이 수용한다는 내용의 동의서를 징구한다.

❋ 채권정비

대상기업 전체 채권액 중에서 자율협의회가 정한 비율 이하의 소액채권에 대하여 조기상환 또는 적정가격으로 매입하는 방식으로 채권구조를 단순화시킨다.

❋ 진행 중인 경영관련 계약 정비

금융채권자협의회를 소집하기 전에 진행 중이던 자산의 매각이나 합병, 기술이전계약 등과 같은 경영환경변화에 중대한 영향을 미치는 계약사항들은 중단 또는 조속히 매듭짓도록 유도한다.

❋ 타계열사 주채권은행의 위임장 징구

계열기업이 대상기업일 경우에는 당해 기업의 주채권은행은 여타 계열사의 주채권은행으로부터 워크아웃 추진에 대한 위임장을 징구하여 계열 전체의 워크아웃을 총괄하는데 지장이 없도록 하여야 한다.

❋ 대주주의 확인서 징구

워크아웃 대상기업의 경영정상화에 심대한 영향을 초래할 만한 이면계약의 존재 유무, 숨겨진 우발채무 또는 자산 유무 등을 확인하는 각서 성격의 확인서를 징구하여야 한다.

❋ 임시 자금관리인 파견

도덕적 해이의 발생과 자금유용이나 횡령 등을 사전에 방지하여 채권단의 추가적인 손실방지를 위해 필요하다고 판단되면 정식으로 자금관리인이 선임되기 전이라도 임시로 자금관리인을 대상기업에 파견하여야 한다.

나. 채권행사 유예

워크아웃을 요청받거나 결정이 되면 협의회를 소집하기 위한 준비작업과 동시에 금융감독원에 채권행사 유예를 요청하여야 한다.

협의회 소집은 채권행사 유예 개시일로부터 1개월 이내이며, 1회에 한해서 1개월 범위 내로 연장이 가능하다. 채권행사 유예기간은 최장 6개월 범위 내에서 연장이 가능하다. 채권행사 유예기간을 최장 6개월까지로 연장이 가능하도록 한 이유는 기업실사에 필요한 기간 3개월, 실사를 연장할 경우 1개월, 채권단 이견 조정기간, 조정연장 1개월 등으로 고려한 처사이다.

다. 금융채권자협의회 소집 통보

워크아웃 추진여부 결정을 위한 금융채권자협의회의 소집은 워크아웃 대상기업의 주채권은행(주관은행)이 소집할 수 있지만, 단독 또는 복수 채권단이 합쳐서 총 신용공여금액(채권총액)의 4분의 1을 초과할 경우에도 주채권은행에 협의회 소집을 요청할 수 있다.

- 소집통보방법 : 금융채권자들의 충분한 자료 검토를 위해 회의 개최 3영업일 전에 통보를 하여야 한다.
- 소집통보서 필수 기재사항
  - * 워크아웃 대상기업 명칭
  - * 소집통보일자(채권유예 개시일의 기준이 됨)
  - * 제1차 금융채권자협의회 개최일시 및 장소
  - * 소집사유 및 참석 대상기관
  - * 기본 안건
  - * 채권금액 확인서
  - * 위임장
  - * 통보서 접수 확인증 등
- 소집통보서 첨부 참고자료
  - * 워크아웃 대상기업 선정 배경자료
  - * 대상기업의 개요 및 재무현황
  - * 기업실사 필요성과 실사일정 계획
  - * 신규 자금지원의 필요성과 지원 규모
  - * 채권금액 기준 상위 5개 금융채권자의 사전 협의 내용 등
- 협의회 기본안건에 포함되는 내용
  - * 워크아웃 추진여부
  - * 유예대상 채권의 범위
  - * 채권행사 유예기간(1개월에서 최장 6개월 이내에서 정함)
  - * 금융채권자협의회 구성(유예대상 채권금액에 비례하여 의결권 부여)
  - * 운영위원회 구성(각 금융기관별 대표성 및 전체 채권자 수를 감안하여 결정)

* 기업실사기관 선정
* 자금관리인 선정 및 파견 등

라. 금융채권자협의회 개최

❊ 실물회의 개최 원칙

금융채권자협의회는 협의회 소집통보일로부터 10일 이내에 개최되어야 한다. 협의회를 개최하는 방법에는 특정한 장소에 채권단이 참석하여 회의를 개최하는 실물회의 방식과 서면으로 의견을 제시하는 서면회의 방식이 있다.

워크아웃을 결정하기 위한 최초의 제1차 금융채권자협의회는 반드시 실물회의로 개최하여야 한다. 그 뒤로는 서면회의도 가능하지만 가급적이면 실물회의 개최가 바람직하다. 서면회의는 각 채권자의 이해관계를 부각시키는 현상만 나타나기 때문에 의사결정이 쉽지가 않다. 따라서 쟁점사항에 대해서 각 채권자 간의 충분한 토의를 거쳐 합의점을 찾을 수 있도록 실물회의 개최가 바람직하다고 하겠다.

❊ 보안유지

실물회의를 개최할 때 회의장에는 당사자 외에는 출입을 엄격히 통제하는 등 보안조치를 취해야 한다. 주요 정보가 언론사의 기자나 워크아웃 대상기업의 이해관계인 등 외부로 유출될 경우 워크아웃 추진에 지장을 초래할 가능성이 있기 때문이다.

❊ 협의회 성립절차

금융채권자협의회는 채권금액 기준으로 75%이상의 금융채권자가 출석한 후에 진행을 하는 것이 바람직하다. 이때 협의회를 소집한 주채권은행은 대표이사(은행장) 또는 그의 대리인을 협의회의 의장으로 하고, 출석한 금융채권자의 수와 채권금액을 집계하여 협의회가 성원이 되었음을 알리는 공식적인 선포를 반드시 하여야 한다.

❊ 의안의 상정과 회의진행

금융채권자협의회의 의장은 회의 안건에 대하여 각 금융채권자의 개별적인 이해득실의 주장보다는 전체 금융채권자의 이익에 바탕을 둔 합리적이고 공평한 대안이 마련될 수 있도록 유연하게 회의를 진행하여야 하며, 쟁점사항에 대해서는 구체적인 해결방안을 제시하는 등 적극적으로 회의를 진행하여야 한다.

의장은 사전에 배포된 의안별로 순차적으로 회의를 질서정연하게 진행하되 대상기업에 대한 워크아웃의 필요성과 선정배경 그리고 워크아웃을 성공적으로 추진함으로써 금융채권자 전체의 이익에 부합한다는 내용을 논리적이고도 명쾌하게 설명을 하고 이해를 시킴으로써 회의를 성공적으로 종료시켜야 한다.

❊ 안건 의결방법

협의회에 상정된 각 안건에 대한 의결방법은 채권금액 기준으로 각각 75% 이상의 찬성 또는 반대로 의안이 확정 또는 부결되며, 사후에 분쟁의 발생을 피하기 위해서 반드시 서면에 의한 표결을 실시하고 기록으로 보관하여야 한다.

❊ 이견조정절차

협의회에 상정된 각 안건에 대하여 토의 및 의결 과정에서 금융채권자 간에 이견이 발생할 경우에는 해당 안건을 수정하여 재 표결에 부치거나 상설협의회에 회부하여 이견조정과정을 거쳐서 해결하면 된다. 만약에 상설협의회에서도 이견조정이 어려울 경우에는 금융채권자조정위원회 또는 채권은행조정위원회에 요청하여 이견조정을 하는 절차를 밟아야 한다.

6-4 기업실사(Due diligence)

가. 기업실사의 필요성

워크아웃 대상기업의 자산과 부채를 실사하는 주된 목적은 장부상의 자산과 부채의 현황이 실제와 다를 수 있기 때문이다. 만약에 공정하고 신뢰할 만한 자료가 있다면 굳이 많은 비용과 시간을 들여서 실사를 할 필요는 없을 것이다.

기업실사는 워크아웃 대상기업의 자산과 부채의 실제 상황이 어떠한지를 확인하는 절차를 말하는데 주채권은행이 할 수 없는 이유는 채권금융기관이 2개 이상일 경우 신뢰성의 문제가 수반되기 때문이다. 또한 워크아웃 추진의 이해당사자가 기업, 각 채권금융기관, 종업원 그리고 사주를 포함한 경영진, 상거래 채권자 등 다양하기 때문에 이들 이해당사자들과는 이해관계가 없는 제3자를 정하여 실사를 하게 함으로써 실사결과에 대한 객관성을 확보하기 위함이다. 이러한 기업실사는 주로 대상기업과 이해관계가 없는 회계

법인에게 의뢰를 하고 있다.

또한 기업실사는 자산과 부채의 실사 외에도 미래 현금흐름 전망에 필요한 사업성 검토는 물론 부외부채나 감춰놓은 자산을 찾아내어 청산가치와 워크아웃을 통한 계속기업가치의 비교를 통하여 워크아웃 추진여부를 결정하는데 참고가 되는 가장 중요한 작업이며, 기업실사자료는 워크아웃 프로그램을 작성하는데 중요한 기초 자료가 된다.

나. 실사기관의 선정

실사기관의 선정은 다음과 같은 원칙하에 이루어져야 한다.

- 대상기업과 이해관계가 없는 전문기관 중에서 전문성, 실사경험, 업계평판 등을 고려하여 선정되어야 한다.
  - ☞ 여기서 이해관계자라 함은 실사대상 기업에 대해 최근 2년간 회계감사 또는 자문역할 등을 수행한 기관, 주채권은행의 자문그룹에 속하는 기관 등 이해관계가 있는 기관을 말한다.
- 실사기관을 선정하는 과정은 객관적인 기준과 절차에 따라 공정하게 선정되어야 한다.
- 실사기관 앞으로 실사를 요청할 때는 약정서를 체결하고 실사요청 공문서에 의해 실사목적과 실사에 관한 지침, 명확한 업무분장과 실사의 범위, 실사일정 등을 포함한 실사기관의 업무와 책임범위를 명확히 하여 체결하여야 한다.

다. 실사기준 제시

실사기관이 선정되면 구체적으로 실사기준을 제시하여 실사를 요청하여야 하며 실사할 대상이 누락되거나 불필요한 실사를 수행하게 됨으로 인해서 추가적인 실사작업으로 인한 시간과 비용이 증가하는 것을 방지하여야 한다. 다음은 최초 기업실사 또는 중간 점검에 필요한 기업실사를 요청할 때 포함되어야 할 내용들의 예시이다.

❊ 경영정상화 가능성 평가

- 경영실적 평가
- 경영목표 실현가능성 평가
  - * 재무추정치

* 자구계획

– 궁극적인 경영정상화 가능성 여부

❊ 향후 진행방안 제시

– 공동관리절차 진행의 타당성

* 현행 관리체제 유지의 적정성 여부 검토

* 공동관리절차의 변경(졸업포함) 여부 검토

– 공동관리절차의 계속진행시 추가 채권재조정 필요성 여부 검토

– 공동관리절차가 부적절하다고 판단될 경우 회사정리절차에 의한 경영정상화 추진 혹은 청산이 적절한지 여부의 검토

❊ 공동관리절차 재검토 요청 시

– 자산 및 부채의 실사

– 재무추정치

– 청산가치 및 계속기업가치의 비교

* 가정치 및 근거 제시

* 채권자별 회수율 비교

– 자구계획 검토

– 기업구조조정 방안 제시

라. 기업실사 범위

워크아웃을 추진하기 위해서 실시하게 되는 기업실사의 일반적인 범위는 해당기업의 최근연도 재무제표에 대한 분석과 장부상 자산의 시장가치 및 부외부채의 유무 확인 등을 통하여 청산가치와 계속기업가치의 비교를 통하여 기업구조조정방안을 수립하는 것이다.

❊ 재무자료 분석 및 실사

– 최근 연도 재무분석

– 자산 및 부채 실사

– 청산가치 및 계속기업가치

- 부외부채(우발채무 및 소송사건 등)
- 채권의 권리관계 분석
  * 채권자 및 채권의 종류별로 규모 파악
  * 담보제공자산별로 담보권 적용 우선순위 파악
  * 청산가치 기준으로 채권자 조별 회수율 분석

❄ 구조조정방안 수립

대상기업이 부실화된 주요 원인과 향후 경영환경을 분석하여 자구계획을 통한 경영정상화가능성을 평가하여 구체적이면서 실천 가능한 구조조정방안을 수립한다.

- 자구계획이 반영된 추정 손익 및 현금흐름
- 경영정상화 가능성 검토 및 워크아웃 추진여부
- 유지가능차입금 규모 산정
- 구조조정방안 수립 및 타당성 검토
- 채무조정방안 수립 및 타당성 검토
- 구조조정방안 및 채무조정방안이 반영된 추정 재무제표 작성

마. 기업개선작업 추진 부적격 기업

기업실사를 통하여 확인한 결과 다음과 같은 사항들이 존재할 경우 기업개선작업을 추신하기가 부적합한 기업이므로 재고하여야 한다.

- 주력 사업의 전망과 영업이익의 개선이 불투명하거나 극히 가변적인 기업
- 총 채무액과 대비하여 수익가치의 비중이 낮고 청산가치와 비교하여 차이가 적은 기업
- 주 채무액 대비 운전자금 신규지원의 부담이 과다한 기업
- 대주주와 경영진의 자구노력 부족으로 손실부담의 형평성이 부족한 기업
- 사업구조 개편 등 경영실패의 구조적 치유가 미진하거나 어려운 기업
- 현재의 기업개선작업 추진계획을 조만간 변경할 필요성이 예상되는 기업
- 기업개선작업 추진기간의 장기화가 예상되는 기업 등

바. 실사보고서 평가

주채권은행은 실사기관이 기업실사를 완료한 후 실사보고서를 제출하면 실사보고서에 대한 검토 및 평가를 하여야 한다. 실사보고서에 대한 평가는 다음 사항들에 유의하여 평가하여야 한다.

- 담보가치 평가기준의 일관된 원칙 적용 여부
- 사업전망에 기초한 실현가능한 재무추정 여부
- 미래 현금흐름의 현재가치 할인율의 타당성 여부
- 자구계획안에 포함된 자산 매각 금액의 적정성 여부
- 구조조정계획안의 실현가능성 여부
- 채무조정방안의 현실성 여부
- 대출금의 출자전환 규모 산정의 타당성과 재무구조개선계획안과의 상호 연관성 여부 등

6-5 기업개선계획안 확정

가. 기업개선계획안 수립

외부 전문기관이 제출한 실사보고서를 바탕으로 채무조정과 신규자금지원 및 기업구조조정방안이 반영된 기업개선계획(경영정상화계획)을 수립한다.

❊ 채무조정

- 채무 상환유예, 금리인하, 연체이자 감면, 만기연장 등 기존 채무에 대한 금융조건 완화방안
- 분담기준, 감자비율, 신주배정방법, 출자전환 주식의 처분시기 및 방법 등 출자전환에 관한 방안
- 분담기준, 발행방법, 처분시기 및 처분방법 등 신규 전환사채 발행과 인수에 관한 방안
- 지원규모, 자금용도, 분담기준 등 신규 자금지원에 관한 방안 등

❊ 기업구조조정(자구계획)

- 자산매각
- 사업부 매각 및 청산
- 감자
- 경영진 및 종업원에 대한 인력감축이나 급여축소 등

❊ 기타

- 보증채무 이행청구권의 처리방법(산정기준, 의결권 행사 범위, 상환방법 등)
- 담보예금 상계처리방법, 주채권은행 및 상설협의회 위임사항
- 자금관리인 파견에 관한 내용 등

나. 기업개선계획 확정

이와 같이 수립된 기업개선계획(Workout plan)안은 다시 금융채권자협의회를 개최하여 채권금액의 75% 이상의 동의를 얻게 되면 확정되게 된다.

다. 기업개선약정(MOU) 체결

금융채권자협의회에서 기업개선계획안이 통과된 후 원칙적으로 10일 이내에 주채권은행은 당해 기업과 기업개선약정(MOU)을 체결하여야 한다. 기업개선약정서에는 경영정상화계획을 포함하여 일반적으로 다음 사항들의 내용을 담고 있다.

- 경영계획 수립 및 승인 평가에 관한 사항
- 내부회계 관리제도 운영에 관한 사항
- 경영진 추천에 관한 사항
- 사외이사 운영에 관한 사항
- 대주주, 종업원, 노조 및 이해관계인의 동의서 징구에 관한 사항
- 각종 보고 및 이행하여야 할 의무사항 규정 및 부속서류에 관한 사항
- 기타 경영정상화계획 이행에 관한 사항 등

6-6 경영정상화계획 이행 사후관리

주채권은행은 기업개선약정(MOU)을 체결한 후에 정기적으로 다음과 같은 사항들을 점검하여 당초 수립한 경영정상화 계획이 일정대로 순조롭게 진행되고 있는지를 점검하여 상설협의회에 정기적으로 또는 수시로 보고하여야 한다.

- 매 월별로 경영실적 점검 및 경영평가위원회 개최
- 매 분기별로 경영정상화계획(자구계획 등) 이행실적 평가
- 매 분기별로 경영정상화 가능성 점검 및 평가
- 2년마다 외부전문기관에 약정이행 평가 의뢰 등

6-7 기업개선작업 종료 요건

워크아웃 대상기업이 자구계획을 포함한 경영정상화계획을 충실히 이행하여 정상화계획 목표를 달성하여 정상적인 경영활동이 가능하게 되면 기업개선작업이 종료된다. 실무적인 절차는 경영정상화 가능성 점검 및 평가에서 일정 등급 이상을 받게 되면 금융채권자협의회의 의결을 거쳐 종료절차를 밟는다. 그러나 경영정상화 계획이 제대로 추진되지 못하여 워크아웃을 중단하는 것이 유리하다고 판단되면 금융채권자협의회의 의결을 거쳐 워크아웃을 중단하게 된다. 여기서 전자와 같이 정상적인 경영이 가능하여 기업개선작업을 종료시킬 수 있는 요건은 다음과 같다.

- 기업개선약정서 상의 주요 경영목표를 3년 연속하여 달성한 경우
- 기업개선약정서 상의 자구계획목표를 3년 연속하여 조기 달성한 경우
- 출자전환, 외자유치, 영업이익 실현 등으로 재무구조가 현저히 개선된 경우
- 영업이익이 실현되고 향후 안정적인 순이익 실현기조가 예상되는 경우
- 과거 경영실패(부실징후기업)의 요인이 제거된 경우
- 주요 사업의 제3자 매각 등으로 사실상 사업의 정리가 완료된 경우
- 보증채무의 해소 및 계열사로부터 독립하여 독자생존 기반을 구축한 경우 등

7. 채무재조정

채무재조정은 먼저 워크아웃 추진기간 동안에 대상기업의 현금흐름 또는 영업이익을 추정하여 금융비용 상환재원인 현금흐름 또는 영업이익으로 유지 가능한 적정차입금(유지가능차입금)을 산출하여 동 적정차입금을 초과하는 금융채무에 대하여 채권금융기관이 출자로 전환하여 기업의 부담을 완화시켜 경영정상화를 도모하고자 하는 방법이다. 또한 출자전환이 여의치 않거나 규모가 과다할 경우 이자유예 또는 금리감면의 방법으로 금융비용 부담을 완화시켜 적정차입금 규모를 상향조정하는 방법도 병행하고 있다.

[표 14-5] 채무재조정 방법

채무조정 방법	구체적인 내용
출자전환	기존 대출금 중에서 적정차입금을 초과한 차입금을 자본금으로 전환하여 기업의 금융비용 부담을 완화하고 금융기관은 기업의 주가가 상승할 경우 협약에 의거 주식을 매각하여 채권을 회수 하고자 하는 방법
상환유예	대출금의 상환기일을 일정기간 유예하여 줌으로써 상환부담을 완화하여 경영정상화를 도모하고자 하는 방법
금리감면	당초 약정이자율보다 대출금리를 낮추어 줌으로써 기업의 금융 비용 부담을 완화하여 경영정상화를 도모하고자 하는 방법
사채인수	기존 대출금 중에서 적정차입금을 초과한 차입금을 전환사채로 사채인수 전환하여 기업의 대출금 상환부담을 완화하고 금융기관은 기업의 주가가 상승할 경우 협약에 의거 전환사채를 주식으로 전환한 후에 매각하여 채권을 회수하고자 하는 방법
자금지원	채권금융기관들의 보유 채권액 비율을 기준으로 기업이 필요한 신규 자금을 지원하여 경영정상화를 도모하고자 하는 방법

여기서 적정차입금을 산정하거나 금리감면 수준을 결정하는 등의 채무재조정을 하기 위해 사용하는 방법으로서 이자보상배율을 이용하는 방법과 목표 부채비율을 이용하는 방법 등이 있다.

7-1. 이자보상배율에 의한 채무조정방법

가. 적정차입금 산출

이자보상배율을 이용하여 워크아웃 대상기업의 적정차입금을 산출하는 과정을 소개하면 다음과 같다.

[표 14-6] 적정차입금 산출 예시

(단위 : 억원)

순서	구분	산식	금액
①	영업현금흐름	현금흐름	1,000
②	자본적지출	감가상각비의 일정수준	400
③	잉여현금흐름	①-②	600
④	유지목표 이자보상배율	1.5배(조정가능)	1.5배
⑤	부담가능 연간 이자비용	③÷④	400
⑥	대출이자율	이자비용÷평균차입금	8%
⑦	적정차입금	⑤÷⑥	5,000
⑧	총차입금		10,000
⑨	채무조정 대상 차입금	⑧-⑦	5,000

- 여기서 목표 이자보상배율을 반드시 1.5배로 할 필요는 없으며, 상황에 따라 2배 또는 1.2배 등으로 정할 수도 있다.
- 자본적 지출(Capital expenditure)은 기업의 생존에 반드시 필요한 최소한의 투자를 의미하지만 연구개발비 투자가 중요한 기업의 경우 연구개발비도 자본적 지출에 포함하여야 한다.
- 적정차입금은 유지가능차입금(Sustainable debt)을 의미한다.
- 평균차입금은 연간 평균 차입금을 의미하지만 현실적으로 산출이 어려울 경우 전기말 차입금과 당기 말 차입금을 평균하여 산출한다.

나. 채무조정액 산출

워크아웃 추진기간 동안의 현금흐름을 추정하여 이자보상배율을 이용한 워크아웃 대상기업의 평균 적정차입금과 채무조정 대상 차입금을 산출하는 과정을 소개하면 다음과 같다.

[표 14-7] (1단계) 추정 현금흐름에 의한 적정차입금(평균) 산출 예시

(단위 : 억원)

구분	워크아웃 추진기간		
	추정 1기	추정 2기	추정 3기
영업현금흐름	1,100	1,200	1,300
자본적지출	400	400	400
잉여현금흐름	700	800	900
유지목표 이자보상배율	1.5배	1.5배	1.5배
부담가능 연간 이자비용	466	533	600
대출이자율	8%	8%	8%
적정차입금	5,825	6,662	7,500
평균 적정차입금 {(5,825+6,662+7,500)/3=6,662}		6,662	

[표 14-8] (2단계) 채무조정 전 이자부담부 총차입금 산출 예시

(단위 : 억원)

기존 차입금	증가(+) 요인	감소(-) 요인			총차입금 (이자부담부)
	신규지원	자산매각	예금상계	CB전환	
10,000	500	500	300	200	9,500

[표 14-9] (3단계) 채무조정 대상 차입금 산출 예시

(단위 : 억원)

구 분	금 액
① 이자부담부 총차입금9,500	·
② 평균 적정차입금	6,662
③ 채무조정 대상 차입금(①-②)	2,838

[표 14-10] (4단계) 채무조정을 위한 세부추진계획 예시

(단위 : 억원)

구분	금액	세부추진계획
자산매각	500	매각 완료
예금상계	300	상계 완료
이자감면(금리우대)	100	8%→6%
연체이자	200	1년 거치후 2년간 분할상환
신규자금지원500	지원 완료	
전환사채(C/B) 인수	200	인수 완료
출자전환	2,500	3개월 이내 감자 및 출자전환 예정

7-2. 목표 이자보상배율 및 부채비율에 의한 채무조정방법

[표14-11] 현재의 재무상황

(단위 : 백만원)

구 분	금 액	구 분	금 액	구 분	금액 및 비율
영업이익	10	총차입금	12,500	자기자본	3,000
감가상각비	500	상거래 채무	2,500	차입이자율	6%
금융비용	750	총부채	15,000	부채비율	500%

[표 14-12] (1단계) 부담 가능한 금융비용의 산정

(단위 : 백만원)

구 분	목표 연도(추정)
① 영업이익	700
② 감가상각비	500
③ EBITDA (①+②)	1,200
④ 유지목표 이자보상배율	2배
⑤ 부담 가능한 금융비용 (③/④)	600

[표 14-13] (2단계) 적정차입금 규모 산정

(단위 : 백만원)

구 분	목표 연도(추정)
① 부담 가능한 금융비용	600
② 차입이자율	6%
③ 적정차입금 (①/②)	10,000

[표 14-14] (3단계) 자구노력에 의한 차입금상환

(단위 : 백만원)

구 분	목표 연도(추정)
① 적정차입금	10,000
② 자구노력에 의한 차입금 상환	1,000
③ 자구노력 후 적정차입금 (①-②)	9,000

[표 14-15] (4단계) 조정대상 차입금 산정

(단위 : 백만원)

구 분	당해 연도	목표 연도(추정)
① 현재 총차입금	12,500	
② 자구노력 후 적정차입금	-	9,000
③ 조정대상 차입금 (①-②)	-	3,500 (A)

[표 14-16] (5단계) 총부채 규모 추정

(단위 : 백만원)

구 분	목표 연도(추정)
① 자구노력 후 총차입금	9,000
② 상거래 채무	3,000
③ 총부채 (①+②)	12,000

[표 14-17] (6단계) 목표 부채비율(200%) 달성에 필요한 자기자본 규모 추정

(단위 : 백만원)

구 분	목표 연도(추정)
① 총부채	12,000
② 유지목표 부채비율	200%
③ 적정 자기자본 (①/②)	6,000

[표 14-18] (7단계) 출자전환 규모 산정

(단위 : 백만원)

구 분	당해 연도	목표 연도(추정)
① 적정 자기자본	-	6,000
② 현재 자기자본	3,000	-
③ 추가 필요 자기자본(출자전환 대상) (①-②)	-	3,000 (B)

[표 14-19] (8단계) 채무조정액(감면대상) 산정

(단위 : 백만원)

구 분	목표 연도(추정)
① 조정대상 차입금 (A)	3,500
② 출자전환 (B)	3,000
③ 채무조정(감면) 대상 (A-B)	500

8. 기업구조조정방법

기업구조조정의 목적은 기업의 가치를 극대화하고자 하는데 있다. 따라서 기업구조조정은 부실기업은 물론이고 정상적인 기업도 필요할 경우 구조조정을 통하여 새로운 경영환경 변화에 적극적이고 능동적으로 대처함으로써 지속가능한 경영을 추구하고자 노력하고 있다.

기업의 구조조정은 시대적 경영환경 변화에 따라 실행방법이 변해 왔으며 앞으로도 변화할 것으로 예상된다. 지금까지의 방법론으로서는 재무구조조정, 사업구조조정, 경영조직 구조조정, 경영시스템 구조조정 등이 있다.

8-1 재무구조조정

재무적인 구조조정의 목적은 현재의 건전하지 못한 재무구조를 개선시키기 위함이다. 여기에는 유동성을 보강하는 방법과 자산을 재구성하여 자산운용의 효율성을 높임으로써 기업 가치를 높이는 방안이 있을 수 있다. 예를 든다면 불필요한 자산을 매각하여 유동성을 확보하거나 부채를 상환하여 재무구조를 개선시키는 방법을 말한다. 또한 유상증자를 실시하여 자기자본을 늘리는 한편, 동 유상증자 대금으로 부채를 상환하거나 유동성을 증대시켜 재무구조를 개선시키는 효과를 기대할 수 있다.

채권금융기관이 기업의 구조조정을 위하여 대출채권의 출자전환이나 상환유예 또는 일부 채무를 탕감시켜 줌으로써 기업의 재무구조 개선목표를 달성시키고자 하는 것은 모두 재무적인 구조조정의 일환이다.

8-2 사업구조조정

재무적인 구조조정은 현재의 불량한 재무구조를 유상증자나 채무재조정 등을 통하여 재무구조를 개선시키는 작업이다. 그러나 이러한 방법들에 의한 재무구조 개선은 근본적인 치유책이 되지 못한다. 그 이유는 현재의 기업의 재무구조가 악화된 근본적인 원인이 경영진의 경영능력 부족이나 사업경쟁력의 하락 등 비재무적인 요인들에 기인하고 있기 때문이다. 따라서 워크아웃을 통한 구조조정이던 기업회생절차에 의한 구조조정이던 간에 우선적으로 급한 불인 부족한 자금을 지원하여 유동성위기를 넘긴 다음에는 사업구조재편을 통하여 영업이익을 확대시키는 데 주력하여야 한다.

사업구조조정방법은 매우 다양하다. 대표적인 방법들로서는 경쟁력이 없는 사업부나 영업권의 매각(M&A)과 효율성이 떨어지는 사업부 또는 계열기업 간의 통합작업, 신제품의 조기 출시나 시장철수, 유통망의 재점검, 거래처의 변경 등이 있다.

가. 인수합병(M&A) 유형

인수합병(M&A)은 어떤 기업이 다른 기업을 인수하거나 기업과 기업이 합병하는 것을 의미한다. 기업의 인수란 한 기업이 다른 기업의 주식이나 자산을 취득하면서 경영권을 획득하는 것이며, 합병이란 두 개 이상의 기업들이 법률적으로나 사실적으로 하나의 기업으로 합치는 것을 말한다.

이러한 M&A의 목적은 기존 기업의 내적 성장한계를 극복하고 신규 사업 참여에 소요되는 기간과 투자비용의 절감, 경영상의 노하우, 숙련된 전문인력 및 기업의 대외적 신용확보, 경쟁사 인수를 통한 시장점유율 확대, 경쟁기업의 주식 매입을 통한 M&A 대비, 자산가치가 높은 기업을 인수한 뒤 재 매각을 통하여 차익 획득 등 여러 가지가 있다.

M&A는 그 성격에 따라 우호적 M&A와 적대적 M&A가 있다. 우호적 M&A는 상대기업이 동의를 얻어 기업을 인수합병 하는 경우를 말하고, 적대적 M&A란 상대기업의 동의 없이 인수합병을 강행하는 경우를 말한다.

일반적인 M&A방법으로는 주식인수, 영업양수, 자산취득, 위임장대결, 합병 등이 있으며, 적대적 M&A는 주로 주식매수와 위임장대결을 통해 이루어진다.

❊ 주식인수 방식

M&A에 있어서 주식인수(Stock Purchase) 방식은 매입하고자 하는 기업체의 주식의 전부 또는 일부를 매입하여 경영권을 장악하는 방식이다.

워크아웃기업을 M&A할 때 주식인수방식은 채권은행이 출자전환한 주식을 매각하거나 유상증자 형태로 지분을 매각하여 채권을 회수하는 방식이다.

주식인수에 M&A방식은 법인격이 그대로 유지되기 때문에 피인수 상대기업의 현재의 채권과 채무는 물론 부외부채와 미래에 부담하게 될지도 모르는 우발채무마저도 인수하게 되며, 피인수 대상기업의 종업원도 모두 승계가 된다.

❊ 영업양수도 방식

영업양수도의 법적 정의는 일정한 영업목적에 의하여 조직화된 일체, 즉 인적, 물적 조직을 그 동일성을 유지하면서 일체로서 이전하는 것으로서 영업의 일부만의 양도도 가능하다. 여기서 영업의 동일성 여부는 일반 사회 관념에 의하여 결정되어야 할 사실인정의 문제이지만, 문제의 행위(양도계약관계)가 영업의 양도로 인정되느냐 여부는 단지 어떠한 영업재산이 어느 정도로 이전되어 있는가에 의해 결정되는 것이 아니고 종래의 영업조직이 유지되어 그 조직이 전부 또는 중요한 일부로서 기능할 수 있는가에 의하여 결정되어야 한다. 예컨대 영업재산의 전부를 양도했어도 그 조직을 해체하여 양도했다면 영업의 양도는 되지 않는 반면에 그 일부를 유보한 채 영업시설을 양도했어도 그 양도한 부분만으로도 종래의 조직이 유지되어 있다고 사회 관념상 인정되면 영업의 양도라고 본다는 것이 법원의 해석이다.

워크아웃기업을 M&A할 때 영업양수도 방식은 미래에 발생할 수도 있는 우발채무는 승계할 의무가 없지만 피인수 대상기업의 종업원에 대한 고용관계는 그대로 승계된다.

❇ 자산부채인수 방식

자산부채인수 방식은 타 기업의 전부나 일부를 인수할 때 부실채권을 제외한 우량 자산과 부채만 인수하는 방식이다. 인수하는 입장에서는 M&A와 달리 고용승계 의무가 없고, 기업을 인수한 뒤에 추가로 발생할지도 모르는 불확실한 채무를 털어버릴 수 있어 부담이 적다. 자산부채인수 방식은 미국에서 은행의 구조조정에 많이 사용되었으며, 우리나라는 외환위기를 극복하기 위해 국내은행들의 구조조정에 적용한 방식이기도 하다.

워크아웃기업을 M&A할 때 자산부채인수 방식은 자산과 부채를 계약에 의해 개별적으로 이전하는 방식을 택하고 있으며, 인수회사가 피인수 대상기업의 종업원을 법적으로 승계할 의무는 없지만 노사분규 등을 피하기 위해 대부분 신규 채용 형태로 기존 종업원을 승계하고 있는 실정이다.

나. 기업매각절차

워크아웃기업을 M&A를 통하여 매각하는 절차는 일반적으로 다음과 같이 진행된다.

1) 매각주간사 선정

채권단이 기업매각절차를 수립한 다음에 매수희망기업 확보 등과 같은 기업매각과 관련한 사항들을 총괄할 매각주간사를 선정하는 단계이다.

2) 대상기업 실사 및 매각가격 산정

매각할 기업의 실사를 통하여 채권단이 수용할 수 있는 최저 매각가격 산정의 근거를 마련한다. 일반적으로 청산 가치와 계속기업 가치를 비교하여 적정한 선에서 결정하게 된다.

3) 원매자 확보

원매자 확보는 수의방식에 의한 방법을 지양하고 기업을 매각하는 과정의 투명성과 공정성을 확보하기 위해 공개입찰을 통한 방법을 택하고 있다. 원매자 확보는 주로 잠재적인 매수 가능기업 앞으로 기업정보에 관한 책자를 발송하는 방법이나 신문광고 등이 사용된다.

4) 우선협상대상자 선정

입찰대상자로부터 인수제안서를 접수하여 인수대금, 경영능력 등을 종합적으로 평가한 후에 가장 유리한 조건으로 입찰한 기업을 우선협상대상자로 선정하여 발표한다.

5) 정밀실사

채권단이 매각 대상기업의 매각가격 산정을 위한 실사가 아닌 잠재적인 매수자인 우선협상대상자가 다시 피인수 대상기업을 정밀하게 실사를 하는 단계이다.

6) 계약체결

우선협상대상자의 정밀실사가 완료되면 매각가격을 협상하여 조건이 맞으면 본 계약을 체결하는 단계이다.

8-3 경영조직과 경영시스템의 구조조정

기업구조조정에 있어서 경영조직의 변경은 필수적이다. 경영조직이라 함은 소유구조와 지배구조, 최고경영자를 포함한 주요 경영진, 종업원, 조직체계 등을 말하며 이러한 경영조직구조의 개선을 통하여 조직운영의 효율성을 기하고 궁극적으로는 이익의 극대화를 추구하는 것이 경영조직 구조조정의 목적이다.

경영조직 구조조정을 좀 더 구체화 시키면 지배구조 개선을 위한 사외이사제도의 도입이나 강화, 경영진의 적재적소 재배치, 무능한 경영진의 교체, 종업원의 감축, 의사결정구조의 단순화 등을 말한다.

경영시스템의 개선은 지금까지의 낙후된 제도나 규정의 개정, 보상체계의 변화 등 기업의 전반적인 시스템을 개선시킴으로써 하드웨어적인 경영조직을 효율적으로 작동시킬 수 있도록 하는 일종의 소프트웨어적인 기능을 개선시키는 작업이다.

제3절 채권단 자율협약

기업구조조정 방법에는 채권단 자율협약, 워크아웃, 법정관리 등과 같이 크게 세 가지 방식으로 구분할 수 있다.

채권단 자율협약이란 채권단과 기업이 자발적, 자율적으로 협약을 맺고 경영정상화를 추진하는 제도이다. 이는 순수한 자율협약이므로 채권단의 100% 동의가 필요하다. 자율협약에 의해 이루어지므로 제도의 영향을 받지 않으며 시장에 의한 기업구조조정이라고 볼 수 있다. 주로 흑자를 내고는 있지만 일시적인 유동성 위기로 흑자도산 위기에 빠진 기업이 그 대상이 되고, 자율적 협약이니만큼 제도적인 절차를 거치지 않아 신속한 지원이 가능하며, 사전적으로 이뤄지는 구조조정이므로 기업에 미치는 영향도 적다는 장점이 있다. 그러나 채권단의 100% 동의가 쉽지 않을 뿐만 아니라 자율협약에 포함되는 채무(예를 들어 기업어음이나 채권 등)의 범위에 대한 기준도 모호하다는 단점이 있다.

워크아웃은 채권단 자율협약과 유사하지만, 법률(기업구조조정촉진법)에 의해 강제성을 부과하고 있다는 점이 자율협약과는 다른 점이다. 기업구조조정촉진법에 따라 채권단의 100% 동의가 아닌 총 채권금액의 75%만 동의를 하여도 워크아웃이 가능하도록 했기 때문에 어떤 면에서는 더욱 신속할 수가 있다.

법정관리(회생절차)는 표현 그대로 법원에서 회생과 파산을 결정하는 제도이다. 채권단뿐만 아니라 기업어음 등 상거래 채무까지 포함한 모든 채무에 대해 만기가 연장되거나 지급이 유예되므로 영향을 미치는 범위가 매우 크다.

채권단 자율협약의 경우 일시적 유동성 위기에 있는 기업이 그 대상이 되며, 자율협약을 통해 진행되므로 강제성이 없다. 반면에 워크아웃은 기업신용위험 상시평가 결과 C등급인 기업이 대상이 되며 채권금융기관에 의해 이루어진다. 법정관리의 경우 기업신용위험 상시평가 결과 D등급을 받은 부실기업이 대상이 되며, 법원에 의해 이루어지는 기업회생절차이다.

또한 채권단 자율협약과 워크아웃은 협약 금융권 관련 채권채무만 동결되지만, 법정관리의 경우 금융권뿐만 아니라 상거래 관련 채권채무 모두가 동결된다는 차이가 있다.

경영권과 관련해서는 워크아웃은 대상기업과 채권을 가진 금융기관들이 협의하여 진행되는 절차이기 때문에 채권단이 출자전환을 통해 경영권을 인수하고 경영진을 교체하는 경우도 있지만, 일반적으로 워크아웃은 경영진이 유지되는 경우가 많다.

법정관리의 경우는 기존관리인유지제도(DIP, Debtor In Possession)라는 것이 있는데, DIP제도는 2006년에 도입되었으며, 기존 경영진에게 경영권을 유지하도록 하여 경영권을 잃지 않으려고 법정관리를 미루는 일을 막고, 기업사정에 밝은 기존 경영자가 계속하여 경영을 하도록 하여 위기극복을 신속히 도모하고자 도입되었다.

정리하면 기업구조조정방법 중에서 가장 강도가 높은 방법은 법정관리이다. 그 다음으로는 기업구조조정촉진법에 근거한 워크아웃이며, 그 다음은 채권단 자율협약에 의한 기업구조조정이다. 그러나 채권단 자율협약이 워크아웃보다는 강도가 약하고 워크아웃 등과 달리 법적 구속력이 없지만 채권단과 기업의 양자 간에 체결되는 자율협약이기 때문에 대상기업은 자산매각 및 사업구조조정 등을 통해 재무구조 개선에 나서야 한다.

[표14-20] 자율협약, 워크아웃, 법정관리의 비교

구분	자율협약	워크아웃	법정관리(회생절차)
시행근거	채권단자율협약	기업구조조정촉진법	채무자 파산 및 회생에 관한 법률
진행주체	은행 중심의 채권단	금융채권자	법원
대상기업	일시적인 유동성위기 기업	부실징후기업 (신용위험상시평가 C등급)	부실기업 (신용위험상시평가 D등급)
채권채무	협약 채권채무 동결	협약 채권채무 동결	모든 채권채무 동결
적용조건	채권단 100% 동의	총 채권액 75% 동의	법원 회생계획 인가

제4절 기업회생절차

1. 회생절차제도의 목적

기업회생절차는「채무자 회생 및 파산에 관한 법률」에 근거하여 기업의 회생을 도모하는 제도이다. 이 법을 제정한 목적은 재정적인 어려움으로 인하여 파탄에 직면해 있는 채무자에 대하여 채권자, 주주, 지분권자 등 이해관계인의 법률관계를 조정하여 채무자 또는 그 사업의 효율적인 회생을 도모하거나, 회생이 어려운 채무자의 재산을 공정하게 환가, 배당하는 것을 목적으로 하고 있다.

2. 회생절차 관련 주요기관

2-1 관리인

법원은 관리위원회와 채권자협의회의 의견을 들어 관리인의 직무를 수행함에 적합한 자를 관리인으로 선임하여야 한다. 법원은 다음 각 호에 해당하는 때를 제외하고 채무자의 대표자를 관리인으로 선임하여야 한다.

가. 채무자의 재정적 파탄의 원인이 다음 각목의 어느 하나에 해당하는 자가 행한 재산의 유용 또는 은닉이나 그에게 중대한 책임이 있는 부실경영에 기인하는 때

- 개인인 채무자
- 개인이 아닌 채무자의 이사
- 채무자의 지배인

나. 채권자협의회의 요청이 있는 경우로서 상당한 이유가 있는 때

다. 그 밖에 채무자의 회생에 필요한 때

2-2 관리위원회

기업회생절차를 적정하고 신속하게 진행하기 위하여 대법원 규칙이 정하는 지방법원에 관리위원회를 두도록 하고 있다.

관리위원회는 위원장 1인을 포함한 3인 이상 15인 이내의 관리위원으로 구성되어 있으며, 관리위원의 임기는 3년이다. 관리위원은 다음 각 호의 어느 하나에 해당하는 자 중에서 지방법원장이 위촉한다.

가. 변호사 또는 공인회계사의 자격이 있는 자
나. 은행법에 의한 은행 그 밖에 대통령령이 정하는 법인에서 15년 이상 근무한 경력이 있는 자
다. 상장기업의 임원으로 재직한 자
라. 법률학, 경영학, 경제학 또는 이와 유사한 학문의 석사학위 이상을 취득한 자로서 이와 관련된 분야에서 7년 이상 종사한 자
마. 가호 내지 라호에 규정된 자에 준하는 자로서 학식과 경험을 갖춘 자

관리위원회는 재적위원 과반수의 출석과 출석위원 과반수의 찬성으로 의결하며, 관리위원회의 업무 및 권한은 다음과 같다.

가. 관리인, 보전관리인, 조사위원, 파산관재인, 회생위원 및 국제도산관리인의 선임에 대한 의견의 제시
나. 관리인, 보전관리인, 조사위원, 파산관재인 및 회생위원의 업무수행의 적정성에 관한 감독 및 평가
다. 회생계획안 및 변제계획안에 대한 심사
라. 채권자협의회의 구성과 채권자에 대한 정보의 제공
마. 회생법의 규정에 의한 절차의 진행상황에 대한 평가
바. 관계인집회 및 채권자집회와 관련된 업무
사. 그 밖에 대법원규칙 또는 법원이 정하는 업무

2-3 채권자협의회

관리위원회(관리위원회가 설치되지 아니한 때에는 법원이 관리위원회 기능을 수행)는 회생절차 개시신청 또는 파산신청이 있은 후 채무자의 주요 채권자를 구성원으로 하는 채권자협의회를 구성하여야 한다. 다만, 채무자가 개인 또는 중소기업기본법 제2조 제1항의 규정에 의한 중소기업자인 때에는 채권자협의회를 구성하지 아니할 수도 있다. 채권자협의회는 10인 이내로 구성하며, 관리위원회가 필요하다고 인정하는 때에는 소액채권자를 채권자협의회의 구성원으로 참여하게 할 수도 있다.

채권자협의회의 기능은 채권자 간의 의견을 조정하여 다음 각 호의 행위를 할 수 있다.

가. 회생절차 및 파산절차에 관한 의견의 제시

나. 관리인, 파산관재인 및 보전관리인의 선임 또는 해임에 관한 의견의 제시

다. 법인인 채무자의 감사 선임에 대한 의견의 제시

라. 회생계획인가 후 회사의 경영상태에 관한 실사의 청구

마. 그 밖에 법원이 요구하는 회생절차 및 파산절차에 관한 사항

바. 그 밖에 대통령령이 정하는 행위

채권자협의회의 의사결정은 출석한 구성원 과반수의 찬성으로 결정한다. 법원은 결정으로 채권자협의회의 활동에 필요한 비용을 채무자에게 부담시킬 수 있다.

2-4 조사위원

법원은 필요하다고 인정하는 때에는 관리위원회의 의견을 들어 1인 또는 여러 명의 조사위원을 선임할 수 있다. 조사위원은 조사에 필요한 학식과 경험이 있는 자로서 그 회생절차에 이해관계가 없는 자 중에서 선임하여야 한다.

법원은 조사위원을 선임한 때에는 기간을 정하여 조사위원에게 채무자 회생 및 파산에 관한 법률 제90조 내지 제92조에 규정된 사항을 조사하게 하고, 회생절차를 진행함이 적정한지의 여부에 관한 의견을 제출하게 할 수 있다.

3. 회생절차

3-1 회생절차의 개시신청

다음 각 호의 어느 하나에 해당하는 경우 채무자는 법원에 회생절차개시의 신청을 할 수 있다.

가. 사업의 계속에 현저한 지장을 초래하지 아니하고는 변제기에 있는 채무를 변제할 수 없는 경우
나. 채무자에게 파산의 원인인 사실이 생길 염려가 있는 경우

채무자에게 파산의 원인인 사실이 생길 염려가 있는 경우에는 다음 각 호의 구분에 따라 당해 각호의 각목에서 정하는 자도 회생절차개시를 신청할 수 있다.

가. 채무자가 주식회사 또는 유한회사인 때
- 자본의 10분의 1이상에 해당하는 채권을 가진 채권자
- 자본의 10분의 1이상에 해당하는 주식 또는 출자지분을 가진 주주 · 지분권자

나. 채무자가 주식회사 또는 유한회사가 아닌 때
- 5천만 원 이상의 금액에 해당하는 채권을 가진 채권자
- 합명회사, 합자회사 그 밖의 법인 또는 이에 준하는 자에 대하여는 출자총액의 10분의 1이상의 출자지분을 가진 지분권자

그리고 회생절차의 개시신청서는 다음 각 호의 사항을 기재한 서면으로 하여야 한다.

가. 신청인 및 그 법정대리인의 성명 및 주소
나. 채무자가 개인인 경우에는 채무자의 성명 · 주민등록번호(주민등록번호가 없는 사람의 경우에는 외국인등록번호 또는 국내거소번호) 및 주소
다. 채무자가 개인이 아닌 경우에는 채무자의 상호, 주된 사무소 또는 영업소(외국에 주된 사무소 또는 영업소가 있는 때에는 대한민국에 있는 주된 사무소 또는 영업소)

의 소재지, 채무자의 대표자(외국에 주된 사무소 또는 영업소가 있는 때에는 대한민국에서의 대표자)의 성명
라. 신청의 취지
마. 회생절차개시의 원인
바. 채무자의 사업목적과 업무의 상황
사. 채무자의 발행주식 또는 출자지분의 총수, 자본의 액과 자산, 부채 그 밖의 재산상태
아. 채무자의 재산에 관한 다른 절차 또는 처분으로서 신청인이 알고 있는 것
자. 회생계획에 관하여 신청인에게 의견이 있는 때에는 그 의견
차. 채권자가 회생절차개시를 신청하는 때에는 그가 가진 채권의 액과 원인
카. 주주 · 지분권자가 회생절차개시를 신청하는 때에는 그가 가진 주식 또는 출자지분의 수 또는 액

한편, 다음 각 호의 어느 하나에 해당하는 경우 법원은 회생절차개시의 신청을 기각한다.

가. 회생절차의 비용을 미리 납부하지 아니한 경우
나. 회생절차개시신청이 성실하지 아니한 경우
다. 그 밖에 회생절차에 의함이 채권자 일반의 이익에 적합하지 아니한 경우

3-2 보전처분 명령

법원은 회생절차개시의 신청이 있는 때에는 이해관계인의 신청에 의하거나 직권으로 회생절차개시신청에 대한 결정이 있을 때까지 채무자의 업무 및 재산에 관하여 가압류 · 가처분 그 밖에 필요한 보전처분을 명할 수 있다. 이해관계인이 보전처분을 신청한 때에는 법원은 신청일로부터 7일 이내에 보전처분 여부를 결정하여야 한다.

법원은 회생절차개시의 신청이 있는 경우 필요하다고 인정하는 때에는 이해관계인의 신청에 의하거나 직권으로 회생절차개시의 신청에 대한 결정이 있을 때까지 다음 각 호의 어느 하나에 해당하는 절차의 중지를 명할 수 있다. 다만, 신청인인 회생채권자 또는 회생담보권자에게 부당한 손해를 끼칠 염려가 있는 때에는 그러하지 아니한다.

가. 채무자에 대한 파산절차

나. 회생채권 또는 회생담보권에 기한 강제집행, 가압류, 가처분 또는 담보권실행을 위한 경매절차로서 채무자의 재산에 대하여 이미 행하여지고 있는 것
다. 채무자의 재산에 관한 소송절차
라. 채무자의 재산에 관하여 행정청에 계속되어 있는 절차
마. 국세징수법 또는 지방세기본법에 의한 체납처분, 국세징수의 예(국세 또는 지방세 체납처분의 예를 포함)에 의한 체납처분 또는 조세채무담보를 위하여 제공된 물건의 처분

법원은 회생절차개시의 신청이 있는 경우 채무자 회생 및 파산에 관한 법률 제44조 제1항의 규정에 의한 중지명령에 의해서는 회생절차의 목적을 충분히 달성하지 못할 우려가 있다고 인정할 만한 특별한 사정이 있는 때에는 이해관계인의 신청에 의하거나 직권으로 회생절차개시의 신청에 대한 결정이 있을 때까지 모든 회생채권자 및 회생담보권자에 대하여 회생채권 또는 회생담보권에 기한 강제집행 등의 금지를 명할 수 있다.

3-3 회생절차 개시결정

채무자가 회생절차개시를 신청한 때에는 법원은 회생절차개시의 신청일로부터 1개월 이내에 회생절차개시 여부를 결정하여야 하며, 회생절차개시결정은 그 결정시부터 효력이 발생한다.

법원은 회생절차개시결정과 동시에 관리위원회와 채권자협의회의 의견을 들어 1인 또는 여러 명의 관리인을 선임하고 다음 각 호의 사항을 정하여야 한다.

가. 제1회 관계인집회의 기일 : 회생절차개시결정일로부터 4월 이내로 정함
나. 관리인이 채무자 회생 및 파산에 관한 법 제147조 제1항에 규정된 목록을 작성하여 제출하여야 하는 기간 : 회생절차개시결정일로부터 2주 이상 2개월 이하
다. 회생채권 · 회생담보권 · 주식 또는 출자지분의 신고기간 : 신고기간은 위 나호의 규정에 의하여 정하여 진 제출기간의 말일부터 1주 이상 1개월 이하
라. 목록에 기재되어 있거나 신고 된 회생채권 · 회생담보권의 조사기간 : 조사기간은 신고기간의 말일부터 1주 이상 1개월 이하

3-4 재산조사

관리인은 취임 후 즉시 채무자의 업무와 재산의 관리에 착수하여 채무자에게 속하는 모든 재산의 회생절차개시 당시의 가액을 평가하여야 한다. 이 경우 지체될 우려가 있는 때를 제외하고는 채무자가 참여하도록 하여야 한다.

또한 관리인은 취임 후 지체 없이 회생절차개시 당시 채무자의 재산목록 및 대차대조표를 작성하여 법원에 제출하여야 하고, 다음 각 호의 사항을 조사하여 제1회 관계인집회의 기일 전까지 법원과 관리위원회에 보고하여야 한다.

가. 채무자가 회생절차의 개시에 이르게 된 사정
나. 채무자의 업무 및 재산에 관한 사항
다. 채무자 회생 및 파산에 관한 법률 제114조 제1항의 규정에 의한 보전처분 또는 제115조 제1항의 규정에 의한 조사확정재판을 필요로 하는 사정의 유무
라. 그 밖에 채무자의 회생에 관하여 필요한 사항

관리인은 채무자 회생 및 파산에 관한 법률 제90조 내지 제92조의 규정에 의한 것 외에 법원이 정하는 바에 따라 채무자의 업무와 재산의 관리상태 그 밖에 법원이 명하는 사항을 법원에 보고하고, 회생계획인가의 시일 및 법원이 정하는 시기의 채무자의 재산목록 및 대차대조표를 작성하여 그 등본을 법원에 제출하여야 한다. 관리인이 채무자의 재산목록 및 대차대조표를 작성하는 때에는 일반적으로 공정 · 타당하다고 인정되는 회계관행에 따라야 한다. 법원은 금전 그 밖의 재산의 보관방법과 금전의 수입과 지출에 관하여 필요한 사항을 정할 수 있다.

3-5 제1회 관계인집회

제1회 관계인집회에서는 회생절차 진행 여부를 결정하기 위해 소집된다. 법원은 다음 각 호의 자에게 관계인집회의 기일을 통지하여야 한다.

가. 관리인
나. 조사위원
다. 채무자

라. 목록에 기재되어 있거나 신고한 회생채권자 · 회생담보권자 · 주주 · 지분권자
마. 회생을 위하여 채무를 부담하거나 담보를 제공한 자가 있는 때에는 그 자

3-6 회생계획안 제출

법원은 채무자의 사업을 계속할 때의 가치가 채무자의 사업을 청산할 때의 가치보다 크다고 인정하는 때에는 제1회 관계인집회의 기일 또는 그 후 지체 없이 관리인에게 기간을 정하여 채무자의 존속, 주식교환, 주식이전, 합병, 분할, 분할합병, 신회사의 설립 또는 영업의 양도 등에 의한 사업의 계속을 내용으로 하는 회생계획안의 제출을 명하여야 한다.

3-7 제2회 관계인집회

관계인집회의 심리를 거친 회생계획안에 관하여 수정명령을 하지 아니하는 때에는 법원은 회생계획안에 관하여 결의를 하기 위하여 기일을 정하여 관계인집회를 소집하여야 한다. 이 때 법원은 미리 그 계획안의 사본 또는 그 요지를 다음 각 호의 자에게 송달하여야 한다.

가. 관리인
나. 채무자
다. 목록에 기재되어 있거나 신고한 회생채권자 · 회생담보권자 · 주주 · 지분권자(의결권을 행사할 수 없는 자를 제외)
라. 회생을 위하여 채무를 부담하거나 담보를 제공하는 자

3-8 회생계획안의 결의

회생채권자 · 회생담보권자 · 주주 · 지분권자는 회생계획안의 작성과 결의를 위하여 다음 각 호의 조로 분류한다.

가. 회생담보권자
나. 일반의 우선권 있는 채권을 가진 회생채권자

다. 제2호에 규정된 회생채권자 외의 회생채권자
라. 잔여재산의 분배에 관하여 우선적 내용을 갖는 종류의 주식 또는 출자지분을 가진 주주 · 지분권자
마. 제4호에 규정된 주주 · 지분권자 외의 주주 · 지분권자

회생계획안은 관계인집회에서 다음 각 호의 구분에 의하여 가결한다.

가. 회생채권자 : 의결권을 행사할 수 있는 회생채권자의 의결권의 총액의 3분의 2이상에 해당하는 의결권을 가진 자의 동의가 있을 것

나. 회생담보권자
- 채무자 회생 및 파산에 관한 법률 제220조의 규정에 의한 회생계획안에 관하여는 의결권을 행사할 수 있는 회생담보권자의 의결권의 총액의 4분의 3이상에 해당하는 의결권을 가진 자의 동의가 있을 것
- 채무자 회생 및 파산에 관한 법률 제222조의 규정에 의한 회생계획안에 관하여는 의결권을 행사할 수 있는 회생담보권자의 의결권의 총액의 5분의 4이상에 해당하는 의결권을 가진 자의 동의가 있을 것

다. 주주 · 지분권자 : 회생계획안의 가결을 위한 관계인집회에서 의결권을 행사하는 주주 · 지분권자의 의결권의 총수의 2분의 1이상에 해당하는 의결권을 가진 자의 동의가 있을 것

3-9 회생계획의 인가

관계인집회에서 회생계획안을 가결한 때에는 법원은 그 기일에 또는 즉시로 선고한 기일에 회생계획의 인가 여부에 관하여 결정을 하여야 한다. 회생계획인가의 요건은 다음의 요건을 구비하고 있어야 한다.

가. 회생절차 또는 회생계획이 법률의 규정에 적합할 것

나. 회생계획이 공정하고 형평에 맞아야 하며 수행이 가능할 것

다. 회생계획에 대한 결의를 성실 · 공정한 방법으로 하였을 것

라. 회생계획에 의한 변제방법이 채무자의 사업을 청산할 때 각 채권자에게 변제하는 것보다 불리하지 아니하게 변제하는 내용일 것. 다만, 채권자가 동의한 경우에는 그러하지 아니하다.

마. 합병 또는 분할합병을 내용으로 한 회생계획에 관하여는 다른 회사의 주주총회 또는 사원총회의 합병계약서 또는 분할합병계약서의 승인결의가 있었을 것. 다만, 그 회사가 주주총회 또는 사원총회의 승인결의를 요하지 아니하는 경우를 제외한다.

바. 회생계획에서 행정청의 허가 · 인가 · 면허 그 밖의 처분을 요하는 사항이 제226조 제2항의 규정에 의한 행정청의 의견과 중요한 점에서 차이가 없을 것

사. 주식의 포괄적 교환을 내용으로 하는 회생계획에 관하여는 다른 회사의 주주총회의 주식의 포괄적 교환계약서의 승인결의가 있을 것. 다만, 그 회사가 상법 제360조의 9(간이주식교환) 및 제360조의 10(소규모 주식교환)의 규정에 의하여 주식의 포괄적 교환을 하는 경우를 제외한다.

3-10 회생계획의 수행

회생계획인가의 결정이 있는 때에는 관리인은 지체 없이 회생계획을 수행하여야 하며, 회생계획에 의하여 새로운 회사를 설립하는 때에는 관리인이 발기인 또는 설립위원의 직무를 행한다.

관리위원회는 매년 회생계획이 적정하게 수행되고 있는지의 여부에 관하여 평가하고 그 평가결과를 법원에 제출하여야 하며, 관리위원회는 법원에 회생절차의 종결 또는 폐지 여부에 관한 의견을 제시할 수 있다.

3-11 회생절차의 폐지

가. 회생계획안 제출명령 전의 폐지

법원은 채무자의 사업을 청산할 때의 가치가 채무자의 사업을 계속할 때의 가치보다 명백히 크다고 인정되는 때에는 제1회 관계인집회 전이라도 채무자 회생 및 파산에 관한 법률 제220조 제1항의 규정에 의한 회생계획안의 제출을 명하지 아니하고 관리인이나 목

록에 기재되어 있거나 신고한 회생채권자 또는 회생담보권자의 신청에 의하거나 직권으로 회생절차폐지의 결정을 하여야 한다. 다만, 채무자 회생 및 파산에 관한 법률 제222조의 규정에 의하여 청산 등을 내용으로 하는 회생계획안의 작성을 허가하는 때에는 그러하지 아니하다.

나. 회생계획인가 전의 폐지

다음 각 호의 경우 법원은 직권으로 회생절차폐지의 결정을 하여야 한다.

가. 법원이 정한 기간 또는 연장한 기간 안에 회생계획안의 제출이 없거나 그 기간 안에 제출된 모든 회생계획안이 관계인집회의 심리 또는 결의에 부칠 만한 것이 못되는 때

나. 회생계획안이 부결되거나 결의를 위한 관계인집회의 제1기일부터 2월 이내 또는 연장한 기간 안에 가결되지 아니하는 때

다. 회생계획안이 제239조제3항의 규정에 의한 기간 안에 가결되지 아니한 때

라. 채무자 회생 및 파산에 관한 법률 제240조 제1항의 규정에 의한 서면결의에 부치는 결정이 있은 때에 그 서면결의에 의하여 회생계획안이 가결되지 아니한 때. 다만, 서면결의에서 가결되지 아니한 회생계획안에 대하여 채무자 회생 및 파산에 관한 법률 제238조의 규정에 의한 속행기일이 지정된 때에는 그 속행기일에서 가결되지 아니한 때를 말한다.

그리고 회생계획안 제출명령이 있은 후 채무자의 사업을 청산할 때의 가치가 채무자의 사업을 계속할 때의 가치보다 크다는 것이 명백하게 밝혀진 때에는 법원은 회생계획인가 결정전까지 관리인의 신청에 의하거나 직권으로 회생절차폐지의 결정을 할 수 있다.

다. 신청에 의한 폐지

채무자가 목록에 기재되어 있거나 신고한 회생채권자와 회생담보권자에 대한 채무를 완제할 수 있음이 명백하게 된 때에는 법원은 다음 각 호의 어느 하나에 해당하는 자의 신청에 의하여 회생절차폐지의 결정을 하여야 한다.

가. 관리인

나. 채무자

다. 목록에 기재되어 있거나 신고한 회생채권자 또는 회생담보권자

라. 회생계획인가 후의 폐지

회생계획인가의 결정이 있은 후 회생계획을 수행할 수 없는 것이 명백하게 된 때에는 법원은 관리인이나 목록에 기재되어 있거나 신고한 회생채권자 또는 회생담보권자의 신청에 의하거나 직권으로 회생절차폐지의 결정을 하여야 한다. 이 경우 법원은 절차의 폐지를 결정하기 전에 기일을 열어 관리위원회, 채권자협의회 및 이해관계인의 의견을 들을 수 있다. 다만, 기일을 열지 아니하는 때에는 법원은 기한을 정하여 관리위원회, 채권자협의회 및 이해관계인에게 의견을 제출할 기회를 부여하여야 한다.

연 | 습 | 문 | 제

1. 기업개선작업의 기본원칙이 아닌 것은? ( )

① 손실부담의 원칙 ② 공평성의 원칙

③ 담보채권자 우선의 원칙 ④ 신속성의 원칙

⑤ 비용 최소화의 원칙

2. 기업개선작업을 추진하기가 적합한 기업은? ( )

① 매출액, 수익성 등 주력사업의 내용에 비해 금융채무부담이 과다한 기업

② 채권행사 유예기간 중에 정상적 이자지급 및 상거래 유지가 어려운 기업

③ 타 기업에 대한 보증채무의 부담이 과다한 기업

④ 협약적용 대상 외 채권비중이 과다하여 채권단 이해조정이 어려운 기업

⑤ 대주주 및 경영진의 적극적인 협력 및 자구노력의지가 충분한 기업

3. 기업개선작업 대상기업으로 선정하기가 부적합한 기업은? ( )

① 영업활동으로 인한 이익은 발생하나, 과도한 차입금으로 인한 금융비용 부담으로 당기 순손실이 발생하는 기업

② 자산 매각 등 자구계획을 통해 채무상환이 가능한 기업

③ 기업을 희생시키려는 대주주나 경영진의 자구의지가 강한 기업

④ 타 기업에 대한 보증채무의 부담이 과다한 기업

⑤ 인력구조조정을 통하여 충분히 영업이익을 창출할 수 있는 기업

정 | 답 | 및 | 해 | 설

1. ③

담보채권자 우선의 원칙은 기본원칙이 아니다.

2. ⑤

대주주 및 경영진의 적극적인 협력 및 자구노력의지가 충분한 기업은 기업개선작업을 하기에 적합한 기업이다.

3. ④

타 기업에 대한 보증채무의 부담이 과다한 기업은 기업개선작업을 추진하기가 현실적으로 매우 어렵다.

참고문헌

[제1편]

각 금융기관 여신관련 규정 및 지침

강효식 · 이원흠 · 조장연,「기업가치평가론」, 홍문사, 2005

금융감독원, 「검사업무편람」, 2001

박순풍 편역 「기업가치평가」, 경문사, 2002

백운수, 「여신심사기초」, 한국금융연수원, 2007

오세민, 「재무관리의 기초」, 한국금융연수원, 1994

우리은행, 「기업여신심사 매뉴얼」, 2001

이계형, 「담보감정평가실무」, 한국금융연수원, 2006

이요섭, 「금융시장과 금융상품」, 연암사, 2005

전성빈 · 김건우 · 김민철 역 「기업의재무위기와 도산」, 한국신용분석사회, 1998

정순진 · 서상문 공저, 「기본 재무관리」, 조이에듀넷, 2004

최청광 편역, 「대출심사 및 관리기법」, 도서출판 깊은샘, 1997

한국부동산원, 「국제평가기준(IVS)2005」, 2005

홍성수 편역, 「사업성검토와 기업가치평가」, 새로운 제안, 2007

Edward I. Altman, Corporate Financial Distress, Wiley〈&25140〉Interscience

Michael Groves, Fred Wittkowske, Mark Poanis, Loan Review; A Guide, Bank Administration Institute, USA, 1978.

Basel Committee on Banking Supervision, Gredit Risk Modelling: Current Practices and Applications, BIS, Basel, 1999

Credit Suisse First Boston, CreditRisk+, 1997

Higgins, R., Analysis for Financial Management, Irwin, 2000

John D. Finnerty, Project Financing, John Willey & Sons, Inc, 1996

Kealhofer, s. Portfolio Management of Default Risk, KMV Corporation, 1998

[제2편]

금융감독원, 「기업구조조정촉진법 운영성과 및 향후 운영방안」, 2005년 9월

금융감독원, 「은행검사업무편람(Ⅱ-1)」

기업구조조정협약 운영위원회 사무국 해설자료, 2001. 3. 16

김선기 외 2인, 「기업부실화의 원인과 징후 및 예측」, 한국신용평가(주), 1986

김정호, 「워크아웃의 이론과 실무」, 청림출판, 1999

김철중 외 1인 역, 「신용위험관리」, 한국신용분석사회, 2001

남주하 외 2인, 「부도예측모형분석」, 한국경제연구원, 1995

중소기업청, 「2006년 1/4분기 부도원인 분석결과(보도자료)」, 2006

한국경제신문, 2001. 9. 19자

LG경제연구원 보도자료, 2005. 5. 12

LG경제연구원, 「EVA에 의한 기업부실예측」, LG주간경제, 2001. 10. 31

저 자 약 력

백운수 [제1편 1장, 2장, 5장, 7장, 8장, 제2편]

- 한국금융연수원 겸임교수(2020년~2022년)
- 전 한국금융연수원 실무전문교수(2008년~2019년)
- SC제일은행 부장 퇴사(2007년)
- 저서

  * 기업신용위험분석(한국금융연수원)
  * 소호여신심사(한국금융연수원)
  * 여신심사 및 관리(한국금융연수원, 공저)
  * 사업성분석(한국금융연수원, 공저)
  * KBI금융지식(한국금융연수원, 공저)
  * 여신심사기초 1권, 2권, 3권(한국금융연수원, 통신연수교재)
  * 신용분석 사례 1권, 2권(한국금융연수원, 통신연수교재)
  * 중소기업 여신심사 2권(한국금융연수원, 통신연수교재)
  * 기업금융종합마케팅 2권(한국금융연수원, 통신연수교재)
  * 국민은행 직무필수과정 L1, L2, L3(한국금융연수원, 통신연수교재, 공저)
  * 농협은행 직무과정(여신) 1권, 2권(한국금융연수원, 통신연수교재, 공저)
  * 농협은행 직무과정(기업여신) 1권, 2권(한국금융연수원, 통신연수교재, 공저)
  * 저축은행 업무편람(저축은행 중앙회, 공저)
  * 저축은행 여신심사 실행실무(저축은행 중앙회, 공저)
  * 기업신용분석(SC제일은행 사내연수교재)
  * 산업별 특성(SC제일은행 사내연수교재)
  * 산업별 용어해설집(SC제일은행 사내연수교재)
  * 여신심사(SC제일은행 사내연수교재) 등

이기만 [제1편 3장, 4장, 6장, 9장]

- 한국금융연수원 겸임교수
- 리스크컨설팅코리아 (주) 자문위원 겸 Analyst School과정 강사
- 코리아크레딧뷰로(주) 자문위원
- CRA(신용위험분석사)
- 공인 경영지도사
- 한양대학교 경영대학원 석사
- 우리은행 심사역 및 RM양성과정 및 Credit Training Program사내 강사 역임
- 우리은행 여신정책부 부장 (수석심사역, RM지점장) 역임
- 우리금융지주 리스크관리부 부장 역임

여신심사 및 관리

초판　1쇄 발행　2005년 11월 7일
제13판1쇄 발행　2025년 2월 21일
저　　　자　백운수, 이기만
발　행　인　이준수
발　행　처　한국금융연수원 출판미디어사업부
03053 서울특별시 종로구 삼청로 118
전　　　화　02-3700-1500
팩　　　스　02-3700-1530
홈 페 이 지　www.kbi.or.kr
등　　　록　1990. 4. 20(제 1-1040호)

정가 24,000원
ISBN 978-89-287-8232-1　13320

※도서의 오류내용(오탈자 등)을 제보해주시어 채택되신 분께는 소정의 상품을 보내드리오니 독자 여러분의 많은 참여 바랍니다.(상세정보는 한국금융연수원 홈페이지 참조)

※ 본 도서의 내용은 한국금융연수원의 견해와 다를 수 있습니다.

한국금융연수원 자격검정시험 안내

• 「국가공인자격」은 자격기본법에서 정한 기준과 절차에 따라 국가가 공인한 자격으로 신용분석사, 여신심사역, 국제금융역, 자산관리사(FP), 신용위험분석사(CRA), 외환전문역 I종, 외환전문역 II종 등 7개의 자격이 있습니다.

• 「자체인증자격」은 우리 원이 인정, 수여하는 자격으로 공개시험형 자체자격인 프라이빗 뱅커(CPB), 은행텔러, 영업점 컴플라이언스 오피서(은행)(보험)(증권), KBI 금융DT 테스트, 자금세탁방지 업무능력 검정시험 등 7개 자격이 있습니다.

구분	자격명 (공인/등록번호)	응시료	자격소개
국가공인자격	신용분석사 (제2024-1호) (2008-0438)	전과목 : 66,000원 1부 : 28,000원 2부 : 39,000원	금융회사의 여신관련 부서에서 기업에 대한 회계 및 비회계자료 분석을 통하여 종합적인 신용상황을 판단하고 신용등급을 결정하는 등 기업신용 평가업무를 담당하는 금융전문가
	여신심사역 (제2024-2호) (2008-0439)	전과목 : 66,000원 1부 : 28,000원 2부 : 39,000원	금융회사의 여신심사 담당자로서 경제상황과 기업의 재무, 비재무상태 등을 분석, 파악하여 적정한 대출심사 의견서 작성, 대출이율 및 대출기간 결정 등 대출실행 여부를 판단하고 자금의 효율적 운용, 대손 방지를 위한 제반조치, 여신의 법률적 검토, 사후관리업무 등 여신업무와 관련한 종합적인 업무를 수행하는 금융전문가
	국제금융역 (제2021-1호) (2008-0440)	전과목 : 66,000원 1부 : 33,000원 2부 : 33,000원	금융회사의 국제금융 관련 부서에서 국제금융시장의 동향파악, 분석 및 예측 등을 통하여 외화자금의 효율적 조달과 운용업무를 담당하고 이에 따른 리스크관리 등 국제금융 관련 업무를 수행하는 금융전문가
	신용위험분석사(CRA) (제2023-2호) (2008-0442)	1차 : 77,000원 2차 : 88,000원	금융회사 및 기업신용평가기관 등에서 개인과 기업에 대한 신용상태를 조사평가하고 신용위험을 측정 · 관리하는 여신전문가
	자산관리사(FP) (제2020-1호) (2008-0441)	전과목 : 55,000원 1부 : 28,000원 2부 : 28,000원	금융회사 영업부서의 PB(Private Banking) 팀에서 고객의 수입과 지출, 자산 및 부채현황, 가족상황 등 고객에 대한 각종 자료를 수집, 분석하여 고객이 원하는 Life Plan 상의 재무목표를 달성할 수 있도록 종합적인 자산설계에 대한 상담과 실행을 지원하는 금융전문가
	외환전문역 I종 (제2020-1호) (2008-0436)	전과목 : 55,000원	금융회사의 외환업무 중 외국환 거래 법규 및 외환거래실무를 이해하고 고객의 외화 자산에 노출되는 각종 외환 리스크를 최소화시키는 등 주로 개인 외환과 관련된 직무를 담당
	외환전문역II종 (제2020-1호) (2008-0436)	전과목 : 55,000원	금융회사의 외환업무 중 수출입업무 및 이와 관련된 국제무역규칙을 이해하고 외환과 관련된 여신 업무를 수행하는 등 주로 기업 외환과 관련된 직무를 담당
자체인증자격	은행텔러 (2008-0437)	전과목 : 55,000원	창구에서 일어나는 제반업무에 대해 신속하고 친절한 업무수행과 정확한 업무처리로 고객에게 도움을 주고 상담을 통해 문제해결을 하도록 도와주는 금융전문가
	영업점 컴플라이언스 오피서(은행) (2010-0118) (보험, 증권) (2013-0702,0703)	전과목 : 각 44,000원	금융회사의 영업점에서 준법관련 법규와 감독기관의 감독규정이 정한 내용과 취지를 충분히 이해하고 업무 수행과정에서 이를 준수하며, 영업점에서 발생 가능한 금융사고 및 민원사항이 발생하지 않도록 사전적 예방 차원에서 그 준수사항의 이행을 점검하는 금융전문가(은행, 보험, 증권 분야별로 자격이 구분됨)
	프라이빗뱅커 (CPB) (2018-004091)	1차 : 110,000원 2차 : 342,000원 (실무교육)	개인고액자산가의 자산 및 수익증대를 실현하기 위해 금융분야 전반에 걸쳐 종합적인 금융상담과 실행을 지원할 수 있는 최고급 수준의 금융자산설계전문가
	KBI 금융DT 테스트 (2021-001872)	전과목 : 44,000원	금융인 및 예비금융인을 대상으로 디지털금융 전반에 대한 기본지식과 업무활용능력 등 금융DT 관련 기본역량 평가
	자금세탁방지 업무능력 검정시험 (2023-004792)	전과목 : 66,000원	금융시스템을 이용한 자금세탁행위와 공중협박자금조달행위를 적발 및 예방할 수 있는 전문적인 업무역량 평가

소비자 알림사항

• 상기 "프라이빗뱅커(CPB)", "영업점컴플라이언스 오피서(은행)(보험)(증권)", "KBI 금융DT 테스트", "은행텔러", "자금세탁방지 업무능력 검정시험" 자격은 자격기본법 규정에 따라 등록한 민간자격으로, 국가로부터 인정받은 공인자격이 아닙니다.

• 민간자격 등록 및 공인 제도에 대한 상세내용은 민간자격정보서비스 (www.pqi.or.kr)의 '민간자격 소개'란을 참고하여 주십시오.

기타

• 응시료 환불 규정 : 접수기간 중 100%, 접수기간 종료 후 시험일 5일전 18시까지 50% 환불/이후 환불 불가

• 자격 공인번호는 재공인시점에 따라 변경될 수 있으며, 응시료, 환불규정 등은 응시 시점에 따라 변경될 수 있으니 자격시험 응시 전 반드시 한국금융연수원 홈페이지에서 응시하고자 하는 자격시험에 관한 최신 정보를 확인하시기 바랍니다. 자격시험에 관한 자세한 사항은 한국금융연수원 홈페이지를 참조하시기 바랍니다.

• 주소 : 서울특별시 종로구 삼청로 118 / TEL : 02-3700-1500 / 홈페이지 : www.kbi.or.kr